KB189932

운명을 바꾸는 마음공부

상

운명을 바꾸는 마음공부 상

발행일 2023년 2월 6일

지은이 김규열
펴낸이 손형국
펴낸곳 (주)북랩
편집인 선일영
편집 정두철, 배진용, 김현아, 윤용민, 김가람, 김부경
디자인 이현수, 김민하, 김영주, 안유경, 최성경
제작 박기성, 황동현, 구성우, 권태련
마케팅 김회란, 박진관
출판등록 2004. 12. 1(제2012-000051호)
주소 서울특별시 금천구 가산디지털 1로 168, 우림라이온스밸리 B동 B113~114호, C동 B101호
홈페이지 www.book.co.kr
전화번호 (02)2026-5777
팩스 (02)3159-9637

ISBN 979-11-6836-695-4 04200 (종이책)
979-11-6836-694-7 04200 (세트)
ISBN 979-11-6836-696-1 05200 (전자책)

잘못된 책은 구입한 곳에서 교환해드립니다.
이 책은 저작권법에 따라 보호받는 저작물이므로 무단 전재와 복제를 금합니다.
이 책은 (주)북랩이 보유한 리코 장비로 인쇄되었습니다.

(주)북랩 성공출판의 파트너

북랩 홈페이지와 패밀리 사이트에서 다양한 출판 솔루션을 만나 보세요!
홈페이지 book.co.kr • **블로그** blog.naver.com/essaybook • **출판문의** book@book.co.kr

작가 연락처 문의 ▸ ask.book.co.kr

작가 연락처는 개인정보이므로 북랩에서 알려드릴 수 없습니다.

운명을 바꾸는 마음공부

김규열 지음

원광디지털대학교 총장
한의학박사

북랩

서문

우리는 왜 살까요? 첫째는 당연히 살아계시기 때문에 사실 테고, 둘째는 행복하기 위해 사시지 않나요? 그런데 행복의 기준은 사람마다 다르며 방법 또한 무수히 많을 것입니다. 누구나 행복한 삶을 원하지만, 인생의 출발선인 태어날 때의 조건부터가 다 다르고, 전반적인 삶의 조건 자체가 단 한 사람도 똑같지 않고 편차가 매우 크지 않습니까?

왜 누구는 부잣집에 태어나 호강을 하고 누구는 가난한 집에 태어나 고생을 하며, 누구는 건강하고 누구는 허약하게 태어나며, 누구는 머리가 좋고 누구는 머리가 나쁘게 태어나는지, 왜 출발선부터 우리의 삶의 모든 조건들이 이와 같이 사람 따라 차별이 생기는지 궁금하지 않습니까? 그 이유를 보통은 운명이라고들 하는데 그렇다면 운명은 누가 결정하는지, 타고난 운명은 바뀔 수가 없는 것인지, 우리의 자유의지와 노력의 결과는 무엇인지, 운명을 바꿀 수 있다면 어떻게 해야 하는지 또한 궁금하지 않습니까?

세상 사람들이 누구나 행복하기를 바라고 나름대로 부단히 노력들을 하고 있는데 왜 행복한 사람보다 불행한 사람들이 더 많아

보일까요? 우리가 어디든 여행을 가고자 한다면 먼저 그 목적지가 어디에 있는지, 그곳에 가려면 어떻게 가는 것이 가장 바람직한지, 여행지의 상황이나 볼거리는 어떠한지 등을 먼저 알아보지 않습니까? 마찬가지로 우리가 행복하고자 한다면 당연히 먼저 어떻게 사는 것이 행복한지, 행복하게 살려면 어떻게 해야 하는지부터 알아봐야 하지 않을까요?

더구나 우리가 성공과 행복을 위해 많은 노력들을 하고 있지만 모든 것들이 본질적으로는 다 영원하지 않고 무상하며, 우리의 삶 또한 유한하다는 것입니다. 그래서 우리가 언제 어디서 어떻게 죽을지는 아무도 모르지만 언젠가 반드시 죽는다는 것만큼은 분명한 사실인데, 병들고 늙어야만 죽는 것도 아니고, 사고로도 죽고, 어려서도 죽고, 원인도 모르게 죽기도 하기 때문에, 사실 남녀노소와 신분 고하를 막론하고, 오늘 죽을지 내일 죽을지 아무도 모르지 않습니까? 그런데 젊은 사람은 말할 것도 없고 80이 넘은 어르신조차도 죽으면 어디로 가는지도 모르면서 아직도 살게 될 날이 많이 남아 있는 것처럼 살아간다는 겁니다.

더욱이 부처님 말씀에 의하면 저승길에는 다만 서원과 업 보따리와 자기의 수행력만 가지고 간다고 하며, 이 세상에 올 때에 우리가 모두 빈손으로 왔듯이 죽을 때도, 권력자든 부자든 상관없이 누구나 빈손으로 돌아간다는 것을 분명하게 확인할 수 있는데도 불구하고, 사람들은 왜 다른 사람들을 괴롭히면서까지 자기의 욕심을 차리려고 들까요?

이러한 의문들은 비단 저만의 의문이 아닐 겁니다. 이 책은 바로 이러한 의문들에 대한 답을 찾고자 필자 나름대로 오랜 기간 탐색하고 연마하며 심혈을 기울여서 쓴 결과물입니다. 아마 저의 박사 논문을 쓸 때보다 몇 배 이상의 시간과 정력을 더 쏟았을 겁니다.

답을 찾는 중에 그래도 부처님과 여러 선지식들의 가르침이 가장 믿을 수 있다고 생각했기 때문에 이를 기반으로 하고, 개운서開運書인 《요범사훈》과 현대까지 밝혀진 여러 가지 과학적 지식과 저의 경험적 지식을 바탕으로 연구한 바를 종합하여 되도록 논리적으로 기술하고자 노력했습니다마는, 그중에서도 다음의 법문이 가장 중요한 지침이 되었습니다.

- 『대종사께서 말씀하시기를, "원래 불교는 일체유심조一切唯心造 되는 이치를 스스로 깨쳐 알게 하는 교이니 … 그 이치를 알고 보면 불생불멸의 이치와 인과보응의 이치까지도 다 해결되나니라."』(《대종경》, 교의품 27장)
- 『대종사께서 말씀하시기를, "모든 사람에게 천만 가지 경전을 다 가르쳐 주고 천만 가지 선을 다 장려하는 것이 급한 것이 아니라, 먼저 생멸 없는 진리와 인과보응의 진리를 믿고 깨닫게 하여 주는 것이 가장 급한 일이 되나니라."』(《대종경》, 인과품 16장)
- 『정산종사께서 일체유심조에 대한 질문에 답하시기를 "사람도 마음이 들어서 길흉화복과 생로병사를 지어 나가며, 천지도 근본 되는 형상 없

는 진리 곧 마음이 들어서 성주괴공과 풍운우로상설과 유무 변화가 되느니라."』[1]

- 『대산종사께서 말씀하시기를, "불교는 모든 중생에게 제가 짓고 제가 받아 가며 무시광겁으로 왕래하는 이치—切唯心造를 깨쳐 알리기 위하신 것으로, 부처님께서 49년간 설하신 팔만대장경의 강령을 들어 말하자면 불생불멸의 진리와 인과보응의 진리를 밝혀 놓으셨으며, 특히 사성제, 팔정도, 십이인연, 육바라밀 등이 그 중 요체要諦가 되는 것이다."』[2], 『부처님께서 49년 동안 설하신 팔만대장경은 일체유심조의 이치를 가르치신 것이요, 대종사께서 28년간 가르쳐 주신 교법의 핵심은 용심법이라, 이는 죄와 복이 다 자기 마음 가운데 있으므로 각자의 조물주는 바로 자기 자신임을 밝혀 주신 것이니라. 그러므로 정산 종사께서는 항상 "마음을 여유 있고 넉넉하게 쓰라." 하셨고, 나는 "남의 마음을 고치고 가르치기 전에 자기 마음부터 고치고 가르치라." 하나니, 자기 훈련과 신분검사로 스스로를 변화시키는 데 정성을 다해야 하느니라.』(《대산종사법어》, 훈련편 38장)

맨 먼저 건강법을 설명한 다음 운명이 무엇인지를 밝혔으며, 우주 자연의 변화와 우리의 삶이 진리를 벗어날 수가 없으므로 이에 대한 기본적인 내용들을 기술했습니다. 이어서 모든 현상 변화의 핵심 원리인 인연과의 법칙과 운명을 만드는 업의 원리를 설명했으

1) 《한울안 한이치에》, 제1편 법문과 일화 3.일원의 진리, 67절.
2) 《대산종사법문집 제1집》, 진리는 하나, 1.불교.

며, 그 근본 원리인 일체유심조의 이치를 다각도로 밝히고, 삶의 주체인 내가 누구인지를 고찰했습니다.

다음으로 운명을 바꾸는 방법과 괴로움을 벗어나 행복으로 가는 길(부처님의 사성제·팔정도와 12연기, 육바라밀 등)에 대해 기술했습니다. 하권에서는 이상의 상권에 이어서 행복의 비결인 보은감사 생활과 사은사요 및 불공법에 대해서 설명하고, 이어서 진리의 상징인 일원상과 마음공부의 방법인 삼학팔조와 염불·좌선 등의 명상법 및 일상수행요법과 상시응용주의사항 등에 대해 자세히 해설하고, 6단계 마음공부방법과 인간관계의 요결 및, 죽음의 도와 천도에 대해 설명하는 것으로 마무리를 지었습니다.

전체적으로 상권에서는 주로 불교를, 하권에서는 주로 원불교의 내용을 기본으로 하여, 재가 교도·학자의 입장에서 최대한 경전의 말씀에 기반하고 과학적 지식과 사실적 경험에 바탕을 두어 일체유심조 또는 인과의 이치와 용심법을 하나로 꿰어 논리적으로 서술하고자 노력하였습니다.

하지만 글을 쓰는 내내 과연 제가 이 일을 잘 해낼 수 있을까? 이 분야의 전문가도 아니고, 확철대오를 한 것도 아니고, 지행합일을 이룬 것도 아니고, 식견이 뛰어나다거나 체험이 남다른 것도 아니고, 더 훌륭한 선지식들도 많으신데 굳이 제가 이 일을 할 만한 가치가 있는 걸까? 하는 생각을 많이 했었습니다. 그러나 제가 여러 가지로 부족한 것은 사실이지만 남다른 저만의 색깔과 이력이 있기에, 분명히 이 책이 도움이 될 수 있는 분들도 계실 것이라는

생각에 스스로 용기를 북돋우며 집필을 해서 마침내 이와 같이 출판하기에 이르렀습니다.

원래 이 책을 집필하게 된 동기는 첫째로 제 공부를 좀 더 체계적으로 하기 위해서, 둘째로 제가 아는 바를 모르는 분들과 공유해서 함께 진급해 가기 위해서, 셋째로 법 보시를 통해 법연을 좀 더 두텁게 함과 동시에 그동안 제가 세상에 나와서 입은 모든 은혜와 한때 출가하려다 못한 빚을 사은님께 다소나마 갚고자 함이었습니다. 그러나 체력이 원래 약하고 내공이 딸리는 데다 기억력도 옛날 같지 않아서 가까스로 집필을 마칠 수가 있었는데, 무엇보다도 내용 중에 혹 잘못된 부분이 있어서 불조의 말씀 또는 진리를 오도誤導하는 일은 없을까 염려가 됩니다. 그렇지만 독자 제현·도반들께서 바로잡아 주신다면 저의 공부에도 많은 도움이 될 것이라는 생각에 감히 용기를 내어 출판하게 되었습니다.

이 책을 집필하는 동안 수많은 참고문헌의 도움을 많이 받았습니다. 그중에서도 특히 원요범 선생의 《요범사훈》과, 초기불교에 대한 각묵스님, 묘원스님, 일묵스님의 저술, 유식불교에 대한 김명우 박사와 한자경 교수님의 저술, 원불교에 대한 각산종사님의 《교전공부》와 좌산상사님의 저술 등을 통해 많은 도움을 받았습니다.

끝으로 일이 잘 안 풀리어 고단한 인생을 희망적인 행복한 삶으로 운을 열어가고 싶거나, 마음공부에 관심이 있는 독자들께서는 여러 가지의 개운법과 마음공부법의 근본원리를 확실하게 깨치셔서 함께 행복의 이정표를 세우고 사회적 갈등을 해소하며 평화

안락한 세계를 만들어 가실 수 있기를 법신불 사은전에 간절히 심축 드립니다. 감사합니다.

2022년 12월 15일

평산 김규열 합장

일러두기

1. 여러 경전들의 말씀을 주제별로 일목요연하게 한데 모아서 독자들이 공부하기 쉽게 하고자 노력하였으며, 중복 인용은 되도록 피해서 좀 더 많은 말씀을 싣고자 했습니다.
2. 해설은 전체적인 맥락과 원리 및 핵심을 파악하도록 하는데 촛점을 맞추었으며, 개별적인 어구 등에 대해서는 지면 관계상 일일이 설명을 더하지는 않았습니다.
3. 참고문헌에서 인용한 말씀들은 서두나 말미에 각주를 달아 출전을 밝혔으며, 부연 설명이나 해설이 필요한 어휘들 역시 각주를 달았으나 지면 관계상 일부로 한정하였습니다.
4. 지면 관계상 출전만으로도 알 수 있는 "대종사 말씀하시기를", "정산종사 말씀하시기를", "대산종사 말씀하시기를"은 모두 생략하는 것을 원칙으로 했습니다.
5. 【참고문헌】에서 인용한 문장은 본문의 문체 흐름에 맞추고자 경어체로 바꾸거나 중간중간 생략한 부분도 있는데, 생략한 부분은 "(중략)" 또는 "…"를 넣어 표시하였습니다.
6. 인용문의 출전은 인용문의 서두나 말미의 각주, 또는 인용문 바로 뒤의 괄호 속에 실수로 빠뜨린 경우가 아닌 한 모두 밝혔습니다. 여러 문단을 인용한 경우에는 출전을 각 문단 뒤에 각각 표시하였으나, 지면 관계상 서두나 맨 나중 문단 뒤의 각주에 한 번만 밝힌 경우도 있습니다.
7. • 뒤에 인용한 법문은 고딕체로 표시하여 본문의 서체와 구분되게 하였으며, 출전은 인용법문의 맨 뒤 괄호 속에 표기함을 원칙으로 하고, 출전의 표기가 긴 것은 각주로 처리하였습니다.
8. 본문 내용에 부연 설명이 필요하거나 공부하기 편리하게 관련 법문을 보여드리고 싶은데 본문의 흐름을 해칠 염려가 있는 것은 각주로 처리하여 참고하도록 하였습니다.
9. 각주에 표기한 출전 중 참고문헌은 지면 관계상 도서명과 페이지만 표기하였으므로, 구체적인 서지사항이 필요한 경우에는 이 책 말미의【참고문헌】목록에서 확인해 주시면 감사하겠습니다.
10. 모든 어휘는 한글로 표기함을 원칙으로 하되, 혼동의 우려가 있거나 기타 필요한 경우에는 한자나 영어를 병기하였으며, 본문의 서체는 명조체로 표기하되 본문 중에 특별히 강조할 필요가 있는 부분은 고딕체로 표기하였습니다.
11. 전문적이거나 어렵다고 여겨지는 어휘에 대해서는 필요한 경우 각주에 해설을 달고, 인용한 경우 출전을 간략히 표기하였으며, 고전에서 인용한 문장은 각주에 원문과 출전을 표기했습니다.
12. 서책명은 《정전》, 《금강경》과 같이, 논문명은 『사은사상에 대한 연구』와 같이 표기했으며, 인용문은 『대산종사께서 말씀하시기를, "정산 종사께서는 항상 '마음을 여유 있고 넉넉하게 쓰라.'고 하셨고,』에서처럼 『 』, " ", ' '의 순으로 표기하였습니다.
13. 출전 표기에서 "《정전》, 제2 교의편", "《대종경》, 제3 수행품" 등은 "《정전》, 교의편", "《대종경》, 수행품"같이 표기하여 차례를 나타내는 "제2", "제3" 등은 생략하였으며, 경전의 인용문이 너무 긴 경우 현대의 맞춤법에 준하여 쉼표를 임의로 첨가한 경우도 있습니다.

목차

상권上卷 목차

01 건강은 인생의 가장 큰 자본이다

05 나의 마음이 나의 세계와 인생을 만든다 一切唯心造

06 나쁜 운을 좋은 운으로 바꾸는 방법

07 괴로움을 벗어나 행복으로 가는 길

01

건강은 인생의 가장 큰 자본이다

• 『사람이 길러야 할 네 가지 도四養之道가 있으니 그것은 바로 양정養精·양신養身·양덕養德·양현養賢이니라. 첫째 양정은 고요하고 두렷한 본래의 정신을 기르자는 것으로, 새벽과 저녁에는 수도 정진하는 시간을 정하여 좌선을 하고 일상생활 속에서 무시선법으로 정력定力을 쌓는 적공을 해야 하느니라. 둘째 양신은 몸을 잘 관리하고 길들이자는 것으로, 적게 먹고 많이 씹으며, 말은 적게 하고 묵묵함을 지키며, 근심은 적게 하고 많이 잊으며, 옷은 검소하게 입고 목욕을 많이 하며, 욕심은 적게 하고 많이 비우며, 생각은 적게 하고 활동을 많이 하며, 적당한 운동과 휴식을 겸해야 하느니라. 셋째 양덕은 덕을 기르자는 것으로, 대종사께서 어느 곳 어느 일을 막론하고 오직 은혜가 나타나는 것을 덕이라 하셨나니 안으로 근검절약하고 밖으로 헌신 봉공하는 생활로 인류의 무지·빈곤·질병을 퇴치해야 하느니라. 넷째 양현은 어진 마음과 어진 사람을 기르자는 것으로, 단체나 국가도 주인이 없으면 빈 껍질이요 세계도 불보살이나 성현이 나오지 않으면 빈 껍질이니, 인류 사회를 책임질 수 있는 인재를 많이 배출해야 하느니라.』(《대산종사법어》, 적공편 66장)

"재산이나 명예를 잃는 것은 일부를 잃는 것이요 건강을 잃는 것은 모든 것을 잃는 것이다."라는 말이 있습니다. 우리가 아무리 큰 뜻이 있고 뛰어난 역량이 있다 해도 건강을 상실하고 보면 그것을 구현시킬 수 없으므로 무엇보다도 중요한 것이 결국 건강이기 때문입니다. 공기가 없으면 숨을 쉬고 살 수가 없다는 것을 공기가 없는 데 가보아야 비로소 아는 것처럼 대부분의 사람들은 건강을 상실한 뒤에서야 비로소 자신의 건강이 얼마나 중요한지를 깨닫게 됩니다.

이것은 우리가 일상적으로 너무나 익숙한 것들은 평소에는 그 고마움을 잘 모르고 지내다가 그것이 없게 된 뒤에서야 비로소 알게 되는 것과 같습니다. 그러나 건강을 타고난 분들이나 아직 젊어서 활동에 큰 어려움을 느끼지 못하는 사람들이나 질병을 앓아 본 적이 거의 없는 분들은 건강에 별로 신경을 쓰지 않고 사는 경우가 많습니다. 늙거나 중병에 걸리고 나서야 비로소 건강의 소중함을 깨닫게 되기 때문입니다.

마음공부도 건강하지 않으면 힘듭니다. 몸이 아파서 고통스러우면 짜증이 자꾸 올라오고 신경이 예민해지기 때문에 상당한 내공이 있는 분이 아니면 마음을 원만하게 사용하거나 감사 생활하기도 쉽지 않습니다. 그러므로 수행도 마음공부만 해서는 안 되며 기본적인 건강법을 잘 배우고 익혀서 실천하면서 몸 단련 공부도 함께 해나가지 않으면 안 됩니다. 멀리 또는 높이 가려는 사람일수록 평소에 꾸준히 건강 관리를 하지 않으면 안 됩니다. 인생은 마라톤 경기와 같기 때문입니다. 따라서 수행자가 아직 노년이 아닌데도 몸이 건강하지 않다면 수행에 문제가 있다고 볼 수 있습니다.

평생을 아무리 부지런히 수행했어도 늙어서 치매가 온다든지 중풍이 온다든지 하면 그 보람을 느끼기가 어려울 것입니다. 이런 말씀을 드리면 수행은 마음과 정신의 문제이고 치매나 중풍은 육신의 문제이니 별개의 것이지 않느냐고 반문하실 분들도 계실 겁니다. 그것은 죽으면 육신은 설혹 치매가 왔더라도 이미 닦아놓은 정신의 공력은 그대로 유지된다고 믿기 때문일 것입니다.

그러나 그렇게 생각할 수 없는 것이 평생을 마음공부 또는 수행을 아무리 잘했다고 하더라도 마지막 가는 길에 진심嗔心을 많이 낸다든지, 무거운 악업을 짓는다든지 하면 악도에 떨어지기가 쉽습니다. 평소에 악업을 많이 지은 사람이라 하여도 마지막 가는 길에 진심으로 마음으로 참회하고 선업을 지으면 선도에 날 수 있다고 하신 부처님 말씀을 보아도 그렇고, 소태산 대종사께서 "이생의 최후일념이 내생의 최초일념이 되므로 모든 불조들이 최후일념을 청정하게 가지라고 경계하셨다"는 취지의 말씀(《대종경》, 천도품 35장)과 "사람이 명을 마칠 때 최후 일념이 내생의 제일 종자가 되어서 그대로 움이 트고 나오는 것이다. 그러므로 사람의 일생 복 가운데 최후의 일념을 잘 챙겨 가지고 가는 것이 제일 큰 복이 되는 것이다."(《대종경선외록》, 생사인과장 2절)라고 하신 말씀이나, 정산종사께서 "사람의 영식이 최후의 일념을 확실히 챙기며 청정한 마음으로 떠난 즉 가고 오는 길에 매함이 없으나, 그렇지 못한 영은 그 영로에 미혹이 많나니, 더욱 천도가 필요하나니라."(《정산종사법어》,

생사편 5장)라고 하신 말씀이나, "열반을 앞두고 갖추어야 할 보물 세 가지가 있나니, 하나는 공덕이요, 둘은 상생의 선연이요, 셋은 청정한 일념인 바, 그중에 가장 중요한 것이 청정일념이니라."(《정산종사법어》, 생사편 9장)라고 하신 말씀 등을 비추어볼 때 죽음을 앞두고 가장 중요한 것이 청정한 최후 일념을 잘 챙기는 것인데, 치매에 걸렸다면 이것이 불가능하기 때문입니다. 그러므로 수행자가 마음공부만 잘해서는 안 되고 건강 관리도 잘해야만 수행의 본래 목적을 원만하게 성취할 수 있는 것입니다. 따라서 건강은 누구에게나 인생을 살아감에 있어서 가장 중요한 일이라고 할 수 있으며, 행복의 기본 조건이고 인생의 가장 큰 자본이라고 할 수 있습니다.

건강은 관점에 따라 다양한 정의가 이루어질 수 있겠지만, "건강이란 유기체 또는 그것의 일부분이 생리적 기능을 정상적으로normally 또는 적절하게properly 수행하는 상태condition. 즉, 몸body과 마음mind 또는 정신spirit이 건전한sound 상태condition, 특히 육체적·정신적인 질병이나 고통에서 벗어난 상태state"라고도 정의할 수 있습니다. WHO에서는 "건강이란 단순히 질병이나 허약함이 없다는 것을 말하는 것이 아니라 신체적·정신적·사회적으로 완전한 안녕 상태이다."[3]라고 정의하였고, 최근에는 여기에 영적인 건강까지 포함시키려는 추세에 있습니다. 이러한 건강의 정의에 근거

3) 세계보건기구, 보건대헌장(The Magna Carta for Health). 1948. "Health is a state of complete physical, mental and social well-being and not merely the absence of disease or infirmity."

해서 본다면 당연히 건강하면 행복하다고 할 것입니다. 그러나 가장 좁은 의미로 "육체적인 질병이나 고통에서 벗어난 상태"를 건강의 정의로 보더라도 건강하지 않고서는 행복하기가 쉽지 않습니다.

그것은 우리의 몸과 마음이 서로 밀접한 영향을 끼치는 유기체이기 때문입니다. 일반적으로 몸이 아프면 짜증 나기가 쉽고 신경이 예민해지기가 쉽습니다. 질병 때문에 몸이 고통스러우면 자연히 마음도 괴롭기 때문입니다. 사람이 즐거운 일로 기분이 좋으면 몸의 컨디션도 좋아집니다. 그러나 시험에 낙방을 했다든지 사랑하는 사람과 이별을 했다든지 하면 기운이 쭉 빠지고 심하면 죽고 싶기까지 하며, 몹시 기분 나쁠 때 음식을 먹다가 체한다든지, 군대 간 아들이 죽었다는 소식을 듣고 갑자기 졸도를 한다든지, 정신적인 스트레스가 만병의 원인이 될 수 있다는 것 등이 모두 우리의 몸과 마음이 서로 밀접한 상관관계를 가지고 있다는 증거입니다.

그래서 몸이 건강하지 않으면 명상이나 마음공부도 잘 되지 않기 때문에 마음공부나 명상을 하고자 해도 반드시 몸 수련을 함께 하지 않으면 안 되는 것이며, 또한 그렇게 해야만 마음공부도 더 잘되고, 마음공부가 잘 되면 몸 건강도 더 좋아지는 상승효과를 가져올 수 있는 것입니다.

설혹 몸과 마음이 별개라고 가정하더라도. 그리고 치매로 인해 본인은 인지하지 못하더라도, 수행자가 치매 환자가 되어 온전한 정신을 차리지 못하고 남부끄러운 행동도 서슴지 않고 한다면 보호자나, 자녀나, 제자들이 볼 때에 얼마나 민망하겠습니까? 그러므로 예로부터 가장 큰 복이 오복 중에서도 잘 죽는 복이라고 했거니와, 죽을 때까지 자기 두 다리로 걷다가 며칠간 와병한 뒤 온전한 정신 상태에서 청정일념과 서원을 잘 챙기고 죽는 것이 가장 큰 복이라고 할 것입니다. 그러므로 건강하게 살다가 복 있게 죽으려면 평소 선업을 많이 쌓고 수행도 열심히 잘해야 하겠지만, 그 못지않게 중요한 것이 몸 건강 관리도 잘해야 한다는 것입니다. 그런데 건강도 재산처럼 있을 때 지켜야지 건강을 상실한 다음에 지키려고 하면 이미 늦다는 것입니다. 그래서 질병이 발생하기 전에 평소에 건강 관리를 잘하는 것이 가장 현명하다고 하겠습니다.

필자는 이상적인 건강 상태를 신체가 강건하고 마음이 평안하며 영성이 맑고 밝으며 행실이 진실한 것이라고 생각합니다. 명상을 통해 우리의 마음이 고도로 안정된 상태가 되면 우리의 성품 가운데 본래 갖추어져 있는 영성이 맑고 밝게 드러나게 되는데, 이러한 상태를 자주 오래 경험할수록 영성이 더욱 맑고 밝아지면서 정신이 건강해지고 그에 따라 몸도 점차 건강해지는 것입니다. 행실이 진실한 것은 모든 바람직한 인간관계의 가장 기본적인 조건이 되므로 자연히 사회적인 건강 상태를 이룰 수 있게 됩니다.

1.1 질병의 원인을 알면 대책을 세우기도 쉽다

질병의 원인은 서양 의학적으로 보면 무수히 많지만, 우리 일반인의 건강 관리적 측면에서는 자연 의학적 견지에서 살펴보는 것이 더 큰 도움이 됩니다. 필자는 질병의 가장 큰 원인을 질병과 건강에 대한 무지와 알더라도 실천하지 않는 게으름이라고 생각합니다. 그러므로 건강 상식을 아무리 많이 알아도 이를 실천하지 않으면 아무 소용이 없습니다. 그래서 우리 속담에 "부뚜막의 소금도 집어넣어야 짜다."는 말이 있는 것입니다.

질병의 원인을 좀 더 구체적으로 살펴본다면 ①잘못된 식습관과 생활 습관, ②운동 부족과 과로, ③정신적인 스트레스, ④감염과 중독 및 외상, ⑤유전, 기타 등을 들 수 있겠습니다.[4] 그래서 이러한 원인을 제거하는 것이 곧 건강한 장수의 비결이라 할 수 있는데 그 핵심 요소를 든다면, ①음식Food&Neutrition과 배설Excretion, ②운동Activity&Exercise과 바른 자세Good Posture, ③휴식

4) 현대인들에게는 잘못된 식습관이나 생활 습관, 운동 부족 등으로 인해 정확한 원인을 알 수 없는 고혈압, 당뇨, 암과 같은 만성 고질적인 질환이 날로 증가하고 있고, 과도한 경쟁 속에 살기 때문에 특히 정신적인 스트레스로 인한 질병도 상당히 많습니다. 그리고 오늘날에는 감염성 질환 외에도 각종 인스턴트 음식의 첨가물이나 환경오염 물질 또는 중금속 등에 의한 중독과, 교통사고 등으로 인한 외상, 선천적인 유전질환도 상당히 많습니다.

Rest&Relexation과 수면Sleeping, ④명상과 마음공부Meditation, Positive Mind&Gratefulness, ⑤관계Relations&Human Relationships, ⑥환경Habitation&Environment, ⑦해독Detoxification除毒&Neutralization中和, ⑧호흡Breathing 등이 되겠습니다.

1.1.1 좋은 식습관이 건강의 가장 기본 조건이다

우리의 생명은 음식을 통한 영양 섭취와 호흡을 통해서 유지됩니다. 우리의 몸은 음식을 통해 섭취한 영양분과 물에 의해서 만들어집니다. 따라서 우리가 어떠한 음식을 어떻게 먹느냐와 우리의 몸과 마음을 어떻게 사용하느냐에 따라서 우리의 몸 구성 성분이 달라지는 것이며, 우리의 건강 상태가 결정되는 것입니다. 그러므로 병에 걸렸을 때에도 어떠한 음식을 어떻게 먹고 우리의 몸과 마음을 어떻게 사용하느냐에 따라서 질병을 예방하거나 치유하고 건강을 유지하거나 회복할 수도 있는 것입니다.

우리 한의학에서는 나중에 신선이 되었다는 전설이 있을 정도로 유명한 손사막孫思邈이라는 당대唐代 명의가 계셨습니다. 이분은 한방 치료법과 양생법을 널리 연구해서 《비급천금요방備急千金要方》이라는 명저를 남기셨는데, "무릇 병을 치료하고자 하면 먼저 음식으로 치료해보고, 낫지 않으면 비로소 약을 써야 한다."고 하셨습니다. 서양의학의 비조로 일컬어지는 히포크라테스 역시 "음식으로 못 고치는 병은 약으로도 못 고친다."고 하셨다고 합니다.

결국 이 두 분의 말씀은 질병의 치료에 있어서도 약물보다 음식을 사용하는 것이 먼저라는 말씀입니다. 왜냐하면 음식은 대체로 누구나 쉽게 구할 수 있고 부작용이 거의 없어 안전하기 때문입니다. 이와 같이 음식으로 병을 고치는 것을 '식치食治' 또는 '음식 요법'이라고 하고, 식치에 사용되는 음식 레시피를 '약선藥膳'이라고 합니다. 약선은 여기서 다룰 내용은 아니므로 생략하고, 건강에 좋은 식습관이 무엇인지에 대해서만 간략히 설명하겠습니다.

(1) 건강에 좋은 음식을 고루 섭취하되 소식少食하고 건강에 나쁜 음식은 삼간다

우리 몸의 치아구조를 볼 때 전체적으로 채식에 더 맞고 송곳니가 있어서 육식은 약간 가미하는 정도가 적합하게 되어 있습니다. 따라서 기본적으로 채식을 위주로 하되 육식은 약간 겸하는 정도로 하는 것이 좋겠습니다. 건강에 좋은 음식을 고루 섭취하되 소식하고 건강에 나쁜 음식은 삼가는 것이 좋습니다.

소식은 《동의보감》에 나오는 중요한 양생법 중 하나인데, 현대과학의 연구 결과 역시 소식해야 더 건강하게 오래 산다는 것이 여러 가지 면에서 입증되었습니다. 그래서 되도록 배부르게 먹는 양의 약 70% 정도로 소식하는 것이 건강에 좋다고 합니다. 일본의 대체의학, 자연의학인 니시의학에서는 아침을 거르고 점심과 저녁을 적당량의 현미밥으로 먹는 것이 가장 건강에 좋다고 보고 있습니다. 밤 시간에는 낮에 활동하면서 생긴 각종의 노폐물을 최대한 배출시키는 데에 에너지를 써야 하는데, 아침 식사를 하게 되면 그것이 충분히 배출되지 못하고 체내에 독소나 노폐물이 잔류, 축적되기 때문에, 이러한 노폐물이 충분히 잘 배출될 수 있도록 아침 식사는 거르고 좋은 물만 마시라는 겁니다.

밥은 되도록 현미밥이나 잡곡밥을 드시는 것이 좋습니다. 일반 백미는 현미의 표층 부분을 도정하면서 깎아낸 것이라 섬유소를 비롯한 여러 가지 영양성분이 많이 사라져서 당분이 주성분인데다 소화 흡수가 빨리 되어 혈당수치를 급격하게 높여주기 때문입니다. 그런데 현미밥은 건강상의 여러 가지 이점이 있음에도 불구하고 맛이 없고 거칠며 소화가 잘 안되기 때문에 별로 환영받지 못하고 있습니다. 현미밥을 드실 때 가장 중요한 것은 백번 이상 꼭꼭 씹어 드시되 반찬과 함께 드시면 안 되고 국물에 말아 드시면 더욱 안 된다는 겁니다.

현미밥과 반찬을 교대로 씹어 드셔야만 100번 이상 꼭꼭 씹을 수 있고, 또 그렇게 해야만 침에 의해 소화되면서 당화되기 때문에 맛도 가장 좋고 소화장애도 예방할 수 있습니다. 현미밥을 반찬과 함께 드시거나 국물에 말아 드시면 현미밥을 꼭꼭 씹을 수가 없게 되기 때문에 건강에 도움은커녕 오히려 소화장애를 일으키기 쉬우므로 차라리 현미밥을 안 드시는 편이 더 낫습니다. 특히 소음인의 경우에는 소화력이 약하기 때문에 더욱 주의해야 합니다.

통밀, 통보리와 같은 도정하지 않은 통곡물은 도정한 것에 비해서는 당연히 건강에 좋겠지만, 밀 속에는 음식을 부드럽게 느끼게 해주는 글루텐 성분이 많이 들어 있는데 이 글루텐 성분은 알러지성 질환이나 치매를 촉진하는 것으로 알려져 있습니다. 옥수수도 건강 양생에 매우 좋은 식품이지만 현재는 유전자를 조작해서 만들어진 옥수수가 많으므로 주의해야 합니다.

율무, 좁쌀, 팥, 녹두, 수수, 찹쌀 등은 약성이 상당히 강한 것들이라 체질에 맞아야 하는데, 율무나 좁쌀은 태음인에게, 녹두는 소양인에게, 수수와 찹쌀은 소음인에게 적합한 것으로 되어 있습니다. 따라서 일반적으로는 현미밥에 잡곡을 섞을 경우에는 옥수수와 검은콩이나 강낭콩, 완두콩, 넝쿨콩, 노랑콩, 동부콩 등을 섞어 드시는 것이 좋겠고, 추가하고 싶으시다면 체질에 맞는 잡곡을 더하시면 되겠습니다. **필자는 건강 기능과 맛의 양면의 고려할 때 충분히 잘 씹어 드신다는 전제하에 현미밥에 검은콩(흑태, 서리태, 소목태 등)과 옥수수쌀을 적당히 섞어서 반 공기 정도 드시는 것을 가장 추천합니다.**

채소는 되도록 엽채류와 근채류를 고루 섞어서 3~5가지 이상으로 한열온량[5]의 성질을 잘 감안해서 충분히 드시되 생채식 또는 녹즙 범벅과 화식火食을 적당히 겸해서 드시면 좋습니다. 생채식 녹즙 범벅이 좋다고 주장하는 분들이 많은데, 한의학적으로 볼 때 생채소는 대체로 성질이 서늘한 경우가 많고 세포벽이 두껍기 때문에 몸에 열이 많고 소화 기능이 좋은 소양인이나 태음인한테는

5) 한열온량寒熱溫凉: 한의학에서는 모든 식재료와 약 재료가 한열온량의 성질을 가지고 있다고 보며, 이를 약성藥性이라고 합니다.

좋겠지만, 소음인 같은 냉체질인 경우 생채식 녹즙 범벅을 계속 드시게 되면 오히려 소화장애를 일으키고 기운이 까라질 수 있으므로 주의해야 합니다. 녹즙 범벅은 녹즙을 짜서 건더기와 함께 먹는 것인데, 맛이 없어서 난치병 환자가 아닌 한 지속해서 먹기는 어렵기 때문에 생채식이나 녹즙 범벅과 화식을 적당히 섞어 드실 것을 권장해 드립니다. 화식할 경우에는 여러 가지 채소를 몇 분간 끓여서 채수菜水로 만들어 드시거나 된장찌개 등에 여러 가지 채소를 함께 넣어서 익혀 드시면 좋습니다. 녹즙은 사과, 당근, 오이 등을 섞을 경우 비타민 C를 파괴하기 쉬운데, 식초나 레몬즙 2티스푼을 섞으면 이를 예방할 수 있다고 합니다. 기타 자연식품, 발효식품, 효소식품을 많이 드시고 조리 과정이 너무 복잡하지 않은 것이 좋습니다.

현미 생식을 드실 경우에는 현미 서너 숟갈 정도를 물에 충분히 불려서 드시면 됩니다. 양이 적은 것 같아도 100번 이상 꼭꼭 씹어서 거의 액상 상태로 만들어서 삼켜 드시면 비만인의 경우에는 이렇게 소량으로도 활동하는 데는 별 지장이 없다고 합니다. 이 경우 채소도 샐러드를 만들어 함께 드시거나 녹즙 채소 범벅을 만들어 드시면 됩니다. 현미 생식의 장점은 첫째 열로 인한 영양소의 손실을 방지하고, 둘째 소화 흡수 지체로 인한 다이어트 효과, 셋째 오래 씹음으로써 두뇌활동을 촉진하여 치매 예방에 도움이 되고, 넷째 시간과 노력과 물을 절약하고, 다섯째 휴대하기 간편한 점 등을 들 수 있습니다. 현미밥이 건강상으로는 장점이 많은데도 불구하고 널리 응용되지 않는 이유는 대개 소화 흡수가 잘 안되고 오래 씹기가 어려우며 백미에 비해 거칠고 맛이 없기 때문인데, 이러한 분들은 현미밥을 발효시켜 건조 분말한 전남 장흥의 초누리에서 생산, 판매하는 발효식을 드시는 것도 한 방법이 되겠습니다.

채식이 건강에 좋은 이유는 섬유질과 비타민, 무기질, 효소 등을 충분히 섭취할 수 있다는 점입니다. 특히 섬유질은 장내 독소 물질의 생성을 최소화하고 탄수화물의 흡수를 억제해서 고지혈증, 당뇨, 고혈압, 치매와 같은 현대의 만성 고질병들을 예방하는 데 매우 중요한 역할을 하는데 채소 중에 많이 함유되어 있습니다. 비타민과 무기질은 우리 몸에 영양소들이 소화 흡수되고 각종 대사 과정을 통해서 생명 활동에서 필요한 물질들을 만들어내기 위해서는 반드시 필요한 성분들인데, 역시 채소 중에 많이 들어 있습니다. 또, 채식은 혈액을 알칼리화하고 우리의 성정을 순화시켜줍니다.

효과적인 채식법은 원액기 등으로 생즙(녹즙)을 내서 건더기와 함께 녹즙 범벅으로 만들어 드시거나, 여러 가지의 채소를 된장 등과 함께 넣고 끓여서 채수菜水나 된장찌개를 만들어 드시는 방법입니다. 음식을 드시는 순서는 위장에서 위산이 나오기 때문에 단백질 식품을 먼저 드시고, 탄수화물 식품을 이어 드시는 것이 더 좋겠습니다.

건강에 좋은 음식을 많이 드시는 것 못지않게 중요한 것이 건강에 나쁜 음식의 섭취를 최소화해야 한다는 겁니다. 육식이 다 나쁜 것은 아닌데, 현대에는 옛날과 같이 방목이나 자연에서 키우는 것이 아니고 대부분 집단 사육을 하면서 곡물을 먹이기 때문에 육질이 옛날 같지가 않은데다, 각종 항생제, 호르몬제, 소염제 등을 많이 먹이기 때문에 이러한 것들이 고기에 잔류할 수 있어서 우리가 먹었을 때 여러 가지 나쁜 영향을 끼칠 수가 있습니다. 특히 고기를 구워 드시는 경우가 많은데 탄 부분은 암을 유발하기가 쉽습니다. 그러므로 고기를 드실 경우에는 수육으로 만들어 드시는 것이 가장 바람직하며, 어육도 마찬가지로 구워 드시면 풍미는 좋지만 건강상으로는 탕이나 조림 등으로 만들어 드시는 것이 좋고, 혹 구워서 드시더라도 탄 부분은 안 드시는 것이 바람직하겠습니다.

또, 현대인들은 일상이 너무 바쁘다 보니 자연히 인스턴트 음식을 애용하게 되는데, 인스턴트 식품에는 설탕, 지방과 함께 첨가물들이 많이 들어가 있기 때문에 지속적으로, 또는 많이 먹을 경우 건강에 해로울 수 있다는 겁니다. 일회성으로만 볼 때는 크게 문제 될 것이 없어 보이지만 누적, 축적이 되다 보면 분명히 문제 될 수 있다는 겁니다. 그중에서도 시중에서 파는 빵들은 대부분 설탕과 10여 가지의 첨가물들이 들어가 있고, 빙과류는 거기에다 차갑기까지 하기 때문에 더욱 좋지 않다고 하겠습니다. 계란과 우유도 논란이 많은데, 자연 상태에서 놓아먹인 닭의 달걀들은 상당히 좋을 수 있지만, 현대는 대부분 집단 사육하면서 각종 항생제, 소염제, 호르몬제 등을 먹여서 키우기 때문에 영양학적으로만 접근해서는 안 된다는 겁니다. 그러나 자연 방사해서 키우거나 닭의 건강에 좋은 특수 사료 등을 먹여서 키운 달걀은 무방하겠습니다.

육식은 첫째로 현대의 각종 만성 난치병인 심뇌혈관계 질환과 비만증 및 암을 유발하고, 둘째 혈액을 산성화하며, 셋째 성격을 거칠게 만든다고 합니다. 게다가 축산과정에서의 분뇨처리와 각종 항생제, 호르몬제 사용 등으로 인해 환경을 오염시키고, 숲을 없애는 데다 소가 방귀를 뀌며 발생시키는 메탄가스가 지구 온난화의 가장 주된 요인이 된다고 합니다. 더구나 소고기 단백질 50kg을 생산하는데 식물성 단백질 780kg이 필요하여 세계 곡물 생산량의 1/3을 소비한다고 하는데, 이 때문에 인구 20억 명이 굶주리고 있다고 하니 육식은 되도록 줄이는 것이 좋겠습니다.[6)]

동물성 지방이라든지, 포화지방, 경화유 등은 혈액을 탁하게 하기 때문에 안 좋고, 정제유도 사실은 정제되는 과정에서 많은 영양소들이 제거될 뿐만 아니라 정제 과정 중에 여러 가지 해로운 물질들이 가미될 수도 있기 때문에 주의해야 합니다. 따라서 기름은 종자를 압착 방식의 재래식으로 짠 식물성 기름이 가장 좋겠습니다. 기름에 튀긴 식품(치킨, 팝콘 등)은 지방이 산화되면서 독성이 생성될 뿐만 아니라 트랜스지방산이 함유되기 때문에 건강에 해로우며, 공기 중에 오래 노출되어 산화된 기름 역시 건강에는 해롭습니다. 특히 들기름은 산화 속도가 빠르기 때문에 냉암소에 보관을 잘해야 합니다. 견과류 역시 지방 성분을 많이 함유하여 상온에 노출된 지 오래되면 변질되기 쉬우므로 항상 맛과 냄새를 통해 신선도를 잘 확인하고 드셔야 합니다.

---

6) 이에 대한 자세한 내용은 제레미 리프킨 지음, 신현승 옮김, 《육식의 종말》(시공사, 2008)을 참조.

최근의 연구성과에 따르면 치매라든지 당뇨 등을 일으키는 주된 원인이 탄수화물이기 때문에 탄수화물보다 지방 성분이 많은 것이 더 좋을 수 있는데, 특히 코코넛 오일은 포화지방이지만 중사슬 지방이라서 당뇨병이나 뇌 건강 등에 매우 좋은 건강식품이라고 합니다.

백설탕은 정제당으로 비타민이나 무기질 성분이 제거되고 탄수화물 성분으로만 되어 있기 때문에 장복하거나 다량 복용할 경우 건강에 안 좋다고 합니다. 과당과 정제당 아류(흑설탕, 당밀, 설탕 시럽, 캐러멜 시럽 등) 및 아스파탐 같은 각종 대체감미료 역시 건강에는 해롭다고 하므로 되도록 덜 드시는 게 좋겠습니다. 요즘은 과자류나 빵, 빙과류 등은 말할 것도 없고, 식당 음식들조차도 설탕이 많이 들어가서 저 같은 사람은 너무 달아서 먹기 힘들 정도입니다.

그러나 요즘 사람들은 단 음식을 너무 많이 먹다 보니까 단맛에 대한 미각이 쇠퇴해서 설탕이 웬만큼 들어가도 단맛을 못 느낄 정도로 미맹이 되어 있습니다. 자연건강학자들은 백설탕을 건강의 적이라고 하거나, 심지어는 마약이라고까지 말씀하시는 분들도 계십니다. 왜냐하면 백설탕은 첫째 당대사 과정 중 V.B를 소모하고 체액을 산성화시킬 뿐만 아니라, 이를 중화시키기 위해 미네랄(Ca)을 대량 소모해서 골다공증을 야기할 수 있으며, 둘째 설탕은 포도당과 과당으로 되어 있어서 쉽게 소화 흡수되기 때문에 설탕을 과다 섭취하면 바로 고혈당이 됩니다. 고혈당이 일정 수준 이상이 되면 인슐린이 과다 분비되어 혈당을 과다 처리하게 됨으로써 오히려 저혈당이 야기하게 되고, 그러면 다시 우리 몸은 부족한 당분을 채우려고 자꾸 당분을 먹고 싶게 만든다는 겁니다.

이것이 당 탐닉증으로 발전하고 당을 받아들이는 세포들의 인슐린에 대한 반응이 둔해지면, 비장에서는 혈당을 줄이기 위해서 인슐린을 더 많이 분비하게 되는 일련의 과정을 반복하다가 그로기 상태가 되면서, 인슐린 저항증으로 발전함과 동시에 고인슐린혈증이 된다는 겁니다. 고인슐린혈증은 점차 당뇨병으로 진행되는 한편, 인슐린 저항증으로 세포에서 당분을 받아들이지 않게 되면 이를 중성지방으로 전환시키기 때문에 혈액이 중성지방으로 탁해져서 고지혈증이 된다고 합니다.

이런 상태가 반복, 지속되다 보면 뇌에서는 저혈당으로 인한 에너지 쇼크를 막기 위해 분비되는 아드레날린이 체내에서 분해되어 조현병의 원인 물질인 아드레노크롬라는 걸 생성하게 되고, 더 나아가면 비만, 심뇌혈관계 질환을 유발해서 고혈압, 동맥경화, 중풍 및 암, 치매 등을 유발하게 된다고 합니다. 특히 당뇨가 65세 이전에 온다든지, 인슐린 주사를 맞는다든지 이런 경우에는 치매가 올 수 있는 확률이 정상인의 2배 이상이나 높아진다고 하는데, 그것이 바로 설탕과 글루텐 성분 때문이라고 합니다. 그래서 설탕은 잠깐은 우리의 입맛을 즐겁게 해주기 때문에 기분 좋게 먹을 수 있지만, 중독이 되면 나이 들어 만성 고질병으로 고생할 수 있습니다.

과당이란 주로 과일에 많이 들어 있는 당분인데, 간으로 들어가서 설탕보다도 더 빨리 지방질의 생성과 축적을 촉진하므로 인슐린 저항증, 고지혈증, 동맥경화증 및 비만증을 유발하기 쉽다고 합니다. 과자나 음료에 들어간 과당은 섬유질이 없으므로 더욱 해롭습니다. 따라서 과일도 많이 먹게 되면 과당을 과다 섭취하게 되어 지방간과 같은 문제를 일으킬 수 있습니다.

화학첨가물이 들어간 가공식품 및 기타 유해 물질을 함유한 음식은 되도록 삼가는 것이 좋습니다. 화학첨가물로는 방부제, 발색제, 유화제, 연화제, 응고제, 증점제, 안정제, pH조정제, 산화방지제, 조미료, 인공 향 등이 있는데, 가공식품, 콜라, 사이다, 빵, 과자, 빙과류, 통조림 등의 인스턴트 식품에는 이러한 화학첨가물들이 많이 들어갑니다.[7]

공장에서 제조되어 시중에 유통되는 가공식품과 패스트푸드는 첫째 각종 화학합성제의 첨가로 간장에 과부하를 주며, 암 유발의 원인이 될 수 있습니다. 예를 들면, 햄, 소시지 등에 함유된 주된 첨가물 성분이 아질산나트륨(허용치: 70ppm 이하. 치사량 1g)이라고 하는데, 이것이 아민과 합쳐지면 강력한 발암물질인 니트로사민을 생성한다고 합니다. 둘째, 설탕, 과당 등을 많이 함유하여 고혈당, 당뇨병, 비만증, 암, 치매 등의 병증을 유발할 수 있습니다. 이 밖에도 유해 물질을 함유한 식품은 당연히 되도록 삼가는 것이 좋겠습니다.

현대는 인스턴트 음식을 많이 섭취하기도 하지만 토질이 옛날 같

7) 자세한 내용은 아베 쓰카사 지음, 안병수 옮김, 《인간이 만든 위대한 속임수 식품첨가물》(국일출판사, 2006)와 같은 저자의 《인간이 만든 위대한 속임수 식품첨가물 2》(국일출판사, 2016) 및 바니 하리 지음, 김경영 옮김, 《내 몸을 죽이는 기적의 첨가물 암부터 치매까지(건강을 위협하는 식품첨가물의 모든 것)》(동녘라이프, 2020)을 참조.

지 않고 산성화가 많이 되어 있으며, 화학비료나 농약을 많이 사용하고 온실재배를 하는 경우가 많기 때문에, 식재료의 영양소 함유량이 옛날보다 많이 떨어져 있어서 정상적인 식사를 해도 영양부족이나 영양 불균형 상태, 특히 비타민과 무기질의 섭취가 부족한 경우가 많습니다. 따라서 이를 예방 또는 해소하기 위해서는 탄수화물 중심의 식사에서 5대 영양소 즉, 탄수화물과 단백질, 지방을 균형 있게 섭취하고 비타민과 무기염류를 고루 섭취할 수 있는 식사를 하여야 하며, 3끼 식사로 이것을 해결하기 어려울 때에는 적절한 보조 영양제나 비타민류의 건강식품을 잘 선택해서 추가로 공급해줘야 합니다.

먹었으면 소화 흡수하고 남은 음식물 찌꺼기를 대소변으로 배설하는 것이 매우 중요한데, 오늘날에는 인스턴트 음식을 즐겨 먹고 운동은 부족하며 스트레스를 많이 받고 양변기를 사용하다 보니 변비로 인해 고통받는 분들이 대단히 많습니다. 이 대소변의 상태는 예로부터 건강 상태와 질병을 판단하는 매우 중요한 지표입니다. 변비의 원인은 한의학적으로 볼 때 크게 장내腸內 열로 인한 경우, 장내 진액이 부족해진 경우, 스트레스가 많거나, 기력이 달리거나, 운동이 부족해서 장운동이 제대로 안 되는 경우, 위와 장이 너무 냉한 경우 등을 들 수 있습니다.

그러므로 먼저 원인이 무엇인지를 잘 살펴보고 치료에 임해야만 성공률을 높일 수 있겠습니다. 열로 인한 변비에는 우엉 뿌리, 결명자, 생지황, 맥문동 등이 좋고, 냉해서 오는 변비에는 벌꿀, 호두,

잣, 당귀 등이 좋겠습니다. 진액이 부족한 경우에는 생지황, 맥문동, 구기자, 당귀, 벌꿀 등 중에서 자신의 체질에 맞는 것을 고르시면 되겠습니다. 그리고 체질 관계없이 적절한 프로바이오틱스 유산균과 섬유질이 풍부한 식품을 많이 드시고, 금붕어 운동이나 복식호흡 등을 겸하시면 좋겠습니다.

(2) 규칙적定時·定量으로 따뜻하게 해서 먹고, 찬 음식, 간식, 과식, 폭식, 과음, 폭음은 삼간다

되도록 일정한 시간에 일정한 양의 음식을 따뜻하게 해서 먹는 것, 다시 말해서 규칙적인 식사가 건강에 더 좋다는 것입니다. 그것이 소화 흡수하고 대사하는데 가장 효율적이기 때문입니다. 사실은 배고플 때 먹고 배고프지 않으면 먹지 않는 것이 더 좋을 수 있겠습니다만 사회생활 하면서, 그리고 먹는 즐거움을 포기하고 싶지 않은 분들이, 그렇게 하기가 쉽지 않기 때문에 일단 정시에 정량으로 먹는 것이 가장 좋은데, 또한 중요한 것은 따뜻하게 먹어야 한다는 겁니다.

우리 인간은 정상 체온이 36.5도인 항온동물이므로 차가운 음식을 먹게 되면 뱃속에서 열량과 효소를 소모해서 정상 체온으로 덥혀줘야 하는 문제가 생기기 때문에 이것이 반복되면 위장 장애를 비롯한 여러 가지 건강상의 문제가 일어날 수 있습니다. 그래서 **기림산방氣林山房에서는 찬 음식을 먹는 것이 만병의 근원이라고 보고 어떤 음식이든 따듯하게 해서 먹으라고 강조합니다.** 우리가 단식을 할 때는 회복식을 매우 중시하는데 기림산방에서는 따뜻한 물만 계속 마신다면 회복식을 따로 하지 않아도 된다는 것을 분명하게 입증하고 있는데, 이것만 보아도 따뜻한 음식을 먹는 것이 얼마나 중요한지를 알 수 있습니다.

이것은 우리가 차가운 것을 갑자기 목이나 겨드랑이에 댔을 때의 우리 몸의 반응과 느낌을 미루어서 뱃속 위장이 어떠할지를 추측해보면 이치상으로도 양생에 매우 중요한 조건이 된다는 것을 충분히 이해할 수 있습니다. 바깥에 있는 근육도 갑자기 차가운 것이 닿으면 움츠러들면서 경직되는데 몸 안에 있는 위장 근육은 어떠하겠습니까?

또, 당연한 말이지만 간식, 과음, 과식, 폭음, 폭식을 삼가라는 것은 위와 장이 일정한 시간에 일정량의 음식이 들어오면 소화 흡수의 효율도 좋아지고 위장이 쉴 수 있는 여가가 생기는데, 그렇지 않으면 위장이 쉴 수 있는 시간이 그만큼 없어지기 때문입니다. 특히 저녁 식사 후 늦어도 9시 이후에는 물을 제외한 어떠한 음식도 드시지 않는 것이 좋습니다. 성장기 소화력이 왕성할 때는 잘 못느끼지만 장년 이후에는 밤참을 먹게 되면 그만큼 다음날 컨디션이 안 좋아진다는 것을 스스로 느낄 수 있습니다. 밤 시간에는 낮에 활동하면서 생긴 노폐물들을 처리해야 되는데 밤참을 먹게 되면 소화기관이 휴식을 취하지 못하는 데다 노폐물을 처리하는 데 사용할 에너지가 소화 흡수하는 데 사용됨으로써 그만큼 노폐물이 제대로 처리되지 못하고 체내에 독소가 쌓이게 됩니다. 그러므로 오후 7시 이후 밤늦게 음식을 먹을수록 건강에는 좋지 않습니다.

(3) 좋은 물을 1일 1ℓ 이상 공복에 조금씩 자주 마신다

우리 몸은 전체 체중의 70% 정도가 수액으로 이루어져 있고, 인체의 모든 대사 과정에 물이 화학반응을 일으키는 용매가 될 뿐만 아니라 독소나 노폐물을 배출하는 청소용수로도 사용되기 때문에 물을 수시로 많이 마셔줘야 하는데, 우리가 과일이나 채소, 국물 음식 등을 통해서 섭취하는 수분도 있기 때문에 대체로 하루에 기본적으로 1ℓ 정도는 마시는 것이 바람직하다는 것입니다.

물론 활동량이라든지 연령, 체질 등에 따라서 다소간 증감은 있겠습니다만 반드시 따듯하게 덥혀 드시는 것이 좋겠습니다. 매일 새벽 약수터에서 생수를 마신다고 찬물을 그대로 떠 마시는 분들이 많은데, 이것이 장기적으로 반복되면 특히 소음 체질의 경우 위하수나 위 무력 같은 위장장애를 일으킬 수도 있으므로 주의해야 합니다. 또, 물은 음식과 함께 드시면 소화액이 묽어져서 소화효소가 낭비될 수 있으므로 식사와 30분 이상 시간차를 두고 마시고 공복에 자주 마시는 것이 좋겠습니다.

여기서 좋은 물이란 병원균이나 중금속 등의 오염이 없는 깨끗한 생수로서 적당한 무기질을 함유하며, 마시기에 거부감이 들지 않고 몸에서 잘 받아들여 자꾸 더 마시고 싶은 물이라고 할 수 있습니다.

(4) 감사한 마음으로 즐겁게 맛을 음미하면서 꼭꼭 씹어 먹는다

우리가 같은 음식을 먹어도 감사한 마음으로 먹느냐, 화난 마음, 원망하는 마음, 기분 나쁜 상태로 먹느냐에 따라서 소화 흡수 상태가 달라진다는 겁니다. 물도 욕을 하면 물 분자가 일그러지게 변한다고 하고, 음식도 나쁜 소리 할 때와 감사 표시할 때의 부패하는 속도도 달라진다는 것을 TV 프로그램에서도 입증한 바가 있습니다만, 감사하는 마음으로 맛을 음미하면서 꼭꼭 씹어 먹는 것이 과식도 예방하고 뇌 혈류도 좋아지고 소화 흡수에도 더 도움이 된다는 겁니다. 허겁지겁 정신없이 먹다 보면 과식하기도 쉽고 꼭꼭 씹어 먹기가 어렵기 때문에 소화효소와 소화 에너지가 많이 소모되고, 과영양이 되어 비만을 비롯한 각종 성인병을 야기하기도 쉬우므로, 천천히 꼭꼭 잘 씹으면서 맛을 충분히 음미하면서 드시는 것이 뇌와 위·장을 비롯한 몸의 건강에도 도움이 되고 알아차리는 마음 수행에도 좋습니다.

1.1.2 고인 물이 썩듯이 운동하지 않으면 건강을 담보하기가 어렵다

우리 몸은 수시로 적당히 움직여서 기혈순환을 촉진해줘야 하는데 현대인들은 정신노동이나 단순 반복 노동을 주로 하는 경우가 많고, 일상이 너무 바빠서 자동차나 엘리베이터 등을 주로 이용하다 보니 상대적으로 전신 운동 시간이 많이 부족합니다.

운동이란 사전적으로는 "사람이 몸을 단련하거나 건강을 위하여 몸을 움직이는 일."이라고 되어 있는데, 필자는 "건강의 보존이나 신체의 교정(육체적인 결함의 시정), 신체 기능의 향상 또는 질병의 예방 치료를 위하여 근골·관절의 굴신·회전·비틀기 등의 방법으로 근육의 긴장과 이완을 반복함으로써 심신을 단련하는 일."이라고 정의합니다. 육체노동이나 활동도 광의의 운동에 포함되긴 하지만 그 목적이 심신의 단련이 아닌 작업의 성취에 있다는 점에서 의미가 다소 다르다고 하겠습니다.

적절한 운동은 첫째 기혈순환과 신진대사를 촉진하여 장부의 생리기능을 활성화하고 면역력을 증강시켜주며, 둘째 근력 및 정신력을 증강시켜주고 스트레스 해소에 도움을 주며, 셋째 자세 및 신체의 교정에 도움을 줌으로써 건강을 증진하고 질병을 예방·치료하는 효과가 있습니다.

그러나 모든 운동이 무조건 건강에 도움이 되는 것은 아닙니다. 무산소운동이나 지나친 운동과 과격한 운동은 근골의 손상을 가져오기 쉽고 활성산소를 과다 배출하여 장기적으로 보면 오히려 건강을 해치고 노화를 촉진할 수 있습니다. 일반적으로 운동선수들의 평균수명이 더 짧은 이유이기도 합니다. 따라서 전문 스포츠 선수가 아니고 단순히 건강 증진을 목적으로 하는 운동이라면 굳이 그렇게 심한 운동을 할 필요가 없으며, 하루에 30~60분 정도의 유산소 운동으로 충분합니다.

최소의 비용과 시간 투자로 최대의 효과를 누릴 수 있는 유산소

운동법을 제가 추천한다면, 남녀노소 누구나 부담 없이 손쉽게 따라 할 수 있는 기혈순환 촉진 운동법으로 1회에 7, 8분 정도 소요되는 김수인 박사님이 개발하신 바운스 운동법과, 10~20분 정도에 기혈순환을 촉진하며 일심을 양성하고 전신의 체력을 단련할 수 있는, 필자가 개발한 양생 88배[8]라는 절 운동법을 적극 추천합니다. 그리고 니시의학 운동법인 금붕어 운동, 합장합척 운동(일명 개구리 운동), 모관 운동 등[9]을 또한 적극 추천합니다.

이외에 걷기운동이나 등산, 수영, 요가(아사나), 필라테스, 줄넘기, 헬스, 교대로 한 다리 들고 서 있기 등과 각종의 몸풀기 동작 및 선무 등을 활용할 수 있겠습니다만, 꼭 이렇게 정형화된 운동법

---

8) 양생88배: 기존의 불교식 108배 절 운동에 상체 운동을 가미하고 단전호흡과 결합시켜서 전신의 근골관절을 움직여 줌과 동시에 호흡과 동작에 일심함으로써 집중력과 체력을 단련하며 기공 명상이 되게 하는 유산소운동법으로, 무릎 환자가 아니면 누구나 할 수 있는 매우 경제적이면서 효과 만점인 기공명상 운동법입니다. 좀 더 구체적인 방법 설명과 동작 시연은 유튜브에서 절 운동법 또는 양생88배를 검색하시면 보실 수 있습니다.

9) 니시 운동법에 대한 구체적인 운동 방법은 유튜브를 검색하시어 아래의 설명을 숙지하시고 나서 따라하시면 되겠습니다.

① 모관 운동은 반듯하게 천장을 보고 누워서 양손과 발을 수직으로 올려 빠른 속도로 가볍게 팔다리를 진동시키는 운동법인데, 혈액순환과 임파액의 흐름을 원활하게 회복시켜 심혈관 순환기 질환의 예방 치료에 최고인 운동법으로, 심장병, 고혈압, 저혈압, 신경통, 출혈 및 기타 만성 질환에 탁월한 효과가 있습니다.

② 붕어 운동은 반듯하게 천장을 보고 누워서 양손은 뒷목 후두부 밑에 깍지 끼어 위치하고 양발은 세워서 붙이고 발끝을 무릎 쪽으로 젖힌 다음 붕어처럼 좌우로 다리와 몸을 흔들어주는 운동법으로 척주교정과 장운동에 최고인 운동법으로, 척수신경과 교감신경·부교감신경의 기능을 조정해주며, 복부의 장기를 생리적 위치로 복원시켜 장폐색과 유착 방지, 내장하수, 복통, 충수염, 위경련, 손발 마비, 심장병, 신장병 등에 효과가 있습니다.

③ 합장합척 운동은 반듯하게 천장을 보고 누워서 양 손바닥을 붙이고(합장) 무릎을 살짝 굽혀 양발바닥을 맞대고 붙인(합척合蹠) 다음 손바닥과 발바닥이 서로 떨어지지 않게 주의하면서 합장한 손을 머리 위로 올리면서 동시에 합척한 발을 아래로 밀치고, 합장한 손을 가슴으로 당기면서 동시에 합척한 발을 당겨 오므리는 것을 반복하는 운동법으로, 골반교정 및 각종 부인과 질환의 예방·치료에 최고인 운동법이며, 사지 근육과 신경의 조정, 조화를 꾀하여 각종 부인병(자궁 발육부전, 후굴, 월경 이상, 불임, 냉증, 난소낭종, 자궁 근종, 자궁내막염, 자궁암, 질염, 태동 등)과 남성들의 전립선 질환에 효과가 좋습니다. 특히 여성들의 골반, 배, 허벅지, 하퇴, 발 등 근육과 신경의 기능 및 혈액순환을 촉진하고 안태安胎시키는 데 효과가 좋습니다.

이 아니더라도 모든 운동의 동작은 기본적으로 '굴신, 회전, 비틀기'의 3가지 요소로 구성되어 있으므로, 이를 적절히 섞어서 활용하신다면 자기가 처한 상황과 조건에 맞게 운동법을 다양한 방식으로 얼마든지 변화시켜 응용할 수가 있겠습니다. 특히 연세가 많으신 어르신들도 누워서 팔다리를 들어 올렸다 내렸다 한다든지, 윗몸 일으키기를 한다든지, 허리나 목을 비틀거나 돌려준다든지 금붕어 운동이나 합장합척 운동 등 마음만 먹으면 얼마든지 운동할 수 있는 방법들이 있습니다.

건강이나 신체 단련을 위한 적당한 운동은 나이, 체격, 건강, 성, 체질 등에 따라 개인차가 많습니다. 따라서 운동도 각자의 체질적 특성을 고려해서 하는 것이 좋은데, 기본적으로 소음인은 땀이 안 나게 하는 것이 좋고, 태음인은 피부가 두꺼워서 피부 순환이 잘 안되므로 땀이 나게 해야 좋으며, 소양인과 태양인은 하체가 빈약하므로 하체를 단련하는 운동이 좋겠습니다.

운동을 통해서 살을 빼려는 분들이 많지만, 그것은 현실적으로 거의 불가능하다고 생각합니다. 왜냐하면 체지방을 연소시키기 위해서는 최소한 매일 30분 이상을 운동해야만 연소되기 시작하므로, 최소한 매일 50분 이상을 운동해야 되는데 평생을 이렇게 지속하기란 거의 불가능할 뿐만 아니라, 운동을 하게 되면 근육이 생성되어 기초대사량이 증가하지만, 하다가 안 하면 오히려 잉여 칼로리가 많아져서 살이 더 급속도로 찌는 데다, 운동 후에는 식욕이 당겨서 과식하기가 쉽기 때문입니다.

따라서 운동은 건강 양생을 위해 가능하면 매일 30분 이상 해야 되지만, 살 빼기는 식습관의 교정과 스트레스를 해소하는 것이 가장 중요하다고 하겠습니다. 그리고 자세가 바르지 못하면 척주나 골반을 틀어지게 하여 여러 가지 질병을 일으킬 수 있으므로 바른 자세를 익히고 유지·실천하는 것이 중요하겠습니다.

1.1.3 적절한 휴식과 숙면은 보약과 같다

다음으로 운동, 노동 또는 활동을 했으면 반드시 적절한 휴식을 통해 육체적으로나 심리적으로나 긴장을 이완시켜주는 것이 중요합니다. 계속해서 긴장만 있고 이완이 없다면 오히려 건강을 해치게 되므로, 일과 중에도 수시로 잠깐 동안이라도 휴식을 취해주는 것이 필요하며, 일찍 자고 일찍 일어나되 무엇보다도 숙면을 취하는 것이 중요하고, 중간중간 휴가 기간을 가져서 심신의 활력을 충전할 필요가 있습니다.

1.1.4 스트레스는 만병의 근원이니 바로바로 해소하는 것이 좋다

스트레스는 대부분 심인성으로 만병의 근원이 됩니다. 특히 현대인은 심한 경쟁사회에서 살기 때문에 인간관계와 업무상에서 오는 스트레스가 매우 많습니다. 그러나 동일한 업무 또는 같은 상사나 동료와 함께 일을 해도 스트레스를 더 받는 사람과 덜 받는 사람의 차이가 있습니다. 그것은 그 사람의 기질적·성격적 차이와 스트레스에 대한 내수력의 정도에 따라 많은 차이가 있기 때문입니다.

그러므로 스트레스를 줄이기 위해서는 본서에서 언급한 명상과 마음공부의 방법들을 정독하고 스스로 익혀서 꾸준한 실천을 통해 스트레스에 대한 내수력을 기르면서, 상황과 여건에 따라서 등산, 수영과 같은 운동이나 게임, 오락을 한다든지, 여행을 한다든지, 영화를 본다든지 하면서 기분전환을 시켜주는 것이 중요하며, 음주를 하는 것은 절대 바람직하지 않습니다. 마음공부는 각종 스트레스로부터 나를 지키는, 스트레스에 영향을 덜 받는 내공을 키우기 위해서, 좋은 인간관계를 이루기 위해서, 또 자신의 자존감과 자기만족, 행복감 이런 것들을 향상시키기 위해서 꼭 필요한 것이라고 할 수 있습니다. 마음공부는 뒤에 상술하겠지만 명상, 긍정적인 마음 자세, 감사 생활 이런 것들을 모두 포괄하는 내용이 되겠습니다.

1.1.5 좋은 인간관계는 노년기의 건강을 담보한다

인간은 사회적 동물이라 혼자 살기 어렵기 때문에 좋은 인간관계를 맺는 것이 건강을 유지해 가는 데 있어서도 대단히 중요합니다. 특히 노년이 되면 활동력, 경제력, 체력, 지각력 등이 모두 감퇴되어감에 따라 사회생활에서 점점 소외되어가고 질병에도 잘 걸리며 죽음을 앞두게 되기 때문에 외로움과 병고와 절망 등으로 고통

받게 됩니다. 따라서 좋은 인간관계를 형성하지 못하고 주로 혼자 살 경우에는 애완동물이나 화초라도 길러서 사물과의 관계 형성이라도 해야만 건강에 도움이 됩니다.

미국의 유명한 심장내과 전문의인 딘 오니쉬는 그의 임상경험에 비추어볼 때, "사랑과 친밀감은 건강과 질병에 가장 막대한 영향을 끼치는 요소이다. 내가 아는 한 식습관, 흡연, 운동, 스트레스, 유전, 약물, 수술 등 그 어떤 의학적 요소도 삶의 질, 질병의 발생, 질병으로 인한 모든 조기 사망에 사랑만큼 지대한 영향을 끼치진 못한다."[10]고 했습니다. 결국 누군가의 사랑과 관심을 받는 것이 노년기의 건강에 가장 큰 도움이 되는 것이니, 그러기 위해서는 평소에 좋은 인간관계를 유지해야만 되는 것입니다.

그러나 좋은 인간관계라는 것이 갑자기 하루아침에 이루어지는 것은 아니므로, 평소 젊을 때부터 서로 믿고 사이좋게 지낼 수 있는 좋은 인간관계를 여럿 만들어놓는 것이 말년의 건강과 행복에 도움이 될 것입니다. 그리고 60대 이상의 어르신들을 모시는 처지에서는 무엇보다도 어르신이 감당하실만한 일거리를 드려서 자신이 무용한 존재라는 생각이 들지 않도록 해드림과 동시에 자꾸 관심과 사랑을 느끼게 해드리는 것이 가장 중요합니다.

---

10) Dean Ornish M.D., 《사랑과 생존(Love & Survival: The Scientific Basis for the Healing Power of Intimacy)》. ※ 관심을 가져준 것만으로도 상계 2동 11통에서 독거노인의 자살률을 연간 180명에서 1년 만에 128명으로 감소시켰다는 실증적 기사(동아일보 2012년 2월 4일자)를 참조.

1.2 호흡은 생명 활동과 명상의 핵심 관건이다

음식은 한 달 정도 굶더라도 물 공급만 잘해주면 살 수 있지만, 호흡은 단 5분만 멈추어도 살아남기가 어렵습니다. 그래서 우리의 목숨은 숨을 들이쉬고 내쉬는 사이에 있다고 말합니다. 이처럼 호흡은 생명 유지에 가장 큰 관건일 뿐만 아니라, 건강을 유지하거나 명상을 하는 데 있어서도 대단히 중요하지만, 평소 호흡법을 따로 배우지 않더라도 누구나 자동적으로 자기도 모르게 숨을 쉬고 있기 때문에 대부분이 호흡의 중요성을 잘 모르고 삽니다.

그러나 양생 수련가 뿐만 아니라 운동선수, 명상가, 성악가 등도 동서고금을 막론하고 호흡법을 매우 중요시하고 있습니다. 건강하게 살기 위해서는, 특히 성악 또는 운동을 한다거나, 무예를 연마한다거나, 마음을 다스리기 위해서는 호흡법을 빼놓고 말할 수 없으며, 그로 인해 수많은 호흡법이 개발된 것입니다. 이에 먼저 호흡에 대한 일반적인 내용을 설명한 다음, 건강양생을 위해서나 명상·수련을 위해서나 가장 기본이 된다고 할 수 있는 복식 단전호흡법에 대해 말씀드리겠습니다.

1.2.1 호흡의 형태와 종류

의학적으로 우리는 들숨을 통해 맑은 공기를 들이마셔 각종 대사에 필요한 산소를 공급하고 날숨을 통해 각종 대사에서 생성된 이산화탄소를 배출함으로써 생명 활동을 유지해간다고 알고 있습니다. 그러나 각종 전통의학과 수행적 측면에서 보면 호흡을 통해 단지 산소를 들이마시고 이산화탄소를 배출한다고 말하는 것보다는 우주의 생명 에너지를 흡입하고 몸 안의 탁한 기운을 배출한다고 말하는 것이 더 적절하다고 생각합니다.

우리가 태어날 때는 모두 아랫배로 숨을 쉬는 복식호흡을 합니다. 1~3살 정도의 영유아가 잠잘 때 관찰해보면 이를 쉽게 확인할 수 있습니다. 그러나 성장하면서 점차 가슴으로 숨을 쉬는 흉식호흡을 하게 되고, 늙어서 건강이 많이 나빠지면 어깨를 들먹이며 숨을 가쁘게 쉬는 견식肩息호흡을 하게 되며, 죽기 직전에는 숨이 곧 떨어질 것처럼 목구멍으로 숨을 쉬다가 죽습니다.

즉, 대부분 어린 아기 때는 복식호흡을 하는데 성장하면서 긴장과 스트레스, 육체적인 고통과 감정의 상처 등을 받으면서 점점 호흡의 중심점이 복부에서 가슴으로 올라가고 나중에는 어깨로 올라가서 목구멍 호흡으로 삶을 마감하는 경우가 많기 때문에 우리의 생명줄을 목숨이라고도 부르는 것입니다. 다시 말해서 우리는 엄마 뱃속에서 태식호흡을 하다가 태어나면 아랫배 단전호흡 → 가슴호흡 → 어깨호흡 → 목구멍호흡의 순서로 변화하며, 목숨이 떨어지면 마침내 사망하게 되는 것입니다. 그러므로 호흡은 건강의 척도라고 할 수 있습니다. 보통 분당 호흡수가 12~15번이면 평균 수준이고, 16번 이상이면 평균 이하로 건강이 나빠지는 상태이며, 12회 미만이면 건강한 상태라고 볼 수 있습니다. 일반 성인이 1회 호흡하는 데에 걸리는 평균 시간은 4~5초이므로, 1분당 12~15번, 1시간당 900번 내외, 하루에 2만 번쯤, 1년에 730만 번 정도를 호흡하는 셈입니다.

호흡은 생리적으로 볼 때 외호흡과 내호흡으로 나눌 수 있습니다. 외호흡은 외부의 신선한 공기를 코나 입을 통해 폐로 흡입하고 전신으로부터 폐로 옮겨온 이산화탄소를 코나 입을 통해 밖으로 배출하는 일반적으로 우리가 알고 있는 폐호흡을 말합니다. 내호흡은 폐로 흡입된 산소가 혈액의 헤모글로빈에 실려 모세혈관을 지날 때 조직세포 속으로 들어가고 조직세포 속에서 대사 과정을 통해 생성된 이산화탄소가 모세혈관으로 이동하는 것을 말하며 세포호흡이라고도 부릅니다. 외호흡이 잘 되게 하려면 횡격막이 하강하여 폐활량이 커지도록 복식호흡을 해야 하며, 내호흡이 잘 되게 하려면 숨을 천천히 느리게 쉼으로써 혈관이 이완되어 혈류가 순조로워져서 폐 속의 산소가 말단 세포까지 원활하게 운반되도록 해야 합니다.

그러기 위해서는 횡격막의 상하운동이 원활하게 이루어지도록 복식호흡을 해야 합니다. 횡격막은 아랫배의 근육에 의해 움직이면서 호흡에 중추적인 역할을 할 뿐만 아니라 내장 운동을 촉진하기 때문입니다. 우리 몸은 횡격막에 의해 흉강과 복강으로 나뉘어 복강 속의 탁기나 오염물질이 심장과 폐장이 있는 흉강에 침범하지 못하도록 차단벽 역할을 할 뿐만 아니라, 복식호흡으로 아랫배가 불룩 내밀도록까지 숨을 깊이 들이쉬면 횡격막이 하강하여 흉강을 넓혀줌으로써 폐활량을 확장시켜 산소 공급이 원활하게 이루어지도록 함과 동시에 아래 복강 안에 있는 간장, 위장, 비장, 소장, 대장 등의 장기들을 아래로 내리누르며 압박·자극하여 운동시켜 줌으로써 음식물의 소화 흡수와 장의 연동운동을 촉진하고 혈액과 림프의 흐름이 원활하도록 돕는 작용을 합니다.

일반적으로 복식호흡을 해서 호흡이 긴 사람이 건강하게 오래 삽니다. 숨을 천천히 길게 쉬면 몸의 이완반응을 주도하는 부교감신경을 자극하여 스트레스를 덜 받고 마음이 안정되기 때문입니다. 숨은 심신이 이완될수록 깊이 들이쉴 수 있으며 긴장할수록 얕게 들이쉬게 됩니다. 긴장하면 복근과 횡격막 및 그 주변 근육이 수축·경직되어 폐활량이 충분히 확장될 수 없기 때문입니다. 호흡이 얕을수록 산소의 공급부족이 심화되어 숨이 가빠지면서 분당 호흡수가 증가하며 혈관이 수축되어 산소 공급이 더욱 부족해지는 악순환 상태가 됩니다.

따라서 심리적인 긴장 상태가 반복되면 상기되면서 복근이 수축되고 굳어지며, 그에 따라 횡격막도 점차 굳어지면서 퇴화되어 하강하지 못하므로 소화 기능과 장의 연동운동이 저하되며, 가슴호흡을 하게 되어 산소 공급이 부족하게 되므로 건강 상태가 점차 나빠지게 되는 것입니다. 그러므로 건강양생을 위해서나 심신을 이완시켜 평안하게 하는 명상을 위해서는 반드시 복식호흡을 해야 합니다.

복식호흡을 시작하기 전에 먼저 자신의 호흡 습관을 알아보고 잘못된 부분을 고치는 것이 좋습니다. 먼저 천장을 보고 반듯하게 누워서 한 손은 자신의 가슴에 올려놓고 다른 한 손은 아랫배 위에 올려놓은 다음 몇 분 동안 평소대로 자연스럽게 호흡하면서 어느 쪽 손이 더 올라가는지 주의 깊게 살펴봅니다. 만약 가슴에 놓인 손이 아랫배에 놓인 손보다 더 많이 올라가면 잘못된 호흡을 하고 있다는 증거입니다. 평소 잘못된 호흡을 하는 사람은 숨을 들이쉴 때 배가 들어가고 가슴이 나오거나[흉식호흡] 어깨가 올라가며[견식호흡], 말할 때 숨이 급하고 헐떡거리거나 말을 조금 오래 하면 목이 쉬는 경우가 많습니다.

일반적으로 수영이나 달리기와 같은 지구력이나 순발력을 요하는 동적인 운동은 시작하기 전에 준비운동을 통해 몸을 풀어주지만, 호흡은 24시간 항상 하는 것이므로 평소에 몸과 마음을 이완상태로 유지하도록 해야 합니다. 왜냐하면 마음 상태와 호흡은 밀접한 상관관계가 있어서 마음 상태가 호흡에 영향을 주기도 하고, 반대로 호흡이 마음 상태에 영향을 주기도 하기 때문입니다. 자기가 흥분하거나 화가 났을 때 또는 긴장과 불안으로 애를 태웠거나 공포영화를 보았을 때와 아무런 근심 걱정이 없이 평안하고 여유로울 때를 비교해 보면 마음이 호흡에 미치는 영향을 스스로 잘 알 수 있습니다. 그러므로 평소 호흡을 잘하기 위해서는 늘 긍정적인 마음, 평안한 마음을 가질 수 있도록 마음 관리를 잘해야 합니다. 반대로 몹시 화가 났을 때 얼른 복식호흡을 하면서 하나, 둘, 셋… 하고 수를 세어 나가다 보면 채 열을 헤아리기도 전에 화가 가라앉는 것을 체험할 수 있습니다. 이것이 마음을 다스리는 명상에서 호흡을 특히 중시하는 이유 중 하나입니다.

또한 호흡을 잘하기 위해서는 언제 어디서나 바른 자세를 유지하는 것이 좋으며, 전신의 기혈순환이 잘 될 수 있도록 적절한 스트레칭을 해주는 것이 좋습니다. 바른 자세는 몸의 균형과 조화를 이루게 해줌으로써 호흡에 유리할 뿐만 아니라 몸과 마음을 건강하게 해주며, 적절한 스트레칭은 경직된 근육·인대와 관절을 풀어주고 근육에 탄력성이 생기게 하여 몸을 유연하게 해줄 뿐만 아니라, 각종 스트레스를 해소하고 잡념을 제거하여 기분을 좋게 함으로써 전신의 기혈순환을 촉진하며 호흡에도 도움을 주기 때문입니다.

스트레칭을 할 때의 호흡은 몸을 뒤로 젖히거나 옆으로 비틀 때, 또는 팔을 들어올리거나 펼 때 숨을 깊게 들이마시고, 반대로 몸을 굽힐 때와 팔을 굽히거나 내릴 때, 또는 동작하기 이전의 자세로 돌아올 때나 특정 부위에 대한 자극을 풀어줄 때 숨을 천천히 내쉽니다. 어떤 동작을 취한 상태에서 잠시 멈추고 있을 때는 숨도 같이 멈추고 있다가 그 동작을 풀 때 천천히 내쉽니다. 그러나 어떠한 경우든 호흡이 부자연스럽게 무리가 가도록 해서는 안 됩니다. 호흡을 무리하게 길게 쉰다든지 지식止息하여 억지로 참는다든지 해서 숨이 가빠지거나 길게 쉬었다 짧게 쉬었다 하면서 불규칙하게 호흡을 하게 되면 오히려 몸이 피곤해지고, 이것이 반복되면 건강을 해치게 됩니다. 그리고 어떠한 동작을 하든 많이 하는 데 목적을 두지 말고, 천천히 항상 그 동작에 집중해서 일심으로 하며, 자극이 가는 부위의 몸의 느낌을 판단 분별하지 말고 그냥 그대로 느끼기만 합니다.

호흡은 생리적으로 단순히 산소를 공급하고 탄산가스를 배출하는 데 그치지 않고 의식호흡을 통해 우주의 생명 에너지를 받아들여 활용할 수도 있는데 이를 기氣[11]호흡 또는 에너지호흡이라고 부릅니다. 일반적으로는 우리가 호흡한다는 사실을 전혀 의식하지 않고 무의식적으로 호흡을 하고 있으나, 정신을 집중하여 자신의 호흡을 의식하면서 하는 호흡을 의식호흡12)이라고 하는데, 주로 수련가나 명상가에서 응용되는 방법입니다. 의식호흡은 단순히 자신의 호흡을 의식하는 데 머무르지 않고, 더 나아가 적극적으로 자신의 숨 속에 생각을 담아서 할 수도 있습니다. 방법은 의식호흡을 하면서 자기가 원하는 구체적인 생각이나 이미지를 불어넣어 그것이 실제로 구현된다는 믿음을 가지고 정성스럽게 호흡하면 됩

11) 기氣: 중국철학이나 한의학에서는 기가 우주 만물을 구성하는 아주 미세한 물질이면서 동시에 물질이나 마음을 움직이는 힘, 즉 에너지의 속성을 가지고 있을 뿐만 아니라 우리의 생각·정보를 함축하여 전달할 수도 있다고 봅니다. 민수식 선생은 기를 "생명 에너지"로 보았으며(《숨 쉴 줄 아십니까》 78~81쪽 참조), 단예檀裔 김준걸 선생은 기를 "형이상에 존재하는 정보 에너지"로서 "3차원 물질계의 동력이 에너지라면, 기는 4차원 비물질계에 존재하는 힘"이라고 정의하였습니다.(김준걸 지음, 《(현대 물리학에서 알려주는 깨달음의 세계) 나는 누구인가?》 k-books, 2013. 27쪽)

12) 의식호흡에 대한 자세한 내용은 민수식 지음, 《숨 쉴 줄 아십니까》(해드림출판사, 2014)의 53~61쪽과 102~169쪽을 참조.

니다. 예를 들어 호흡을 하면서 우주의 생명 에너지가 들숨을 따라 내 몸속으로 들어오고 날숨을 따라 내 몸속의 탁기, 삼독심, 스트레스 등이 빠져나간다고 생각하면 실제로 그렇게 된다는 것입니다.

기는 우리의 의식을 따라가기 때문입니다. 따라서 우리 몸의 어디든지 예컨대 단전, 회음, 명문, 백회, 용천, 배꼽 등 그곳에 의식을 두고 호흡을 하면 자연스럽게 에너지 호흡이 이루어집니다. 물론 실제 숨을 쉬는 것은 코를 통해서 이루어지지만, 기는 의식이 인도하는 곳으로 따라가며, 그 의념을 따라 들어오기도 하고 나가기도 하기 때문입니다. 이 의식호흡에서 목표하는 바를 마음속으로 설정하여 무의식 속에 입력하는 것coding을 태극숨명상법에서는 "심법心法을 건다"고 말합니다. 모든 명상 수행을 할 때에 먼저 각 단계별로 적당한 심법을 걸고 수행을 시작하면 그 목표를 더욱 빠르게 성취할 수 있습니다.

방법은 심법을 3~5회 반복해서 걸고 잊어버리면 무의식에 저장되어 자동으로 기운을 끌어오거나 모으게 되는데 모든 게 마음먹기에 달려 있으니一切唯心造 이것이 바로 심법의 묘미입니다. 이는 무의식을 활용하는 법이라 의식적으로 하는 마음공부에 비해서 효과가 훨씬 클 뿐만 아니라, 또한 매 단계의 목표를 분명하게 인식시켜 준다는 점에서 매우 중요합니다. 심법은 무의식중에 기운이 움직이는 방향을 설정해주는 명령어이므로, 심법을 걸 때는 몸과 마음의 긴장을 풀고 이완한 다음 창의적이고 구체적이며 분명하게 거는 것이 좋습니다. 예를 들면, "우주에 가득 찬 원기를 하단전에 가득 채워 단전 그릇을 형성한다.", "우주에 가득 찬 원기를 호흡을 통해 하단전에 가득 채운다.", "우주에 가득 찬 원기가 코를 통하여 폐에 가득 차고 다시 하단전으로 내려와서 물처럼 흘러 가득 고인다."처럼 하면 됩니다.

1.2.2 단전호흡은 양생과 명상의 기본이다

호흡은 육체와 마음의 중간 조절자라고 할 수 있습니다. 자율신경은 자기 의지로 조절이 불가능하나 오직 호흡만큼은 조절이 가능합니다. 그래서 마음이 불안하거나 화가 나거나 긴장될 때 심호흡을 통해 마음을 안정시킬 수 있으며, 호흡을 통해 기혈과 심신을 모두 조절할 수 있습니다. 이것이 양생법과 명상법에 호흡법이 많이 활용되는 이유입니다. 또한 일심을 이루는 방법으로 호흡에 집중하는 것이 매우 편리하고 효과적입니다.

앞에서도 말한 바와 같이 호흡을 깊이 들이쉴수록 폐활량이 커지는데 복부까지 깊이 들이쉴 때가 가장 커집니다. 따라서 바람직한 호흡은 긴장을 풀고 몸을 최대한 이완시킨 상태에서 아랫배로 천천히 깊게 숨을 들이쉬고 내쉬는 복식호흡을 하는 것입니다. 그러나 우주의 정기에 상응하는 인체의 생명 에너지인 원기를 효과적으로 생성, 유통시키기 위해서는 복식호흡을 하되, 단전에 의식을 두고 콧구멍이 단전에 있어서 단전으로 숨을 들이쉬고 내쉰다는 생각으로 아랫배가 불룩 나오도록[13] 깊이 들이쉬었다가 자연스럽게 천천히 내쉬는 단전호흡을 하는 것이 가장 좋습니다. 숨을 들이쉴 때 의식을 단전에 주하는 것이 중요하고 내쉬는 숨은 그냥 저절로 빠져나가도록 방치한다는 느낌으로 하시면 되겠습니다.

그런데 복식호흡과 들숨·날숨의 장단 및 중간의 지식止息 등에 관한 호흡법에 대해서는 온갖 수련법마다 가지가지의 방법들이 있고 서로 주장하는 바도 다소간 차이가 있는데, 방법마다 나름대로의 효과를 거두는 사람도 있겠지만 인위적인 만큼 부작용도 또한 배제하기가 어렵습니다. 따라서 호흡의 대원칙은 복식 단전호흡을 하되 어디까지나 들숨과 날숨이 자연스럽게 골라져서 균형과 조화를 이루게 하는 것입니다. 이것이 우리 몸의 생리와 음양의 이치에도 맞고 가장 안전한 방법이며, 우리 민족 전통의 호흡 수련법의 바이블이라고 할 수 있는 《용호비결》의 설명도 이와 같습니다.[14] 따라서 억지로 길게 들이쉬려 한다든지, 억지로 참고 숨을 멈춘다든지(지식止息) 하는 것 등은 모두 숨이 가빠지거나 가슴이 답답해지거나 기氣의 울체, 상기上氣, 두통, 복부의 적積 등의 부작용을

13) "아랫배가 불룩 나오도록" 한다고 해서 배를 100%의 상태로 완전히 불리라는 것이 아니고 70~80% 정도로만 불리라는 것이며, 내쉴 때도 마찬가지로 100% 완전히 내쉬라는 것이 아니고 70% 정도만 내쉬라는 겁니다. 배가 원래 들어가 있는 사람은 배를 불려도 불룩 나오지는 않으므로 배가 불룩해진다는 느낌만 가지면 되겠습니다.

14) 자세한 내용은 《용호비결 강의》(지은이 북창 정렴, 풀어쓴 이 윤홍식, 봉황동래, 2015)와 《초보자를 위한 단학》(윤홍식 지음, 봉황동래, 2015)을 참조.

불러오기 쉽고, 자칫 잘못하면 주화입마走火入魔[15]에 걸리기 쉬우므로 주의해야 합니다.

단전丹田은 원래 상단전[16], 중단전[17], 하단전의 3개가 있는데 일반적으로 '단전'이라고 호칭할 경우에는 하단전을 가리키며, 단전호흡이나 단전주선에서 말하는 '단전' 역시 하단전을 의미합니다. 하단전의 위치에 대해서는 학자와 수련가에 따라 의견이 분분하여 임맥任脈[18]의 기해혈[19]이라는 설부터 석문혈[20]이라는 설, 관원혈[21]이라는 설, 그보다 더 아래라는 설에 이르기까지 다양합니다. 필자는 한의학적으로 볼 때 석문혈石門穴이 하단전의 중심혈이라고

---

15) 주화입마走火入魔는 단전호흡, 기공氣功, 명상, 참선 등을 욕심으로 무리하게 하다가 오는 심각한 부작용이라고 할 수 있습니다. 대개 신통력이나 잡기를 부리는 기술 쪽에 관심을 가지고 수련을 한다든지, 대도를 빨리 성취하고픈 욕심에서 무리하게 수련하다가 수승화강이 되지 않고 화기火氣가 올라 뇌에 침범하여, 뇌가 손상되거나 사령邪靈에 씌어 몸과 마음에 이상이 생겨 스스로 통제가 되지 않는 증상을 지칭합니다. 환상이 보이거나 환청이 들리는 등 환각이 일어나거나 정신이상이 오는 수도 있으며, 일부 허령이 열리고 신통이 나타나 자기가 대도라도 성취한 것처럼 착각을 불러일으키기도 한다고 합니다.

16) 상단전: 양쪽 눈썹 사이 정중앙의 인당혈印堂穴 부위에 위치하며, 요가에서 제6차크라에 해당합니다.

17) 중단전: 양 젖꼭지를 잇는 수평선과 인체 전면의 정중앙선과의 교차점에 위치하는 전중혈⊠中穴 또는 전중혈 바로 위의 옥당혈玉堂穴을 중단전으로 봅니다.

18) 임맥任脈: 한의학에서 우리 몸의 전면부 정 중앙선에 흐르는 경맥을 임맥이라고 하는데, 사타구니 밑에 있는 회음혈會陰穴부터 아랫입술 밑에 있는 승장혈承漿穴까지 24개 혈이 있으며, 독맥과 연결됩니다. 독맥은 주로 인체의 후면부 정중앙선을 흐르는 경맥으로, 회음혈부터 시작해서 그 뒤로 척추를 타고 올라와 두면부 정중앙선을 타고 내려와 윗입술의 안쪽 잇몸의 정중앙에 있는 은교혈⊠交穴까지 27개 혈이 있습니다. 단전호흡을 통해 이 임맥과 독맥의 흐름이 힘차고 원활하게 유통되는 것을 소주천小周天이라고 부릅니다.

19) 기해혈氣海穴: 배꼽 중심으로부터 치골 상단까지를 5촌으로 계산했을 때 배꼽 중심에서 수직 아래로 1.5촌에 위치하는 혈 자리.

20) 석문혈石門穴: 배꼽 중심으로부터 치골 상단까지를 5촌으로 계산했을 때 배꼽 중심에서 수직 아래로 2촌에 위치하는 혈 자리.

21) 관원혈關元穴: 배꼽 중심으로부터 치골 상단까지를 5촌으로 계산했을 때 배꼽 중심에서 수직 아래로 3촌에 위치하는 혈 자리로, 임맥과 간비신肝脾腎의 족삼음경이 교회交會하는 혈인데, 주로 양기를 흥기興起시키는 작용을 한다고 알려져 있습니다.

생각합니다.[22] 따라서 단전의 위치는 대체로 체표상으로 기해혈 이하 관원혈 사이 즉, 체표상으로 배꼽에서 수직 아래쪽으로 손가락 2~4개의 넓이만큼 떨어진 곳의 안쪽에 위치하며, 그 중심점이 바로 석문혈이라고 생각합니다. 그러나 실제 단전의 위치는 사람에 따라서 다소 다르게 느낄 수 있는데 그 정확한 위치는 단전에 기운이 쌓임에 따라서 스스로 분명하게 자각할 수 있습니다.

단전에 의식을 두어 호흡을 하게 되면 원기가 쉽게 함양되고 몸에 무게 중심이 잡히며, 불 기운이 내리고 물 기운이 오르게 되어 水升火降 마음의 안정을 얻기가 쉬워질 뿐만 아니라, 온몸의 기혈순환과 신진대사가 원활하게 촉진되어 몸이 건강해집니다. 그러므로 대부분의 도가 수련은 이 단전에 의식을 두어[23] 복식호흡을 하는

---

22) 왜냐하면 단전은 도가道家의 전통 수련가들이 우리 몸의 무게 중심에 해당되고 "생기生氣의 근원이 되는 곳"으로 인식하는데, 한의학의 고전인 《난경難經》의 8난에 "모든 12경맥은 다 생기의 근원에 연계連係되어 있다. 생기의 근원이란 12경맥의 근본으로 신장 사이에서 발동하는 기운을 말한다. 이는 오장육부와 12경맥의 뿌리이고, 호흡의 문이며, 삼초의 '원原'(근원; 원기)으로, 일명 '사기邪氣로부터 몸을 지키는 신'이라고 부른다.諸十二經脈者, 皆係於生氣之原. 所謂生氣之原者, 謂十二經之根本也, 謂腎間動氣也. 此五臟六腑之本, 十二經脈之根, 呼吸之門, 三焦之原, 一名守邪之神."라고 하였고, 66難에 "삼초가 행하는 수혈腧穴이 '원原'이 되는 것은 왜입니까? 응. 배꼽 아래 신장 사이에서 발동하는 기운은 사람의 생명이며 12경맥의 근본이라 이름을 '원原'이라고 한다. 삼초는 원기原氣의 별사(別使: 특별한 사명을 띤 사신)이다. … '原'은 삼초의 존호尊號이니 머무는 곳이 문득 '原'이 된다.三焦所行之俞爲原者, 何也? 然. 臍下腎間動氣者, 人之生命也, 十二經之根本也, 故名曰原。三焦者, 原氣之别使也, 主通行三氣, 經歷于五臟六腑。原者, 三焦之尊號也, 故所止輒爲原."고 하였으며, 양현조楊玄操는 8난의 주석에서 "배꼽 아래 신장 사이에서 발동하는 기운이 단전이다. 단전은 사람의 근본이며, 정신이 저장된 곳이며, 오기(五氣: 오장의 기운)의 근원이다.臍下腎間動氣者, 丹田也, 人之根本也, 精神之所藏, 五氣之根源."라고 하였고, 손일규孫一奎는 《의지서여醫旨緒餘》, 명문도설命門圖說에서 "명문命門은 곧 두 신장의 중간에서 발동하는 기운으로, 水도 아니고 火도 아니며, 조화의 중추이고 음양의 뿌리이니, 곧 선천의 태극이다.命門乃兩腎中間動氣, 非水非火, 乃造化之樞紐, 陰陽之根蒂, 卽先天之太極."라고 하였으며, 복부에 장부의 원기가 모이는 곳을 모혈募穴이라고 하는데, 삼초경의 복腹 모혈이 바로 석문혈이기 때문입니다. 명상수련법인 석문호흡법(한당 선생께서 주창하신 석문단전을 중심으로 한 호흡 수련법)에서도 석문을 단전으로 인식하며, 태극숨명상법에서도 석문을 단전이자 태극의 자리로 인식하고 있습니다.

23) 단전에 의식을 두는 것을 '의수단전意守丹田' 또는 '단전주丹田住'라고 합니다.

단전호흡을 기본으로 하고 있습니다.

그러나 같은 단전호흡이라도 무예·무술가들은 주로 기를 모아 힘을 기르는 것을 주된 목적으로 삼아 단전호흡을 통해 기를 모으는 데에 중점을 두어 기단氣丹을 형성하는 방법을 사용하고, 단전주선丹田住禪[24]을 하는 수행자들은 의식을 단전에 두고 일심을 챙기는 데에 중점을 두어 심단心丹·영단靈丹을 형성하는 방법으로 선정禪定에 들어가는 것을 1차적 목표로 삼고, 호흡은 몸에 맡겨서 기운이 의식을 따라 저절로 모이게 하는 방법을 사용하며, 단학수련 또는 선도仙道를 닦는 분들은 이 둘을 겸하여 성명쌍수性命雙修[25]를 한다고 주장합니다.[26]

1.2.3 단전호흡의 효과

단전호흡으로 단전에 힘을 얻고 심단心丹을 이루면 신진대사가 원활하여 육체적으로 강건해지며, 정신적인 안정을 이루어 스트레스에 강하고 쉽게 감정에 휘둘리지 않으며, 머리에는 지혜가 충만하고 가슴에는 따듯한 사랑이 넘치며, 호연지기를 갖추어 육체적·정신적·사회적·영적으로 모두 건강한 전인적 인격을 형성할 수

24) 단전주선丹田住禪: 이에 대해서는 『11.4. 좌선법坐禪法』에서 자세히 설명합니다.

25) 성명쌍수性命雙修: 성은 성품·정신·마음을 가리키고, 명은 몸·기운을 가리키며, 쌍수는 이 둘을 아울러 닦는다는 뜻입니다.

26) 자세한 내용은 《용호비결 강의》(지은이 북창 정렴, 풀어쓴이 윤홍식, 봉황동래, 2015)와 《초보자를 위한 단학》(윤홍식 지음, 봉황동래, 2015)을 참조.

도 있습니다.

단전호흡이 건강에 미치는 효과를 요약해보면 다음과 같습니다. 이는 횡격막이 수축하면서 하강했다가 이완하면서 상승하는 횡격막 운동의 영향이 가장 큽니다.

① 폐활량이 증대되어 산소 공급이 충분해지므로 신진대사가 촉진됩니다.

② 횡격막의 하강 압박으로 위장·간장·비장 등의 내장 운동 및 소장·대장의 연동운동이 촉진되어 내장의 기능이 강화됩니다.

③ 혈액과 림프의 흐름이 원활해져서 면역력이 증강됩니다.

④ 코어 근육[27)]을 자극합니다. 코어 근육은 척추를 고정시켜 몸통을 세워주는 우리 몸의 중심 근육으로, 우리가 운동을 할 때 어느 부위를 운동하든 기본적으로 개입되는 근육이라고 할 수 있는데, 이 부위를 충분히 강화시켜주면 다른 부위 운동을 하는 데에도 도움을 많이 받을 수 있습니다.

⑤ 부교감신경을 자극하여 심신의 이완 반응을 촉진하므로 긴장이 해소되고 스트레스가 감소하며, 정서적으로 안정되고 긍정적인 마인드가 증가되어 마음의 평화를 이루게 합니다.

⑥ 혈압이 내려가고 면역력과 자연치유력이 증강되어 건강 증진과 수명 연장에 도움을 줍니다.

---

27) 코어 근육으로는 횡격막, 다열근, 복횡근, 골반기저근 등이 있습니다.

1.2.4 단전호흡을 익히는 방법

단전호흡의 방법을 간략히 기술하면 다음과 같습니다.

① 적절한 스트레칭과 운동으로 몸과 마음의 긴장을 풀고 숨을 내쉴 때 동작을 이완시킵니다.

② 느긋하고 긍정적인 마음을 갖습니다. 스트레스, 긴장, 분노, 걱정, 공포 등의 부정적인 마음들은 몸을 경직시켜 호흡을 어렵게 만들므로 늘 긍정적인 자세로 긴장을 풀고 마음을 편안하게 가져야 합니다.

③ 처음에는 천장을 보고 누워서 전신에서 힘을 빼 완전히 이완시킨 상태에서 바른 자세와 바른 마음으로 단전호흡에 몰입하되, 빨리 이루고자 하는 욕심을 버리고 끊임없는 반복훈련과 인내심으로 정성을 들여야 합니다. 처음에는 단전의 위치가 잘 의식이 되지 않으므로 단전 부위를 손가락이나 막대기 등으로 살짝 누른 상태에서 대중을 잡는 것이 좋습니다. 태극숨명상법을 창시한 김수인 박사님에 의하면 이렇게 누워서 단전호흡을 1주일 정도 내지 몇 달 정도 계속해서 단전 그릇이 완성되었을 때 비로소 앉은 자세로 하는 것이 바람직하다고 하며, 단전호흡을 하다가 주화입마에 걸리거나 좌선을 하다가 선병이 걸리는 것 등은 대부분 이 단전 그릇이 완성되지 않은 상태에서 조급한 마음에 바로 앉아서 하는 경우에 주로 생긴다고 합니다.

④ 숨은 입으로 쉬면 호흡이 거칠어지고 기운이 새어나가며 공기의 온도조절과 정화가 안 되므로 코로만 쉬되, 의식으로는 단전에 콧구멍이 있어서 단전으로 숨을 들이쉬고 내쉰다고 생각합니다.

⑤ 단전호흡을 하려면 처음에는 잡념이 많이 일어나는데 이를 얼른 알아차리고 정신을 차려서 단전에 의식을 두고 호흡에 집중하기를 반복하다 보면 점차 잡념이 줄어들며 무념무상의 삼매에 들어갈 수도 있는데, 그 기한의 장단은 몸의 상태와 일심의 정도와 업장·업력의 상태에 따라서 결정됩니다.

⑥ 단전호흡의 들숨과 날숨의 길이에 대해서는 역대로 논란이 많이 있으나 호흡의 길이는 첫째 폐활량, 둘째 심신의 안정도, 셋째 단전의 크기, 넷째 흉강과 복강의 구조 등의 조건에 따라서 달라지며, 음양의 원리와 인체 생리상 날숨과 들숨의 길이가 비슷한 것이 표준입니다. 호흡은 상황 조건에 따라 훅 들이마셨다가 천천히 내쉴 수도 있으므로 사실은 호흡의 길이보다는 호흡의 총량으로 따지는 것이 옳다고 생각합니다. 우리 몸은 호흡의 항상성 원리에 따라 몸의 상태에 맞게 자연히 골라지게 되어 있으며, 그렇지 않은 경우에는 호흡이 가빠진다거나 불규칙해진다든지 해서 자연히 힘들어지게 되어 있습니다. 그러므로 남방 지방에서는 기온이 높기 때문에 열기를 빼내어 체온을 조절하기 위해 날숨이 다소 길어질 수 있으며, 북방 지역에서는 기온이 낮기 때문

에 들숨을 길게 함으로써 양기를 보호하여 체온을 보존하려는 경향이 있을 수 있습니다. 그리고 선도에서는 들숨을 길게 하고 날숨을 짧게 하여 기운의 여분을 축적해감으로써 장생불사를 도모하는 경우가 있습니다만, 체내에 기운을 축적한다고 해도 저장할 수 있는 공간의 크기가 얼마 되지 않기 때문에 그것이 장생불사에 도움이 된다고 보기는 물리적으로나 생리적으로나 어렵습니다. 아무리 축기를 많이 한다고 해도 현실적으로 10분 이상 지식한 상태를 유지하기도 쉽지 않은데 그것으로 장생불사를 하겠다는 것은 납득하기 어렵기 때문입니다. 차라리 피부호흡을 통해서 코를 막고서도 숨 쉴 수 있도록 하겠다는 것이 더 현실적이라 할 것입니다.

그런데 모든 명상 호흡에서 호흡을 미세하게 길게 하라는 것은 기운의 축적보다도 호흡을 거칠게 할수록 몸과 마음이 요동치게 되므로 깊은 안정 상태인 삼매의 경지에 들어가기가 그만큼 어려워지기 때문입니다. 따라서 깊은 명상을 위해서는 당연히 호흡을 가능한 깊고 길게 가늘고 고르게 쉬는 것이 좋긴 하지만 부단한 정진 노력을 통해 폐활량과 단전이 커지고 심신이 깊게 안정되면서 자연스럽게 점차 진행되는 것이지 조급하게 억지로 하려고 해서는 안 된다는 겁니다. 그러므로 호흡은 들숨과 날숨의 길이보다도 들숨의 총량과 날숨의 총량을 기준으로 삼아야만 물리법칙과 생리

법칙에도 어긋나지 않는 것이며, '옴' 명상이나 염불 명상 등을 하실 때에 자연히 들숨을 빠르게 깊이 들이쉬고 천천히 길게 내쉬면서 소리를 내게 되는 이유와도 부합하게 되는 것입니다. 이러한 전제하에 아래의 설명을 이해하시고 실천해 가셔야만 오류가 없으리라 생각합니다.

⑦ 단전호흡의 이상형은 호흡의 중심점이 단전으로 내려와 호흡이 깊게 이루어지고, 들숨과 날숨의 길이가 골라져서 서로 비슷하며, 호흡이 부드러워서 나중에는 코에 깃털을 갖다 대도 흔들리지 않을 정도로 가늘고 길게 쉬는 것입니다. 보통 사람이 1번 호흡하는 데 걸리는 시간은 4~5초가 되는데 이것을 1초씩 점차 늘리어 10초 이상이 되게 합니다. 정성을 들여 더 나아가면 몇 분 이상도 할 수 있으나 계속해서 의식적으로 늘려가는 것이 아니고, 어느 정도 길어지면 호흡과 심신이 크게 안정되어감에 따라 입정 상태에 들어가면서 저절로 호흡이 길어지는 것이며, 인위적인 노력에 의해서가 아닌 무위자연으로 이루어진다고 보아야 합니다.

그러므로 처음부터 이와 같이 심深·장長·세細·균均의 이상형으로 무리하게 호흡하려고 하면 자연히 부작용이 생길 수 있습니다. 따라서 빨리 이루려는 욕심을 버리고 느긋한 마음으로 단전에 의식을 집중하여 호흡하는 데에만 정성을 들이대야 합니다. 처음에는 들이쉬는 숨에만 의식을 집중하여 들숨의 길이를 1초, 2초, 3초, 4초… 이렇게 1초씩 무리가 가지 않게 점차 늘려가되, 내쉬는 숨은 풍선에 바람이 빠지듯이 저절로 빠져나가도록 자연에 맡기는 것이 좋습니다. 처음에는 내쉬는 숨이 들이쉬는 숨보다 약간 길다가 몸 안의 탁기가 빠져나가고 마음이 안정되고 호흡이 골라짐에 따라 점차 들숨과 날숨의 길이가 비슷해집니다. 들숨과 날숨 사이에 숨이 멈춰지는 시간도 처음에는 매우 짧다가 호흡의 길이가 길어짐에 따라 점차 늘어납니다. 호흡의 길이를 늘일 때는 들이쉬는 숨의 길이를 처음 1초부터 시작해서 충분한 시간을 가지고 호흡해봐도 아무런 무리가 없이 자연스럽게 이루어지면 다시 1초를 늘려가는 식으로 진행합니다. 만약 호흡의 길이를 억지로 길게 늘이려고 하면 숨이 가빠지면서 기체, 상기, 두통 등의 여러 가지 부작용이 일어나서 단전호흡을 계속하기가 어렵게 되므로 각별히 주의해야 합니다.

⑧ 매일 단전호흡을 처음 시작할 때에는 밤새 쌓였던 몸 안의 탁기를 모두 내보내고 장운동을 시키기 위하여 먼저 배가 등에 달라붙을 정도로 숨을 최대한 길게 천천히 내쉬면서 몸 안의 탁기, 삼독심과 부정적인 생각들이 모두 다 빠져나간다고 의식하고, 들숨은 저절로 들이쉬도록 자연에 맡기는 방법으로 3, 4회 호흡한 뒤에 평상의 단전호흡을 진행하는 것이 좋겠습니다.

⑨ 단전호흡이 전혀 안 되는 사람은 회음會陰호흡을 하는 것이 좋습니다. 회음은 음부와 항문 사이에 위치하는 혈자리로 독

맥, 임맥, 충맥의 3개 경맥의 출발점이 되는 요혈입니다. 회음호흡은 회음으로 숨을 들이쉬어 단전으로 끌어올린다는 생각으로 들이쉬고 내쉴 때는 그냥 숨을 자연스럽게 놓아버리는 호흡법입니다. 이렇게 하면 기체의 염려가 없이 기운을 단전으로 끌어내리는 데 도움이 됩니다. 회음호흡으로 기운이 단전으로 완전히 내려오면 그때부터 단전호흡을 하면 됩니다.[28]

⑩ 태극숨명상에서는 석문을 중심으로 기해혈과 관원혈을 모두 아울러서 "삼태극단전"이라고 명명하여 삼태극단전을 중심으로 한 원기호흡을 기본으로 하며, 각 단계별 로드맵을 가지고 심법을 활용한 체계적인 명상법을 지도하고 있습니다.[29] 태극숨명상법에 대한 구체적인 내용은 지면 관계상 여기서는 생략하지만, 필자의 소견으로는 가장 안전하며 적극 추천할 만한 호흡수련 명상법으로서는 단연 최고라고 생각합니다.

28) 길도훈, 《단전주선》, 씨이알, 2017. 95쪽.

29) 삼태극단전호흡과 태극숨명상에 대해 관심이 있는 분들은 김수인 박사님이 지으시고 마인드필드에서 출판한 《태극숨명상 1·2》와 《지구별에서 우주까지 마음여행》을 참고하시기 바랍니다.

02

운명이란 무엇인가?

우리는 경험상 세상의 모든 일이 자기 뜻대로만 되지는 않는다는 것을 잘 알고 있습니다. 누구는 금수저로 태어나고 누구는 흙수저로 태어나는가 하면 어떤 사람은 노력에 비해 결과가 훨씬 좋은 경우도 있고 어떤 사람은 노력에 비해 결과가 훨씬 나쁜 경우도 있습니다. 어떤 경우에는 생각지도 않은 행운을 만나 인생 역전이 되기도 하고, 어떤 경우에는 뜻하지 않은 장애나 변고를 만나 갑자기 불행과 고통의 길로 빠지기도 합니다. 또 타고나기를 예쁘거나 잘 생기고 건강하며 머리가 좋아서 별 노력이 없이도 공부도 잘하고 남들의 관심과 사랑을 한 몸에 받는 사람이 있는가 하면, 그 반대로 가난한 집에 태어나 어려서부터 갖은 고생을 하면서 겨우겨우 살아가는 사람도 있습니다. 남녀 간의 만남도 많고 많은 사람들 중에 왜 하필 그 사람을 사랑하며, 그 많은 사람을 다 젖히고 하필 그 사람과 결혼했는지 두 남녀의 조건만으로는 도저히 이해할 수 없는 경우가 너무나 많습니다.

그래서 필자는 사춘기 때 남녀 간의 사랑은 "불가사의"라고까지 생각했었습니다. 그래서 운명은 과학적 근거가 없으니 미신일 뿐 전혀 믿을 것이 못 된다고 말하는 사람들도 있지만, 또한 운명은 결코 부정할 수 없으며 반드시 있다고 믿는 사람들이 많이 있습니다. 그러나 인생의 모든 것이 태어날 때 이미 운명에 의해 100% 결정되어 있다고 보기는 어렵습니다. 만약 우리의 인생이 운명에 의해 100% 결정된 것이라면 우리는 모두 운명의 로봇이라는 말이 되고, 우리의 자유의지는 완전히 부정되므로 우리의 모든 계획과 노력은 무의미해지며, 또는 그 계획과 노력 자체도 운명적으로 이미 결정되어 있다는 것이 되므로 우리의 모든 행동에 대한 책임도 물을 수 없게 되기 때문입니다.

운명론은 일반적으로 우리의 인생이 태어날 때 어떠한 삶을 살게 될지 이미 결정되어 있다고 보는 관점이며, 이와 반대로 우리의 자유의지와 노력에 따라 우리의 인생은 얼마든지 달라질 수 있다고 보는 관점이 자유론입니다. 그러나 실제로 우리의 삶을 자세히 들여다보면 우리의 인생은 완전히 자기의 의지대로 전개되는 것도 아니고, 그렇다고 자기의 의지와는 전혀 관계없이 전개되는 것도 아니라는 것을 누구나 쉽게 알 수 있습니다.

2.1 운이 70%요 자기 노력이 30%이다

본서 제4장에서 자세히 살펴볼 인과보응의 법칙에 따르면 현재 자기에게 주어지는 인생의 모든 조건은 과거 또는 과거 생에 자기가 몸과 마음과 입으로 지은 업에 따라 결정된다고 합니다. 그러므로 운명은 내가 태어날 때 이미 타고나는 것이며, 전생에 지은바 업에 따라 정해진다는 것입니다.[30] 그래서 《열반경涅槃經》에 이르시기를 "전생 일을 알고자 할진대 금생에 받은 바가 그것이요"라고 하셨고, 《대종경》의 천도법문에서도 "이 세상에서 네가 선악 간 받은바 그것이 지나간 세상에 지은바 그것이요"라고 말씀하신 것입니다.

이와 같이 금생의 운명은 전생에 지은 업의 과보로서 주어진 것이라 피할 수는 없지만 그렇다고 해서 운명에 정해진 대로만 살 수

30) 사주팔자는 자기의 전생에 지은 바에 따라 나타난 현생의 과보라고 할 수 있습니다. 따라서 현생에 복을 받는 사람은 전생에 복을 많이 지은 사람이요, 현생에 박복한 사람은 전생에 복을 짓지 못하고 빚을 많이 진 사람입니다. 이런 말을 하면 무슨 전생이 있느냐고 비웃거나 발끈할 분들도 있을 것입니다. 이에 대해서는 나중에 자세히 언급하겠지만 그런 분들께는 "그럼 전생이 없다는 것은 어떻게 확신할 수 있느냐?"고 반문하고 싶습니다.
모차르트는 어려서부터 이미 작곡을 했다고 하는데 아마 틀림없이 그의 전생에 뛰어난 작곡가였을 것입니다. 언젠가 스타킹이라는 TV 프로를 보니 5살밖에 안 되었는데도 불구하고 전문가의 뺨을 칠 정도로 드럼을 잘 쳤습니다. 그 리듬감이나 기교 등이 금생에 배워서 안 것이 아닙니다. 전생에 틀림없이 전문 드러머였을 것입니다. 전생에 이미 익힌 바이기 때문에 금생에도 쉽게 할 수 있는 것입니다. 요즘 12살의 나이임에도 대형 가수들과 어깨를 겨루는 가수인 김태연 양의 경우도 마찬가지입니다.

밖에 다른 도리가 없는 것이 아니고, 지금부터라도 마음공부를 잘 하여 죄업을 참회하며 선업을 많이 짓고 악업은 되도록 짓지 아니하며 수양력을 쌓아 가면 또한 자신의 운명을 개척해 갈 수도 있다는 것입니다. 그래서 역대 성자들께서 이구동성으로 바르게 잘 살아가는 방법을 깨우쳐주신 것입니다.

그러므로 이 장에서는 먼저 운명에 대한 고찰을 한 다음 불행한 운명이라도 행복한 삶으로 바꾸어나갈 수 있는 구체적인 방법에 대해 제시하고자 합니다. 먼저 우리 인생에서 나의 자유의지로 어떻게 할 수 없는 조건들 즉 운명적인 요소부터 살펴보면 다음과 같은 것들이 있습니다.

① 우리 인생의 가장 중요한 출발점이라고 할 수 있는 내 부모를 내 의지로 선택한 것이 아닙니다.[31]

② 같은 부모 밑에 태어난 형제라고 해도 유전자 구성에 따라 전혀 다른 인물이 되는데 나의 유전자 구성도 내 의지로 선택한 것이 아닙니다.

③ 인생에 또 하나의 중요한 변수가 언제 태어났느냐인데 출생 연월일시도 내가 선택한 것이 아닙니다. 우리가 같은 지역이라도 어느 때 태어나느냐에 따라 사회 환경과 역사 문화가 달라지기 때문에 자연히 인생역정도 달라질 수밖에 없으며, 특히

31) 삼생을 통해서 보면 자기 부모를 선택한 것도 사실은 자기라고 합니다. 그러나 여기서는 도를 깨쳤다는 분들의 관점이 아닌 우리 보통 사람의 관점에서 말한 것입니다.

현대의 경우에는 불과 10년의 차이만으로도 엄청난 세대 차를 느낄 수 있습니다.

④ 인생에 또 하나의 중요한 변수인 출생지 역시 자기가 선택한 것이 아닙니다. 누구든 북한에 태어나느냐 남한에 태어나느냐 또는 미국이나 아프리카, 기타 어느 나라, 어느 지역에 태어나느냐에 따라 인생이 크게 달라질 것입니다.

⑤ 천지자연의 기후변화와 천재지변은 우리의 삶과 직결되어 있는 중요한 변수이지만 역시 우리의 의지에 따라 조절하는 것이 거의 불가능합니다. 사과 농사를 아무리 정성을 들여 잘 지어 놓았다고 하더라도 태풍이 불어서 모두 낙과시킨다든지, 잘 지어놓은 배추밭에 갑자기 우박을 내려 냉해를 입힌다든지, 갑작스런 폭우로 홍수가 난다든지, 지진이 나서 오는 피해 등은 우리의 자유로운 의지로서 조절하는 것이 거의 불가능합니다. 기껏해야 예상되는 기상대의 예보를 듣고 피해를 최소한으로 줄이기 위한 노력을 할 수 있을 뿐입니다. 천재지변이 아니더라도 매일매일의 기후변화가 우리의 일상적 행태에 미치는 영향이 지대하기 때문에 매일 일기예보를 듣고 거기에 대비하는 노력을 하며 적응해갈 수는 있지만 우리의 의지로써 천지의 기후변화 자체를 조절하기는 거의 불가능합니다.

⑥ 모든 경제사회의 변화는 국제정세와 국가의 정치 상황 및 제도·정책·법규 등의 영향을 많이 받는데 이 또한 우리 개인의 의지로 변화시킬 수 있는 것이 거의 없습니다. 다만 정치나 정

책을 직접 담당하고 있는 극소수의 인원만이 다소간의 변화를 줄 수 있으나 이 또한 여론이나 여러 가지 정치적 상황과 밀접하게 연계되어 있는 경우가 많을 뿐만 아니라 담당자의 인사에 일반 사람이 거의 간여할 수도 없습니다.

⑦ 경제의 흐름이나 삶의 패턴, 생활방식, 문화 등의 유행流行 변화와 사회구성원들의 심리적 상태 등도 우리의 인생에 중요한 변수가 되지만 역시 어느 한 개인의 힘으로 이를 좌우하기는 매우 어렵습니다.

⑧ 현대인들의 삶은 출퇴근이나 업무상 공간 이동이 많기 때문에 교통 상황이나 교통사고 또한 우리의 삶에 미치는 중요한 변수 중의 하나인데, 교통 상황도 우리가 임의로 조정할 수 있는 여지가 거의 없습니다. 더욱이 상대방이나 다른 사람의 잘못으로 교통사고를 당하는 경우도 너무나 많습니다.

⑨ 심리학과 의학의 연구 결과, 우리의 행동과 건강 상태에 무의식과 자율신경의 영향이 자기의 생각이나 의지보다도 훨씬 더 크다고 하는데 자신이 이를 임의로 조정할 수 있는 여지도 거의 없습니다.

⑩ 이 밖에도 소소하지만, 우리가 그것을 선택할 수밖에 없는 상황과 변수들이 너무나 많습니다. 우리 모두가 기본적으로 시공간의 제약 속에서 살고 있으며, 자기의 지적·심리적·영적·정신적 역량과 습관 및 신체적 역량과 건강 상태 등에 의해 자유로운 선택에 많은 제약을 받고 있기 때문입니다.

이상의 변수들은 우리의 삶의 근간을 형성하고 선택의 한계를 설정해주는 매우 중요한 변수들인데 모두가 우리의 자유로운 의지에 따라 임의로 선택하거나 변화시키는 것이 거의 불가능한 운명적인 요소들입니다. 따라서 우리의 삶에서 이것들을 빼놓고 보면 사실상 자신의 자유로운 의지로 선택할 수 있는 여지가 생각보다 적다는 것을 알 수 있습니다. 그래서 운칠기삼運七技三, 運七己三이라는 말이 있는데, 운명적인 요소가 70%를 차지하고 자기의 기량과 노력이 30%를 차지한다는 뜻입니다.

그리고 이렇게 된 까닭은 부처님의 말씀대로 인과법칙 상 과거에 자기가 현재의 조건이 만들어질 수밖에 없는 원인 행위 즉 심신 작용을 했기 때문이라고밖에 달리 해석할 도리가 없습니다. 결국 알고 보면 자기의 운명은 자기가 만든 것입니다. 다시 말하면 자기의 운명을 신과 같은 다른 존재가 따로 있어서 정해 준 것이 아니고 자기가 만든 것이기 때문에 현재 자기가 어떻게 심신작용을 해나가느냐에 따라서 미래의 운명 역시 바꿀 수도 있는 것입니다.

2.2 운명이란 무엇이며, 어떻게 받아들여야 하나?

- 『제자여, 업의 주인은 자신이다. 자신이 업의 계승자이며, 업에서 태어나고 업에 의해 구속되고, 업에 의해 보호받는다. 업이 중생들을 열등하고 수승하게 구분 짓는다.』(《작은 업-분석의 경》)[32]
- 『태어날 때 모든 것은 수없는 생에서 만들어놓은 습관에 의해 이미 결정되어있다. 그러나 이생에서 우리는 인과관계를 조절할 수도 있고 통제할 수도 있다. 어떻게? 그것은 바로 마음공부를 통해서 가능하다.』[33](숭산 대선사)

운명이란 일반적으로 초월적인 어떤 힘에 의해 인간 세상의 변화 행로가 시간 변화에 따라 어떻게 전개될지 이미 결정되어 있어서 우리의 인생도 태어날 때 이미 평생 어떠한 삶을 살게 될지 성격특성과 인생 행로가 상당 부분 결정되어 있다고 보는 관점을 말하며, 이에 대한 학술적 연구방법론을 통칭하여 운명학이라고 부릅니다. 그래서 동서고금에 인간의 운명을 예측, 판단하는 다양한 방법들이 개발, 연구, 전승되어왔는데 이에 대한 평가는 긍정과 부정으로

32) 파아옥 또야 사야도 지음, 정명스님 옮김, 《업과 윤회의 법칙》, 469쪽.
33) 현각 엮음, 허문영 옮김, 《숭산 대선사의 가르침 선의 나침반》, 김영사, 108쪽.

상반됩니다. 한국과 중국·일본 등에서는 보통 생년월일시를 근거로 운명을 추측, 판단하는 방법을 많이 연구하고 활용해왔는데, 이에 대한 학술적 연구를 통칭하여 사주추명학四柱推命學 또는 명리학命理學이라고 부릅니다.

운명 또는 명운命運이란 말은 본래 사주팔자의 구조인 명조命造와 그 운행 변화하는 행로行路를 가리킵니다. 사주팔자四柱八字란 태어난 년·월·일·시를 간지干支로 표기하면 연주年柱·월주月柱·일주日柱·시주時柱의 4개의 기둥이 생기고 각 기둥마다 두 글자씩 모두 여덟 글자가 되기 때문에 일컫는 말이며, 보통은 "사주"[34]라고 약칭합니다.

간지의 종류는 갑甲·을乙·병丙·정丁·무戊·기己·경庚·신辛·임壬·계癸의 천간天干 10개와 자子·축丑·인寅·묘卯·진辰·사巳·오午·미未·신申·유酉·술戌·해亥의 지지地支 12개를 순차적으로 짝을 지으면 맨 처음 갑자甲子부터 시작해서 마지막 계해癸亥에 이르기까지 모두 60개의 유형이 나오는데 이를 60갑자라고 부릅니다. 이 10천간과 12지지 및 육십갑자는 일종의 부호 또는 상징문자라고 할 수 있는데 이것들이 생년월일시에 어떻게 배치되느냐에 따라서 각 사

34) 사주四柱의 의미:
① 연주年柱: 생년을 표시하며, 지구의 공전 주기에 상응합니다. 1년에 1개씩 60갑자가 모두 돌려면 60년이 걸리게 되며, 이를 환갑이라고 합니다.
② 월주月柱: 생월을 표시하며, 달의 공전주기에 상응합니다. 달의 공전이 1년에 12번이므로 12개월이 되는 것이며, 1달에 1개씩 60갑자가 한 바퀴 도는데 60개월(만 5년)이 걸립니다.
③ 일주日柱: 생일의 일진을 표시하며, 지구의 자전 주기에 상응합니다. 1일 12시로 계산하면 60甲子가 모두 도는데 5일이 걸립니다.
④ 시주時柱: 생시를 표시하며, 지구의 자전 정도를 12시로 나누어 표시하므로 60甲子가 모두 도는데 만 5일이 걸립니다.

람의 사주팔자의 구조가 만들어지는 것이며, 이를 명조命造 또는 명식命式이라고 부릅니다. 그리고 이 명조에 따라서 10년 단위로 변화하는 대운大運과 일 년 단위로 변화하는 세운歲運, 30일 단위로 변화하는 월운月運, 날마다 변화하는 일운日運이 결정되며, 이를 통칭하여 행운行運 또는 그냥 운運이라고 부릅니다.

생년·월·일·시에 해당하는 사주의 연주年柱·월주月柱·일주日柱·시주時柱를 60갑자로 표시할 때 60갑자가 년주年柱는 60년 단위로, 월주月柱는 5년(60개월) 단위로, 일주日柱는 60일 단위로, 시주時柱는 5일(60시간)[35] 단위로 각각 순환 변화하며 배합됩니다. 따라서 연주에 60가지, 월주에 12가지, 일주에 30가지, 시주에 12가지씩 각각 간지가 배합되게 됩니다. 따라서 사주팔자 명조의 총 가지 수는 60×12×30×12=259,200가지가 되는데 남녀의 성별에 따라 대운의 행로가 반대가 되므로 계산상의 운명의 가지 수는 이것의 두 배가 되니 518,400가지 정도가 되는 셈입니다.

따라서 남한의 전 국민 수를 4,000여만 명이라고 본다면 사주팔자가 똑같은 분은 평균적으로 대략 130명 정도가 되는 셈입니다. 그러나 여기에 각 부모의 유전자 변수와 출생지와 거주지의 공간

35) 사주추명학에서는 하루를 1년에 상응시켜 2시간 단위로 나누어 12개의 시로 구분하고, 그 각각을 자子·축丑·인寅·묘卯·진辰·사巳·오午·미未·신申·유酉·술戌·해亥의 12지지에 상응시켜 밤 11시 이후 새벽 1시까지를 자시, 01시 이후 03시까지를 축시, 03시 이후 05시까지를 인시, … 21시부터 23시까지를 해시로 계산하며, 이를 다시 표준시와의 경도 차이에 따라 경도 1도당 15분씩 계산해서 시차를 보정해줍니다.

적 변수 및 각 시간별 편차[36]까지 고려한다면, 그 운명의 가지 수는 헤아릴 수 없이 많아지므로 사주팔자가 똑같다고 해도 운명은 다양한 편차를 가질 수밖에 없습니다. 실제로 사주를 감정하다 보면 종종 동일한 사주를 만나는데 실제의 삶은 서로 간에 차이가 있습니다. 이는 특히 쌍둥이 사주에서 쉽게 확인할 수 있습니다. 쌍둥이 사주는 출생 시간의 편차가 좀 있을 뿐 사주는 동일한 경우가 많은데 실제의 삶도 똑같이 사는 것은 아니며, 특히 이란성 쌍둥이인 경우에는 더욱 서로 다릅니다.

그렇다면 과연 인생은 운명 소관일까요? 운명 소관이라면 얼마나 운명 소관이며, 그것을 과연 우리가 알 수 있을까요? 필자도 한때 이것이 궁금해서 사주, 관상, 수상 등을 조금씩 연구해 본 바가 있었는데, 필자가 국내 최고의 명리 전문가에게 직접 실증해본 바에 의하면, 사주명리 판단의 과학적 진리적 근거는 잘 알 수 없었지만, 사주명리에 근거한 감정 결과와 실제 살아온 삶을 비교해 보았을 때, 적어도 그 사람의 성격적·기질적 특성과 인생의 큰 줄기는 이미 태어날 때에 운명적으로 상당 부분 결정되어 있다는 사실만큼은 충분히 확인할 수 있었습니다.

그래서 우리의 인생이 왜 생년월일시에 의해서 운명적으로 상당 부분 결정되는지를 깊이 연구해본 결과, 뒤에서 살펴보는 바와 같이 진리적으로 우리의 인생이 시절의 인연을 좇아 인과보응의 법칙

36) 하루 24시간을 12개의 간지로 표시하므로 동일한 시주時柱라도 1~120분의 편차가 생깁니다. 이를 다시 60갑자에 상응시킨다면 각 2분간씩 60갑자로 나누어 편차를 적용해 볼 수 있을 것입니다.

에 따라 전개되고, 현실적으로 살펴보더라도 우리의 인생에 커다란 영향을 주는 주요 변수들이 전술한 바와 같이 대부분 우리의 의사와는 무관하게 전개되고 있어서, 우리가 실질적으로 자기의 자유의지에 따라 임의로 선택할 수 있는 부분이 생각보다 매우 적다는 데에서 나름대로 그 이유를 찾아볼 수가 있었습니다.

우주 만물은 쉼 없이 변화하며 그 가운데 인생도 변화하는데, 우리의 인생은 크게 다음 여섯 가지의 변수로 구성되어 있습니다. 그중 운명은 태어난 시간에 의해 결정되는 독립변수이고, 살아가는 공간은 종속변수이며, 삶을 주재하는 마음은 조정변수라고 생각합니다. 그럼 여섯 가지의 변수에 대해 자세히 살펴보겠습니다.

첫째는 각자가 태어난 시간의 우주적 기운 변화가 반영되어 결정된 타고난 운명입니다. 인생 행로의 기본 틀을 제공하는 운명은 시간의 흐름에 따라 변화하는 1년 12달의 계절 변화와 같습니다[37]. 계절 변화는 태양의 공전주기에 따라 1년 단위로 진행되며, 1년은 달이 차오르고 이지러지는 주기에 따라 12개월로 나뉘고, 지구의 자전주기에 따라 주야변화가 이루어집니다. 우리 인간이 현상적으로 관찰할 때 객관적으로 우리 인간의 삶과 천지만물의 변화에 가장 큰 영향을 끼치는 것은 사시 변화와 주야변화 및 조수간만의

37) 운명은 시간의 변화에 따르는 하나의 장기 프로그램이라고 할 수 있습니다. 우리의 생존 기간은 다시 수태 시부터 출생 시까지의 태중 기간과 출생 시부터 사망 시까지의 생존 기간으로 크게 나눠볼 수 있으며, 생존 기간은 다시 영아기, 유아기, 소년기, 청년기, 중년기, 노년기, 와상기로 크게 나눌 수 있습니다. 시간은 춘하추동, 주야로 끊임없이 변화하면서 공간과 밀접한 관계를 가지고 우리의 삶에 지대한 영향을 미칩니다.

차를 일으키는 달의 영휴盈虧 변화입니다. 이것을 과학적으로 따져 보면 1년의 변화는 주로 태양의 황도 변화에 따르고, 하루의 변화는 주로 지구의 자전 변화에 따르는데, 태양이 1년 동안 황도를 지나갈 때 12개의 별자리를 지나고, 달이 12번 이지러졌다 차오르게 되므로 1년 12달이 되는 것이며, 여기에서 사주팔자로 운명을 판단하는 사주추명학과 12궁 별자리점이 생기게 된 것이라고 생각합니다[38].

즉, 만물 변화의 가장 큰 변수가 주야사시의 시간 변화이므로 이를 기준으로 해서 각 사람의 운명적 특성을 추측해내는 방법을 다양하게 연구해낸 것이 바로 운명학이라고 할 수 있습니다. 그러나 명리학의 이치에는 직관적인 부분이 상당 부분 차지하고 있기 때문에 이를 모두 구체적으로 논리적으로 명확히 다 설명할 수는 없습니다. 또한 사주추명학의 논리적인 과학적 근거와 실증 가능성 여하를 떠나서 60갑자에 의한 사주의 구성 자체가 고도의 상징문자로 암호화된 비밀문서와 같은 것이라고 할 수 있으므로, 웬만큼 공부해서는 그것을 정확하게 풀어내기가 쉽지 않기 때문에 엉터리 명리가들이 큰소리치며 혹 그럴듯한 이유를 갖다 대며 혹세무민하는 경우가 많으므로 또한 주의해야만 합니다.

38) 사주추명학에서 대운의 주기를 10년으로 정한 것도 대체로 인생이 태어나서 늙고 병들고 죽는 일생이 자연법칙대로 살았을 경우 대체로 120년 정도 된다고 보면, 이것이 자연계의 1년 단위의 변화에 상응하므로 이를 12달의 변화 주기로 다시 나누면, 인생 10년이 자연계의 시간 변화의 1달에 해당한다고 보았기 때문일 것이라고 생각합니다.

- 『천지에 사시순환하는 이치를 따라 만물에 생노병사의 변화가 있고, 우주에 음양상승하는 도를 따라 인간에 선악인과의 보응이 있게 되느니라!』(《대종경》, 인과품 2장)
- 『한 큰 원상이 돌매 천만 작은 원상이 따라 도나니, 마치 원동기가 돌매 모든 작은 기계 바퀴가 따라 도는 것 같느니라.』(《정산종사법어》, 원리편 7장)

운명이란 쉽게 말하면 인생극장에서 자기가 연기해야 할 배역과 같은 것입니다. 배역은 극본대로 연기해야 하는 역할입니다. 배역은 일반적으로 배우의 제반 조건에 따라서 극작가와 프로듀서의 판단에 의해 주어지지만, 연기는 어디까지나 배우가 자기에게 주어진 배역을 잘 소화해서 그 배역에 적합하게 감동적으로 표현해내야만 하는 것이므로 진정으로 배우에게 주어진 몫입니다.

따라서 운명을 시나리오의 배역에 비유한다면 연기는 배우의 노력에 비유할 수 있습니다. 배우가 명연기를 하다 보면 배역의 내용이 다소간 수정될 수도 있는 것처럼 운명도 마찬가지입니다. 연기자에 대한 평가는 어떠한 배역을 맡느냐보다 그가 맡은 배역의 연기를 얼마나 잘 해내느냐에 달려 있으며, 그 정도에 따라 대본이나 시나리오의 내용도 다소간 수정될 수 있는 것처럼 운명도 자신의 열정과 노력 여하에 따라 어느 정도 바뀔 수 있는 것입니다.

봄에 피는 꽃이 있고 여름에 피는 꽃이 있으며, 가을에 피는 꽃과 겨울에 피는 꽃이 있습니다. 또 잠깐 동안 피는 꽃도 있고, 봄부터 초가을까지 오랫동안 피는 꽃도 있습니다. 꽃의 종류도 매우 다양하며, 열매를 맺는 꽃도 있고 열매가 없는 꽃도 있습니다. 각 사람의 운명도 이와 같아서 본질적으로는 평등하지만, 현상적으로는 무수한 차별이 있습니다. 그것은 각자의 전생에 지은 심신 작용의 차이에 따라 인과보응의 법칙이 적용되기 때문입니다. 차별은 관점에 따라서 긍정적으로 수용될 수도 있고 부정적으로 수용될 수도 있습니다. 남자는 임신할 수 없고 방 안에 있는 사람은 담 밖을 보지 못하는 것처럼 어떠한 운명이든 장단점과 유리함과 불리함이 있습니다. 지혜로운 사람은 장점과 유리함을 좇아 잘 개척해 나가고, 어리석은 사람은 단점과 불리함을 좇아 좌절하고 비관합니다.

둘째는 우리가 살아가는 공간입니다. 이는 자연환경과 사회문화적 환경, 성장가정환경 등을 모두 포함하는 개념으로서 다시 출생지, 성장지, 사회활동지, 노년 휴양지 등으로 대분해 볼 수도 있고, 또 학교, 직장, 거주지, 주택 등으로 나눠볼 수도 있습니다. 우리는 이러한 공간적 환경적 배경을 결코 벗어날 수가 없으며, 이로부터 우리의 인생에 막대한 영향을 받습니다. 같은 운명을 타고나더라도 공간의 변수에 의해 많은 차이가 생깁니다. 그러므로 우리는 거주지와 직장, 주택 등을 선택할 때에도 다각도로 신중하게 고려해야만 합니다. 이러한 공간 변수에 대해 선인들이 역술적으로 풀어낸 것이 바로 풍수라고 할 수 있는데, 사주추명학은 그나마 검증이 비교적 쉬운 편이지만 풍수는 그 근거 이론의 타당성과 풍수가

의 실력을 검증하기가 매우 어렵기 때문에 혹세무민하는 내용이 더욱 많아서 신뢰하기가 쉽지 않습니다.

셋째는 우리의 삶을 영위해온 몸입니다. 몸의 형태·외모와 건강 상태에 따라 우리의 심리상태와 행동이 크게 달라지고 자연히 인생도 달라집니다. 보통 사람들은 일반적으로 신체적 특성과 몸의 생리·병리적 상태에 따라 마음 작용이 달라지므로 우리의 삶과 수행에 있어서 몸은 빼놓을 수 없는 매우 중요한 고려 요소입니다. 건전한 육체에 건전한 정신이 깃든다고 한 말이 그냥 나온 말이 아니며, 오랜 경험을 통해 획득된 지혜에서 나온 말입니다. 그래서 신체 단련의 중요성은 건강을 위해서나 수행을 위해서나 행복을 위해서나 아무리 강조해도 지나치지 않습니다. 그러나 안타깝게도 이를 제대로 알고 실천하는 분들이 생각보다 적습니다. 몸은 호흡과 음식으로 이루어지고 동작합니다. 몸은 지기地氣요 호흡은 천기天氣인데 몸과 마음을 아울러 다스리는 데는 호흡을 다스리는 것이 첩경입니다.

넷째는 우리의 삶의 자취를 이루고 있는 행위입니다. 어떤 행위를 언제 어디서 어떻게 하느냐에 따라 인생의 길흉화복과 성패가 달려 있으며, 인생의 자취와 업적이 만들어지므로 행위로 인해 결실이 이루어집니다. 모든 행위는 결국 눈·귀·코·혀·몸·뜻의 육근을 작용하는 것이니, 우리의 육근을 원만구족하고 지공무사하게 잘 사용하는 것이 인생의 행·불행과 성패를 결정하는 관건입니다. 여기에 모든 훈련과 수행의 필요성이 있는 것입니다.

다섯째는 우리의 삶을 이끌며 시비 이해를 분별하고 모든 행위를 선택하는 마음입니다. 모든 행위의 중심에는 마음이 있으며, 마음의 기능, 역량, 상태 등에 따라서 우리 몸의 상태와 행동·행위가 달라집니다. 그리고 그 행동·행위의 결과가 우리 인생의 자취가 됩니다. 따라서 마음공부가 모든 공부의 중심이 됩니다. 우리가 가지고 있는 모든 지식정보·기술과 생각·감정을 어떻게 사용하느냐가 모두 우리의 마음먹기에 달려 있기 때문입니다. 원근친소의 인정이나 희로애락의 감정이나 사리사욕에 끌려가지 않고 청정일념淸淨一念의 원만구족하고 지공무사한 자리에서, 사리를 바르게 알고 바르게 분석 판단할 수 있는 지혜와 그 마음을 내 마음대로 조절하여 바르게 사용할 수 있는 실천력이 모두 마음공부에 의해서 단련되고 배양되는 것이기 때문입니다. 행을 닦는 것이 수행인데, 행은 마음이 몸을 작동시킨 것이므로 마음을 닦는 것이 수행의 근본이며, 몸을 단련하여 마음을 다스리는 것이 수련입니다.

이 밖에 여섯 번째의 구성요소로 사람과 사물과의 인연 관계를 들 수 있습니다. 우리의 인생은 어떤 시공간에서 어떤 사람과 어떤 사물을 만나느냐에 따라 심신 작용과 그로 인한 결과가 달라지기 때문입니다. 인생을 여섯 가지의 구성요소로 말을 했지만 인과법칙상으로 보면 의도·의지만 '인因'이 되고 나머지는 모두 '연緣'이 된다고 볼 수 있습니다.

이상의 여섯 가지의 인생 구성요소 중에서 우주 자연 천지 만물이 변화하는 가장 주된 변수가 시간 변수이므로 인생 행로의 주된 변수를 생년월일시의 시간 변수에서 찾아보고자 한 것이 바로 사주추명학이라고 할 수 있습니다.

시간 변화는 태양과 지구와 달의 규칙적인 공전 자전을 따라 이루어지므로 대체로 보편적, 일반적이지만, 공간변화는 일정한 지역과 장소에 국한되는 특성이 강합니다. 기후의 변화를 예로 들면 같은 4월 1일이라도 몬트리올, 뉴욕, 프놈펜, 시드니, 서울, 부산, 춘천, 바닷가, 내륙지방, 산 아래, 산 정상, 집 밖, 집안 등의 공간적 위치에 따라 바람이나 기온과 습도의 편차가 크게 나타납니다.

또 시간의 흐름에 따라서 지구의 공전 및 자전 궤도 상의 위치와 달의 공전 궤도 상의 위치도 변화하므로, 시간이 독립변수라면 공간은 종속변수라고 할 수 있습니다. 여기에 인간은 심신 작용에 의해 산을 깎아 내린다거나 운하를 판다든지, 건물을 짓고 냉난방으로 실내의 기온을 조절한다거나 의복으로 체온을 보전하는 등의 무수한 수단과 방법으로 계절 기후 변화의 영향 및 주변 환경과 심신의 변화를 스스로 다소간 조절할 수 있으므로 인간은 조정변수라고 할 수 있습니다.

따라서 운명은 독립변수인 생년월일시의 시간 변화에 따라 결정되며, 같은 사주라도 공간적 변수에 따라 편차가 있게 되는 것이며, 조정변수인 인간은 자신의 의지와 노력에 따라서 이를 다소간 변경 조정할 수도 있으므로, 운명도 그에 상응하는 변화를 꾀하며 더 좋은 방향으로 개척해 나갈 수 있는 것입니다. 그러나 그것이 결코 쉬운 일은 아닙니다.

자기의 운명에서 나쁜 운을 좋은 운으로 바꾸기 위해서는, 죄업을 참회하며 착한 일을 많이 하여 음덕을 쌓으며, 망념과 사심 잡념을 제거하고 순일한 청정일념을 양성하여 공덕을 많이 쌓아야 하는데, 반복적인 훈련과 지속적인 수행이 뒷받침되지 않으면 이를 실천하기가 매우 어렵기 때문입니다. 그러므로 수행을 하지 않는 보통 사람들은 운명을 벗어나기가 쉽지 않다고 생각합니다. 전생에 자기가 지은 업에 따라 금생의 운명이 이미 정해져 있는데, 대부분은 주어진 조건에 반응하는 삶을 살아갈 뿐 자기의 운명과 그것을 벗어나는 방법을 잘 알지 못하거나, 알더라도 그것을 잘 실천하기가 쉽지 않기 때문입니다.

- 『(전략)이 세상에서 네가 선악 간 받은바 그것이 지나간 세상에 지은바 그것이요, 이 세상에서 지은바 그것이 미래 세상에 또다시 받게 될 바 그것이니, 이것이 곧 대자연의 천업이라, 부처와 조사는 자성의 본래를 각득하여 마음의 자유를 얻었으므로 이 천업을 돌파하고 육도와 사생을 자기 마음대로 수용하나, 범부와 중생은 자성의 본래와 마음의 자유를 얻지 못한 관계로 이 천업에 끌려 무량 고를 받게 되므로, 부처와 조사며 범부와 중생이며 귀천과 화복이며 명지장단命之長短을 다 네가 짓고 짓나니라.(후략)』(《대종경》 천도품 5장)

그러나 일반 대중은 운명을 판단하는 방법의 과학적 또는 진리적 근거에 대해서는 별로 관심도 없고 중요시하지도 않습니다. 오직 본인의 성격, 건강, 직업, 인연, 자식 등과 관련한 인생 행로 상의 각종 변수와 길흉화복을 얼마나 구체적으로 정확하게 잘 짚어내고 성공과 행복의 길로 인도해주는 희망의 메시지를 얼마나 잘 제시해 주느냐를 더 중요하게 생각하기 때문입니다.

운명의 정의는 관점에 따라서 다양하게 다각도로 이루어질 수 있는데, 앞에서도 이미 언급한 바 있지만 필자는 다시 다음과 같이 몇 가지 측면에서 새롭게 정의해 보고자 합니다.

먼저 생년월일시를 60갑자로 표기한 사주의 구성면에서 정의해 본다면 **운명이란 태양의 황도 변화와 지구의 자전 및 달의 공전 변화에 따른 인생 행로의 변화 추세 또는 형세**라고 정의할 수 있습니다. 후반부를 좀 더 구체적으로 표현한다면 **운명이란 인간의 심신 작용을 유도 또는 촉진하는 제반 조건·정황의 변화 추세 또는 형세**[39]를 가리킨다고 할 수 있습니다. 따라서 그 조건·정황의 변화 추세 또는 형세에 따라 조건반사하듯이 충동이나 습관 또는 욕망과 감정에 따라 그대로 반응하는 삶을 살아가면 사주팔자대로 숙명대로 살아가게 됩니다.

예를 들어 배가 고프면 음식을 찾게 되는데 집안이라면 냉장고 등을 뒤져서 먹을 만한 것이 무엇이 있는지를 찾게 되고, 그중에 가장 먹을 만한 것부터 적당히 식욕이 충족될 때까지 먹게 될 것

39) 추세趨勢: 어떤 일이나 현상이 변화하는 과정에서 일정한 방향성을 주도하는 힘.
형세形勢: 일이 되어 가는 형편이나 사정.(이상 Daum 사전)

입니다. 이때 음식을 찾아 적당한 것을 골라 먹는 것은 자유의지라고 할 수 있겠지만, 그러한 행위를 유발한 배고픔과 그 당시에 취할 수 있는 음식의 가지 수가 집안의 냉장고 안에 있는 음식으로 제한된 것 등은 당시의 내 의지에 의해 정해진 것이 아니고, 그 이전에 이미 결정되어 있던 것이므로 바로 운명에 해당한다고 볼 수 있습니다. 즉, 얼핏 생각하면 우리가 주체적인 자유의지에 따라서 행동하는 것 같지만, 자세히 생각해보면 대개의 경우 심신의 상태나 어떤 상황 조건의 변화에 따라 자연스러운 동기유발이나 감정이 생기면서 그에 상응하는 행위를 하게 되는 것이므로, 결과적으로는 운명의 추세대로 살아가기 쉽다는 것입니다.

따라서 이와 같은 조건반응적인 삶을 살지 않고 항상 깨어 있는 정신으로 어떤 상황에서도 즉각 반응하려는 마음 작용을 일단 멈추고, 충동이나 습관 또는 욕망이나 감정에 끌려가지 않고, 집착을 벗어나 온전한 생각과 지혜로 잘 살펴서 바르게 취사해 가기를 쉬지 않는다면, 자기의 운명을 조금씩이나마 좀 더 나은 방향으로 바꾸어갈 수가 있는 것입니다.[40] 그러나 그것은 결코 쉬운 일이 아니며 하루아침에 되는 일도 아닙니다. 따라서 반복적인 훈련과 지속적인 수행이 필요한 것입니다.

우리가 자기의 운명을 바꾸기가 쉽지 않은 이유는 이 밖에도 전생의 업으로 인해 이미 과보가 결정되어 있는 것은 정업난면定業難免

40) 이와 같이 운명을 바꾸어가는 방법을 개운법開運法이라고 하며 이에 대해서는 『6. 나쁜 운을 좋은 운으로 바꾸는 방법』에서 자세히 다룹니다.

이라고 부처님조차도 어렵다고 합니다. 그래서 과거 부처님의 십대 제자 중 신통제일이었던 목건련 존자도 결국에는 탁발하는 도중에 바라문 교도들이 던진 돌과 기왓장에 맞아 부처님보다 먼저 입적하셨다고 합니다.

또 하나는 여러 사람의 운명이 톱니바퀴처럼 서로 맞물려 있는 경우가 많기 때문입니다. 가령 어떤 조직에서 인사 이동을 시키려면 최소한 2~3자리의 이동이 있어야만 가능합니다. A라는 사람이 B의 자리로 이동하면 또 누군가가 A의 자리로 이동해야 하므로, B와 맞바꾸거나 제3자인 D가 와야 하는 것입니다. 이러한 이치로 인해 한 사람의 운명이 바뀌려면 거기에 연동되어 있는 여러 사람의 운명이 톱니바퀴처럼 맞물려 있어서 도미노처럼 연쇄적으로 바뀌어야만 하기 때문에 쉽지 않은 것입니다.

그래서 필자는 운명을 아래와 같이 인과론적 개념으로 다시 정의하고자 합니다.

운명을 한자의 의미적 측면에서 살펴본다면 "명命"은 천명 즉, 하늘의 명령, 진리의 명령, 숙명宿命, 또는 자기에게 부여된 사명과 수명壽命으로 풀이할 수 있습니다. 여기의 사명에는 그러한 임무를 수행할 만한 재능과 역량 및 제반 행위의 제한 범위까지 포함됩니다. 이를 연극이나 영화에 비유한다면 자기에게 주어진 배역이라고 볼 수 있습니다.

"운運"은 본래는 대운大運, 세운歲運, 일운日運, 시운時運 등 명조의 행운行運을 가리키지만, 행운 역시 명조에 의해서 결정되는 것이므로, 필자는 "운運"을 운영運營, 운전, 운반의 뜻으로 풀고자 합니다. 즉 내가 천명·사명을 받아들이는 태도와 그것을 운전, 운영하여 풀어 가는 방법에 따라 다소간 인생 행로를 변화시켜갈 수 있다는 것을 가리킵니다. 따라서 같은 명命이라도 자기의 수용하는 태도와 의지·노력에 따라서 상당히 달라질 수 있다고 생각합니다.

비유한다면 연극에서 똑같은 배역이라도 누가 연기하느냐에 따라서 감동이 전혀 달라지고, 음악에서 똑같은 곡이라도 그 곡을 부르는 사람에 따라서 감동이 전혀 달라지는 것과 같습니다. 이는 우리가 어떤 일을 할 때 어떠한 태도로 하느냐에 따라서 그 일의 능률과 품질이 달라지는 것을 통해서도 쉽게 알 수 있습니다.

만약 이와 같이 자기의 의지와 노력으로 자기의 운명을 전혀 바꿀 수 없다고 한다면 우리 인간은 운명의 꼭두각시에 불과한 것이 되며, 인간의 자유의지란 생각할 수도 없게 되므로 어떠한 노력이나 수행도 아무런 의미가 없어지며, 어떤 행위를 하든 그 행위와 결과가 모두 운명에 의해 결정되는 것이므로 어떠한 책임성도 물을 수 없게 됩니다. 따라서 필자는 이러한 결정론적 운명론을 부정하고, 아래와 같은 이유로 운명은 분명히 자유의지와 노력에 의해서 상당 부분 변화될 수 있다는 인과론적 운명론을 주장합니다.[41]

41) 보통은 숙명론을 운명론과 동일시하는 경우가 많으나 필자는 숙명론은 결정론적인 것으로 보고 운명론은 숙명론과 자유론의 중도적 입장으로 보아 서로 다른 개념으로 구분하고자 합니다. 왜냐하면 우리의 인생은 완전히 자기의 의지대로만 전개되는 것도 아니며, 그렇다고 자기의 의지와는 전혀 관계없이 오직 숙명에 따라 전개되는 것도 아니므로 운명은 인과론적 개념으로 정의하고 숙명은 결정론적 개념으로 정의를 달리 하려는 것입니다.

첫째 앞에서 살펴본 바와 같이 사주의 가지 수가 계산상으로 총 518,400가지 정도가 된다는 것이니 남한 인구로만 계산해본다면 누구든지 자기와 사주팔자가 같은 사람이 평균적으로 130명 정도나 된다는 것이고, 이 사람들은 운명이 서로 매우 비슷할 것이므로 같은 직장으로 몰릴 가능성이 그만큼 많을 것이며, 따라서 직장 규모가 좀 큰 회사의 경우에는 같은 사주가 많이 발견되어야 할 것인데 현실은 그렇지 않은 것으로 보아 동일한 사주라도 삶의 구체적인 양태는 서로 다를 수 있다는 것을 충분히 짐작할 수 있습니다. 이는 일란성 쌍둥이 사주에서도 삶의 양태가 서로 다른 경우를 흔히 볼 수 있다는 점에서도 알 수 있습니다.

둘째 사주를 표기하는 60갑자는 60년마다 되풀이되므로 60년마다 똑같은 사주들이 많이 생겨날 것인데 실제의 세상은 60년 동안 정치, 경제, 사회, 생활, 문화, 교육, 직업 등 전반에 걸쳐서 많은 변화를 일으키고 있으므로, 같은 사주라도 시공간의 변화에 따라 상당 부분 차이가 날 수밖에 없으며, 따라서 의지 노력에 따라서도 달라질 수밖에 없다는 것을 충분히 예상할 수 있습니다. 현재 한국의 경우 수명 연장에 따른 급속한 노령화, 점점 심해지는 결혼과 출산의 저하, 이혼의 증가, 생활 수준의 향상, 개인주의의 심화, 성의 개방화 등만 하더라도 결정론적 운명론으로는 다 설명하기가 어렵습니다.

셋째 서로 다른 사주인데도 불구하고 같은 날 같은 비행기나 같은 배, 같은 버스를 탔다가 교통사고를 당하거나 화재 사고나 기타 재난사고 등으로 인해 많은 인원이 동시에 죽는 경우가 많습니다.

넷째 과거에 볼 수 없었던 새로운 직업도 엄청나게 많이 생겨났으며, 직업과 신분의 귀천 및 남녀노소의 지위도 많이 바뀌었습니다. 또 옛날에는 계절 음식은 그 계절에만 먹을 수 있었는데 과학기술의 발달로 지금은 겨울에도 수박을 먹을 수 있고, 옛날 같으면 죽을 수밖에 없는 사람도 의약의 발달로 많이 살려내고 있으며, 과학기술과 교통·정보통신의 발달로 공간적·시간적 제약도 많이 해소된 만큼, 운명에 의해서 인생의 모든 것이 결정된다고 보기는 어려운 것입니다. 현대는 과학기술을 바탕으로 한 인위적인 노력으로 자연의 변화와 제약 조건을 상당 부분 극복하고 있을 뿐더러, 매우 다양한 인위적인 변수가 수시로 교차하며 작용하고 있기 때문에, 옛날에 10년 동안 일어날 변화가 단 몇 달 만에도 일어날 수가 있어서 과거의 자연 시간 단위로는 도저히 현재의 변화하는 시간을 따라잡을 수가 없습니다. 따라서 사주팔자에 의해 그 사람의 운명이 상당 부분 결정되어 있다고 하더라도 기왕의 사주추명학만으로는 현대의 빠른 변화의 추세를 다 반영하여 해석할 수가 없기 때문에, 더 이상 사주팔자만으로 운명을 정확하게 예측한다는 것은 어렵다고 보아야 합니다.

다섯째 우리가 운명을 전혀 바꿀 수 없다고 한다면 역대의 모든 성자들께서 이구동성으로 바르게 살라고 가르침을 펴신 의미가 전혀 없을 것입니다. 인과보응의 이치에 의하더라도 미래의 인생은 계속되는 현재를 어떻게 살아가느냐에 따라 다소간 제약은 있지만 조금씩이라도 점차 달라지게 되어 있기 때문입니다.

따라서 "운명이란 하늘이 자기에게 명하여 부여하신 바 정명定命을 자기의 의지와 노력으로 운전, 운영해 가는 것이다."라고 새롭게 정의할 수 있습니다. "명命"은 나에게 주어진 조건이요 "운運"은 나의 뜻에 따라 운전, 운영해감입니다. "명"은 인생 행로에서의 자유로운 선택의 범위를 제한함과 동시에 정해진 방향으로 이끌어 가는 추세 또는 형세이며, 이것을 자기의 의지에 따라 운영하여 변화·발전시켜가려는 노력이 바로 "운"인 것입니다.

2.3 인과론은 결정론과 자유론을 통합한 중도론이다

뒤에서 자세히 언급하겠지만 인과론은 인(因: 근본 원인)이 있으면 반드시 연(緣: 조건, 보조 원인)에 따라 과(果: 결과)가 결정된다는 점에서 보면 분명히 결정론의 측면을 가지고 있으나, 다른 한편으로 그 인因을 결정하는 것은 나의 자유로운 선택에 의해 이루어진다는 점에서 또한 자유론의 측면을 가지고 있습니다. 즉, 현재에 내가 받고 있는 모든 것은 과거와 전생에 내가 지은 바대로 받는 것이라는 점에서는 결정론적이지만, 미래의 결과果를 결정하는 현재의 원인 행위因를 선택하는 것은 나의 자유로운 의지에 달려 있다는 점에서는 자유론적입니다. 그러나 현재의 나의 선택이 완전히 자유로운 것은 아니며, 이전의 업業으로 인해 결정된 현재의 모든 조건 범위 내에서만 자유로운 것이므로, 이전의 업에 의해 현재에 선택할 수 있는 자유의 범위가 상당히 제한된다는 점을 또한 잘 알아야 합니다.

그런데 결정론은 각자에게 왜 그러한 운명이 부과되었는지에 대한 설명이 없으므로 자기 책임의 문제를 논할 수 없으며, 자유론은 누구든지 자유의지를 현실 속에 구현시키고자 할 때 봉착하는 현실적인 수많은 제약들을 설명하기가 어렵습니다.

반면에 인과론은 진리적인 근거 위에 결정론과 자유론의 양면을 중도적으로 수용함으로써 현상계의 모든 변화와 차별을 합리적으로 설명할 수 있을 뿐만 아니라 미래지향적으로 각자 인생의 문제를 해결해 갈 수 있는 구체적인 방법론을 제시하고 있습니다. **인과론은 내가 처한 현재의 모든 조건은 좋든 싫든 모두 내 책임으로 감수해야 된다는 것과, 이를 기반으로 현재의 모든 조건들이 허용하는 범위 내에서 선행적덕善行積德과 바른 취사를 통해 미래를 최대한 개척할 수 있다는 것을 말해줍니다. 따라서 필자의 운명관은 인과론에 바탕을 두고 있으며, 이는 대종사께서 "인과보응의 이치가 음양상승과 같이 된다"[42]고 하신 말씀과도 부합된다고 생각합니다. 왜냐하면 사주추명학은 음양상승의 원리인 음양오행의 원리에 바탕하고 있기 때문입니다.**

예를 들어, 을이 갑에게 일당 5만 원을 받기로 하고 품을 팔겠다고 했다면 을의 품값은 그가 열심히 일을 했든 다소 게으르게 했던 5만 원으로 결정되어 있는 것입니다. 그런데 을이 열심히 갑의 마음에 들게 일을 했다면 갑은 을을 다시 고용하려 하겠지만, 을이 게으름을 피워서 갑의 마음에 들지 않게 했다면 갑은 가능한 한 다시는 을을 고용하려 하지 않을 것입니다. 여기서 을이 일을 열심히 하느냐 마느냐의 선택은 을의 의지와 노력에 달려 있는 것

42) 《대종경》, 인과품 2장: "천지에 사시 순환하는 이치를 따라 만물에 생로병사의 변화가 있고, 우주에 **음양상승하는 도를 따라 인간에 선악인과의 보응이 있게 되나니, …,"** 《정전》, 교의편, 제1장 제5절 일원상 법어: "이 원상圓相의 진리를 각覺하면…, **인과 보응의 이치가 음양상승陰陽相勝과 같이 되는 줄을 알며, …."**

이므로, 미래에도 계속해서 갑에게 품을 팔고자 한다면 을은 열심히 일하는 쪽을 선택해야 할 것입니다. 더 나아가서 을은 일당 5만원의 범위 내에서는 저축을 할 수도 있고, 음식을 사 먹을 수도 있고, 도박을 할 수도 있고, 책을 사서 공부를 할 수도 있고, 부인에게 선물을 사줄 수도 있고, 불우이웃을 도와줄 수도 있으며, 기타 수많은 선택을 할 수 있는 자유가 있습니다.

따라서 저축을 하는 경우에는 재산이 증식될 것이고, 음식을 사 먹는 경우에는 체력을 충전하거나 한때 입맛을 만족시키며 배부르게 하는 것으로 끝날 것이고, 도박을 하는 경우에는 종일 힘들여 번 돈을 그냥 날려버리고 기분까지 잡칠 가능성이 높고, 책을 사서 공부하는 경우에는 유용한 정보를 습득하여 생활 향상에 활용할 수도 있을 것이고, 부인에게 선물을 사줄 경우에는 부인의 사랑을 더 받게 될 것이고, 불우이웃을 도와줄 경우에는 자신에게 뿌듯함을 안겨줌과 동시에 미래에 그 이웃으로부터 자신이 도움을 받을 수도 있을 것이며, 기타 수많은 선택에 따라 각각의 결과와 함께 을의 인생도 조금씩 달라질 것이고, 이것이 쌓이면 나중에는 상당히 다른 인생도 전개될 수 있을 것입니다.

또, TV 드라마에 나오는 인물 배역을 가지고 생각해본다면, 극중 여러 인물 중 주연과 조연을 누구로 정할 것인지는 PD가 각 인물의 역할에 비추어 현재까지의 수많은 배우 중에 누구를 선정하는 것이 가장 좋을 것인지를 여러 가지의 조건을 다각도로 고려하여 선정할 것입니다. 여기서 어떤 배우가 그 역에 적합할지는 그의 경력과 인물됨으로 판단할 것이니, 현재의 배역은 그 배우의 과거의 업에 의해 결정된다고 할 수 있습니다. 그러나 이번엔 주연배우를 맡았더라도 연기를 잘못하면 그 극이 끝날 동안은 주연을 계속 맡게 되겠지만, 심하면 조기에 종영이 될 수도 있을 것이며, 이 이후에는 다시 좋은 배역을 맡을 기회가 그만큼 적어질 것입니다. 또, 조연을 맡았더라도 연기를 잘하면 각본을 바꾸어서라도 출연의 기회가 늘어날 뿐만 아니라 나중에 다른 극 중에서 더 좋은 역을 맡게 될 가능성이 그만큼 높아질 것입니다. 그래서 자기의 운명을 자기가 결정짓는다고 하는 것이며, 이것이 인과보응의 법칙입니다.

그러나 현재 나에게 주어진 숙명으로 받아들일 수밖에 없는 제반 조건들을 어떻게 수용하고 풀어 가느냐에 따라 미래가 조금씩이라도 변화되어 갈 수 있는 여지가 생기기 때문에 현재의 삶을 어떻게 사느냐가 매우 중요하다는 것이며, 오직 이 부분만이 각자의 자유의지가 개입될 수 있는 여지인 것입니다. 따라서 현재의 조건에서 자유의지에 의해 인생의 변화를 꾀할 수 있는 부분이 매우 적어 보이더라도 오직 변화를 꾀할 수 있는 부분은 "지금 여기"의 현재일 뿐이며, 그것이 비록 단 1%의 변화일지라도 쌓이면 커지기 때문에 "티끌 모아 태산", "낙숫물이 바위도 뚫는다."라는 속담이 있는 것입니다. 출발지에서는 매우 미미한 차이일지라도 멀리 가면 갈수록 그 차이는 천리만큼이나 큰 차이를 불러올 수 있는 것입니다.

그러므로 우리는 자신이 바꿀 수 없는 숙명적인 요소와 과거의 삶은 얼른 그대로 수용하고, 현재의 자신이 변화를 일으킬 수 있는 부분에 노력과 정성을 집중하는 것이 현명한 것입니다. 그래서 우리는 영생을 통해 자신의 가치와 역량을 극대화하며, 죄고罪苦를 멀리하고 지혜와 복락을 가까이 불러오기 위해서는, 훈련 또는 단련·수련·공부·수행·시험 등으로 일컬어지는, 자기를 단련하고 변화시켜 정신적·육체적 자주 역량을 증대시키는 일련의 과정이 반드시 필요한 것입니다.

앞에서 언급한 바와 같이 인생 120세는 1년 12개월에 비유됩니다. 열두 달 동안 춘하추동의 계절과 날짜에 따라 일기가 변화하듯이 인생도 시절의 인연 따라 변화하며, 꽃나무마다 특성이 다르고 꽃이 피는 시기와 조건이 다르듯이 사람마다 인생의 특성과 시절의 인연이 다 다릅니다. 따라서 지금 자기가 잘나간다고 자만할 일도 아니고, 불운하다 하여 비관하지도 말고 희망과 용기를 가져야 합니다. 지금 그 시련을 이겨내지 않으면 진급도 없습니다. 모든 것이 각자 마음먹기에 달려 있습니다.

2.4 운명상의 길흉화복은 우리의 일반적인 생각과는 다르다

운명이 타고나는 것이라면 이왕이면 좋은 운명을 타고나는 것이 좋을 것입니다. 그래서 사주팔자를 잘 타고나면 팔자가 좋다고 말합니다. 보통 팔자가 좋다는 것은 좋은 인연 만나서 인생을 순탄하게 살며 건강과 부귀를 누리고 오래 살다가 편안히 가는 것을 생각할 것입니다. 그러나 실제로 이러한 팔자는 없을 뿐만 아니라 있다고 가정하더라도 그것이 과연 좋은 팔자인가는 다시 한번 깊이 생각해 볼 일입니다.

부처님은 "지혜가 가장 출중하시고 복이 가장 많은 존귀하신 분"이란 뜻으로서 "복혜양족존福慧兩足尊"이라고 불립니다. 그러나 부처님도 생로병사에 대한 의문을 푸시고자 설산에서 6년간 갖은 고행을 다 하시고 피골이 상접한 상태에서 죽기를 각오하고 깊은 명상에 잠긴 끝에 깨달음을 얻어 성불하셨다고 하지 않습니까? 세계적으로 유명한 철인이나 대학자, 종교 지도자, 기업가 등 그 누구를 보아도 적어도 한때 큰 고생을 치르지 않은 분들이 없으며, 어느 한 부분도 결함이 없이 만복이 갖추어진 사람은 결코 없습니다.

더욱이 우리가 생각하는 길흉화복이란 각자의 상황과 관점에서 말하는 것이지 일반적인 것이 아닐뿐더러 길흉화복은 시간의 흐름

따라서 길하던 것이 흉한 것으로 변하기도 하고, 화라고 생각했던 것이 복으로 변화하기도 하여 자꾸 변화해 가는 것이기 때문에 자기가 생각하는 부분만 딱 잘라서 길하다거나 복이라고, 또는 흉하다거나 화라고 판단할 수가 없다는 것입니다. 이를 잘 설명해 주는 것이 바로 "인생만사, 새옹지마"라는 고사입니다.

2.4.1 길흉화복은 자꾸 변화하므로 생각하기 나름이다

다음은 《회남자》의 인생훈에 나오는 '인생만사人生萬事 새옹지마塞翁之馬'라는 고사 이야기입니다.

- 『변방 근처에 점을 잘 치는 한 사람이 살았다. 그가 키우던 말이 까닭 없이 오랑캐 땅으로 도망쳐 버렸다. 사람들이 모두 이를 위로하자 그가 말하기를 "이것이 어찌 갑자기 복이 되지 말라는 법 있습니까?"라고 했는데, 몇 달이 지난 후 도망갔던 말이 오랑캐의 준마를 데리고 돌아왔다. 사람들이 모두 이를 축하하자 그가 말하기를 "이것이 어찌 갑자기 화가 되지 말라는 법 있습니까?"라고 했다. 부잣집에 좋은 말이 생기자 그의 아들이 말타기를 좋아하다가 말에서 떨어져서 넓적다리가 부러지고 말았다. 사람들이 모두 이를 위로하자 그가 말하기를 "이것이 어찌 갑자기 복이 되지 말라는 법 있습니까?"라고 했다. 1년이 지난 뒤 오랑캐들이 대거 변방에 쳐들어오자 장정들이 활을 들고 싸움터에 나갔다가 변방 근처의 사람들은 열에 아홉이 죽었는데, 이 사람만은 절름발

이가 된 까닭에 부자가 모두 무사할 수 있었다. 그러므로 복이 화가 되고 화가 복이 되어 변화가 끝이 없으니, 그 깊이를 예측할 수가 없는 것이다.』

이와 같은 예는 무수히 많습니다. 우리 역대 대통령들만 보더라도 여기에서 벗어난 분이 거의 없습니다. 따라서 길흉화복은 함부로 말할 수 있는 것이 아닙니다. 언제든지 길하던 것이 흉한 것으로, 흉하던 것이 길한 것으로, 화가 복으로, 복이 화로 변화해 갈 수 있기 때문입니다. 이를 "은생어해恩生於害, 해생어은害生於恩" 즉 "은혜가 해에서 생기고, 해가 은혜에서 생긴다"고도 표현합니다. 해로운 것인 줄로만 알지만 거기서 오히려 복락의 은혜가 나오기도 하고, 은혜로운 것인 줄로만 알지만 거기서 오히려 해로움이 나오기도 한다는 것입니다.

그러므로 우리는 정당한 괴로움과 부정당한 즐거움을 잘 분별하여 오직 진리에 합당한 진실한 삶을 살도록 노력해야 합니다. 정당한 괴로움은 진리에 합당하여 최종적으로는 복락으로 변할 괴로움을 말하고, 부정당한 즐거움은 마약을 하는 경우와 같이 지금 당장은 즐거워 보이지만 최종적으로는 고통으로 변할 즐거움을 말합니다. 죄업을 지어서 얻은 권세와 복락은 인과법칙상 결국에는 고통속으로 들어가기 마련이고, 죽어서도 지옥고를 면하기 어려운 것이므로, 이 점 각별히 유념해서 당장의 이익과 즐거움에 눈이 멀어 죄업을 짓지 않도록 주의하고 또 조심하지 않으면 안 됩니다. 그래서 항상 상극의 해로움에서도 은혜를 발견하고 은혜를 생산하며, 상생의 은혜에서는 계속해서 은혜가 생산될 수 있도록 더욱 조심하며 노력해야 합니다.

이상은 시간의 흐름에 따라서 변화하는 길흉화복을 말했지만, 관점에 따라서도 길흉화복은 크게 달라집니다. 가령 직업이 의사라고 하면 보통 좋은 직업으로 여기고 부러워하는 사람들이 많습니다. 그래서 의대에 입학하려면 상당히 좋은 성적을 얻어야만 합니다.

그런데 필자는 우리 인생의 궁극적인 목표가 행복이라는 관점에서 본다면 의사라는 직업이 과연 좋은 직업일까? 라는 강한 의문이 듭니다. 왜냐하면, 의대에 들어가기 위해서는 좋은 성적을 받기 위해서 그만큼 남다른 노력을 더 해야 합니다. 의대에 입학하고 나면 6년간이나(요즘은 타 대학을 졸업하고 의학전문대학원에 입학해야 하므로 일반대학 4년에 의학전문대학원 4년을 합하면 8년간이나 됩니다) 어려운 공부(의대는 수업 시간도 많거니와 유난히 암기해야 할 것도 많고 수시 시험도 많습니다)를 해야만 하고, 졸업해도 전문의가 되려면 또 인턴 1년, 레지던트 4년을 마치고 어려운 전문의 시험을 통과해야만 합니다.

그리고 4년간의 의대 생활도 힘이 많이 들지만 인턴 시절과 레지던트 시절은 군대보다도 더 힘듭니다. 특히 인턴과정은 거의 인간이기를 포기해야만 할 정도입니다. 그렇게 전문의가 되면 대개 일정 기간 동안 경험을 쌓기 위해서라도 봉직의를 하고 자신감이 붙으면 개인병원을 오픈하기도 합니다.

그런데 우리가 매일 같이 건강한 사람 50명을 만나더라도 쉬운 일이 아닌데, 의사들은 하루에 50명 이상의 환자를 만나서 상담하고 진료를 해야 합니다. 인턴·레지던트 과정은 말할 것도 없고 전문의라고 해도 의사는 환자의 생명을 다루는 직업이기 때문에 항상 긴장 속에 살아야만 합니다. 더욱이 자기가 진료하던 환자가 죽기라도 하는 경우에는 자기가 혹시 치료를 잘못한 것은 아닐까 하는 자책감이 들 수도 있고, 그것이 아니더라도 매일 진료하던 환자의 죽음 앞에 기분이 좋을 수는 없는 것입니다. 더구나 병원은 입원 환자가 상주하는 곳이기 때문에 실내 공기가 탁하기 그지없고, 위생 상태도 일반인이 생각하는 것처럼 좋지도 않습니다. 그래서 의사는 재학시절부터 전문의 시절에 이르기까지 늘 긴장과 스트레스 속에 살 수밖에 없기 때문에 성격이 거칠어지고 권위적으로 변하기가 쉽습니다.

그러므로 필자가 보기에는 의사라는 직업이 좋은 점은 수입이 좀 높고 사회적으로 대우를 받는 편이며, 질병을 치료했거나 생명을 구제했을 경우에 성취감이 좀 있다는 것 외에는 별것이 없습니다. 의사가 되기도 힘들고 진료하기도 힘들다는 것을 아는 분들은 우스갯소리로 자기 자식은 의대 보내지 않고 사위나 며느리를 의사로 얻겠다는 약은(?) 분들도 계신데, 그게 쉽지도 않겠지만 그런 의사와 함께 사는 자기 자식은 과연 행복하겠는가 다시 한번 깊이 생각해 볼 일입니다.

대체로 각광받는 의사라는 직업을 하나의 예로 들긴 했지만, 판검사와 변호사도 마찬가지입니다. 검사는 매일 같이 죄인을 다루며 그 죄상을 밝혀내야만 하고, 판사는 매일같이 시비 이해를 따져서 판결을 내리거나 죄의 진상을 판단해서 형벌을 내려야만 하고, 변호사는 수입을 위해서는 양심을 속여서라도 범죄자의 편을 들 수밖에 없는 경우가 많으니, 모두가 스트레스를 엄청나게 받을 수밖에 없는 직업들입니다.

이밖에 다른 어떤 직업이라도 다 장단점이 있기 마련인데 그것을 좋아하는 사람들은 대개의 경우 자기가 아는 부분만 단순하게 생각하고, 막연히 좋아 보이는 면만 크게 부각시켜서 생각하는 경우가 많습니다. 대체로 세상사가 자기 뜻대로 흘러가는 것이 아닌데도 불구하고 우리는 자기도 모르게 "과거에 무엇을 어떻게 했더라면 좋았을 텐데!" 하고 자기의 생각대로 세상사가 돌아갔을 것이라는, 또는 돌아갈 것이라는 전제하에 자기 마음대로 기대하고 상상하는 경우가 많습니다. 이것 또한 자기만의 생각일 뿐 선입견과 집착에서 오는 어리석음이라는 것을 분명하게 알아야 합니다.

2.4.2 운명 상의 길흉화복이 우리의 상식적인 생각과는 차이가 많다

인생의 길흉화복은 새옹지마처럼 변화하는 경우가 아니더라도 우리가 상식적으로 생각하는 것과 사주팔자상으로 보는 것과는 서로 차이가 나는 경우가 많습니다. 예를 들면 결혼은 하되 완전 백수 남편과 살아야만 잘살 수 있다든지, 배우자가 바람을 피워야만 부자로 살 수 있다든지, 결혼을 여러 번 할수록 재산이 늘어난다든지, 바람을 피우면 제명에 죽지 못하고 비명에 간다든지, 서울법대를 나왔으면 가산을 탕진하여 온 가족이 못살게 되고 서울법대를 안 나왔으면 잘 살 수 있다든지, 충남대 의대를 가면 의사가 될 수 있지만 고대 의대를 가면 의사가 될 수 없다든지, 부부가 주말부부를 하면 해로하고 잘 살 수 있지만 매일 같이 살면 이혼을 하게 된다든지, 부부가 24시간 함께 살 경우에 한해서 잘 살 수 있다든지, 돈을 많이 벌수록 건강이 나빠진다든지, 가방끈이 길어질수록 재산이 줄어들어 학력이 초등학교 이하이면 대재벌이 되고, 중학교까지 나왔으면 중재벌이 되고, 고등학교까지 나왔으면 작은 재벌이 되고, 대학교 이상이면 평범하게 산다든지, 해외에 3년 이상 살다 왔으면 잘살 수 있으나 그렇지 못하면 살기가 힘들다든지, 해외에 살면 능력을 발휘하여 크게 성공할 수 있으나 국내에 살 경우에는 먹고 살기도 힘들다든지, 가정만 잘 지키면 일생을 편안하게 잘살 수 있으나 이혼하면 쪽박 차고 집도 절도 없게 된다든지, 결혼을 안 하면 대학교수가 되어 말년에 한 고을의 부자로 잘살 수 있지만 결혼하면 교수도 못되고 남편과 자식에게 등골을 빼먹히며 살게 된다든지 하는 것 등등입니다. 이상의 예는 대한민국 최고의 명리 전문가에게 상담했던 분들의 실화를 바탕으로 기술한 것입니다.

이상의 예에서 살펴본 바와 같이 우리의 상식으로는 이해할 수 없는 경우가 매우 많은데, 그것은 전생의 선악업과 서로 간에 얽힌 인연에 의한 것이기 때문에 우리의 일반적인 상식으로는 이해가 잘 안 되는 것입니다. 그러므로 우리는 자식이 공부를 못한다고 해서 걱정할 일도 아니고, 학력이 짧다고 고민할 일도 아니며, 배우자가 바람을 피웠다고 발끈하여 무조건 이혼할 일도 아니라는 것입니다. 모든 것이 알고 보면 자기가 지은 바에 따라서 시절의 인연 따라 자기가 받게 되는 것이니 길흉화복을 짧은 소견으로 판단하여 함부로 취사해서는 안 된다는 것입니다. 우리는 사람의 인격이나 가치관, 성격, 행위 등을 가지고 자기의 기준에 합당하지 않으면 대개 무조건 비난부터 하기 쉬우나, 그 사람의 성장환경과 처한 입장 등을 잘 고려해 보면 오히려 측은히 여겨야 할 경우도 많은 것입니다.

2.5 과거는 아무도 바꿀 수 없으나 미래는 바꿀 수도 있다

과거는 이미 지나간 것이기 때문에 아무도 바꿀 수 없습니다. 영화 속에서처럼 타임머신을 타고 과거로 돌아갈 수 있다면 모르겠지만. 따라서 과거는 아무리 곱씹으며 후회해 봐도 아무 소용이 없고 이익도 없을뿐더러 오히려 해롭습니다. 왜 그런가? 뒤에서 살펴보는 바와 같이 일체가 무상하여 본래 집착할 것이 아무것도 없는데, 더구나 과거는 이미 지나간 것이라 누구도 되돌릴 수도 없는데, 과거를 회상하여 자꾸 곱씹으며 되새길수록 그 일을 다시 겪는 셈이 되어 과거의 고통을 현재의 고통으로 재생시키면서 그 인상을 심층 무의식 속에 더욱 강하게 새겨 넣는 것이 되므로, 번뇌와 업력을 더욱 강화시킬 뿐이기 때문입니다. 그러므로 과거의 잘못은 진심으로 깊이 참회한 뒤에는 빨리 잊을수록 좋으며, 가장 중요한 것은 현재의 바르고 지혜로운 취사를 통해 미래를 점차 바로 잡아가는 것입니다.

정업에 대해서는 부처님도 면하기 어렵다고 하셨으나 마음공부를 통해 죄업을 가볍게 할 수는 있으며, 마음의 자유를 얻고 보면 죄업에 구애되지 않고 고락을 능히 초월할 수 있으므로 실질적으로는 정업을 돌파하는 셈이 됩니다. 이것이 마음공부를 통해 팔자를 고친다고 하신 첫 번째 의의입니다.

다음으로 나쁜 운을 좋은 운으로 바꾸는 방법에 대해서는 여러 가지의 설이 있겠으나, 일반적으로는 성자들의 가르침이 모두 운명을 좋은 쪽으로 바꾸는 방법이라고 할 수 있습니다. 이를 전문적으로 체계적으로 다룬 책으로는 명나라 때의 요범了凡[43] 원황袁黃 선생이 쓰신 《요범사훈了凡四訓》[44]이란 책이 가장 추천할 만합니다. 최근에 나온 《운을 읽는 변호사》[45]란 책도 적극 추천할 만합니다. 먼저 원황 선생의 일화부터 간략히 소개하면 다음과 같습니다.

명나라 때의 원황 선생은 강소성 출신으로 어릴 때 아버지를 여의고 어머님의 뜻을 받들어 의술을 공부하려던 차에 자운사慈雲寺란 절에서 신선 같은 외모에 《황극경세서》[46]를 정통했다는 공씨 성의 한 노인을 만나게 되었다고 합니다. 공씨 노인은 원황 선생의 평생의 운명을 예언했는데 어느 해 무슨 시험에 몇 등을 하고 어느 해에 어떤 직책을 맡고 어느 해에는 어떤 직책으로 진급을 하며, 마지막으로 대윤 벼슬에 부임한 지 3년 반 만에 사직하고 고향

43) 요범了凡: 원황 선생은 운곡선사의 가르침을 받들어 범부로서의 삶을 끝내겠다는 맹세로 호를 '學海'에서 "了凡"으로 바꾸었습니다.

44) 국내에서는 이를 번역한 책이 여럿 나와 있는데 필자는 개인적으로 《운명을 뛰어넘는 길》(김지수 옮김, 불광출판사, 2012년 개정판)을 추천하고 싶습니다.

45) 《운을 읽는 변호사》, 니시사카 쓰토무 지음, 최서희 옮김, 알투스, 2018. 일본에서 50년 가까이 1만 건 이상의 소송사건을 맡았던 니시사카 쓰토무 변호사의 체험담을 엮은 것인데, 개운법에 관심이 있는 분이라면 누구나 한 번쯤 반드시 읽어보실 것을 적극 추천합니다.

46) 《황극경세서皇極經世書》: 북송의 철학자 소옹(邵雍: 시호諡號를 소강절邵康節이라고 함)이 지은 역서易書. 전 12권으로 역리易理를 응용하여 수리數理로서 천지만물의 생성변화를 논함.

에 돌아가서 53세 때 8월 14일 축시에 운명할 것이며, 평생에 자식은 둘 수 없을 것이라고 예언했는데, 1567년까지의 운명은 모두 귀신같이 정확하게 맞추었다고 합니다. 그래서 원황 선생은 나아가고 물러남에 운명이라는 것이 있고, 더디고 빠름도 때가 있다고 더욱 확신하게 되어 담담해지니 무얼 구하려는 생각이 없어져서 공거(貢擧:벼슬 이름)로 연경에 1년간 머무는 동안 하루 내내 정좌만 하고 책은 펴보지도 않았답니다.

그러다가 원황 선생은 1569년 서하산에서 운곡雲谷선사를 만나 뵙고, 죄업을 참회하고 선행으로 공덕을 쌓으며 수양하여, 망념을 벗어나 무념무상의 자리에서 기도하여 하늘을 감동시키면, 운명도 능히 바꿀 수 있다는 말씀[47]을 듣게 되었습니다. 그는 운곡선사의 가르침을 믿고 절을 올리고 받들어 그동안의 잘못을 부처님 전에 참회하고 1,000가지의 선행으로 천지와 조상의 덕에 보답할 것을 맹세한 뒤 10여 년이 지나서야 이를 완수할 수 있었습니다.

나중에 스님들을 모시고 공덕을 회향한 뒤 다시 자식을 구하는 두 번째 원을 세워 3,000 선행의 실천을 맹세한 뒤 4년여 동안 이

47) 운곡선사는 “무릇 혈육의 몸은 어차피 운수가 있기 마련이지만 의리의 몸이야 어찌 하늘을 감동시켜 바꿀 수 없겠소? 《서경》의 태갑편에 이르기를 ‘하늘이 내리는 재앙은 오히려 피할 수 있으나 스스로 만든 재앙은 피할 수 없다.’고 했소. 또 시경에 이르기를 ‘길이 천명에 짝하여 스스로 많은 복을 구한다.’고 말했소. 공 선생이 ‘그대는 과거에 급제하지 못하고 자식을 낳지 못할 운명이오.’라고 말한 것은 바로 하늘이 내린 재앙이니 피할 수 있는 것이오. 그대가 지금 덕성을 확충하고 착한 일을 힘써 행하며 음덕을 많이 쌓는다면, 이것은 바로 자기가 짓는 복이니 어찌 복록을 받아 누리지 못하겠소? 《주역》은 군자가 길함으로 나아가고 흉함을 피하도록 하기 위한 것인데, 만약 천명이 고정되어 변함이 없는 (바꿀 수 없는) 것이라면, 길함에 어떻게 나아갈 수 있으며, 흉함을 어떻게 피할 수 있겠소? 《주역》을 열면 첫머리에 나오는 말씀이 곧 ‘선을 쌓는 집안에는 반드시 남은 경사가 있다.’는 말씀인데, 그대는 (이러한 이치를) 믿을 수 있겠소?”라고 말씀하셨습니다.(원황 지음, 호암 옮김, 《요범사훈》, 하늘북, 2018. 45~47쪽)

를 완수하고 공덕을 회향하였는데, 도중에 원하던 아들을 얻었습니다. 이에 진사가 되기를 희망하는 3번째 원을 발하고 10,000 선행을 실천하기로 맹세한 뒤, 치심편治心篇이라는 책[48]을 만들어 매일같이 선행이든 악행이든 자기가 행한 일을 기록하고, 밤에는 제단에 나아가 하늘에 거짓 없이 이를 보고하였습니다. 실천에 옮긴지 3년 만에 진사 시험에 합격하여 현장縣長으로 발령받았습니다. 그러나 선행을 실천할 기회가 적어져서 그의 부인이 10,000 선행을 완수하려면 시간이 얼마나 오래 걸릴까 하고 걱정을 했는데, 그날 밤 어떤 신인神人이 나타나 농지에 대한 세금 감면을 상기시켜 주었습니다. 이에 농부들에게 징수하던 세금을 거의 반으로 줄여주었는데, 그 현에 살고 있는 10,000이 훨씬 넘는 농민들이 혜택을 입게 됨으로써 한 번의 세금 감면 행위로 10,000 가지 선행의 값어치를 하게 되었습니다. 그 뒤 자신이 저축한 모든 돈을 10,000 스님의 음식 공양에 쓰도록 쾌척하였습니다.

공씨 노인은 원황 선생이 벼슬은 사천성의 지사에 그치고 3년 반을 근무한 뒤 고향에 돌아와 53세에 죽을 것이며, 자식은 없을 것이라고 분명하게 예언했지만, 운곡선사의 가르침을 받들어 죄업을 참회하고 진실한 수행과 선행의 실천으로 부지런히 덕을 쌓은 결과, 벼슬은 현장에 이르렀고 '천계天啓'라는 아들을 두었으며, 장

48) 《치심편治心篇이라는 책은 일종의 공과격功過格이라고 할 수 있습니다. 공과격이란 주로 내단을 수행하는 도사들이 자신이 행한 선업과 악업을 계량화하여 기록해나가 선업의 점수를 쌓음으로써 신선이 되고자 했던 방법인데, 한나라 때 처음 시작되어 명나라 이후에는 민중들에게까지 보편화되어 도덕적 계율로 주로 사용되었다고 합니다.([나무위키] 참조)

수하기를 구하지 않았는데도 죽는다던 53세를 별 탈 없이 건강하게 넘기고, 69세 때 아들을 위해서 《요범사훈》을 쓰면서 "'운명은 고정되어 있지 않고 자신에 의해 창조되고 결정된다.'는 운곡선사의 말씀이 모두 진실이며, 자신의 행불행이 모두 자신의 행동의 결과임을 믿게 되었는데, 이것은 진실로 성인들과 유덕한 분들의 말씀이다."라고 썼으며, 73세에 열반하였다고 합니다.

- 『한 사람이 여쭙기를 "사람이 만일 지극한 마음으로 수도하오면 정업이라도 가히 면할 수 있겠나이까?" 대종사 말씀하시기를 "이미 정한 업은 졸연히 면하기가 어려우나 점진적으로 면해 가는 길이 없지 아니하나니, 공부하는 사람이 능히 육도 사생의 변화되는 이치를 알아서 악한 업은 짓지 아니하고, 날로 선업을 지은즉 악도는 스스로 멀어지고 선도는 점점 가까워질 것이며, 혹 악한 인연이 있어서 나에게 향하여 옛 빚을 갚는다 하여도 나는 도심으로 상대하여 다시 보복할 생각을 아니한즉 그 업이 자연 쉬어질 것이며, 악과를 받을 때에도 마음 가운데 항상 죄업이 돈공한 자성을 반조하면서 옛 빚을 청산하는 생각으로 모든 업연을 풀어 간다면 그러한 심경에는 천만 죄고가 화로에 눈 녹듯 할 것이니, 이것은 다 마음으로 그 정업을 소멸시키는 길이요, 또는 수도를 잘한즉 육도 세계에 항상 향상의 길을 밟게 되나니, 어떠한 악연을 만날지라도 나는 높고 그는 낮으므로 그 받는 것이 적을 것이며, 덕을 공중에 쌓은즉 어느 곳에 당하든지 항상 공중의 옹호를 받는 지라, 그 악연이 감히 틈을 타서 무난히 침범하지 못할지니, 이는 위력으로써 그 정업을

경하게 하는 것이니라."』(《대종경》, 인과품 9장)

- 『학인이 사뢰기를 "'정업定業을 면치 못한다' 하신 말씀과 '천업天業을 돌파한다' 하신 말씀에 대하여 일러 주소서." 말씀하시기를 "'정업을 면치 못한다' 함은, 이미 정해진 업에 대하여는 죄복을 주는 권능이 상대방에 있기 때문에 한 번 결정된 업은 면할 도리가 없이 받게 된다는 말씀이요, '천업을 돌파한다' 함은, 그렇게 주어지는 업이라도 받는 이는 곧 자신이기 때문에 마음의 자유를 얻은 이는 그 죄복에 마음이 구애되지 아니하고 항상 그 마음이 편안하므로 곧 그 업을 자유로 함이니 이것이 천업을 돌파함이니라."』(《정산종사법어》, 생사편 3장)

운명을 좋게 바꾸는 방법으로는 원황 선생과 같이 선행과 도덕을 닦는 수행 방법과 결혼이나 해외 거주를 통해서 바꾸는 방법도 있는데 이에 대해서는 뒤에 자세히 기술하기로 하고, 먼저 그 원리에 대한 이해를 돕기 위해 진리와 인생에 대해 논한 다음 일체유심조와 인과보응의 이치를 설명하고 개운법을 말씀드리겠습니다.

03

진리를 모르고 사는 인생은 캄캄한 밤길을 걷는 것과 같다

- 『사람이 누구나 이로운 일을 원하나 하는 바는 해로울 일을 많이 하며, 부귀하기를 원하나 빈천할 일을 많이 하며, 찬성 받기를 원하나 조소 받을 일을 많이 하여, 마음에 원하는 바와 몸으로 행하는 바가 서로 같지 못한 수가 허다하나니, 이것이 다 고락의 근원을 알지 못하는 연고이며, 설사 안다 할지라도 실행이 없는 연고라, 그대들은 이 원인을 깊이 생각하고 밝게 판단하며 그 실행을 철저히 하여 항상 그 원하는 바와 행하는 바가 서로 모순되지 않게 하라. 그리하면 모든 일이 다 뜻대로 성취되리라.』(《대종경》, 인도품 39장)
- 『우리가 세상에서 구하고자 하는 것을 간단히 말하자면 복과 혜 두 가지인 바, 세상은 복의 밭이요 우주는 진리의 덩치이며, 우리에게는 다 부처님 같이 복과 혜를 얻을 수 있는 요소가 갊아 있건마는 구하는 데 노력하지 아니하므로 오지 않나니, 구하기에 노력만 한다면 누가 이를 막으리요. 그러나 아무리 구하여도 되지 않는 일은 진리에 어긋나게 구하는 연고라, 우리는 원하거든 먼저 구해야 하며, 구하되 진리로써 구해야 하나니라.』(정산종사법어》, 무본편 10장)

3.1 우리는 항상 행복한 삶을 원한다

용산역에서 대구로 가려는 사람이 기차를 타는데 어디 가는 기차인지도 묻지 않고 아무 기차나 바로 출발하는 기차를 탔다든지, 여행 가려는 사람이 여행 목적지에 대한 아무런 정보도 없이 무턱대고 아무 비행기나 배를 올라탔다면 어떻게 생각하시겠습니까?

하물며 인생의 바다를 여행하고자 하는 사람이 아무 생각 없이 산다면 어떻겠습니까? 행복이란 목적지에 가려는 사람이라면 먼저 어떻게 가는지 알아보고 가는 것이 현명하지 않을까요?

우리가 무슨 일을 하고자 하면 먼저 목표가 분명해야 합니다. 목표가 분명해야 방향이 서게 되고 목표를 달성하기 위한 방법을 찾을 수 있기 때문입니다. 목표가 분명하지 않으면 방향을 잡지 못하므로 사공 없는 나룻배가 바람 따라 파도 따라 표류하듯이 방황하게 됩니다. 그러므로 우리가 인생을 살아가는 데 있어서도 분명한 목표를 세우고 모든 일을 할 때에 그 방향 감각을 가지고 해야만 시간을 덜 낭비하고 성공도 쉽게 거둘 수 있습니다. 그런데도 보통 사람들은 자기 인생의 목표를 분명하게 인식하지 않은 상태에서 그날그날 그냥 막연히 살아가는 경우가 많습니다.

그리고 그 목표의식이 비교적 분명한 사람이라고 해도 사실은 인생의 궁극적인 목표라기보다는 지엽적인 목표인 경우가 많고, 더욱 안타까운 것은 그나마도 없이 아무런 꿈과 희망도 없이 사는 사람들이 많다는 점입니다. 그것은 대체로 우리가 어려서부터 타율적으로 주어진 삶을 살아오기에 바빴기 때문이라고 생각합니다. 영유아기를 벗어나자마자 바로 어린이집, 유치원, 초등학교, 중학교, 고등학교, 대학교의 순서로 오직 학교 성적 위주의 주입식 공부만 하며 학교와 학원과 집 사이를 바쁘게 오가다가, 대학을 졸업하면 직장을 잡아야 하고, 직장을 잡으면 적응하며 결혼하고 승진해야 하고, 이런 식으로 부모와 주변 사람들의 기대에 맞추어 틀 속에 갇힌 삶을 살아오다 보니, 인생에 대해 깊이 고민할 틈도 없고 자율적인 삶을 꿈꿔보기도 어려웠기 때문입니다.

그러나 그럼에도 불구하고 이렇게 다람쥐 쳇바퀴 같은 삶을 살다 보면, 더욱 "우리는 왜 사는가? 그리고 어떻게 살아야 하는가?"라는 의문을 누구나 한 번쯤은 갖게 되거나 접하게 됩니다. 그런데 그 답을 찾기가 쉬워 보이지 않으므로 쉽게 포기하거나 잊어버리고, 또는 더 이상 생각지 않고 그냥 살려는 사람들이 많습니다.

이에 대해 필자는 우리가 어디서 무엇을 하든 결국은 행복하게 살기 위한 것이라고 생각합니다. 따라서 우리가 어떠한 일을 하든 그것은 행복을 위한 수단이므로, 수단을 목표로 착각하고 사는 일이 없도록 주의해야 합니다. 우리가 공부하든 직장에 다니든, 놀든 일하든 취미생활을 하든, 연애하든 결혼하든 어디에서 무엇을 하든지, 궁극적으로는 모두 행복하기 위한 것이며, 성공하려는 것 또한 그것이 행복하게 사는 데 도움이 될 것이라고 생각하기 때문일 것입니다. 따라서 자기가 어디서 무슨 일을 하든 먼저 그것이 자기 인생의 행복과 어떠한 관계에 있는지를 분명하게 인식할 필요가 있습니다. 그래야만 그 일을 해도 되는지 안 되는지, 열심히 할 것인지 말 것인지를 판단하기가 쉬워집니다. 그런데 사실은 그렇지 못한 경우가 많기 때문에 자기도 모르게 불행으로 인도하는 길을 따라가게 되는 경우가 많습니다.

그렇다면 모든 사람들이 행복하기 위해 사는데도 불구하고 왜 많은 사람들이 오히려 불행하다고 느끼는 것일까요?[49] 그것은 어떻게 살아야 행복한 삶이 되는지를 잘 모르거나 안다고 하더라도 그대로 실천하지 않기 때문입니다. 따라서 행복한 삶을 살고자 한다면 먼저 행복의 원리와 방법부터 바르게 알아야만 하고, 알았으면 반드시 그대로 실천해야만 기대하는 행복한 삶을 살 수 있게 되는 것입니다.

그런데 여기서 또 하나 주의할 것은 행복을 먼 미래로 미루지 말라는 것입니다. 우리는 보통 행복을 희구하거나 추구하면서 미래에 있는 것으로만 생각하고, 미래의 행복을 위해 현재의 행복을 희생시키고 고통을 어렵게 견디면서 살아가는 경우가 많은데, 사실

49) 홍익학당의 윤홍식 선생께서는 『행복=가진 것÷원하는 것』이니 원하는 것이 없으면 행복은 무한대(=니르바나)라고 하셨습니다. 행복은 가진 것에 비례하고 욕심에 반비례한다는 말씀이니 욕심이 많을수록 불행해진다는 뜻입니다.

은 행복의 원리를 알고 실천에 옮기기만 한다면 자기가 마음먹기에 따라서 행복을 바로 그 자리에서 구현할 수도 있기 때문입니다.

그럼 먼저 행복이 무엇인지부터 살펴보겠습니다.

3.1.1 우리가 행복을 느낄 때

행복이란 대체로 심신이 건강하고 평안하여 괴로움이 별로 없으며, 정서적으로 만족스러울 때, 또는 기쁘거나 즐거울 때, 또는 대체로 자기의 삶이 자기의 뜻대로, 자기가 기대한 대로 진행될 때 느끼는 감정입니다. 그러므로 행복은 객관적으로 존재하는 어떤 것이 아니며, 자기 주관적으로 심리적으로 느끼는 감정입니다. 따라서 행복은 직업, 재물, 권력, 명예, 학식, 외모, 배우자, 자식 등의 외적인 어떤 조건에 의해서 결정되는 것이 아니라, 오히려 자기의 내적·외적 조건들과 현상 사물에 대한 생각 또는 마음가짐이나 심리적 태도에 의해서 결정됩니다. 즉, 어떤 조건 또는 사건·사물이 직접 나를 행복하게 하거나 불행하게 만드는 것이 아니고, 그에 대한 나의 생각 여하에 따라서 행복해지기도 하고 불행해지기도 한다는 것입니다.

가령 재물이 행복하게 만드는 거라면 부자들은 모두 행복해야 할 것이고, 권력이 행복하게 하는 거라면 모든 권력자들은 다 행복해야 할 것입니다. 또, 예쁘거나 잘생긴 외모가 행복하게 하는 거라면 모든 미남 미녀는 다 행복해야 할 것이며, 학력이 행복하게 하는 거라면 명문대 출신의 박사들은 모두 다 행복해야 할 것입니다. 또, 의사나 변호사, 교수와 같은 잘나가는 직업이 행복하게 하는 거라면 모든 의사와 변호사 교수들은 다 행복해야 할 것입니다. 그렇지만 현실은 그렇지 못하다는 것을 우리는 쉽게 알 수 있습니다. 오두막집에 살아도 행복을 느끼는 사람이 있고, 오체가 불구자인데도 행복을 느끼는 사람이 있습니다. 그러므로 궁극적인 행복은 내 마음속에서 찾아야지 마음 밖에서 찾을 수 있는 것이 아닙니다. 마음 밖의 어떤 조건에 의해 느끼는 행복은 그 마음과 상황·조건의 변화에 따라 곧 사라지게 되므로 일시적일 뿐입니다.

따라서 행복의 질적 수준도 자기의 생각과 정신적·영적 수준에 따라 달라집니다. 일반적으로 시비 분별하는 생각만 없으면 누구나 쉽게 행복을 느낄 수 있는데, 이를 영유아기의 어린아이들을 관찰해보면 잘 알 수 있습니다. 영유아들은 생명 보전을 위한 기본적인 신체적 욕구가 충족되고, 어딘가 불편하거나 아프지 않으며, 엄마·아빠 또는 보호자만 옆에 있으면 언제나 행복한 상태에 있습니다. 따라서 우리는 영유아일 때는 대부분 행복했는데 자라면서 점차 지식·정보가 많아지고, 에고가 강화되고, 경쟁심리가 발달하면서 본래의 행복을 잃어버리게 된 것입니다. 그러므로 예수께서도 "진실로 너희에게 이르노니 너희가 돌이켜 어린아이들과 같이 되지 않으면 결단코 천국에 들어가지 못하리라."[50]고 말씀하셨던 것

50) 《개역 신약성경》, 마태복음 18장 3절.

입니다.

행복이 무엇인지 정의하기란 대단히 어렵지만 우리는 늘 행복이란 말을 잘 사용하고 있고, 또 행복을 누구나 쉽게 느낍니다. 다만 행복을 느끼는 지점은 각 사람마다 다르고 상황 따라 다릅니다. 보통은 심신이 건강할 때, 욕구·욕망(식욕, 성욕, 수면욕, 안락욕, 소유욕, 권력욕, 명예욕, 지식욕, 성취욕 등)이 충족될 때, 오감각의 즐거움과 만족을 느낄 때, 기분이 좋을 때, 꿈과 희망이 있을 때, 사랑·우정을 느낄 때, 누군가에게 도움을 줄 때, 감사함을 느낄 때, 심신이 건강하고 평화로울 때, 무엇인가에 몰입되어 있을 때, 아무런 생각·욕망이 없을 때, 심신이 자유로울 때 우리는 행복을 느낍니다.

그러나 길가의 민들레꽃 한 송이에도, 스쳐가는 맑은 바람결에도, 흘러가는 구름 한 점에도, 어린아이의 해맑은 웃음소리에서도, 꼬리치는 강아지 한 마리에게서도, 미역국 한 사발이나 냉이국 한 사발에서도, 피자 한 조각, 커피 한 잔에서도 얼마든지 행복을 느낄 수 있으며, 기타 사람에 따라서 상황에 따라서 행복을 느낄 수 있는 경우는 어디에나 널려 있습니다. 그러나 이러한 세속락에 속하는 것들은 매우 무상한 것들이기 때문에 부처님께서는 모두 괴로움으로 보시고 수행을 통한 영원한 열반락을 추구하기를 바라셨습니다. 세속락은 일시적으로 행복을 느끼더라도 곧 사라지면서 결국은 괴로움으로 변한다고 보셨기 때문입니다.

인생락은 크게 세속락(인간락)과 수도락(천상락)으로 구분할 수 있습니다. 세속락은 우리의 감각을 좇아 욕망을 채우는 즐거움이요,

수도락은 우리의 자성을 좇아 욕망을 비우는 즐거움입니다. 세속락이 추구하는 욕망은 잠시 채울 때만 만족할 뿐이요 곧 더욱 큰 욕망이 자리 잡게 되지만, 수도락은 처음에는 욕망을 내려놓기가 다소 힘이 들지만, 점차 욕망을 비움에 따라 평온한 가운데 행복이 솟아납니다. 그러므로 세속락은 즐거움으로 들어가서 괴로움으로 나오고, 수도락은 괴로움으로 들어가서 즐거움으로 나옵니다. 우리의 욕망은 끝이 없기 때문에 채우려하면 할수록 더욱 허덕거리게 되고, 비우면 비울수록 오히려 내면으로부터 참된 즐거움이 솟아나기 때문입니다.

세속락은 욕망을 좇아 밖으로 내달리다가 결국에는 두려움 속에서 허망하게 죽음을 맞이하는 길이며, 수도락은 내면을 좇아 욕망을 제거하여 평정심을 이루고 담담한 기쁨 속에 충만한 죽음을 맞이하는 길입니다. 그러나 사람들은 눈앞의 즐거움을 먼저 찾으므로 세속락을 좇게 되고, 지혜로운 사람들은 나중까지 생각하므로 수도락을 좇게 됩니다. 세속락은 업장만 쌓다가 업력으로 가는 어둠의 길이요, 수도락은 업장을 소멸하며 서원으로 가는 광명의 길입니다. 그러므로 세속락을 추구하는 것은 가짜 행복에 속아서 괴로움으로 나아가는 불행의 길이요, 수도락을 좇는 것은 진짜 행복을 찾아서 인생의 가치를 살리는 행복의 길입니다.

그러나 우리 보통 사람의 입장에서는 영원한 행복이 좋긴 하지만, 그것을 성취하기가 또한 쉽지 않을뿐더러 미래의 일이라 불확실하므로, 나중에 괴로움으로 변한다고 해도 어둠이 있어야 밝음을 느낄 수 있는 것처럼, 그 괴로움으로 인하여 상대적으로 또 행복을 느끼는 것이기 때문에, 일시적인 행복이라고 해도 소확행(소소하지만 확실한 행복)을 추구하는 것이니, 이를 뭐라고 하기는 어려울 것입니다. 그러므로 수도락을 추구하되 세속락도 적당히 추구하고 누리면서 사는 것이 우리 보통 사람들에게는 최선이 아닐까 싶습니다.

필자는 각자의 행복을 대략 다음의 10가지의 척도로 살펴볼 수 있다고 생각합니다.

① 심신이 얼마나 괴로움이 없으며 평화로운가?
② 심신이 얼마나 자유로운가?
③ 심신이 얼마나 즐거운가?
④ 경제적으로 얼마나 자유로운가?
⑤ 자신의 처지에 얼마나 만족하는가?
⑥ 자신의 처지에 얼마나 감사하는가?
⑦ 자기의 생각·감정과 지식으로부터 얼마나 자유로운가?
⑧ 생사를 해탈하여 생사거래에 얼마나 자유할 수 있는가?
⑨ 진리를 통달하여 사리를 얼마나 정확히 분석할 수 있는가?
⑩ 원만구족하고 지공무사하게 얼마나 심신작용을 할 수 있는가?

- 『한 제자 여쭙기를 "극락과 지옥이 어느 곳에 있나이까?" 대종사 말씀하시기를 "네 마음이 죄복과 고락을 초월한 자리에 그쳐 있으면 그 자리가 곧 극락이요, 죄복과 고락에 사로잡혀 있으면 그 자리가 곧 지옥이

니라." 또 여쭙기를 "어찌하여야 길이 극락 생활만 하고 지옥에 떨어지지 아니하오리까?" 대종사 말씀하시기를 "성품의 본래 이치를 오득하여 마음이 항상 자성을 떠나지 아니하면, 길이 극락 생활을 하게 되고 지옥에 떨어지지 아니하리라."』(《대종경》, 변의품 10장)

- 『정신·육신·물질로 혜시를 많이 하는 사람이 장차 복을 많이 받을 사람이요, 어떠한 경계[51]를 당하든지 분수에 편안한 사람이 제일 편안한 사람이며, 어떠한 처지에 있든지 거기에 만족을 얻는 사람이 제일 부귀한 사람이니라.』(《대종경》, 요훈품 20장)
- 『이치에 통달하고 망념이 없어지면 이것이 곧 다시없는 낙원이니, 처지에 편안하면 몸에 욕됨이 없고 원리를 미리 알면 마음이 항상 한가하리라. 망념이 끊어지면 천진이 나타나나니, 이렇게 일심이 되면 낙원이 무궁하리라.』(《정산종사법어》, 원리편 59장)

3.1.2 우리가 괴로움을 느낄 때

우리는 왜 괴로울까요? 결론부터 말하자면 나의 욕구·욕망과 지식과 두려움으로부터 자유롭지 못하기 때문이며, 거기에서 자유롭지 못한 이유는 근본적으로는 자신의 몸과 마음을 참나라고 착각하여 집착하기 때문입니다. 이를 좀 더 구체적으로 살펴보면 이렇

51) 경계境界: 인과의 이치에 따라서 우리가 살면서 부딪히는 심신 내외의 일체의 현상 사물과 변화, 즉 육근六根을 통해 접촉되는 일체의 대상인 육경六境 중에서 우리의 마음을 요란하게 하거나 어리석게 하거나 그르게 하는 것을 말합니다.

습니다.

첫째, 내 몸과 마음의 욕구·욕망이 내 뜻대로 다스려지지 않기 때문입니다. 내 몸과 내 마음이라고 생각하지만, 식욕이나 성욕, 수면욕, 소유욕, 권력욕, 명예욕, 지식욕, 성취욕, 쾌락욕 등을 내 마음대로 조절할 수가 없고, 살도 내 마음대로 뺄 수가 없기 때문입니다.

둘째, 내가 아는 것으로부터 자유롭지 못하기 때문입니다. 자기도 모르게 자기의 생각, 신념과 지식정보에 매여 살기 때문이고, 한번 습득한 지식·정보는 그것을 알기 이전의 상태로 잘 되돌려지지 않기 때문입니다. 가령 배우자나 애인의 불륜관계를 모를 때는 아무렇지 않은데 알고 나면 누구라도 마음 편하기가 어렵지 않습니까?

셋째, 내 감정이 내 마음대로 조절되지 않기 때문입니다. 특히 분노, 화가 잘 조절되지 않습니다.

넷째, 내가 이미 소유하고 있는 재물이나 권력, 명예, 인연, 건강, 생명 등을 잃을까 두렵기 때문입니다. 이것이 모든 근심과 걱정을 낳습니다. 그중에서도 가장 근본적인 것은 고통과 죽음에 대한 두려움입니다. 이를 좀 더 근원적으로 살펴보면 모든 것이 무상하기 때문입니다. 나의 소유가 영원하지 않고, 나의 기분 좋은 상태가 영원하지 않고, 나의 젊음과 건강도 영원하지 않고, 나의 충족된 마음과 행복한 마음도 영원하지 않고 조만간에 사라지게 될 것이며, 언제든 재난과 질병의 고통과 죽음이 닥쳐올 것이기 때문입니다.

다섯째, 모든 것이 나의 희망대로 되지 않고 기대에 어긋나지 않을까 염려되고 걱정되기 때문입니다.

결국 모든 괴로움의 근본 원인은 내가 있기 때문이며, 나의 몸과 마음을 "참나"라고 착각하여 집착하기 때문입니다. 진정 내 몸과 내 마음이라면 내 마음대로 할 수 있어야 할 텐데 내 마음대로 안 되는 것이 대부분인 것입니다.

따라서 우리가 모든 괴로움을 벗어나 언제나 행복하게 살려면 무엇보다도 자기의 마음, 자기의 생각·감정을 자기 마음대로 사용할 수 있으면 됩니다. 그런데 그것이 뜻대로 잘 안 되기 때문에 마음공부가 필요한 것입니다.

3.2 진리에 어긋난 삶은 결코 행복할 수 없다

행복의 원리란 곧 행복한 삶으로 인도하는 진리를 말합니다. 우리의 삶은 가만히 살펴보면 남녀노소와 유무식을 막론하고 누구든지 어떤 행위를 할 때에는 반드시 그 이면에 본인이 그것을 의식했든, 의식하지 않았든간에 어떤 기대에 대한 신념 또는 믿음이 자리 잡고 있다는 것을 알 수 있습니다. 그래서 그 기대에 대한 믿음 또는 신념이 이치 또는 진리에 합당한 것이면 기대한 대로 성취될 수 있지만, 그렇지 못한 경우에는 기대의 성취는커녕 오히려 그와 반대되는 고통을 가져오는 수가 많습니다.

더구나 개인적인 신념이 모여 집단적인 신념으로 변하면 그 결과는 더욱 참담하기 그지없습니다. 가장 비근한 예로 역사적으로 볼 때 학문 사상이나 정치적 이념이나 종교의 잘못된 신념 때문에 얼마나 많은 사람이 죽었습니까? 십자군전쟁이라든지, 미국의 월남전쟁이나 이라크전쟁이라든지, 나치의 유태인 학살이라든지, 소련의 공산주의 체제에서의 각종 침략과 만행이라든지 우리나라의 6·25전쟁이라든지 이루 다 열거할 수도 없을 정도입니다. 그러므로 우리는 자기의 신념을 바르게 갖지 않으면 스스로도 고통 속으로 들어가지만, 자칫하면 다른 사람들까지 고통 속으로 빠뜨리기 쉽다는 점을 또한 명심하지 않으면 안 됩니다.

따라서 우리는 먼저 무엇을 믿을 것인지부터 잘 탐구해야만 합니다.

무엇을 믿을 것인가? 필자는 결론부터 말한다면 오직 사실(실제로 그러한 것)과 진리만을 믿어야 한다고 생각합니다. 만약 사실이 아니고 진리가 아닌 것을 믿는다면 그 결과는 허망하고 허탈할 뿐만 아니라 더 나아가서는 고통을 불러오기 때문입니다. 가령 자갈이나 모래를 100일간 찌면 모두 금덩어리가 된다는 말을 그대로 믿고서 실제로 실천에 옮기는 사람이 있다면, 나중에 그 허탈함과 배신감 또는 자신의 어리석음에 대한 자책감이 얼마나 심하겠습니까?

진리에 합당한 삶이 아니면 잠시 행복을 느낄지라도 곧 고통이 찾아오게 되어 있으며, 진리에 합당한 삶이라면 일시적으로 고통이 따르는 경우도 있으나 결국에는 행복이 찾아옵니다. 진리와 합일된 삶을 살 때 비로소 장구한 행복을 성취할 수 있습니다. 따라서 행복한 삶을 살기 위해서는 행복으로 인도하는 진리가 무엇인지부터 알아야 되는 것입니다.

• 『사람이 누구나 자기를 좋게 하려는 한 생각이 없지 아니하나, 구하는 데에 있어서는 혹은 순리로, 혹은 역리로, 혹은 사실로, 혹은 허망하게 각각 그 지견과 역량을 따라 구하므로 드디어 성공과 실패의 차이를 내게 되나니라. 순리로 구하는 사람은 남을 좋게 하면서 자기가 좋아지는 도를 행하므로 한없는 낙원을 개척하게 되고, 역리로 구하는 사람은 자

기만 좋고자 하여 남을 해하므로 한없는 죄고에 빠지게 되는 것이며, 사실로 구하는 사람은 모든 복락을 이치에 따라 당처에 구하므로 그 성과를 얻게 되고, 허망으로 구하는 사람은 모든 복락을 알 수 없는 미신처에 구하므로 필경 아무 성과를 얻지 못하나니라.』(《대종경》, 인도품 10장)

3.3 진리란 무엇인가?

이에 대한 답변 또한 무수할 것입니다. 왜냐하면 진리를 어떠한 관점·각도에서 어떠한 차원·수준에서 어떠한 범위·범주에서 말하느냐에 따라, 또는 각자의 경험과 지식정보의 질과 양에 따라서 정의가 다양하게 달라질 수 있기 때문입니다.

필자는 진리란 "만물과 만법萬法의 근원이 되고 또한 우주 만물, 삼라만상의 생성변화를 일으키는 원리·법칙 또는 이치"라고 정의합니다. 그래서 진리란 "누가 알든지 모르든지, 믿든지 말든지, 긍정하든지 부정하든지 상관없이 그렇게 되는 것"이 바로 진리라고 생각합니다. 진리는 우주 자연 천지 만물이 생성 변화해 가는 행로行路이며, 우주 자연과 현상세계를 떠나서 따로 존재할 수 없는 자연변화의 법칙·이법입니다. 그래서 이 이법에 순응하거나 이를 활용해서 모두가 더불어 행복하게 살 수 있는 방법을 모색해야만 합니다. 그것이 우리가 따라서 살아가야 할 인생의 길이며 진리입니다.

세상에는 진리를 표방하는 경우가 매우 많습니다. 종교적으로나 학문적으로도 그렇고 또는 어떤 사상이나 신념을 진리라고 주장하거나 믿는 경우도 많습니다. 그러나 어떠한 신념이 곧 진리인 것은 아닙니다. 어떤 신념에 대해서 옳고 그름을 분별하지 않고 무조건 믿는 것을 우리는 맹신盲信이라 하며, 이러한 맹신이 지나쳐서 이성을 잃은 경우를 광신狂信이라고 합니다. 그리고 아무런 과학적 근거나 합리적 근거가 없이 맹신하는 것을 미신迷信이라고 부릅니다.

학문 또는 과학도 진리를 추구하기는 하지만 과학적 지식이라고 해서 모두 진리인 것은 아닙니다. 왜냐하면 과학자의 능력의 한계나 실험·관찰·분석하는 도구와 기술 수준이 아직 못 미쳐서 제대로 밝혀질 수 없는 경우도 많기 때문입니다. 그래서 과거에 진리라고 여겨졌던 과학적 주장들이 과학의 발달에 따라 근거를 잃고 새로운 학설로 대체된 것들이 한두 가지가 아닙니다.

대부분 종교에서는 각자의 교리가 영원한 진리인 것처럼 표방하고 믿는 경우가 많지만, 과학이 발달하면서 사실은 진리가 아닌 것으로 판명된 것들도 많습니다. 특히 사이비 종교나 미신적 종교인 경우에는 더욱 심하여 진리와는 아주 동떨어진 내용으로 혹세무민하기도 하는데, 아직도 그것이 진리인 줄로 착각하고 맹신하는 분들이 많습니다. 또한 고등종교로 인정받는 종교라 하더라도 그 종파나 성직자 또는 신도에 따라서 교리해석을 미신적으로 잘못하는 경우가 많습니다.

필자는 진리에 접근하는 방법에 크게 두 가지가 있다고 생각합니다.

하나는 과학적인 분석, 관찰이나 사유 방법으로 알아내는 방법이고, 다른 하나는 직관적인 체험으로 진리의 실상이나 이치를 바로 깨달아 아는 방법입니다. 전자는 서양의 학문 또는 과학에서 주로 사용되는 방법이고, 후자는 동양의 수행가 또는 종교가에서 주로 사용되는 방법입니다.

전자는 언어개념과 논리 또는 실험을 바탕으로 사실적 진리에 접근하고자 하므로 비교적 객관적이며 정확성, 정밀성에서 뛰어나고, 후자는 주관적이며 통합적이고 전체적인 면에서 뛰어납니다. 대개 전자는 나무는 자세히 보나 숲은 잘 보지 못하는 단점이 있고, 후자는 숲은 잘 보나 나무를 자세히 보지 못하는 단점이 있습니다. 따라서 진리 또는 이치를 온전히 알기 위해서는 이 두 가지 방법이 모두 상황에 따라 적절히 활용되어야만 합니다. 구체적인 이치에 관한 탐구는 주로 전자의 방법을 중심으로 접근하는 것이 좋고, 궁극적인 진리에 관한 탐구는 후자의 방법을 중심으로 접근하는 것이 바람직하다고 생각합니다. 왜냐하면 일반적으로 우리의 감관의 인식 내용과 언어개념은 진리의 실상實相을 정확히 반영하기가 어려우며, 종교가나 수행가에서 주로 이루어지는 직관적 체험 방법은 신앙과 의식 또는 수련과 수행을 통해서 일체의 공포심에서 벗어남과 동시에 체득體得을 통해 궁극적인 절대의 진리와 합일하고자 하기 때문입니다.

간혹 부처님 같은 수행자들이 인생과 우주의 구경의 진리를 깊이 탐구하다가 무념무상의 선정禪定 상태에 들어가 진리와 합일된 경지에서 구경의 진리를 직관적으로 깨달아 인류에게 지혜의 빛을 밝혀주시기도 합니다. 그러나 이 깨달음이라는 것이 상당히 주관적이기 때문에 실제는 깨달은 것이 아닌데도 진리를 깨달았다고 착각하는 경우도 많으며, 심지어는 빙의[52]나 정신적인 질병으로 인한 환청·환시·환각[53] 등과 같은 주관적 체험을 깨달음과 연결시키려는 경우도 있으므로 또한 주의하지 않으면 안 됩니다.

이 세상은 대 우주에서부터 아주 미세한 물질에 이르기까지 모두가 끊임없이 변화하고 있습니다. 그런데 그 변화가 아무렇게나 이루어지는 것이 아니며 어떠한 질서 속에 이루어지고 있습니다. 그것을 우리는 진리 또는 법칙, 원리, 이치라고 부르며, 이를 탐구하는 행위를 통칭하여 사리 연구라고 합니다.

그러므로 모든 학문에서 탐구하고자 하는 것도 이 진리이며, 모든 종교에서 가르치고 믿고 깨우치려는 것도 이 진리입니다. 왜냐하면 진리에 어긋나면 허망하여 결실이 없을 뿐만 아니라 오히려 고통을 가져오기 십상이기 때문입니다. 그러므로 지혜 있는 사람은 먼저 진리를 알고자 합니다.

진리는 누가 뭐라고 하든지 누가 어떻게 하든지 관계없이 자연의 법칙에 따라 변화를 일으키면서 그렇게 존재합니다. 따라서 진리는 어떤 개인이나 권력자, 집단 또는 종교에 종속되거나 독점될 수 없으며, 오직 알거나 깨쳐서 활용하는 자의 소유입니다. 진리는 다

52) 빙의憑依: 다른 사람의 영혼이 침입하여 옮겨 붙은 것. 예를 들면 갑순이의 몸에 신명이나 다른 사람의 영혼이 침입하여 갑순이의 심신 작용에 영향을 줄 때 빙의되었다고 말함.

53) 환각幻覺 · 환청幻聽 · 환시幻視: 외부 사물이나 자극이 실제로는 없는데도 마치 그 사물이나 자극이 있는 것처럼 느끼는 감각을 환각이라 함. 예컨대 실제로 나지 않는 소리가 마치 들리는 것처럼 느껴지는 환청, 실제로는 아무것도 없는데도 무엇이 보이는 것처럼 느껴지는 환시 등이 있음. ([Daum 사전])

만 스스로 그러할 뿐이므로 누가 부정하거나 불신한다고 해서 진리 아닌 것이 되는 것도 아니고, 또한 진리가 아닌 것을 억지로 믿음을 강요한다고 해서 진리가 되는 것도 아닙니다. 그러므로 우리는 항상 어디서 무엇을 하든 무엇을 믿든, 어떠한 학문을 연구하든, 누구의 말이나 글이 아닌, 오직 진리를 표준으로 삼아야만 하며, 따라서 무엇이 진리인지를 끊임없이 탐구하고 바르게 알아야만 합니다.

진리는 다시 스스로는 변화하지 않으면서 우주 만물, 삼라만상의 근원이 되는 궁극적인 진리와 이에 의해서 천변만화하며 우주 만물 현상 사물로 전개되어 나타나는 이치로 구분해 볼 수 있습니다. 편의상 필자는 스스로 불변하는 궁극적인 진리를 진리라고 부르고, 현상세계로 전개되어 나타나는 변화하는 진리를 이치, 원리 또는 법칙이라고 부르겠습니다. 궁극적인 진리는 하나이지만 이치는 병드는 이치, 늙는 이치, 죽는 이치, 자라는 이치, 몸이 굽혀지고 펴지는 이치, 자동차가 굴러가는 이치, 늘어나는 이치, 줄어드는 이치, 눈이 오는 이치, 비가 오는 이치, 안개가 피어나는 이치, 천둥 치는 이치 등등과, 중력의 법칙, 지구 공전·자전의 법칙, 유전의 법칙, 각종 화학변화의 법칙 등등 이루 다 헤아릴 수 없이 많은데, 이러한 이치와 원리·법칙을 따로 구분하지 않고 통칭할 경우에도 진리라고 부르겠습니다.

3.4 인생길에 알아야 할 가장 기본적인 진리들

본 장에서는 우리의 행복한 삶을 위해 반드시 기억하고 염두에 두어야 하지만 대부분 이를 망각하거나 도외시하고 살아가는 기본적인 진리들에 대해 항목을 나누어 살펴보고자 합니다. 이러한 가장 기본적인 진리들에 대한 정확한 인식이 분명하게 이루어질 때 우리의 삶과 심오한 진리에 대해서도 깊이 있게 이해하여 좀 더 지혜롭고 행복하게 살 수 있다고 생각합니다. 기타 괴로움·고통과 행복, 죽음 등에 대해서는 별도의 장에서 좀 더 깊이 있게 다룰 것입니다.

3.4.1 욕구와 욕망은 무한하고 자원은 유한하다

우리는 대부분 욕구와 욕망을 충족시키기 위해서 삽니다. 자기의 본능적인 생존 욕구와 안전에 대한 욕구가 충족이 되면 끊임없이 오감의 쾌락을 충족시키고자 하며, 자아 만족을 위한 온갖 욕망을 실현시키고자 노력합니다. 배가 고프면 뭔가를 먹고 싶고, 먹고 나면 우선은 만족한 것 같지만 시간이 지나면 다시 배가 고프기 마련이므로, 살아 있는 한 생리적 욕구 중에 식욕 한가지조차도 완전하게 충족시키기 어렵습니다. 마치 밑 빠진 독에 물 붓기와 마찬가지입니다. 더구나 우리는 굶주림을 면하는 것만으로는 만족이 되지 않습니다. 이왕이면 더 맛있는 음식 또는 새로운 음식, 또는 건강에 더 좋은 음식을 추구합니다. 그래서 음식이 너무 맛있다고 여겨지면 배가 불러서 도저히 더 이상 먹을 수 없을 때까지 먹으려고 합니다.

이러한 욕구는 식욕에 한정되지 않습니다. 오감은 끊임없이 새로운 것을 요구하며, 감각적으로 느끼기에 좀 더 좋은 것을 요구합니다. 그러니 우리의 오감 만족이란 혹 이루어진다고 해도 일시적인 잠시 잠깐뿐이지 시간이 조금만 지나면 다시 불만족이 되는 것입니다. 그런데 이러한 불만족은 우리의 육체적인 욕구에 한정되지 않습니다.

심리적인 욕망 역시 거의 무한합니다. 무엇이든지 할 수만 있다면 세상에서 최고이기를 바라기 때문입니다. 아무리 재산이 많아도 욕망은 가능하다면 세상의 모든 것을 소유하고 싶어 합니다. 이 세상에 없는 것이라 해도 자기의 상상으로라도 그려질 수 있는 것이면 어떻게든 뜻밖의 기적이 일어나서라도 가지고 싶은 것이 인간의 욕망입니다. 권력 역시 마찬가지입니다. 전 세계를 지배하는 권력을 가질지라도 권력욕이 완전히 충족되지 않고 아마 이 우주를 지배하고 싶은 욕망이 생길 것입니다.

지식욕 또한 마찬가지입니다. 지식정보는 무한하고 우리에게 주어진 정보 저장 능력과 시간은 너무나 짧습니다. 따라서 우리의 욕구와 욕망은 일시적으로 충족이 된다고 해도 곧 그보다 더 큰 것을 바라기 때문에 온전히 만족시키기는 어렵습니다. 오히려 여전히 부족함을 느끼거나, 또는 허탈함과 허망함을 느끼게 되는 경우가 많은 것입니다. 한 마디로 우리의 욕망은 전지전능한 신이 되기 전에는 완전하게 충족되기는 어려울 것입니다. 이러한 욕망을 갈애渴愛라고 하는데 불교에서는 이것이 우리의 모든 괴로움의 근본 원인이라고 합니다.

우리의 욕구와 욕망은 거의 무한하지만 그것을 다 충족시키기에는 시간과 자원과 능력이 모두 유한하기 때문에 불가능하다는 것을 우리는 모두 잘 알고 있습니다. 그런데도 우리는 왜 욕구와 욕망이 충족되기를 끊임없이 추구할까요? 아무리 커다란 성취를 이루었다고 해도 결국에는 몸이 늙고 병들어서 무너지게 되고, 마침내는 이 세상과 이별할 수밖에 없지 않습니까? 그런데도 그 채울 수 없는 욕구와 욕망을 충족시키려다가 얼마나 많은 죄업을 짓습니까!

남모르게 지으면 무탈할 줄 알고 죄업을 짓다가, 또는 너무나 강한 욕망에 끌린 나머지 죄업을 지으면 나중에 어떻게 된다는 것은 미처 생각할 겨를도 없이 죄업을 짓다가 결국에는 온갖 비난과 형벌을 받게 되는 사람들이 얼마나 많습니까! 설혹 요행히 형벌은 면했다 해도 죽을 때는 결국 아무것도 가져가지 못하고 빈손으로 가지 않습니까! 더욱이 빈손으로 가는 데 그치지 않고 다음 생에는 지옥이나 악도에 떨어져서 온갖 고초를 겪는다고 하지 않습니까!

죽을 때를 당해서 보면 과거의 모든 영화는 한낱 꿈속의 일에 불과하고 내가 가져갈 수 있는 것은 아무것도 없으며, 오직 내가 지은 업보따리만 짊어지고 가게 된다는 것을 남의 일처럼 생각지 말고 다시 한번 깊이 생각해 볼 일입니다.

3.4.2 과거는 아무도 바꿀 수 없다

과거는 아무도 바꿀 수 없습니다. 오직 바꿀 수 있는 것은 과거에 대한 해석을 달리하여 새로운 교훈을 배울 수 있다는 것뿐입니다. 과거는 오직 우리의 기억 속에만 존재할 뿐 현실적으로 실재하지 않습니다. 단지 그 기억으로부터 우리는 추억거리를 찾고 교훈을 배울 수 있을 뿐입니다.

그런데 사람들은 과거의 기억을 떠올리며 행복해하거나 괴로워하는 경우가 매우 많습니다. 과거의 아름다운 추억을 통해 현재에 행복해질 수 있다면 그것은 말릴 이유가 별로 없을 것입니다. 그러나 행복하기 위해 과거를 그리워한다면 현재가 과거보다는 못하다는 것이므로, 잠시 행복을 느낄지는 몰라도 결국에는 현재를 불행하게 여긴다는 것입니다. 더욱이 다른 사람들에게 자신의 과거나 조상들의 영화를 들먹거리며 으스대거나 우쭐댄다면 어리석은 짓이며 비웃음을 사기에 딱 좋습니다. 특히 과거의 기억을 떠올리며 후회를 반복하거나 분노를 조장하며 괴로워하는 것은 참으로 어리석은 짓입니다.

과거는 아무리 후회해도 바꿀 수 없을 뿐만 아니라 불행한 기억을 더듬어서 현재에 재생시키는 것은 불행감을 더욱 강화하며 현재의 고통을 가중시킬 뿐이기 때문입니다. 따라서 과거에 잘못한 것이 있다면 그것을 참회, 반성하고 다시는 되풀이하지 않겠다는 다짐을 굳게 하고, 거기서 얻은 교훈을 가슴 깊이 새겨 이를 반복하지 않는 것이 현명합니다. 또한, 과거에 대한 해석을 긍정적으로 달리할 수 있는 여지가 있다면, 거기서 교훈과 행복의 요소를 찾아 활용하는 것은 좋습니다. 그러나 과거의 인간관계에서 빚어진 불행했던 일을 떠올리며 상대방에 대한 원한 또는 원망심이나 분노 또는 적개심을 다시 불러일으키는 것은, 현재의 자기 마음을 그때 당시로 되돌려 자기만 다시 고통스럽게 만들 뿐 아니라 악감정을 더욱 강화시킴으로써 미래까지 상극의 인연을 지어 자기의 앞길을 막을 뿐입니다.

사람이나 물건과의 이별 또한 마찬가지입니다. 이미 죽은 사람에 대해 미련을 갖고 애통해한들 다시 살아올 수 있는 것도 아니므로, 장례 절차를 따라 애도의 표시를 충분히 했으면 하루빨리 정신을 차리고 새로운 희망을 찾는 것이 현명한 것입니다. 또한 이미 파손된 물건에 대한 미련을 갖고 거듭 아쉬워한다고 해도 원상으로 되돌릴 수 있는 것이 아니라면, 더 이상 거기에 집착하여 괴로워할 필요가 없는 것입니다. 뒤에서 자세히 살펴보겠지만 어차피 일체가 무상하고 인연 따라 만났다가 인연 따라 헤어지는 것이기 때문입니다.

3.4.3 미래의 변수는 모두 예측할 수도 없고 통제할 수도 없다

이 세상의 모든 사건은 그것이 그때 거기에서 그렇게 일어날 수 밖에 없는 이유가 있기 때문에 일어납니다. 거기에는 수많은 변수가 연계되어 있는데 이를 연기緣起라고 합니다. 그런데 그러한 사건들이 시시각각으로 무수하게 일어납니다. 그러므로 미래의 변수를 모두 정확하게 예측한다는 것은 거의 불가능합니다. 더욱이 그것을 우리의 마음대로 완전하게 통제한다는 것은 더더욱 불가능합니다.

우리는 단지 우리가 알 수 있는 극히 일부의 변수에 대해서만 잠시 통제할 수 있을 뿐입니다. 그러므로 우리가 걱정하는 미래는 대부분 상상에 지나지 않으며, 실제는 전혀 다르게 전개되기가 일쑤입니다. 계절과 기후의 변화, 인터넷 정보를 비롯한 각종 정보통신의 변화, 국내외의 정치·경제적, 사회적 각종 사건·사고의 발생과 변화, 교통과 물류 흐름의 변화, 우리의 생각과 감정의 변화, 인연관계의 변화 등 헤아릴 수도 없이 많은 변수들에 의해 모든 상황 조건과 우리의 마음이 시시각각 끊임없이 변화해가고 있기 때문입니다.

그래서 우리가 통제할 수 있는 것은 오직 현재의 자기의 마음 작용뿐입니다. 그러나 우리는 대부분 자기의 마음조차도 자기 마음대로 100% 통제할 수가 없습니다. 그런데도 우리는 오히려 다른 사람의 마음을 자기 마음대로 통제하려는 경우가 많습니다. 이 세상의 모든 갈등과 투쟁은 자기의 생각과 신념을 다른 사람에게 강요하는 데서 비롯된다고 할 수 있습니다. 상대방에게 자기 생각대로 자기가 원하는 대로 하라는 것인데, 왜 상대방의 입장은 생각하지 못할까요? 자기보고 상대방의 뜻대로 하라고 하면 쉽게 용인할까요? 상대방의 뜻대로 움직일 생각이 없으면서, 더욱이 자기 마음조차도 마음대로 통제하지 못하면서 남의 마음을 자기 마음대로 통제하려고 한다는 것은 매우 큰 자기모순이며 어리석음입니다.

남의 마음을 자기 마음대로 사용하려고 하기 전에 먼저 자기 마음부터 자기 마음대로 사용할 수 있도록 하는 것이 순서에 맞는 것입니다. 자기 마음을 자기 마음대로 통제할 수 있다면 자기의 생각과 감정도 자기 마음대로 조절할 수 있다는 것이니 늘 행복한 마음을 가질 수 있지 않을까요? 그래서 우리 모두에게 무엇보다도 마음공부가 필요하다는 것입니다. 자기 마음을 자기 마음대로 통제하여, 어리석지 않고 지혜롭게, 그르지 않고 바르게 취사하여 복락을 장만하기 위해서 마음공부가 필요한 것입니다.

3.4.4 누구든지 죽지 않는 사람은 없으며, 죽을 때는 모두 빈 손으로 간다

우리는 지위의 고하와 빈부의 격차와 유무식을 막론하고 언젠가는 누구나 죽습니다. 이것은 만인에게 공평합니다. 그러나 죽는 데는 순서가 없습니다. 다만 언제 어디에서 어떻게 죽느냐만 차이가 있을 뿐입니다. 그리고 죽을 때는 아무것도 가져가지 못합니다. 재산도 권력도 가족도 친지도 모두 다 놓고 갑니다. 태어날 때 빈손으로 왔듯이 죽을 때도 빈손으로 갑니다. 이 또한 만인에게 공평합니다.

다만 자기가 평생 무슨 업을 지었느냐에 따라 다음 생이 각각 다르게 전개된다는 것만 다릅니다. 다음 생을 결코 인정하지 못하겠다는 사람일지라도 이 세상에서 육신이 죽지 않는 사람은 없다는 것과 비록 한 때 천하를 소유하고 호령했던 사람이라도 죽을 때는 결국 빈손으로 간다는 것만큼은 누구나 인정할 것입니다. 그러므로 이승에서 사는 동안 굳이 남에게 해를 끼치면서 욕을 먹으면서 원한을 사면서까지 아등바등하며 욕심껏 살 필요가 없는 것입니다. 더욱이 부처님 말씀에 의하면 자기가 평생 동안 지어놓은 선업과 악업은 모두 짊어지고 가며, 그것에 의해 다음 생이 결정된다고 하니 더욱 그렇습니다. 그러니 다음 생을 인정하지 않는 사람일지라도 혹시 있을 수도 있는 것이니, 어차피 빈손으로 갈 것인데 보험을 들어놓기 위해서라도 되도록 악업은 짓지 않는 것이 좋을 것입니다. 그게 아니더라도 짧은 인생 굳이 남들에게 손가락질당하며, 미움과 원망을 사면서까지 살 필요는 없지 않습니까?

죽음에 대해서는 하권의 마지막장에서 자세히 언급하므로 여기서는 '누구나 죽음은 피할 수 없다'는 것과 '죽을 때는 자기의 업보따리만 가져갈 뿐 나머지는 다 놓고 빈손으로 간다'는 사실만 상기시키고자 합니다. 우리가 이 사실만 확실하게 인식하고 있어도 삶의 태도가 달라질 것이기 때문입니다. 이것은 암 진단 등으로 시한부 인생을 선고받은 사람들을 보면 확실히 알 수 있습니다. 더구나 사후 세상이 없고 죽음으로 모든 것이 끝난다면 굳이 더 살려고 애쓸 필요도 없을 것입니다. 자기 하고 싶은 대로 마음껏 하고 살다가 아무 때나 아무 곳에서나 죽어도 무방할 것입니다. 어디에서 어떻게 죽든지 일찍 죽으나 늦게 죽으나 매한가지이기 때문입니다. 그러나 동서고금의 역사를 살펴보거나, 성자들의 가르침을 살펴보거나, 사후 세계를 다녀온 사람들의 체험담을 보거나, 인과의 원리상으로 보거나, 사후 세계를 부정할 수는 없습니다. 만에 하나 없다고 가정하더라도 있다고 믿고 사는 쪽이 삶의 태도를 정하는 데 있어서 더 바람직하다고 생각합니다.

3.4.5 우주 만물은 끊임없이 변화하여 고정됨이 없다諸行無常

이 세상에 찰나간이라도 변화하지 않고 그대로 머물러 있는 것은 없습니다. 우리가 폭포수나 냄비 속에서 부글부글 끓는 물을 본다든지 밤하늘에 폭죽이 터지는 것을 보면 얼마나 무상한지를 자기 눈으로 직접 확인해 볼 수 있습니다. 과학자들에 의하면 우리의 우주는 계속 팽창하고 있어서 은하계와 은하계가 시시각각 서로 멀어지고 있으며, 태양은 은하계를 초속 약 250㎞로 공전하고 있고, 지구는 태양을 초속 약 30㎞로 공전하면서 초속 약 460m로 자전하고 있다[54]고 합니다. 그러나 실제는 지구가 평면 궤도상을 공전하는 것이 아니고 은하계를 공전하고 있는 태양의 주위를 나선 모양으로 돌고 있으므로 여기에 태양의 공전 속도를 더하면 지구의 실제 공전 속도는 이보다 더 빨라집니다. 그러므로 우리는 70억 명의 사람과 모든 동식물을 싣고 초속 460m의 속도로 회전하면서 초속 250~260㎞로 날아가는 지구라는 거대한 우주선을 타고 태양을 돌고 있는 셈입니다. 그 가운데 모든 물질은 분자가 모여서, 분자는 원자가 모여서, 원자는 아원자[55]가 모여서 이루어지며, 그 아원자는 엄청나게 빠른 속도로(1초당 10^{22}번) 생성 소멸을 거듭하며 파동을 만들어내고 있다고 합니다. 그래서 우리가 얼핏 보기에는 바위나 돌 같은 것은 100년이 지나도 변화하지 않고 그대로 있는 것같이 보이지만, 실제는 1조 분의 1초 동안도 현상 유지가 안 되고 진동하며 변화하고 있다는 것입니다. 그런데도 우리가 그것을 감지하지 못하는 것은 단지 우리의 감각기관이 가지고 있는 기능적 한계 때문입니다.

어제의 내 몸과 오늘의 내 몸이 얼핏 보기에는 같아 보여도 우리 몸 안의 혈액은 쉬지 않고 전신을 순환[56]하고 있고, 산소와 이산화

---

54) ①지구의 자전 속도(적도 기준): 약 시속 1,674㎞, ②지구의 태양 공전 속도: 초속 26~33㎞, 평균 29.76㎞/sec, ③태양이 은하계의 중심에 대하여 가지는 공전속도는 약 250㎞/sec. 이상은 Naver의 [지식백과]에 근거함.

55) 아원자: 중성자, 양성자, 전자, 중성미자, 반전자, 반양성자, 반중성자, 뮤온 등 원자보다 작은 입자들을 통칭하여 아원자라고 하며, 소립자라고 부르기도 합니다.

56) 정상적인 평균 혈류 속도는 대동맥이 50㎝/sec, 대정맥이 15~25㎝/sec, 모세혈관이 0.5㎜/sec 정도 된다고 합니다.(《과학백과사전》)

탄소의 가스교환이 각 조직기관과 폐에서 끊임없이 이루어지고 있습니다. 우리 몸을 이루고 있는 세포 역시 계속 재생되며, 신진대사가 끊임없이 이루어지고 있으므로, 매 순간 우리의 몸은 새 몸으로 바뀌고 있는 셈입니다. 또한 우리 뇌에서 시냅스를 통해 감각정보가 화학신호와 전기신호로 번갈아 바뀌면서 순식간에 전달되는 것이라든지, 전신의 신경세포를 통해 감각 정보와 운동 명령이 전달되는 과정 등을 보더라도 우리 몸에서 일어나는 변화의 무상함 역시 상상을 초월할 정도입니다. 우리의 마음 역시 조금만 집중해서 관찰해보면 시시각각으로 변화하여 온갖 생각과 감정이 일어났다가 사라진다는 것을 쉽게 확인해 볼 수 있습니다.

그러므로 우리가 흔히 인생이 참으로 무상하다고 말하지만, 세상에는 무상하지 않은 것이 없습니다. 일체가 무상하니 변화하지 않는 고정된 실체가 없으며, 따라서 그 어느 것도 소유할 수가 없으니, 그것이 무엇이든 조금도 집착할 것이 없다는 것입니다. 이미 지나가고 없는데, 이미 흘러가고 없는데 거기에 집착한다면 어찌 어리석지 않겠습니까? 재물이든 권력이든 사람이든 물건이든 애정이든 그것이 무엇이든 간에 본래 소유할 수 없는 것인데도 거기에 자꾸 집착하여 소유하고자 하기 때문에 온갖 괴로움이 생깁니다.

어떤 사물이든 거기에 집착하고 있는 만큼 마음이 거기에 구속되어 있는 것이니, 일체의 집착에서 벗어날 때 비로소 진정한 의미의 자유를 성취할 수 있을 것입니다. 누구나 자유를 원하면서도 스스로 집착을 내려놓지 못하니 번뇌와 갈등이 그치지 않습니다.

온갖 번뇌와 괴로움이 알고 보면 다 스스로 집착하는 데서 비롯되는 것이니 결국은 다 자기가 불러온 것이라고 할 수 있습니다.

3.4.6 모든 현상사물은 서로 의지·의존하며 인연 따라 생멸한다 諸法緣起

여기서 '제법'이란 일체의 법[57] 즉 우주 간에 있는 유형·무형의 모든 현상·사물을 가리킵니다. '연緣'은 '~을 조건으로 하여, ~을 의지하여, ~을 의존하여'라는 뜻이며, '기起'는 '생기生起한다, 일어난다, 생겨난다, 생긴다'는 뜻입니다. 따라서 '연기緣起'란 '~을 조건으로 하여, 또는 ~을 의존하여 일어난다[생겨난다]' 또는 '인연생기' 즉 '인연 따라 생기生起한다'는 뜻입니다. '인연因緣'에서 '인因'은 결과를 낳기 위한 내적인 직접적인 원인을 가리키고, '연緣'은 이를 돕는 외적인 조건을 가리킵니다. 이때 '원인因'과 '결과果'의 필연적인 관계를 '인과관계'라고 부릅니다.

예를 들어 나무에 불씨를 붙이면 나무가 탑니다. 이때 '불씨'는 '인'이 되고 '나무'는 '연'이 되며 '불타는 것'은 '결과'가 됩니다. '불씨'는 무엇이든 태울 수 있는 직접적인 원인이 되므로 '인'이 되는 것이고, 나무는 불이 없으면 탈 수가 없는 '불타는 조건'에 불과하므

57) 불교에서 말하는 '법法'의 의미는 ① 우주 간에 있는 유형·무형의 모든 현상·사물(즉, 우주만유·삼라만상·천지 만물 모두를 가리킴), ② 진리, 인과법, ③ 부처님의 가르침(교설·교법), ④ 윤리 도덕, 행위의 규범 등을 가리킵니다.

로 간접 원인인 '연'이 되는 것입니다. '생기한다'는 '인'과 '연'이 화합한 결과로서 '현상·사물이 생겨난다[일어난다]'는 뜻입니다. 따라서 '제법연기諸法緣起'란 이 세상의 모든 현상 사물은 서로 의지·의존하여 인연 따라 생멸한다는 뜻입니다. 부처님께서 발견하신 이 연기법緣起法의 진리는 불교의 가장 핵심 교리인데 부처님께서는 이를 간단하게 다음과 같이 설하셨습니다.

- 『이것이 있으므로 저것이 있고, 이것이 생겨나므로 저것이 생겨난다.
  이것이 없으므로 저것이 없고, 이것이 없어지므로 저것이 없어진다.』[58]

여기서 '저것'은 '이것'을 의지하여[조건으로 하여] 생겨나는[일어나는] 관계에 있으므로 이를 '연기 관계'라고 합니다. 이는 '인'이 '연'과 화합하여 '과'를 가져오는 관계이기도 하므로 일반적으로는 '인과관계'라고 부릅니다.

연기법에 의하면 이 세상의 어떠한 현상·사물이든지 우연히 생겨났거나 혼자서 존재할 수 있는 것은 없습니다. 이 세상의 모든 현상·사물은 여러 가지 원인이나 조건에 의해서 생겨나며, 원인과 조건이 변하면 그 현상·사물 역시 변하거나 사라지게 됩니다. 따라서 고정불변의 실체적인 것은 없습니다.

---

58) 《增一阿含經》, 32권 力品: "此有故彼有, 此起故彼起, 此無故彼無, 此滅故彼滅." 호진스님은 "이것이 있기 때문에 저것이 있고, 이것이 생기기 때문에 저것이 생긴다. (그리고) 이것이 없기 때문에 저것이 없고 이것이 사라지기 때문에 저것이 사라진다."라고 번역하였습니다.(호진 지음, 《무아·윤회 문제의 연구》, 불광출판사, 1915. 109쪽)

한번 우리 눈앞에 전개되어 있는 현상세계에 존재하는 것들을 가만히 살펴보겠습니다. 먼저 우리가 사는 집을 한번 생각해보면, 집이 아닌 것들이 모여서 일정한 이치에 따라 이루어진 것임을 알 수 있습니다. 시멘트, 자갈, 모래, 물, 나무, 못, 종이 등이 건축가의 설계도와 지시에 따라 많은 노동자들의 노력에 의해 일정하게 배치되어 만들어진 것입니다. 그중 모래만 하더라도 여러 가지의 분자와 원자들이 모여서 이루어진 바위나 돌이 오랜 세월에 걸쳐서 비·눈·바람·햇빛·자갈 등에 의해 풍화되거나 부딪치며 쪼개져서 어딘가에 떠 내려와 쌓여 있다가 누군가에게 다시 퍼 옮겨져서 건축 현장에 도달합니다.

그러려면 운반을 위한 자동차가 있어야 하고 자동차가 있으려면 자동차 공장이 있어야 하고, 자동차를 만들려면 철과 도료, 의자, 플라스틱, 유리 등이 있어야 하고, 이러한 자재를 만들려면 또 제철소와 철광 광산, 가구공장, 플라스틱 공장, 유리공장, 도료 생산 공장 등이 있어야 하고, 거기에 전기·가스 등의 연료가 들어가야 하므로 발전소와 각종의 전기공급장치 및 그것을 만드는 회사와 가스 생산업체, 공급업체가 있어야 하고, 자동차를 움직이기 위해서는 석유와 휘발유가 있어야 하니 정유회사와 주유소와 석유산지에서 옮겨오는데 필요한 배가 있어야 하고, 이러한 것들이 원활히 이루어지기 위해서는 국가의 각종 법규와 공무원 조직과 회사조직이 있어야 하고…. 이런 식으로 생각해보면 관련된 인연들이 한없이 이어집니다.

그러나 이렇게 지어진 집도 인연이 다하면 허물어져서 결국에는 흙으로 돌아갑니다. 즉, '집'이라는 실체가 따로 있는 것이 아니고 집을 만드는 데 사용된 여러 가지 요소緣들이 모여서 임시적인 형체를 이루고 있는 것을 편의상 우리가 '집'이라고 부르는 것뿐입니다. 더구나 이 '집'이라는 것도 그 형태가 일정한 것이 아니고 집마다 다 달라서 세상에 무수히 많은 집들이 있지만, 그중 형태가 완전히 똑같은 집은 단 한 채도 없습니다. 그리고 그 단 한 채밖에 없는 집조차도 시시각각으로 변해가고 있으므로 어디에서도 그 실체를 찾을 수가 없는 것입니다. 따라서 우리가 '집'이라고 부르는 것은 실체가 있는 것이 아니고, 추상적으로 편의상 붙여진 하나의 가명假名에 불과한 것입니다. '집'뿐만 아니라 만물의 이름이 다 이와 같습니다.

우리가 매일 같이 먹는 밥은 어떤가요? 밥은 쌀과 물과 화력과 밥 짓는 분의 노력이 만나서 만들어집니다. 그중 쌀만 하더라도 농부가 볍씨를 물에 불려 못자리에 뿌린 뒤 싹이 나서 적당히 자랐을 때 모내기를 하고, 적절하게 물 관리를 해주면서 거름을 주고 병충해를 방제하며 잡초를 제거하여, 벼가 잘 자라서 이삭이 나와 꽃이 피고 결실을 맺어 익으면, 추수하여 창고에 쌓아놓았다가 필요할 때 방앗간에서 방아 찧어 놓은 것 중, 상인들을 통해 유통망에 들어온 것을 가게에서 구입한 것입니다. 이러한 일련의 과정 중에 들어간 농부를 비롯한 수많은 분들의 노동 외에도 볍씨가 벼 이삭이 되기까지 천지의 햇빛·비·바람·이슬·안개 등이 끊임없이 작용하여 만들어진 것이 쌀인 것입니다.

그뿐일까요? 그 각각의 인력들은 또한 오랜 기간 그 부모 등에 의해 양육되고 사회 속에서 성장해 오면서 하루하루의 삶 속에 헤아릴 수 없이 많은 분들의 도움을 받고 살아왔을 뿐만 아니라, 그 부모는 또 그 부모의 부모로부터 출생, 양육되었을 것이니, 이렇게 계산해 올라가면 최초의 인류 조상에까지 거슬러 올라가게 될 것입니다. 그리고 생산된 벼를 운반하고 방아 찧기 위해서 필요한 것들의 인연을 좇아가다 보면, 역시 한없는 인연들이 얽혀 있는 것입니다. 그러므로 쌀 한 톨에도 이렇게 헤아릴 수 없이 많은 인연들이 종으로 횡으로 연결되고 축적되어 있음을 알 수 있는데 그 밖의 어떠한 것이라도 또한 마찬가지입니다.

이와 같이 이 세상에 존재하는 모든 것들은 다른 것들과 서로 끝도 없이 직간접으로 연결되어 분리될 수 없으며, 그것이 아닌 것들이 인연 따라 서로 만나 그 시공간에서 잠시 그렇게 그것이 존재하는 것처럼 보일 뿐이며, 더욱이 거기에 머무르지 않고 찰나 찰나 끊임없이 서로의 인연 따라 변화해 갈 따름이므로, 현상사물의 고정된 실체는 어디에도 없으며, 서로 아무런 관계없이 독립적으로 존재하는 것 또한 어디에도 없습니다. 따라서 만물은 우리가 얼핏 보기에는 각각 서로 나뉘어 별개로 독립되어 있는 것처럼 보이지만, 그것들이 존재하게 된 상호관계를 따져보면 이와 같이 서로 의존하고 있어서 전체적으로 유기적인 하나의 관계에 있다는 것을 또한 알 수 있습니다.

3.4.7 모든 현상사물은 변화하지 않는 고정된 실체가 없다
諸法無我

여기서 "아我"라는 것은 다른 현상에 의존하지 않고 독립적으로 그것만의 고유성을 지속적으로 유지·보전하며 존재하는 고정된 실체를 가리킵니다. 앞에서 살펴본 바와 같이 모든 것이 무상無常하여 고정됨이 없이 끊임없이 변화하고 있는 데다 그것 아닌 것들이 서로 의지하여 인연 따라 모였다가 흩어지는 관계 속에 있기 때문에, 현상사물은 그 어떤 것도 그것만의 고유성을 가지고 변화하지 않는 고정된 실체가 따로 없으며, 또한 다른 것과 관계없이 독립적으로 존재할 수 있는 것도 없습니다. 그래서 제법이 '아我'가 없다 즉, 무아無我라는 것입니다.

따라서 제법의 일부인 우리의 몸과 마음도 마찬가지이니 본래 따로 '나'라고 할 것이 없습니다. 우리 몸이 아닌 것들 즉 곡식, 채소, 과일, 물, 공기 등이 몸속으로 들어가서 변화된 것이 우리 몸이며, 우리 몸은 시시각각 신진대사를 통해 끊임없이 변화해 가다가 어느 순간 사망하게 되면, 땅속에 묻어도 모르고 불 속에 넣어도 모르며, 결국에는 지수화풍地水火風[59]으로 모두 흩어지는 것이니,

---

59) 지수화풍地水火風: 불교에서 이 현상계를 구성하고 있는 요소로 보고 있는 사대四大, 즉 地大·水大·火大·風大의 4가지 요소를 가리키는 말로 이 현상계를 구조적인 측면에서 인식하려는 방법임. 단단한 성질을 가지고 있는 요소를 '지대地大', 물기를 포함하고 있는 요소를 '수대水大', 열기를 포함하고 있는 요소를 '화대火大', 동력을 포함하고 있는 요소를 '풍대風大'라고 합니다. 우리 몸色身도 이 사대로 구성되어 있으므로 사대색신四大色身이라고 말합니다.

거기에서 불변하는 나의 실체를 찾을 수는 없습니다. 우리의 마음 역시 태중에서부터 지금까지 가족과 이웃, 기타 외부로부터 끊임없이 정보를 접수, 저장하거나 상호작용하면서 형성되어 왔으며, 앞으로도 그렇게 계속해서 변화해 갈 것이므로, "나의 마음"과 "남의 마음"을 별도로 구분할 수도 없고, 고정된 실체로서 규정할 수도 없습니다. 따라서 모든 현상사물은 서로 의존하여 인연 따라 생성, 소멸되며 끊임없이 변화해갈 뿐 고정된 실체가 없으므로 "제법무아"라고 하는 것이며, 이는 '제법연기'의 당연한 귀결이라고 할 수 있습니다.

부처님은 여기에 더하여 내 몸과 마음이 '나'라고 한다면 내 마음대로 할 수 있어야 하는데, 사실은 그렇지 못하니 참다운 '나'라고 할 수가 없다는 겁니다. 내가 살이 찌고 싶지 않아도 살이 찌고, 늙고 싶지 않아도 늙고, 죽고 싶지 않아도 죽으며, 내 생각과 감정 또한 내 마음대로 되지 않는데 어떻게 나라고 할 수 있겠느냐는 겁니다.

3.4.8 모든 현상사물은 공空에 바탕한다—切皆空

앞에서 자세히 살펴본 바와 같이 모든 현상사물은 끊임없이 변화하여 잠시도 고정됨이 없으므로 무상無常하며 공空하고, 또한 서로 의존하여 인연 따라 생겼다가 인연 따라 사라질 뿐, 그 어느 것도 독립적으로 존재하며 변화하지 않는 고정된 실체가 없으므로

‘무아無我’이며 공空하다는 것입니다. 여기서 ‘공空’하다고 하는 것은 ‘허무虛無’가 아닌 ‘비유비무非有非無’인 바탕을 말합니다. 다시 말하면 모든 현상사물은 분명히 ‘이것이다’라고 할 수 있는 고정된 실체가 없다는 점에서 이름假名[60]은 있을지라도 실체가 없으므로 ‘유(有: 실체가 있는 것)’라고 할 수 없으며, 그러나 분명히 우리에게 지각되고 있는 현상사물이 눈앞에 전개되어 있다는 점에서 또한 ‘무(無: 없는 것, 비존재)’라고 할 수도 없으므로, 모든 현상사물은 ‘비유비무(非有非無: 있는 것도 아니고 없는 것도 아니다)’라는 것입니다. 이 ‘비유비무非有非無’의 바탕을 ‘공空’이라고 합니다. 그래서 주체인 내가 따로 없다는 것을 ‘아공我空’이라 하고, 객관 세계인 우주 간에 있는 유형·무형의 모든 현상·사물 또한 실체가 따로 없다는 것을 ‘법공法空’이라고 합니다. 이와 같이 아공我空·법공法空하여 일체가 다 공空하므로 ‘일체개공一切皆空’이라고 하는데, 이 말은 ‘일체가 다 공하다’는 말조차도 공하다는 말입니다. 이와 같이 ‘일체가 다 공하다’는 말조차도 ‘공’한 자리를 ‘진공眞空’이라고 하고, ‘비유비무’인 상태로 현상계에 존재하는 것을 ‘묘유妙有’라고 합니다.[61] 다시 말한다면 ‘비유비무非有非無’인 상태가 곧 ‘진공묘유眞空妙有’인데 ‘진공’은 드

60) 각 현상사물이 우리의 일상 감각으로는 있는 것처럼 여겨지기 때문에 각 현상사물의 이름을 붙여 식별하고는 있지만, 사실은 그 실체가 있는 것은 아니고 편의적으로 임시 이름을 붙인 것에 불과하므로 ‘가명(假名:거짓 이름)’이라고 하는 것입니다.

61) 『대산 종사 말씀하시기를 “진공 묘유가 바로 일원상 자리니, 진공은 텅 비어 있으나 텅 비었다는 그것마저 없는 자리요, 묘유는 그 가운데 묘한 이치가 있어 나타남을 이름이라, 우리 모두는 이 진공 묘유의 이치를 따라 육근이 육진에 출입하되 물들지 않는 생활을 해야 하나니, 그러기로 하면 이 일원상을 표준으로 진공 묘유가 되었는가를 늘 살펴야 할 것이니라.”』(《대산종사법어》, 교리편 31장)

러나 있지 않은 '비유非有'의 측면을 말한 것이고, '묘유妙有'는 드러나 있는 '비무非無'의 측면을 말한 것입니다. 그래서 모든 현상사물은 체성體性[자성自性]이 비어 있는 채로 묘하게 드러나 있으므로 '진공묘유眞空妙有'라는 것입니다. 이것은 마치 꿈속에서 산천초목과 전답, 도로·하천, 자동차, 사람들, 건축물들, 동물 등이 모두 있었는데 꿈을 깨고 나면 아무것도 없었던 것처럼 이 현실 세계도 진리를 깨치고 보면 또한 그렇다는 것입니다.

이와 같이 모든 현상사물은 있는 것도 아니고 없는 것도 아니기 때문에 변화합니다. 예를 들어 우유라는 사물이 고정 불변의 실체로서 있다고 한다면, 그것은 어디까지나 우유로 있어야 하기 때문에 요구르트로 변화하지 않아야 합니다. 그러나 실제는 우유가 요구르트로 변화하므로 우유의 실체는 있는 것이 아닙니다. 또, 우유라는 사물이 실체로서 없다고 한다면 없는 것이 변할 수는 없습니다. 그러나 실제는 우유는 요구르트로 변화하기 때문에 우유는 없는 것이 아닙니다. 그러므로 우유는 있는 것도 아니고 없는 것도 아닌 '비유비무非有非無'인 상태의 것입니다. 이것은 우유뿐이 아니고 만물이 다 이러하므로 '일체가 다 공하다一切皆空'는 것입니다.

이를 보고 어떤 분들은 사물이 변한다는 것은 그 구성 요소인 분자·원자 구조가 변했기 때문이라고 생각할 수도 있을 것입니다. 그러나 양자역학에 의하면 원자를 구성하는 소립자는 어떤 크기를 가진 실체적인 것이 아니며 끊임없이 사라졌다 생겼다 하는 것으로 밝혀졌습니다. 즉, 현대물리학에서도 이 세계에는 실체로서의 사물은 어떤 것도 없다는 사실을 발견한 것입니다. 불교에서는 모든 현상사물이 인연 따라 생겨났다가 사라지므로 고정된 실체가 없는 연기적 존재라는 관계 개념으로 파악하고 있는데 현대물리학에서도 같은 주장을 하기 시작한 것입니다.[62]

우리가 현상사물을 인식하는 것은 서로 상대적으로 대비해서 오는 차이에 의해 인식합니다. 예를 들면 어둠이 없으면 밝음을 알 수 없고, 반대로 밝음이 없으면 어둠을 알 수 없습니다. 낮이 없으면 밤도 없고 밤이 없으면 낮도 없어서 서로 상대방에 의존해야만 드러날 수 있기 때문입니다. 마찬가지로 긴 것이 없으면 짧은 것을 알 수 없고, 짧은 것이 없으면 긴 것을 알 수 없으며, 높은 것이 없으면 낮은 것을 알 수 없고 낮은 것이 없으면 높은 것을 알 수 없는 것입니다. 마찬가지로 '유有'는 '무無'로 인해 드러나고 '무無'는 '유有'로 인해 드러납니다. 무가 없으면 유가 드러날 수 없고 유가 없으면 무가 드러날 수 없는 상대적 의존성은 명암·고저·장단의 경우와 똑같습니다.

그러므로 우리는 '유'는 있는 것이고 '무'는 없는 것이라고 단순하게 생각하지만, 사실은 '유'와 '무'가 함께 공유하는 면이 있어야만 그 안에서 '유'와 '무'가 대비될 수 있으므로 '유'와 '무'는, '유'이기도 하고 '무'이기도 하면서 '유'도 아니고 '무'도 아닌, 즉 유무를 초월하는 '비유비무非有非無'의 '공空'을 함께 바탕으로 삼고 있는 것입니다.

62) 요코야마 코이츠 저, 김명우 옮김, 《마음의 비밀》, 민족사, 2016. 94~95쪽 참조.

'비유비무'를 잘 이해할 수 없다면 예를 들어 우리가 마음속에 수박이나 사과, 자동차 등의 어떤 사물의 이미지를 떠올릴 수 있는데, 이것들은 꿈속에서의 사물과 마찬가지로 분명히 현실로 존재하는 것은 아니므로 '유'가 아니지만, 꿈속이나 마음속에는 분명히 있는 것이므로 또한 '무'도 아니니, 바로 '비유비무非有非無'인 상태의 것입니다. 이와 같이 '비유비무非有非無'인 바탕을 '공空'이라고 합니다. 따라서 모든 우주만유 삼라만상이 '유'도 아니고 '무'도 아닌 '비유비무非有非無'인 '공空'을 바탕으로 하고 있기 때문에 항상 무상無常하게 변화할 수 있는 것이며, '유有'는 '무無'로 '무'는 '유'로 돌고 돌 수 있는 것입니다.

'공空'을 우리의 마음에 비추어 보면 좀 더 쉽게 이해할 수 있습니다. 우리의 마음은 하루 종일 온갖 생각과 감정이 일어났다가 사라지지만 그 마음 바탕은 그대로입니다. 화나는 마음과 즐거운 마음, 미워하는 마음과 사랑하는 마음, 슬퍼하는 마음과 기뻐하는 마음, 편안한 마음과 불안한 마음, 놀고 싶은 마음과 일하고 싶은 마음, 효도하는 마음과 불효하는 마음 등등의 온갖 마음이 서로 다른 마음 같지만, 그 바탕은 같은 한마음인데, 그 마음 바탕이 비어 있기 때문에 이와 같이 온갖 마음이 일어났다 사라졌다 할 수 있는 것입니다. 마치 허공이 비어 있기 때문이 우주만유 삼라만상이 전개될 수 있는 것처럼! 이 비어 있는 한마음 자리가 바로 우리의 본성本性 자리, 즉 "본연 청정한 성품" 자리입니다.

그러므로 우리 눈에 보이는 현상세계는 환幻으로 있는 것이며 본바탕은 비어 있다는 것입니다. 이것은 마치 극장에서 영화를 볼 때 스크린에 비친 영상 속의 사물들이 실재하는 것처럼 보이지만 사실은 빛에 의한 착시현상일 뿐 전혀 실재가 아니며 스크린만 본래 그대로 있는 것과 같다는 것입니다. 따라서 이 현실 세계도 우리가 꿈속에서 보는 현상세계나 거울 속에 비치는 현상사물과 마찬가지라는 것입니다.

또한 하늘에는 1개의 달만 떠 있지만 물을 담은 세수대가 100개가 있으면 100개의 달이 뜨고 1,000개가 있으면 1,000개의 달이 뜨게 되는데, 세수대 속에 뜬 달은 모두가 그림자일 뿐이며 실제의 달은 하늘에 있는 1개의 달 뿐인 것과 같습니다. 그래서 《금강경》 사구게四句偈에서 "무릇 소유하고 있는 상相[63]은 다 허망한 것이니 만약 모든 상相이 실상이 아님을 안다면 곧 진리부처를 보리라."[64]라고 하시고, 또 "일체의 유위법有爲法[65]은 마치 꿈과 같고 환幻과 같으며, 물거품과 같고 그림자와 같으며, 이슬과 같고 또한 번갯불과도 같으니 마땅히 이와 같이 관觀하라."[66]고 하신 것입니다.

공空은 있는 것이 아니므로 얻을 수도 없고, 없는 것도 아니므로 잃을 수도 없으니 두려울 것도 없습니다. 있는 것도 아니고 없는 것도 아니라서 있고 없는 것을 초월하므로 생겨나지도 않고 없어

63) 상相: 고정된 모습이나 형상, 생각, 관념 등을 말함
64) 《金剛經》, 如理實見分 제5: "凡所有相, 皆是虛妄, 若見諸相非相, 卽見如來."
65) 유위법有爲法: 인연 따라 생멸변화하는 무상한 현상세계를 가리킴. 이와 대비하여 불생불멸의 영원한 진리를 '무위법無爲法'이라고 합니다.
66) 《金剛經》, 應化非眞分 제32: "一切有爲法, 如夢幻泡影, 如露亦如電, 應作如是觀."

지지도 않으며, 끊어지지도 않고 변화하지도 않으며, 본체가 한결 같아서 영원토록 그대로이며 비어 있으므로 고요하여 움직임이 없습니다.

우리가 진리를 깨치고 보면 '나'라고 생각하는 오온五蘊[67]과 일체의 현상사물이 모두 다 공空하기 때문에 일체의 고액苦厄을 벗어날 수 있다는 것입니다. 아공我空·법공法空이라 어디에도 내가 없는데 누가 들어서 고액苦厄을 겪겠습니까? 꿈속에서 누군가에게 쫓기며 죽을힘을 다해 도망치다가 마침내 붙잡혀서 한창 두들겨 맞고 있는데 경종 소리에 또는 옆 사람이 흔들어서 꿈을 깨고 보면, 본래 좇아온 사람도 없고 두들겨 팬 사람도 없고 쫓기거나 얻어맞은 사람도 없는 것과 같기에 공하다는 것입니다.

• 『성품이라 하는 것은 허공에 달과 같이 참 달은 허공에 홀로 있건마는 그 그림자 달은 일천강에 비치는 것과 같이, 이 우주와 만물도 또한 그 근본은 본연 청정한 성품 자리로 한 이름도 없고, 한 형상도 없고, 가고 오는 것도 없고, 죽고 나는 것도 없고, 부처와 중생도 없고, 허무와 적멸도 없고, 없다 하는 말도 또한 없는 것이며, 유도 아니요 무도 아닌 그것이나, 그 중에서 그 있는 것이 무위이화無爲而化 자동적으로 생겨나, 우

67) 오온五蘊: 곧 물질적인 것을 의미하는 색色, 감각·감수感受 작용의 수受, 표상表象·인식 작용의 상想, 의지 작용의 행行, 식별識別작용의 식識을 통칭하는 말. 오온은 오음五陰이라고도 부르며 우리 인간의 구성 요소가 됩니다.

주는 성·주·괴·공[68]으로 변화하고, 만물은 생·로·병·사를 따라 육도와 사생으로 변화하고, 일월은 왕래하여 주야를 변화시키는 것과 같이 너의 육신 나고 죽는 것도 또한 변화는 될지언정 생사는 아니니라.』(《대종경》, 천도품 5장)

3.4.9 언어는 현상사물을 상징적 또는 지시적으로 표현하는 도구일 뿐이지만, 또한 신비한 형성력을 가지고 있다

우리는 흔히 어떤 현상사물을 언어로 표현하며 이를 통해서 서로 정보를 교환하고 의사를 소통합니다. 그러다 보니 자신도 모르게 언어와 현상사물을 동일시하는 경우가 많습니다. 그래서 어떤 명사가 있으면 그것이 그 의미대로 현상사물로서 실재하는 것으로 착각을 일으킵니다. 가령 우리가 "후지사과"라고 말할 때 어떤 독립된 "유일한 사과"를 구체적으로 지칭하는 것이 아니고, "후지사과"라는 품종만이 가지는 특성을 반영하는 수많은 사과를 일괄적으로 지칭하는 말입니다. 더구나 그것은 "후지사과" 자체가 아니고 후지사과라는 품종의 사과 전체를 추상적으로 가리키는 일종의 지시대명사와 같은 역할을 하는 말일 뿐입니다.

그러므로 각각의 후지사과의 개별적인 특성은 전혀 고려되어 있

68) 성成·주住·괴壞·공空: 불교에서 우주의 변화과정을 4단계로 구분한 것을 말하는데, ①'성(成: 成劫)'은 우주가 처음 형성되는 기간, ②주(住: 住劫)는 우주가 생긴 뒤 유지, 존속되는 기간, ③'괴(壞: 壞劫)'는 우주가 점차 파괴되어 가는 기간, ④'공(空: 空劫)'은 우주가 소멸되어 다시 생성되기까지의 기간을 가리킵니다.

지 않으며, 그것은 형용사나 부사어를 통해서 표현될 뿐입니다. 예를 들면 "매우 잘 익어서 단맛이 아주 강한"이라든지 "크기가 매우 굵은"과 같은 수식어를 사용해서 개개의 차별성을 나타내긴 하지만, 그럼에도 불구하고 그 각각의 형용사나 부사의 의미가 구체적으로 특정될 수 있는 것이 아닌 것은 마찬가지입니다. "매우" "잘" "아주"와 같은 부사어나 "익었다" "달다"는 형용사가 과연 구체적으로 어느 정도를 말하는지 아무도 확정할 수 없는 것이며, 단지 그 정도를 상대적으로 상징적으로 표현한 것뿐이기 때문입니다.

가령 "사랑한다"는 말을 했을 때도 그 말이 갖는 의미는, 그 말을 한 사람과 대상과 상황에 따라서 같은 말이라도 그 함의가 천차만별로 달라집니다. 남녀 간의 사랑인지, 부모 자식 간의 사랑인지, 스승과 제자 간의 사랑인지, 형제간의 사랑인지, 친구 동료 간의 사랑인지, 신의 인간에 대한 사랑인지 등에 따라서 "사랑"의 함의와 질적 내용이 다 다릅니다. 그리고 "남녀 간의 사랑"으로 한정한다고 해도 어떤 남자와 어떤 여자이냐에 따라서 그 "사랑"의 함의와 질적 내용이 다 다를 뿐만 아니라, 동일한 남녀라고 해도 사랑한다는 말의 어조와 그 말을 하는 시공간적 상황과 마음에 따라서 그 함의가 달라지는 것입니다. 막 첫눈에 반했거나 사랑이 처음 싹틀 때와 사랑이 한창 진행될 때와 시간이 어느 정도 흘렀을 때와 로맨틱한 분위기에서 단둘이 있을 때와 여러 사람이 함께 있을 때와 같이 잠자리에 있을 때가 다 다르기 때문입니다.

또 동일한 사람에게 듣는 똑같은 말이라도 말을 하는 현장에서 듣는 것과 현장을 떠나서 녹음 또는 녹화된 것을 듣는 경우와 다른 사람을 통해서 간접적으로 듣는 것과는 천양의 차이가 있습니다. 그리고 한 사람의 말을 동일한 현장에서 동시에 같이 들었다고 해도 듣는 사람에 따라 서로 받아들이는 느낌과 이해의 정도와 생각이 다 다르기 때문에 그 말에 대한 반응과 이해의 결과도 모두 다른 것입니다.

또한 언어 전달의 한계성은 아래에서 보는 바와 같이 의성어나 의태어에서도 잘 알 수 있습니다. 예를 들어 개구리 한 마리가 연못 속으로 퐁당 뛰어들었다고 합시다. 이때의 "퐁당" 소리는 "풍덩"일 수도 있고 "풍더덩"일 수도 있지만 그 순간에 그 자리에서만 들을 수 있는 독특한 소리입니다. 왜냐하면 그 실제의 소리는 개구리의 크기, 무게와 연못 물과의 접촉면의 크기, 접촉각도, 연못물의 탁도 및 개구리가 뛰어 들어간 지점과의 거리, 그곳에 불던 바람의 방향과 세기, 그곳의 습도와 기압 등의 차이에 따라서 아주 미세하긴 하지만 분명히 "풍덩"하는 소리가 다 다르게 들릴 것이기 때문입니다. 다시 말해서 그 개구리가 그 시간 그 지점에서 물속으로 풍덩 하고 들어갈 때의 그 소리와 똑같은 소리를 다시 듣기는 거의 불가능하다는 것입니다. 따라서 그 소리를 우리가 언어로 "퐁당"이라고 표현하든, "풍더덩"이라고 표현하든, "풍덩"이라고 표현하든 그 소리 그대로를 표현할 수는 없으며, 단지 비슷하게 들리는 소리인 "퐁당", 또는 "풍덩", "풍더덩" 등으로 비유하여 표현하는 것뿐입니다. 언어는 이와 같이 표상화된 이미지를 전달하는 것이 아닌, 단지 소리를 그대로 전달하려는 말조차도 이처럼 한계성을 가지고 있다는 것입니다. 이는 고양이 울음소리나 닭 울음소리, 개 짖는 소리 등을 묘사한 각국의 말을 비교해 봐도 쉽게 알 수 있습니다.

결론적으로 말해서 모든 언어는 다만 사과 한 개, 두 개처럼 단순히 어떤 수량을 지시하는 말이 아닌 한, 추상명사든 보통명사든, 형용사든 부사든, 어떤 언어가 가지는 함의는 어떤 현상사물 자체가 아닌, 그와 관련한 추상적인 상징 또는 비유이거나 지시적인 내용에 불과할 뿐만 아니라, 그 의미가 누구에게나 명확한 것도 아니며, 특히 사람에 따라서 상황에 따라서 다소간 달리 해석될 수밖에 없는 불확실성과 한계성을 가지고 있다는 것입니다.

또한 언어는 소리에 의해 공기의 진동과 파장을 일으킨 것에 불과한 것인데도 불구하고 우리는 그 언어와 현상사물을 동일시함으로 인해 감정이 요동치는 경우가 너무나 많습니다. 예를 들면 누군가가 자기 보고 "야 이! 미친년아!"라고 했다든지 "야 이! 개새끼야!"라고 욕을 했을 경우에 그 사람이 그렇게 말했다고 해서 내가 정말로 "미친년"이 되거나 "개새끼"가 되는 것이 아님에도 불구하고, 대부분의 보통 사람들은 화를 내며 흥분하게 되는데 이는 그 말 자체의 힘 때문이라기보다는 그 말의 의미와 자기 자신을 동일시함으로써 거부감을 갖게 되는 "자기의 생각" 때문인 것입니다.

따라서 내가 그 말을 전혀 듣지 못한 것처럼, 또는 그 말의 의미를 전혀 모르는 것처럼 그 말에 전혀 의미를 두지 않는다면 그렇게 화를 내며 흥분할 이유가 전혀 없는 것입니다. 사람들이 누가 "예쁘다" 또는 "예뻐졌다"고 하거나 "잘생겼다"고 말하면 그저 기분이 좋아지는 것도 마찬가지입니다. 사실은 그 말에 의해 더 예뻐지거나 잘 생겨지는 것도 아니지 않습니까? 우리가 귤을 보고 황금이라고 한다고 해서 그 귤이 황금이 되는 것도 아니고, 금덩어리 보고 똥이라고 한다고 해서 그 금덩어리가 똥이 되는 것도 아닌데, 대부분의 사람들은 이와 같이 상대방의 말에 속아 스스로 감정의 노예가 되어 인생을 망치는 경우가 허다합니다. 이러한 이치만 정확히 알고 대처해도 우리가 다른 사람의 말에 의해 감정이 요동치는 것을 훨씬 더 줄일 수 있을 것입니다.

이상에서 살펴본 바와 같이 우리가 일반적으로 사용하는 언어들은 그 자체가 본래 실체가 없을 뿐만 아니라 그것들이 가지는 의미 역시 대부분 개념적이며 추상적이므로 구체적인 현상·사물과도 일대일로 대응하지 않습니다. 가령 사람, 소, 개, 나무, 복숭아 등등으로 사물의 이름을 부르지만, 이것들은 앞의 '후지사과'에서 살펴본 바와 같이 하나의 개념일 뿐이며 거기에 구체적으로 상응하는 실체가 없을뿐더러, 더구나 우리가 실체인 것처럼 생각하는 그 사물들 역시 여러 가지의 인연들이 모여서 임시로 그런 형상을 하고 있을 뿐 고정불변의 실체로서 존재하는 것이 아닌 무상한 것입니다. 한 마디로 말해서 언어 역시 그 본질은 실체가 없는 공한 것입니다. 그런데도 우리는 그러한 언어가 있으면 그것들이 실재하는 것으로 늘 착각하며 거기에 집착하며 사는 것입니다. 그러므로 우리가 어떤 언어의 의미를 좇아 감정이 요동치는 것은 그 말에 우리가 스스로 속거나 끌려가기 때문이지, 그 언어 자체에 본래부터 그러한 감정에 대한 영향력이 크게 있는 것은 아닙니다.

그러나 모든 언어는 실체는 없지만, 다소나마 신비한 형성력을 가지고 있어서 말을 함부로 하면 안 된다는 것을 또한 잘 알아야 합니다. 그것은 언어가 정보임과 동시에 파동을 일으키는 에너지를 가지고 있기 때문입니다. 양자물리학적으로 보면 에너지는 변화를 일으킬 수 있는 힘이며, 정보는 그 힘의 작용 방향을 설정해 줄 수 있는데, 언어는 이러한 정보를 싣고 있는 에너지이기 때문에 아무런 실체는 없지만, 그 의미 정보에 따라 에너지가 작용하게 함으로써 신비한 형성변화를 일으킬 수 있는 영성 또는 영력을 가지고 있습니다.

그래서 무정물인 밥에게 "빨리 썩으라!"든지 욕설을 가한다든지 하면 빨리 부패하고, 물에게 "사랑한다"고 하면 물 분자의 모양이 아름다운 대칭형으로 변화하며, 꽃이나 작물에 사랑하는 마음을 표현하거나 긍정적인 언어로 칭찬을 한다든지 하면 더 잘 자라고 꽃도 더 오래가게 되는 것입니다. 이것은 우주 만물이 물질과 에너지와 정보로 이루어져 있으며, 더 궁극적으로는 모두가 정보로 이루어져 있기 때문입니다. 이를 동양학적으로 표현한다면 정보가 '리理' 또는 '령靈'이고, 에너지가 '기氣'이며, 물질이 '질質'인데, 그 구경의 정보를 '태극' 또는 '무극'이라고 할 수 있으며, 이를 불교적으로 표현하면 '진공眞空' 또는 '본성' 자리가 될 것입니다.

3.4.10 우리는 모두 자기가 가지고 있는 정보를 기반으로 시비 이해와 호오를 판단한다

필자는 같은 현상사물인데도 이에 대한 사람들의 생각의 차이가 크다는 것을 많이 느끼면서 왜 그럴까? 라는 의문을 가지고 깊이 생각해 본 적이 있습니다. 그 결과 다음과 같은 결론을 얻었습니다.

첫째, 우리의 정보 입수경로인 감각기관과 분별·판단 기관인 두뇌의 차이가 큽니다.

둘째, 남녀 성별 상의 생리기능 및 유전환경과 타고난 성격의 차이가 매우 큽니다.

셋째, 출생하고 성장한 환경과 역사 문화의 차이가 큽니다. 농촌, 산골과 도시의 차이, 빈부의 차이, 국가 간 역사 문화의 차이 등이 후천적인 성격과 정보의 차이 및 기호의 차이를 가져옵니다.

넷째, 시대와 연령상의 차이, 세대 차이가 있습니다.

다섯째, 타고난 체질에 따른 기질적 차이와 몸의 상태가 다 다릅니다. 사상 체질, 열성 체질, 한성 체질, 비만 체질, 마른 체질 등에 따라서, 그리고 현재의 몸의 건강 상태와 기분 등에 따라서 차이가 큽니다. 사람은 허기질 때, 월경 중일 때, 갱년기일 때, 몸이 몹시 피곤할 때, 어딘가 아플 때 등에 따라서 판단과 감정 반응이 많이 달라집니다.

여섯째, 주거, 직업 등 생활환경에 따라서도 많이 달라집니다. 사람들이 끼리끼리 모이는 것도 이러한 영향이 큽니다.

일곱째, 감각기능과 인지기능 상의 차이에 따라서도 많이 달라집니다. 시각, 청각, 미각, 후각과 신체 감각(통각, 온열감각, 성감 등) 등의 차이에 따라 기호를 비롯한 행동반응 및 심리 반응의 차이가 큽니다.

여덟째, 각 사람마다 경험 세계와 지식정보가 다 다르고, 욕망과 꿈, 희망이 다 다릅니다.

아홉째, 같은 사람이라도 시공간의 차이와 심신의 상태에 따라서 기분과 생각, 감정이 많이 달라집니다.

결국 모든 사람들의 생각·감정과 반응이 서로 다른 까닭은 어떤 현상사물을 보고 시비이해와 호오를 판단할 때에 각자가 가지고 있는 정보를 기반으로 하기 때문입니다. 서로 가지고 있는 정보가 다르다 보니 자연히 시비이해의 판단과 호오 감정도 달라질 수밖에 없는 것입니다. 정보는 크게 감각정보와 지식정보로 나눌 수 있습니다. 모든 사람들은 몸의 상태와 심리적·기질적 특성 및 각자가 체험한 내용과 습득한 지식의 정도가 모두 다르기 때문에 각자가 가지고 있는 정보의 질과 양이 서로 다를 수밖에 없고, 따라서 현상사물에 대한 느낌과 의견도 서로 다를 수밖에 없는 것입니다. 물론 정보가 같은 범위 내에서는 비슷한 느낌이나 같은 의견을 가질 수도 있습니다. 또 새로운 정보를 받아들일 때도 선입정보가 우선이기 때문에 후입 정보가 선입정보의 내용과 서로 어긋나거나 모순될 경우에는 이를 수용하는 데에 거부 반응을 보이기 쉽습니다. 그래서 기득관념이나 고정관념 또는 관습이나 신념을 깨뜨리기가 어려운 것입니다.

따라서 우리가 접촉할 수 있는 경계 중에 가장 큰 경계는 인간 경계입니다. 모든 갈등과 분노의 가장 큰 원인도 서로 다름을 잘 수용하지 못하는 데서 옵니다. 그러나 모든 사람의 외모와 생각, 감정이 다 똑같다면 세상이 얼마나 재미없겠습니까? 따라서 서로 다름에서 오히려 배우고 감사할 일을 찾으며 사는 사람이 지혜로운 사람입니다. 서로 다를 수밖에 없는 이유들이 너무나 많이 있으므로 생각, 감정이 서로 같다는 것이 오히려 신기할 일입니다. 그러므로 다름의 공존을 인정하고 공감하고 수용할 수 있는 태도를 길러야 합니다. 그것이 자신의 인간관계와 건강과 행복을 위해서도 바람직하고 필요하기 때문입니다.

또한 우리가 좀 더 객관적이고 바람직한 판단을 하기 위해서는 전후좌우로 관련된 정보를 두루 알 필요가 있습니다. 그러나 그렇게 하려고 아무리 노력을 해도 데이터의 양과 질 면에서 모두 한계가 있기 때문에 어차피 상대성을 면하기는 어렵습니다. 우리가 민주적인 의사결정을 요구하는 이유도 많은 사람의 의견이 확률적으로 볼 때 좀 더 바람직한 결론을 도출할 가능성이 높을 뿐만 아니라 최소한 좀 더 많은 사람에게 유리할 것이라고 보기 때문입니다.

- 『이 세상 모든 사람을 접응하여 보면 대개 그 특성(特性)이 각각 다르나니, 특성이라 하는 것은 이 세상 허다한 법 가운데 자기가 특별히 이해하는 법이라든지, 오랫동안 견문에 익은 것이라든지, 혹은 자기의 의견

으로 세워 놓은 법에 대한 특별한 관념이라든지, 또는 각각 선천적으로 가지고 있는 특별한 습성 등을 이르는 것이라, 사람 사람이 각각 자기의 성질만 내세우고 저 사람의 특성을 이해하지 못하면 다정한 동지 사이에도 촉觸이 되고 충돌이 생기기 쉽나니, 어찌하여 그런고 하면, 사람 사람이 그 익히고 아는 바가 달라서, 나의 아는 바를 저 사람이 혹 모르거나, 지방의 풍속이 다르거나, 신·구의 지견이 같지 아니하거나, 또는 무엇으로든지 전생과 차생에 익힌 바 좋아하고 싫어하는 성질이 다르고 보면, 나의 아는 바로써 저 사람의 아는 바를 부인하거나 무시하며, 심하면 미운 마음까지 내게 되나니, 이는 그 특성을 너른 견지에서 서로 이해하지 못하는 까닭이니라. 그러므로 사람이 꼭 허물이 있어서만 남에게 흉을 잡히는 것이 아니니, 외도들이 부처님의 흉을 팔만 사천가지로 보았다 하나 사실은 부처님에게 잘못이 있어서 그러한 것이 아니요, 그 지견과 익힌 바가 같지 아니하므로 부처님의 참된 뜻을 알지 못한 연고니라.』(《대종경》, 교단품 3장)

3.4.11 노년기에는 건강과 휴양이 가장 중요하다

- 『휴양의 도: 사람이 휴양기에 당하여는 생사에 대한 일과 정신통일이 가장 크고 긴요한 일임을 철저히 알아서 일상생활을 오직 수양에 집중할 것이니, 휴양의 도는, 첫째 눈에 보이지 않는 일을 기어이 보려 하지 말 것이요, 둘째는 귀에 들리지 않는 일을 기어이 들으려 하지 말 것이요, 세째는 설사 보이고 들리는 일이라도 나에게 관계없는 일을 기어이

간섭하지 말 것이요, 네째는 의식 용도를 자녀나 책임자에게 맡긴 후에는 대우의 후박을 마음에 두지 말 것이요, 다섯째는 젊은 시절에 지내던 일을 생각하여 스스로 한탄하는 생각을 두지 말 것이요, 여섯째는 재산이나 자녀나 그 밖의 관계있는 일에 착심을 두지 말 것이요, 일곱째는 과거나 현재에 원망스럽고 섭섭한 생각이 있으면 다 없앨 것이요, 여덟째는 자기의 과거에 대한 시비에 끌리지 말 것이요, 아홉째는 염불과 좌선 공부를 더욱 부지런히 할 것이요, 열째는 무시선 공부에 노력을 계속할 것이니라.』(《정산종사법어》 세전 제8장)

옛날에는 인생 70세도 드물다고 했으나 오늘날에는 100세 시대가 되고 있습니다. 이것은 무엇보다도 의학의 발달과 생활 수준의 향상으로 평균수명이 연장되었기 때문입니다. 그러나 아직까지 의학은 죽을 사람도 살려서 수명을 연장하게 하는 기술은 발달했지만 건강하게 오래 살게 하는 기술은 아직 많이 미흡합니다. 그러다 보니 평균수명은 80세 이상으로 연장되고 있는데 치매 등으로 고생하는 경우가 매우 많습니다. 언론 보도에 의하면 우리나라 노인들이 2020년 기준 죽기 직전 평균적으로 약 2년 동안 요양병원이나 요양원에 입원했으며, 죽기 직전 1년 동안에 들어가는 평균 의료비가 1,500만 원을 초과하는데, 갈수록 증가하는 추세에 있다고 합니다.

이제 우리나라도 2025년부터는 65세 이상인 인구가 전체의 20%를 넘어가는 초고령사회로 진입한다고 합니다. 그러므로 노년기의 건강 문제는 갈수록 심각합니다. 우리의 몸은 일종의 기계와 비슷해서 나이가 들수록 노후되기 때문입니다. 그러므로 65세 이후에는 건강을 지키는 것이 경제적인 면에서나 삶의 질적인 면에서나 가장 중요합니다. 그러나 노년기의 건강을 늙어서 챙기겠다고 하면 이미 늦습니다. 그 이전에 젊었을 때부터, 늦어도 50세 이전부터 꾸준히 건강을 관리하지 않으면 노년기에 건강을 지키기는 매우 어렵기 때문입니다.

다음으로 중요한 것이 적절한 휴양입니다. 이 역시 명상 등을 통해서 젊어서부터 준비하지 않으면 매우 힘듭니다. 50세가 넘어가면 정보의 입력도 잘 안되고 몸과 습관이 굳어져서 뜻대로 잘 움직여지지 않으며, 늙을수록 학습력, 활동력, 생활력, 경제력 등이 모두 저하되어가기 때문입니다. 그리고 인간관계가 또한 중요한데 늙어서 새로운 좋은 인간관계를 만들기는 매우 어렵습니다. 그러므로 노년기의 모든 준비는 늦어도 50세 이전부터 시작하는 것이 바람직합니다.

자녀손의 입장에서 어르신을 모시는 데 가장 중요한 것은 관심과 사랑입니다. 어르신들의 몸을 편안하게 해드리는 것도 중요하지만 그보다 더 중요한 것은 외롭지 않고 스스로 생존의 가치를 느끼게 해드리는 것입니다. 그러므로 어르신들이 사소한 것이라도 집안일을 돕는다든지 텃밭을 가꾼다든지 뭔가를 할 수 있도록 해드리는 것이 매우 중요합니다. 아무 일도 하지 않으면서 밥만 축낸다는 생각이 들게 하면 안 됩니다. 늙을수록 뭔가를 해서 스스로 존재가치를 느끼고 몸을 자꾸 움직일 수 있게 해드리는 것이 건강에 도 도움이 되기 때문입니다.

노인들이 "어서 죽어야지!"라고 하는 말은 크게 두 가지의 의미가 있습니다. 하나는 자기의 존재가치가 없으니 더 사는 게 미안하다는 것이고, 둘은 외로움이나 질병 등으로 사는 게 너무 힘들다는 것입니다. 그러므로 외롭지 않게 해드리고 생존의 의미를 갖도록 해드리는 것이 가장 중요합니다. 이것이 빠지면 아무리 시설이 좋고 풍광이 좋은 곳에 편안하게 모셔드려도 별 소용이 없다는 것을 잘 알아야 합니다.

3.4.12 부뚜막의 소금도 집어넣어야 짜다

환자가 병이 났을 때 의사가 아무리 좋은 약 처방을 내려주었다고 해도 그대로 약을 지어 먹지 않으면 아무런 효과도 볼 수가 없습니다. 담배 피우는 것이 우리의 몸에 얼마나 어떻게 해로운지를 아무리 잘 알고 있다 하더라도 담배를 끊지 않는 한 누구도 그 해독을 피할 수는 없습니다. 입으로 하루종일 맛있는 음식을 아무리 이야기한다고 해도 직접 먹지 않는 한 음식으로부터 아무런 영양소도 섭취할 수 없습니다.[69] 우리의 수행도 이와 마찬가지입니

69) 다만 알기만 하고 실행하지 않는다면 알지 못함과 같고, 알고서 실행해야 이것이 참으로 아는 것이거니, 천번 만번 누적해 실행해서 덕을 쌓고 지혜를 쌓으면 성현 군자가 되리라.但知不行如不知, 知而實行是眞知, 千行萬行累積行, 積德積慧成賢聖.

다. 동서고금의 모든 수행 방법을 이론적으로 아무리 잘 알고 있더라도 그 중의 다만 한 가지라도 직접 실천하지 않으면 아무런 결과도 얻을 수 없습니다. 성경과 불경, 사서삼경을 모조리 달달 외운다고 해도 실천이 전혀 없다면 지식 자랑을 할 수는 있겠지만, 자기의 삶에 어떤 변화를 가져오기는 어려운 것이며, 생사의 경계에 이르렀을 때는 아무런 힘도 발휘할 수 없는 것입니다. 지식과 경험이 이 점에서 본질적으로 다른 것입니다. 수행은 이론이 아니며, 어디까지나 실천으로 경험하며 능숙해지고 인격의 변화가 올 때까지, 깨달음을 성취할 때까지 계속해서 반복 훈련하는 과정인 것입니다.[70)]

70) 낙숫물이 바위도 뚫는다. 티끌 모아 태산 : 방울방울 떨어지는 물이 암석을 뚫고 / 가는 물줄기 합쳐 흘러 강하를 이루며 / 한 걸음 한걸음 이어가는 한걸음이 / 천리 만리를 능히 밟나니 / 일심하고 일심하며 또 일심해서 / 날로 날로 새롭게 또 새롭게 / 천 가지 깨닫고 만 가지 깨달아 대원정각하며 / 부처님·조사·현인·성자 이루기를 서원합니다.
落水滴滴穿巖石, 細流合流成江河, 一步一步續一步, 千里萬里能踏履, 一心一心又一心, 日新日新又日新, 千覺萬覺大圓覺, 佛祖賢聖誓願成.

04

모든 현상사물의 변화는 인과법칙을 따른다

• 『모든 일이 결과에는 반드시 원인이 있고 원인에는 반드시 결과가 있나니, 과거와 현재와 미래가 인연과 관계로써 서로 연관하여 한 없이 돌고 돌아 무량세계가 전개되었나니라. 여기에 한 식물이 있어 현재 무성하다면 그 종자가 원래 좋고 토양과 비료 관리가 적당하였음을 가히 알 수 있으며, 현재 좋은 종자를 좋은 토양에 심고 비료 관리를 적당히 하면 그 식물이 미래에 무성하고 충실할 것을 가히 알지라, 유정 무정과 모든 사물이 다 이 이치에 벗어나지 아니하고 나고 자라며 변화하나니라.』

(《정산종사법어》, 세전 10장 통론)

모든 현상사물은 반드시 어떤 원인으로 인해 생겨나고 원인이 없으면 어떠한 사건[결과]도 일어나지 않습니다. 이와 같이 하나의 사건(원인)이 다른 사건(결과)을 일으킬 경우 둘의 관계를 인과관계라고 하며, 어떤 상태(원인)에서 다른 상태(결과)가 필연적으로 일어나는 경우의 법칙성을 인과율因果律 또는 인과법칙이라고 합니다.(《위키백과》)

불교에서는 연기론에 의해 만법이 모두 인연 따라 생멸하고 상호 의존적 관계에 있다고 보기 때문에 원인과 결과를 고정된 것으로 보진 않지만, 우주만유 삼라만상이 모두 이 인과법칙에 따라 변화한다고 말합니다. 그래서 중생들은 모두 자신이 지은 선악 간의 업에 따라서 그에 상응하는 고락의 과보를 받는 것이 조금도 틀림이 없다고 하며 이를 인과보응의 법칙이라고 부릅니다.

이를 개념적으로 간략히 부연하여 설명하자면 '인과因果'라는 말은 본래 '인연과因緣果'라는 말을 줄여서 부르는 말입니다. 여기서 '인因'은 직접적인 원인을 말하고 흔히 종자에 비유됩니다. '연緣'은 간접적이고 보조적인 원인 즉, 인因이 과果를 맺도록 도와주는 모든 조건을 말하고, '과果'는 그 결과·결실을 말합니다. 예를 들면 땅에 심은 콩은 '인因'이 되고, 콩이 발아하고 성장해서 꽃이 피고 열매를 맺는데 필요한 땅과 습도, 온도, 거름, 기후, 농부의 노동 등의 모든 조건은 '연緣'이 되며, 새로 열린 콩은 '과果'가 되는데 '과果'는 다시 '인因'이 될 수 있습니다. 같은 '인'이라도 '연'에 따라서 '과'의 질과 양이 달라지므로 '연'도 크게 보면 보조적인 원인에 포함된다고 할 수 있으니 '인연과'를 줄여서 보통 '인과'라고 부르는 것입니다. 이 '인因'·'연緣'·'과果'의 상호관계를 간략히 살펴보면 다음과 같습니다. 좀 더 자세한 내용은 '업의 원리'에서 다룹니다.

① 인因이 있으면 과果가 있고 인因이 없으면 과果가 없습니다. 즉, 원인이 있으면 결과가 있고, 원인이 없으면 결과도 없다는 원리입니다. 또한 어떤 결과가 있다면 반드시 그 원인이 있다는 것입니다. 콩 심은 데 콩 나고 팥 심은 데 팥 나며, 콩을 심

지 않았으면 콩이 나지 않고, 팥을 심지 않았으면 팥이 나지 않습니다. 아무리 기름진 땅이라도 종자가 없으면 싹도 없으며, 이미 싹이 나서 자라고 있다면 거기에는 반드시 뿌려진 종자가 있는 것입니다.

② 아무리 인因이 있어도 연緣을 만나지 못하면 과果를 맺지 못합니다. 따라서 모든 인因은 연緣을 만나야만 과果를 맺을 수 있습니다. 콩이 있어도 영하의 온도인 북극지방이나 습기와 흙이 전혀 없는 사막에서는 콩이 싹을 틔워 자랄 수가 없기 때문에 콩 열매를 거둘 수가 없는 것과 같습니다. 또, 똑같은 인因이라도 어떠한 연緣을 만나느냐에 따라 과果의 질과 양 또는 크기가 달라집니다. 그러므로 연緣을 보조 원인, 간접 원인이라고도 하는 것입니다. 예컨대, 같은 콩을 심더라도 척박한 땅에 심느냐 기름진 땅에 심느냐에 따라, 기후가 좋으냐 나쁘냐에 따라, 공력을 얼마나 들이느냐에 따라 그 소출이 달라지는 것과 같습니다.

③ 인因은 근본 원인으로 내부에 있으며, 연緣은 어디까지나 외부에서 인因이 과果를 맺도록 도와줄 뿐입니다. 그러므로 인因과 연緣을 혼동하지 않도록 주의해야 합니다. 인과론을 믿는 분들도 종종 이를 혼동하기 때문에 '연'을 '인'으로 착각하여 자기의 모든 불행의 원인을 다른 사람이나 국가 또는 사회나 단체의 탓으로 돌리는 수가 많기 때문입니다.

또, 인因은 어떻게든 연緣을 끌어들여 과果를 맺으려는 속성과 힘을 가지고 있습니다.[71] 업인業因이 강고强固할수록 그 끌어당기는 힘도 그만큼 커집니다. 그래서 습관의 힘이 무섭고 고치기가 어려운 것입니다.

④ 자기가 지은 것은 자기가 받고 아무도 이를 대신해서 받지 못합니다. 따라서 현재 내가 받는 것은 과거·전생에 내가 지은 바에 따라 나타나는 것이므로, 그것이 아무리 고통스러운 것이라도 원망하지 말고 달게 받아야만 업業이 소멸된다는 것입니다. 또, 다른 사람이 아무리 복을 많이 짓더라도 내가 짓지 않으면 내 복은 없는 것이니, 마치 다른 사람이 아무리 배불리 먹어도 내가 먹지 않으면 내 배는 부르지 않은 것과 같은 이치입니다.

⑤ 좋은 인因은 좋은 과果를 맺고, 나쁜 인因은 나쁜 과果를 맺는다. 이는 향내 나는 풀을 심으면 향내를 풍기고, 악취가 나는 풀을 심으면 악취를 풍기는 이치와 같습니다.

⑥ 인因이 과果를 맺으면 그 과果는 다시 새로운 인因이 될 수 있습니다. 그러므로 인因과 과果가 적절한 연緣을 계속 만나기만 한다면 인因이 과果가 되고 그 과果가 다시 인因이 되는 관계가 계속될 수 있습니다.

⑦ 인因이 있으면 반드시 그 과果가 있게 되지만, 그 인因을 짓고

71) 『정산종사 말씀하시기를 "인因이라 하는 것은 지남철과 같아서 언제나 연緣을 끌어들이고 과果를 맺게 하는 힘을 가지고 있으므로 선악 간 이 인因만 있다면 어느 때든지 연緣을 만나는 대로 과果를 맺게 되나니, 우리 공부인들은 길흉간에 과果가 나타나는 것이 이미 인因과 연緣의 선행先行이 결합하였다는 것을 잘 알아야 한다."』(오선명 엮음, 《정산종사 법설》, 월간 원광사, 2,000. 348쪽)

안 짓고는 나의 선택에 달려 있습니다. 따라서 현재에 내가 받는 것은 과거나 전생에 내가 지은 바대로 나타나는 것이니 고락간에 어찌할 수가 없는 것이지만, 미래는 현재에 내가 어떻게 지어가느냐에 따라 달라지는 것이므로, 수도인은 오직 "지금 여기"를 중시하여 수행에 힘쓰며 부지런히 복락을 장만해 가는 것입니다.

이와 같이 인간 세상의 모든 현상 변화가 이 인연과의 법칙에 의해서 선악의 업에 따라 선인선과善因善果=善因樂果, 악인악과惡因惡果=惡因苦果로 상응하는 과보를 받게 된다는 것이 바로 인과보응의 법칙입니다. 그러므로 인과보응의 법칙은 선업을 짓는 사람에게는 희망의 법문이 되지만 악업을 짓는 사람에게는 두려움과 고통의 법문이 됩니다. 어느 누구라도 악업을 지으면 잠시 인간 세계의 법망은 피해 갈 수 있을지 몰라도 부처님 말씀에 인과의 진리는 영원히 피해 갈 수 없어서 시절의 인연이 도래하면 반드시 죄과를 받게 된다고 하셨기 때문입니다. 그러므로 알고 보면 세상에서 가장 무서운 것이 바로 이 인과의 진리입니다. 따라서 이러한 인과보응의 법칙은 인간 세상의 모든 윤리 도덕의 근본이 되고 삶의 표준이 되며, 우리 인간 세상의 모든 차별 현상을 합리적으로 설명해 주는 이치가 됩니다.

그리고 이러한 인연과 법칙을 인정하게 되면 필연적으로 과거·현재·미래의 삼세三世와 전생前生·금생今生·내생來生의 삼생三生

을 통해서 인과보응이 된다는 것[72]을 인정하지 않을 수 없습니다. 왜냐하면, 현생만을 인정할 경우 예컨대 선천적으로 타고나는 빈부貧富·귀천貴賤과 지우智愚의 차이, 선악善惡·미추美醜와 체질 강약과 성격 및 유전자의 차이 등이 생긴 근본 원인과, 현생에 악하거나 게으르면서도 잘 사는 경우가 있고 착하고 부지런한데도 오히려 못사는 경우가 있는 것 등을 합리적으로 설명하기 어렵게 되기 때문입니다.[73]

또한 인과율이 아니면 자기 행위에 대한 자기 책임의 원칙을 철저히 물을 수 있는 근거가 없어지고, 빈부귀천과 선악 죄복罪福과 수명의 장단과 건강·질병과 사업의 성패와 일체의 흥망성쇠가 모

72) 삼세인과론三世因果論: 이는 과거·현재·미래의 삼세를 통해서 인과가 진행된다는 것으로 일반적인 인과론이라 할 수 있습니다. 삼세인과는 인因과 과果의 사이에 선후의 시간적 간격이 있게 된다는 점에서 이시적異時的 인과입니다. 사람들은 대부분 의식적으로나 무의식적으로 이를 믿고는 있지만, 현생만으로 볼 때는 인과가 맞지 않는 경우도 많이 있다는 점을 들어 다 믿지 못하고 자기의 경험에 비추어 편리한 대로 일부만 믿는 경향이 있습니다. 삼세인과는 인因과 과果의 사이에 시간적 간격이 있기 때문에 원인과 결과 사이의 인과관계를 다 인식하기가 어려운데, 특히 삼생三生을 통해서 이루어지는 인과관계는 몸을 바꾸어 새로 태어날 때 전생의 기억이 대부분 지워지기 때문에 더욱 알 수 없으므로, 금생만 인식하는 보통 사람들은 삼생에 걸친 인과관계는 무조건 부정하고 보는 경우가 많습니다.

73) 상추씨를 땅에 뿌리면 온도와 습도만 적당하다면 수일 내로 싹이 나고 보름도 지나기 전에 뜯어먹을 수 있습니다. 그러나 밤나무라면 씨를 심어 싹이 난 뒤라도 최소 5, 6년 이상 지나야 밤을 따 먹을 수 있습니다. 오가피나무는 씨를 심어도 그 해에 바로 싹이 나는 것이 아니고 반드시 겨울철의 영하의 온도를 한번 지내야만 싹이 납니다. 우리 인간도 어렸을 때는 착했던 사람이 나중에 성인이 되어서는 악인으로 변하는 수도 있고, 청소년기나 30대 젊은 나이에는 악했던 사람이 나중에는 참회개과하고 새사람으로 거듭나서 중년 이후나 말년에는 착하게 사는 사람도 있습니다. 심지어 중죄를 지어 형무소에서 감옥살이했던 사람이 중도에 참회개과 하여 성직자가 되는 사람도 있습니다. 이러한 경우 악인일 때 인연을 맺었다가 헤어진 사람과 선인일 때 인연을 맺었다가 헤어진 사람들은 그 사람이 과거에는 이러이러한 사람이었다고 말해줘도 잘 납득이 안 될 것입니다. 또 부잣집에 태어나서 젊었을 때는 잘 풍족하게 살던 사람이 나중에 사업이 망하든지 해서 궁핍하게 사는 사람도 있고 초년에는 흙수저로 태어나 고생하던 사람이 나중에는 성공해서 부자로 잘사는 사람도 있는데 그 사람의 과거를 전혀 모르는 사람들은 이러한 정황을 잘 이해할 수가 없을 것입니다. 금생에 착한데도 못 산다든지 악한 데도 잘 산다든지 하는 경우도 이와 같아서 삼세 삼생을 통해서 보면 분명히 인과에 따라 그리되는 것이지만 현재의 상황만 보면 인과가 잘 맞지 않는 것처럼 여겨지는 것뿐입니다.

두 우연에 의한 것이 될 것이니, 세상의 형평과 질서를 세울 수가 없게 되어 오직 약육강식이 판을 치는 아수라장이 되고 말 것입니다. 또한 인과율을 기초로 하고 있는 모든 과학 실험과 이론 또는 학문도 그 논리와 결과의 타당성을 세울 수가 없게 되므로 모든 학문이 그 토대를 상실하게 될 것입니다.

인과율을 부정하면 세상의 모든 현상변화가 우연에 의한 것이 되므로 언제 어디에서 무슨 일이 터질지 단 1초 뒤의 일도 전혀 예측·기대하기가 불가능해지며 어떠한 질서도 찾을 수가 없게 되므로 이 세상은 무질서의 극에 달하여 공포와 불안 때문에 아무도 살 수가 없을 것입니다.[74] 그러므로 인과는 모두가 당위적으로라도 믿지 않을 수 없습니다.

이와 같이 인과보응은 삼세·삼생을 통해서 이루어지는 것이므로, 단기적으로만 보거나 현생만으로 본다면 다소 맞지 않는 것처럼 보일 수도 있으나, 장기적으로 삼세·삼생을 통해서 본다면 조금도 틀림이 없이 다 맞는다는 겁니다. 이는 인과법칙을 인정하는 한 그 논리상 반드시 그러할 수밖에 없습니다.

그러므로 인과보응의 법칙은 아래에서 보는 바와 같이 부처님뿐

74) 양자물리학의 차원이 아닌 한, 모든 사건들은 선행하는 다양한 원인들에 따라 일어나는 것이 분명합니다. 우리가 사는 세상의 거친 차원에서, 만일 사물들이 이유 없이 생긴다면 그 무엇이라도 모든 것에서 생겨날 수 있을 것입니다. 즉 꽃들이 하늘 위에 나타나거나, 암흑이 빛 가운데서 생겨날 수도 있는 것이죠. 인과성의 과정이 없는 우리의 행동은 예측 불가능하고 혼돈스러울 것입니다. 왜냐하면 우리의 의도와 행동 사이에 아무런 인과관계가 없을 것이기 때문이죠. 우리는 잘못된 행동이나 일탈행위를 책임질 필요도 없을 것입니다. 정신수양을 하고 더 선량한 사람이 되려고 노력하는 일도 무의미하겠죠. 왜냐하면 모든 일은 우연의 산물일 뿐이니까요. 사실 이러한 상황은 완전히 터무니없는 것입니다.(마티유 리카르, 볼프 싱어 대담, 임영신 옮김, 《나를 넘다(뇌과학과 명상, 지성과 영성의 만남)》, ㈜쌤앤파커스, 2017, 321~322쪽)

만 아니라 역대 성자들께서 두루 인증하셨을 뿐만 아니라, 현재까지 우리가 알고 있는 것 중에 가장 일반적으로 받아들여지는 보편적인 법칙입니다. 그러므로 지혜로운 사람은 학문을 통해서 또는 선각자나 선지자나 성현들의 가르침을 통해서 인과보응의 이치를 배우거나 깨우치고 나쁜 습관을 바꾸고자 부단히 노력합니다.

- 『하늘의 도는 선에는 복을 주고 악에는 재앙을 준다.』(《서경》)[75]
- 『하늘이 지은 재앙은 오히려 거스를 수 있거니와 스스로 만든 재앙은 피할 수 없다.』(《서경》)[76]
- 『선이 쌓이지 않으면 명성을 이룰 수 없고, 악이 쌓이지 않으면 몸을 망치지 않는다. 소인은 작은 선은 이익이 없다고 행하지 않고 작은 악은 해로움이 없다고 버리지 않는다. 그러므로 악이 쌓이면 감추지 못하고 죄가 커지면 해소하지 못한다.』(《역경》)[77]
- 『화와 복을 자기가 불러오지 않은 것은 없다.』(《맹자》)[78]
- 『화와 복이 들어오는 문이 정해져 있는 것이 아니고 오직 사람이 스스로 불러들이는 것이니, 선행과 악행에 대한 과보가 마치 그림자가 형체를 따르듯 한다.』(《태상감응편》)[79]

75) 《서경書經》 탕고湯誥: "天道福善禍淫."

76) 《서경書經》 태갑太甲: "天作孽, 猶可違, 自作孽, 不可逭."

77) 《역경易經》 계사繫辭下: "善不積, 不足以成名；惡不積, 不足以滅身。小人以小善為无益, 而弗為也, 以小惡為无傷, 而弗去也, 故惡積而不可掩, 罪大而不可解。"

78) 《맹자孟子》 公孫丑章句上: ""禍福 無不自己求之者." "太甲曰: '天作孽 猶可違, 自作孽, 不可活' 此之謂也."

79) 《태상감응편太上感應篇》: "禍福無門, 唯人自召[招]. 善惡之報, 如影隨形."

- 『동물들은 하늘에 뿌리를 박고 살므로 마음 한 번 가지고 몸 한 번 행동하고 말한 번 한 것이라도 그 업인이 허공 법계에 심어져서, 제각기 선악의 연을 따라 지은 대로 과보가 나타나나니, 어찌 사람을 속이고 하늘을 속이리요.』(《대종경》, 인과품 3장)
- 『사람이 눈으로 보지 아니하여도 진리의 눈은 사람의 선악을 허공에 도장 찍나니 이 세상에 제일 무서운 것은 곧 진리니라. 인간 세상에서 지은 죄는 법망을 면할 수도 혹 있으나 진리의 보응은 무념 가운데 자연히 되는지라 속일 수도 피할 수도 없나니라.』(《정산종사법어》, 원리편 42장)
- 『사람이 몸과 입과 마음으로 가지가지의 죄업을 지어 그 과보 받는 종류가 실로 한이 없으나, 몇 가지 비근한 예를 들어 그 한 끝을 일러 주리라. 사람이 남에게 애매한 말을 하여 속을 많이 상하게 한즉 내세에 가슴앓이를 앓게 될 것이며, 사람이 남의 비밀을 엿보거나 엿듣기를 좋아한즉 내세에 사생아 등으로 태어나 천대와 창피를 당할 것이며, 사람이 남의 비밀을 잘 폭로하고 대중의 앞에 무안을 잘 주어서 그 얼굴을 뜨겁게 한즉 내세에는 얼굴에 흉한 점이나 흉터가 있어서 평생을 활발하지 못하게 사나니라.』(《대종경》 인과품 13장)
- 『스스로 속이지 말라. 하나님은 업신여김을 받지 아니하시나니 사람이 무엇으로 심든지 그대로 거두리라. 자기의 육체를 위하여 심는 자는 육체로부터 썩어질 것을 거두고, 성령을 위하여 심는 자는 성령으로부터 영생을 거두리라. 우리가 선을 행하되 낙심하지 말지니 포기하지 아니하면 때가 이르매 거두리라. 그러므로 우리는 기회 있는 대로 모든 이

에게 착한 일을 하되 더욱 믿음의 가정들에게 할지니라.』(《성경》, 갈라디아서 6장 7~10절.)

이상에서 밝혀주신 바와 같이 역대 성자들께서 이구동성으로 인과에 대한 말씀을 해주신 것은 우리 인생의 길흉화복과 고락이 모두 인연과 법칙에 따라 이루어지기 때문입니다. 그래서 소태산 대종사께서도 "모든 사람에게 천만 가지 경전을 다 가르쳐 주고 천만 가지 선을 다 장려하는 것이 급한 것이 아니라, 먼저 생멸 없는 진리와 인과보응의 진리를 믿고 깨닫게 하여 주는 것이 가장 급한 일이 되나니라."(《대종경》, 인과품 16장)라고 말씀해 주셨습니다. 이는 사람들이 인과보응의 법칙을 단순히 윤리 도덕을 가르치기 위해서나 필요한 것으로 잘못 인식하고 있는 경우가 많은데, 사실은 이것이 만물의 모든 현상변화의 기본 법칙이기 때문에 무슨 일을 이루고자 한다면 반드시 알아야만 하고, 특히 고통과 불행을 피하고 행복을 얻고자 한다면 더욱 더 잘 알아야 할 내용이기 때문인 것입니다.

4.1 누구나 인과를 믿지만 그 이치는 잘 모른다

우리는 경험적으로 어떠한 행위를 하면 그것이 어떠한 결과를 가져올지를 미리 예측 또는 기대하고 행동하는 경우가 대부분입니다[80]. 이는 누구나 경험적으로 세상의 모든 현상변화가 기본적으로는 인과법칙을 따른다고 믿고 있기 때문입니다. 따라서 우리는 종교가 있든 없든 자기가 의식을 했든 하지 않았든 어떤 생각과 행동을 할 때에는 기본적으로 인과적 사고에 바탕 해서 합니다. 심지어 전혀 의식하지 않고 무심코 한 행위나 습관적으로 한 행위조차도 알고 보면 대부분 그러합니다. 예를 들면 머리가 가려울 때 나도 모르게 손가락 끝으로 긁는 것도, 그렇게 긁으면 가려움증이 해소된다는 것을 경험적으로나 본능적으로 알기 때문입니다. 인과율因果律은 우리 인류가 발견한 가장 보편적인 법칙이며 또한 가장 널리 응용되는 법칙입니다.

80) 배고플 때 무엇을 먹으면 허기를 면할 수 있고 그 음식은 어디에서 구할 수 있으며 그 맛은 대략 어떨 것이라는 것을 예측해서 먹으며, 그것을 먹고 나면 나중에 그것이 소화 흡수되고 남은 찌꺼기가 대부분 수일 내에 대소변 등을 통해 체외로 배출된다는 것을 또한 무의식적으로도 압니다. 우리가 KTX 열차 좌석표를 끊은 경우에도 그 좌석표에 표기되어 있는 대로 어느 역에서 몇 시에 출발하는 몇 호 열차의 제 몇 호차 몇 번 좌석에는 독점적으로 앉아서 갈 수 있으나, 그 좌석번호가 아니라든지 그 시각에 출발하는 그 열차가 아닌 경우에는 그 열차의 그 좌석에 앉아서 갈 수 없다는 것을 또한 잘 압니다.

콩 심은 데 콩 나고 팥 심은 데 팥 나며, 불을 때면 따뜻해지고, 음식을 먹으면 배고픔이 가시고, 충격을 가하면 부수어지는 것 등은 모두 물리적 인과[81]인 바 자연과학이나 모든 과학기술은 이를 이용한 것입니다. 칭찬을 받으면 기분이 좋아진다든지 나에게 잘 해주면 나도 잘 해주고 싶어진다든지 하는 것은 심리적 인과인 바, 설득하는 기술, 영업하는 기술 등은 모두 이를 이용한 것입니다.

무슨 일이든 반복 연습하면 점차 익숙해진다든지, 공부를 열심히 하면 머리가 좋아지고 성적이 오른다든지, 운동을 어떻게 하면 어디가 좋아진다든지, 어떤 병증에는 어떤 약을 먹어야 한다든지 등은 신체 생리적 인과인 바 교육 학습법이나 의약학 등은 모두 이를 이용한 것입니다. 마케팅을 어떻게 하면 물건을 잘 팔 수 있다든지, 어떤 정책을 시행하면 사회가 어떻게 변화할 것이라든지 하는 것 등은 사회심리적 인과인 바, 물가, 경제, 정치변화 등에 대한 예측은 모두 이를 이용한 것입니다. 어떤 규칙이나 법률을 어긴 사람에게 어떤 불이익을 주거나 죄벌에 처하는 것은 규범적 인과인데, 이는 이 사회·국가·세계의 질서를 세우기 위해서도 당위적으로 필요한 것들입니다. 이와 같이 우리의 모든 행위는 인과적 사고 내지 인연과 법칙에 바탕해서 이루어집니다.

그러나 우리는 이러한 현상사물 간의 구체적인 인과관계 즉, 어떠한 원인因이 어떠한 연(緣: 조건)을 만나면 어떠한 결과果를 가져

81) Honda - The Cog 동영상(도미노의 인과) http://www.youtube.com/watch?v=_ve4M4UsJQo

오는지를 정확하게 잘 알지 못하는 경우가 많습니다. 다시 말해서 대부분의 현상사물 간의 원인과 결과의 정확한 연결 관계를 잘 알지 못한다는 것입니다. 왜냐하면 모든 현상 사물은 수많은 사건들과 변수들이 서로 복잡하게 얽혀있는 데 반하여, 우리 보통 사람들은 모두 지식정보와 감각기관에 의한 인식능력의 한계가 있는 데다 또한 시공간의 제약이 따르므로, 모든 현상사물간의 인과관계 중 수많은 변수 가운데 극히 일부만을 직접 체험, 학습하거나 추측할 수 있기 때문입니다.

따라서 무지하거나 어리석은 사람은 원인과 결과의 연결 관계를 잘못 알고 있기 때문에 자기의 이익만을 위해 욕심을 좇아 나쁜 짓을 하다가 결국에는 오히려 사람들에게 버림을 받거나 감옥살이를 하는 등 고통의 구렁텅이에 빠지는 경우가 많습니다. 예를 들면 편하게 살기 위해 도둑질을 하거나 강도질을 한다든지, 자신의 성공을 위해서라면 남을 짓밟거나 해치는 등의 행위도 서슴지 않고 한다든지, 자신의 식욕이나 성욕을 충족시키기 위해서 살생이나 강간을 자행한다든지 하는 것 등입니다. 대체로 이러한 범죄 행위나 다른 존재를 해치는 나쁜 행위를 하는 것은 자신의 동기 및 행위와 결과 간의 정확한 인과관계를 잘 몰라서 그러한 경우가 많으며, 혹 알았더라도 나쁜 습관 때문이거나 에고의 탐진치貪瞋癡 삼독심으로 인해 자기의 나쁜 생각·감정과 욕망을 잘 통제하지 못했기 때문입니다.

우리는 대부분 경험적으로 세상의 모든 것은 그것이 있게 된 원인이 있다는 것을 일반적으로 인정합니다. 그럼에도 불구하고 자기가 그 인과관계를 분명하게 인지할 수 없는 경우에는 먼저 이를 부정부터 하고 보는 것이 또한 일반적인 심리입니다. 왜냐하면 원인과 결과 사이에 시간적 간격이 너무 길다거나 무의식적인 행위가 원인이 된 경우 등과 같이 기억을 잘할 수 없는 경우에는 현재의 결과가 과거의 어떤 원인 행위에 의해 초래된 것인지를 인식하기가 매우 어렵기 때문입니다.

그러나 이와 같이 인과를 믿지 않는 사람조차도 모든 행동은 기본적으로 인과율에 대한 믿음에 바탕하고 있습니다. 다만 인과에 대한 판단 기준이 대부분 자기가 가지고 있는 욕구·욕망·감각·감정·기분·정서·생각·지식·신념·희망 등의 정보에 근거하고 있는 까닭에 인과관계를 잘못 알고 있는 경우가 많다는 것뿐입니다. 인과관계를 바르게 알아 바르게 실천하면 복락이 오지만, 그렇지 않으면 고통 속에 빠지거나 허망한 결과가 초래되는데, 우리 범부 중생들이 고통 속에 헤매는 것은 바로 이러한 인과관계를 정확히 잘 모르고 마음을 사용하기 때문입니다.

따라서 우리가 만약 변수가 많아서 인과관계를 분명하게 인지하기 어려운 여러 가지 특수한 사례나 상황을 들어서 인과법칙을 부정한다면, 세상의 모든 윤리 도덕과 규범을 세울 수가 없고 모든 학문의 토대 역시 무너질 것입니다. 또한 이 세상에 존재하는 모든 생명체의 시공간적 차별 현상과 형태·기능적 차별 현상을 설명할 수 없게 됩니다. 이러한 차별 현상은 과거·현재·미래의 삼세三世와 전생·금생·내생의 삼생三生으로 이어지는 시간의 연속성 속에 인과법칙이 분명하게 작용된다는 것을 인정하지 않으면 합리적으로 설명할 수 있는 방법이 없습니다.

만약 인과법칙이 삼세·삼생으로 이어지며 일관되게 적용되는 것이 아니라면 이 세상에 존재하는 모든 생명체의 차별적 현상들이 단순히 우연에 의해 출발한 셈이 되고, 그것을 기점으로 해서 그 이후에만 인과가 진행된다는 식의 논리가 됩니다. 왜냐하면 예를 들어 동물이나 사람이 태어날 때의 여러 가지의 차별조건이 주된 원인이 되어 그 이후의 모든 변화와 차별 현상이 인과관계의 고리로 계속 이어지면서 전개되는 것인데, 처음 출발선상에서의 차별 현상만 원인이 없는 우연에 의해 시작되는 것으로 보기 때문입니다.

이는 분명히 논리적으로도 본래의 인과법칙에 어긋나는 것이며, 이와 같이 인과법칙이 어떤 시점에 따라서 적용되기도 하고 적용되지 않기도 하는 것이라면 이미 보편적인 진리로 볼 수 없을 것입니다. 그러므로 인과법칙을 혹 부정하는 사람일지라도 현실적으로 인과법칙만큼 보편적인 법칙은 없으므로 일단은 인과법칙을 믿고 따르는 것이 현명하며 오류와 위험부담도 더 줄일 수 있을 것입니다.

4.2 업의 원리를 알아야 인과보응의 이치를 안다

4.2.1 업이란 무엇인가?

'업業&Karma'이란 우리들 범부[82]의 '의도·의지가 들어간 일체의 생각과 행위'를 말합니다. 따라서 의도·의지가 없는 계획되지 않은 행동이나 무의식적인 행위는 업이 되지 않습니다.[83] 의도는 무언가를 생각하고, 충동하거나 자극하여 모든 행위의 주요 동기가 되기 때문입니다. 해로운 의도는 불선한 업을 짓고 유익한 의도는 유익

82) 범부凡夫: 천인과 인간, 출가자와 재가자를 막론하고 아직 번뇌를 끊지 못하고 생사 윤회의 굴레에서 벗어나지 못하여 육도를 맴도는 자들을 지칭하는 말입니다.(마하시 아가 마하 빤디따 지음, 김한상 옮김, 《마하시 사야도의 12연기》, 행복한 숲, 2014. 29쪽, 각주15)

83) 부처님께서는 증지부에서 "비구들이여, 나는 의도적인 행위를 업이라고 말한다. 몸과 말과 마음으로 의도하고 나서 업을 짓는다."라고 하셨습니다.(마하시 아가 마하 빤디따 지음, 《마하시 사야도의 12연기》, 50쪽. 각주1) "만약 의도적으로 짓는 업이 있으면, 그것은 이현세에서 받거나 후세에서 받거나 반드시 그 과보를 받는다고 나는 말하지만, 만약 의도적으로 짓는 업이 아니면, 그것은 반드시 과보를 받지는 않는다고 나는 말한다."(《중아함경》(제3권)제15 사경(思經)(김윤수 지음, 《불교란 무엇인가》, 159쪽에서 재인용)

한 업을 짓습니다.[84] 업의 법칙은 자연법칙으로 그 작용에 있어서 스스로 유지되는 시스템을 가지고 있습니다. 업의 과보는 지은 업 자체와 유사하게 나타납니다. 바꾸어 말하면 업은 고과苦果[85] 또는 낙과樂果[86] 즉 고락의 결과를 불러오는 범부중생들의 일체의 심신작용을 말합니다.[87] 범부중생들의 마음 또는 몸이나 말로 지은 업이 원인이 되어 그에 상응하는 죄고罪苦 또는 복락의 과보果報를 받게 되는 것을 인과보응因果報應 또는 인과응보因果應報 또는 인연과보因緣果報라고 말하며, 이러한 자연법칙을 인연과의 법칙 또는 인과보응의 이치라고 부릅니다.

'과보'란 업이 원인이 되어 받게 되는 고락苦樂의 결과를 말하며,

84) 마음이 해로움에 뿌리하면 그것은 해로운 마음이고, 마음이 유익함에 뿌리하면 그것은 유익한 마음입니다. (중략) 해로운 뿌리는 탐심lobha, 진심dosa 그리고 어리석음moha입니다. (중략) 해로운 마음은 결코 좋은 일들과 관련될 수 없습니다. 단지 나쁜 것과 연관될 뿐입니다. 그래서 불선한 마음은 언제나 양심 없음ahiri, 부끄러움 없음anottappa, 들뜸uddhacca, 그리고 어리석음moha과 연결되어 있습니다(파아옥 또야 사야도 지음, 《업과 윤회의 법칙》, 76~77쪽) 탐욕lobha은 거친 것이든 미세한 것이든 매력적으로 여겨지는 것입니다. 예를 들면 갈애, 갈망, 감각적 욕망, 탐욕abhijjhā, 애착, 취착, 자만, 허영 그리고 사견과 같은 것입니다. 이러한 것들과 연관된 마음은 탐욕에 뿌리를 둡니다 lobha · mūla · citta. 이러한 경우의 의도는 언제나 해롭습니다. (중략) 탐욕은 무엇인가에 끌려서 무엇인가를 하려고 하는 마음입니다. 그러나 성냄dosa은 거칠거나 미세하거나, 싫어하고 반대하는 마음이 일어나 무엇인가를 해야만 하는 것입니다. 예를 들면 혐오, 질투, 인색, 악의, 화kodha, 적의, 잔인, 그리고 무료함, 참을성 없음, 후회, 슬픔, 비탄, 불만족 그리고 절망과 같은 것입니다. 이러한 것들과 관련 있는 마음을 성냄에 뿌리한 마음dosa · mūla · citta이라고 합니다. (중략) 의심과 들뜸이 있다면 그것은 어리석음에 뿌리한 마음입니다moha · mūla · citta. (중략) 이러한 3가지 해로운 뿌리 가운데 하나를 가진 업이 죽음의 순간에 이르면 재생연결식은 해로운 것이 됩니다. 이 말은 태어날 곳이 축생, 아귀 혹은 여러 지옥 가운데 하나라는 것입니다.(《업과 윤회의 법칙》, 80~85쪽)

85) 고과苦果: 지금까지 축적된 악업으로 인해 생겨나는 과보, 즉 악업의 결과로서 몸과 마음으로 하여금 괴로움을 감수感受하게 하는 과보이다.(《위키백과》)

86) 낙과樂果: 지금까지 축적된 선업으로 인해 생겨나는 과보, 즉 선업의 결과로서 몸과 마음으로 하여금 즐거움을 감수感受하게 하는 과보이다.(《위키백과》)

87) 붓다와 다른 아라한들의 의도는 불선하지도 유익하지도 않습니다. 순수하게 작용하는 마음kiriya입니다. 왜냐하면 그분들은 업의 뿌리인 무명과 갈애를 제거했기 때문에 결코 업을 짓지 않습니다.(파아옥 또야 사야도 지음, 《업과 윤회의 법칙》, 68쪽)

'업과業果'라고도 부릅니다. 보통 선업善業으로 인한 과보를 '낙과樂果', '선과善果' 또는 '복과福果'라고 부르고, 악업惡業으로 인한 과보를 '고과苦果', '악과惡果' 또는 '죄과罪果'라고 부릅니다. 일체의 업으로 인한 과보는 모두 업보業報라고 해야겠지만 보통은 악과惡果만을 업보라고 부릅니다.

간단히 말해서 선업은 소극적으로는 악업을 범하지 않는 것을 말하고, 적극적으로는 자타가 모두 이롭거나 남에게 이로운 업을 말하며, 악업 또는 불선업不善業은 남에게 해로운 업을 말합니다. 대표적인 악업으로 10악업十惡業이 있으며, 대표적인 선업으로 10선업十善業이 있습니다. 10악업은 몸으로 짓는 3가지 업인 살생, 도둑질, 간음과, 말로 짓는 4가지 업인 거짓말, 욕설, 이간질하는 말, 번지르르한 말과, 마음으로 짓는 3가지 업인 탐욕, 분노, 그릇된 견해를 합한 10가지의 대표적인 악업을 말합니다. 10선업은 이상의 10악업을 범하지 않는 10가지[88]를 말합니다. 십선업은 단순히 10악업을 범하지 않는 것이므로 소극적인 선업이라고 할 수 있으며, 이를 능동적으로 해석하면 방생, 근행勤行, 청정행, 진실한 말, 사랑스런 말, 바른 말, 실다운 말, 보시, 자비행, 지혜행 등의 선업이 될 것입니다.

88) 십선업十善業: 불살생(不殺生: 살아 있는 것을 죽이지 않는 것), 불투도(不偸盜: 남의 물건을 훔치지 않는 것), 불사음(不邪婬: 정당하지 못한 성행위를 하지 않는 것)과, 불망어(不妄語: 거짓말을 하지 않는 것), 불악구(不惡口: 욕설이나 못된 말을 하지 않는 것)와, 불양설(不兩舌: 이간질하는 말을 하지 않는 것), 불기어(不綺語: 번지르르한 말을 하지 않는 것), 불탐욕(不貪欲: 지나친 욕심을 부리지 않는 것), 부진에(不瞋恚: 성내지 않는 것), 불사견(不邪見: 그릇된 견해, 그릇된 신념을 갖지 않는 것)의 10가지를 말합니다.

업業을 무엇으로 지었느냐에 따라 몸으로 지은 것을 '신업身業', 말로 지은 것을 '구업口業', 생각으로 지은 것을 '의업意業'이라고 하며, 이를 통칭해서 '신구의身口意 삼업三業'이라고 합니다. 상식적으로나 윤리적으로는 밖으로 드러난 신업과 구업을 더 크게 생각하지만 신업과 구업은 의업이 밖으로 표출되어 나타난 것에 불과할 뿐 근본은 의업이므로 불교에서는 의업을 더 중시합니다.

가령 의사는 사람을 살리려고 수술용 칼을 써서 수술을 하는데 잘못되어 환자가 죽기도 합니다. 살인자는 사람을 죽이려고 단도로 찌릅니다. 이 둘의 경우 물리적인 결과 즉 칼에 찔려 사람이 죽었다는 사실은 똑같지만 정신적으로는 완전히 다릅니다. 의사는 자비심에서 칼을 쓴 것이고 살인자는 증오심에서 칼을 썼기 때문입니다."[89] 그러므로 외관상 똑같은 행위를 하더라도 어떤 마음으로 했느냐에 따라 그 과보가 크게 달라집니다.

예를 들어 같은 일을 했더라도 자기 개인만을 위해서 했는지, 오직 자기 가족만을 위해서 했는지, 온 국민을 위해서 했는지, 온 인류를 위해서 했는지, 일체 중생들을 위해서 했는지에 따라 과보는 매우 큰 차이로 달라집니다. 쉬운 예로 죽어서 장례를 치르더라도 남에게 해를 끼치며 오직 자기 이익만을 위해서 살다 죽으면 슬퍼하기는커녕 오히려 잘 죽었다고 좋아하고, 자기 가족을 위해서 헌신하다가 죽으면 가족들만 슬퍼하고, 전 국민을 위해서 헌신하다

89) 윌리엄 하트 지음, 담마코리아 옮김, 《고엔카의 위빳사나 명상 - 자유에 이르는 삶의 기술》, 김영사, 2019. 74쪽 참조.

죽으면 온 국민이 애도하고, 전 인류를 위해서 헌신하다 죽으면 전 인류가 애도하는 것입니다.

그리고 업의 선악 가치에 따라 좋은 결과를 가져오는 업을 선업 또는 복업이라고 하고, 나쁜 결과를 가져오는 업을 불선업, 악업 또는 죄업이라고 하며, 선악의 가치와 무관한 것을 무기업[90]이라고 합니다. 선업은 복락을 가져오고 악업은 고통을 가져오지만 무기업은 인생의 고락과 별 관계가 없기 때문에 보통 업을 말할 때는 선업과 악업을 가리킵니다. 선업과 악업의 구체적인 종류와 경중의 정도 역시 헤아릴 수 없이 많지만 단순하게 선악의 양대 가치로 크게 나누어 말한 것뿐입니다.

가령 같은 살생의 죄업이라도 모기를 죽인 것과 닭을 죽인 것, 소를 죽인 것, 사람을 죽인 것의 살생의 질과 경중이 다 다르고, 같은 살인이라도 어떤 사람을 어떤 상황에서 어떠한 마음과 어떠한 방법으로 어떻게 죽였느냐에 따라서 죄업의 정도가 다 다르며, 마찬가지로 선업의 경우에도 종류와 경중에 따라서 과보가 다 다르고, 또 사람마다 지은 악업과 선업의 비율과 정도도 다 다르므로 과보 또한 천차만별로 달라지는 것입니다. 이와 같이 각 사람마다 지은 업이 모두 다르기 때문에 수십억 인류의 생긴 모습과 사는 환경과 생활방식 및 수준이 천차만별로 각각 다 다를 수밖에

90) 무기업無記業: 남에게 피해를 주거나 이로움을 주지 않고 죄복과 관계없이 생리적으로 습관적으로 행해지는 업을 말합니다. (예) 앉고 걷는 것, 먹고 자는 것, 대소변을 보는 것 등. 무기업은 다시 전생의 과보로 일어나는 마음과 아라한의 마음처럼 작용만 하는 업으로 나눌 수 있습니다.(《일묵스님이 들려주는 초기불교 윤회 이야기》, 53~54쪽 참조)

없는 것입니다.

또, 한 스승 밑에서 함께 배우고 익힌 것처럼 다른 사람과 공동으로 지은 업을 공업共業이라 하고, 동문수학을 했더라도 공부를 더 열심히 하는 사람이 있고 게을리 하며 한눈파는 사람이 있는 것처럼 각자가 다르게 지은 업을 불공업不共業이라고 합니다. 공업은 과보를 받을 때도 공동으로 받고 불공업은 각자 다르게 받습니다.

예를 들어 버스가 전복되는 교통사고를 당했다면 거기에 함께 타고 있던 승객들은 과거에 공업을 지었던 사람들이고, 똑같이 사고를 당했는데도 죽거나 부상의 정도가 각각 다른 것은 불공업의 차이가 있기 때문입니다. 같은 지역에서 살아가는 것도 공업의 결과이며, 같은 지역에 살더라도 각각 생활 수준과 방식이 다 다른 것은 불공업에 의한 것입니다. 한마디로 말하면 동일한 사건 또는 상황 중에서 여러 사람의 과보가 서로 공통되는 부분은 그 사람과의 공업 때문이고, 서로 차별이 되는 부분은 불공업의 차이 때문인 것입니다.

또, 업의 세력이 강성해서 과보를 받는 것이 확정된 것을 정업定業이라 하고, 업의 세력이 약해서 과보와 받는 시기 등이 불확실한 것을 부정업不定業이라고 합니다. 정업은 다시 금생에 짓고 금생에 받는 순현업順現業, 금생에 짓고 다음 생에 받는 순차업順次業, 금생에 짓고 다음 생 이후에 받는 순후업順後業으로 나눌 수 있으며, 부정업은 다시 과보는 정해졌는데 받는 시기가 미정된 것과 과보 및 받는 시기가 모두 미정된 것으로 나눌 수 있습니다.

또, 업을 기능에 따라 분류하면, 직접적으로 ①결과를 생산하는 생산업, ②생산업이 결과를 생산하도록 도와주는 역할을 하는 보조업, ③생산업이 결과를 생산하지 못하도록 방해하는 방해업, ④다른 업이 결과를 생산하는 것을 단번에 소멸시키는 역할을 하는 파괴업으로도 분류할 수 있습니다.[91]

또, 업은 과보를 가져오는 방식에 따라 ①무거운 업, ②임종 가까이 지은 업, ③습관적으로 지은 업, ④이미 지은 업 등 네 가지의 종류로 나눌 수 있습니다. 과보를 받는 순서도 기본적으로는 이와 같으나 무거운 업이 없을 경우에는 습관적으로 지은 업 혹은 임종 시 지은 업 중에서 죽음의 순간에 어느 것이 강하냐에 따라 결과를 맺습니다. 위와 같은 2가지가 없을 경우에는 그 생에서 지은 업이나 전생에서 지은 업이 무르익습니다.[92]

- 『사람들은 몸과 입과 마음으로 모든 죄복을 짓는 바, 도인들은 형상 없는 마음에 중점을 두시나 범부들은 직접 현실에 나타나는 것만을 두렵게 아나니라. 그러나 영명靈明한 허공법계는 무형한 마음 가운데 나타나는 모든 것까지도 밝히 보응하는지라 우리는 몸과 입을 삼갈 것은 물론이요 마음으로 짓는 죄업을 더 무섭게 생각하여 언제나 그 나타나기 전을 먼저 조심하여야 하나니라.』(《정산종사법어》, 원리편 47장)

---

91) 이에 대한 자세한 내용은《일묵스님이 들려주는 초기불교 윤회이야기》, 72~78쪽 참조.
92) 파아옥 또야 사야도 지음, 정명스님 옮김,《업과 윤회의 법칙》, 337쪽.

4.2.2 업의 원리: 길흉화복 간에 세상에는 공짜가 없다

업의 원리는 앞에서 언급한 인연과 법칙을 따릅니다. 이것은 행복한 삶을 창조하기 위한 마음공부에 있어서 매우 중요한 원리가 되므로 같은 내용이지만 여기에서는 좀 더 자세히 깊이 있게 다룹니다.

- 『어느 때에 부처님께서 사위국 기수급고독원에 계시사 모든 제자들에게 말씀하시기를 "어진 사람은 법을 설하여 다섯 가지 복덕을 얻나니 무엇이 다섯 가지 복덕이냐 하면 첫째는 사람이 세상에 나서 오래 사는 것이요, 둘째는 세상에 큰 부자가 되어 재물과 보배가 많은 것이요, 세째는 사람이 단정하게 잘 생기는 것이요, 네째는 명예가 세상에 널리 드러나는 것이요, 다섯째는 정신이 총명하고 지혜가 많은 것이니라. 어찌하여 법을 설함으로써 오래 사는 복을 받느냐 하면, 그 사람이 전생에 법을 설할 때에 모든 말이 다 착하고 그 뜻이 또한 구비하여 누구나 그 법설을 들은 이로 집에 돌아가 살생하기를 좋아하는 사람이 없고, 설사 전일에 아무리 살생을 잘하던 사람이라도 그 법설을 들은 후로 곧 살생을 아니 하게 하였나니 이런 연고로 금생에 오래 사는 복을 받나니라.

 또 어찌하여 법을 설함으로써 큰 부자가 되어 재물과 보배가 많게 되었느냐 하면, 그 사람이 전생에 법을 설할 때에 모든 말이 다 착하고 그 뜻이 또한 구비하여 누구나 그 법설을 들은 이로 집에 돌아가 남의 물건을 도둑질 하는 사람이 없고, 설사 전일에 도둑질을 하던 사람일지라도 그 법을 들은 후로 곧 참회 개과하여 도리어 남에게 보시를 많이 하였나니 이런 연고로 금생에 큰 부자가 되었나니라.

또 어찌하여 법을 설함으로써 얼굴이 단정한 사람이 되었느냐 하면, 그 사람이 전생에 법을 설할 때에 모든 말이 다 착하고 그 뜻이 또한 구비하여 누구나 그 법설을 듣고 즐거워하지 않은 이가 없고 얼굴에 희색이 가득하여 집집마다 웃음의 꽃을 피게 하였나니 이런 연고로 금생에 얼굴이 단정한 사람이 되었나니라.

또 어찌하여 법을 설함으로써 명예가 세상에 널리 드러나는 사람이 되었느냐 하면, 그 사람이 전생에 법을 설할 때에 모든 말이 다 착하고 그 뜻이 또한 구비하여 누구나 그 법설을 들은 이로 집에 돌아가 부처님이나 모든 성현들의 내어 놓으신 법이나 수도인들을 공경하지 않는 사람이 없게 하였나니 이런 연고로 금생에 명예 있는 사람이 되었나니라. 또 어찌하여 법을 설함으로써 총명하고 지혜 있는 사람이 되었느냐 하면, 그 사람이 전생에 법을 설할 때에 모든 말이 다 착하고 그 뜻이 또한 구비하여 누구나 그 법설을 들은 후로 지혜를 많이 얻게 하였나니 이런 연고로 금생에 총명하고 지혜 많은 사람이 되었나니라.』(《현자오복덕경》)

- 『대종사 조각 종이 한 장과 도막 연필 하나며 소소한 노끈 하나라도 함부로 버리지 아니하시고 아껴 쓰시며, 말씀하시기를 "아무리 흔한 것이라도 아껴 쓸 줄 모르는 사람은 빈천보를 받나니, 물이 세상에 흔한 것이나 까닭 없이 함부로 쓰는 사람은 후생에 물 귀한 곳에 몸을 받아 물 곤란을 보게 되는 과보가 있나니라."』(《대종경》, 실시품 18장)

• 『세상에 혹 선한 사람이 잘못 사는 수가 있고 악한 사람이 잘사는 수도 있으나, 이생에는 비록 선하여도 전생의 악업이 남아 있으면 그 과는 받아야 하고 현재에는 비록 악하여도 전생의 선업이 남아 있으면 그 과는 받게 되는 까닭이니 세상 일을 목전의 일만으로 단언 말라.』(《정산종사법어》, 원리편 44장)

(1) 원인이 있으면 결과가 있고, 원인이 없으면 결과도 없다

(有因有果 · 無因無果의 법칙)

원인業因[93]이 있으면 그에 상응하는 과보가 있고, 업인이 없으면 어떠한 과보도 없습니다. 따라서 어떤 결과가 있으면 반드시 그 원인이 있으며 우연히 생겨난 것은 없습니다. 아무리 기름진 땅이라도 종자가 없으면 싹도 나지 않고 따라서 결실도 없는 이치와 같습니다. 또한 이미 싹이 나서 자라고 있다면 거기에는 반드시 뿌려진 종자가 있었다는 것을 알 수 있는 것과 같습니다.

원인이 있으므로 결과가 있다는 법칙은 우리 각 사람의 생활환경, 가정환경, 빈부귀천, 선악미추, 수명의 장단, 두뇌와 재능, 행불행 등등의 차이와 인생역정에서의 온갖 차별 현상을 설명해주는 가장 기본적인 원리입니다. 왜 누구는 흙수저를 가지고 태어나고 누구는 금수저를 가지고 태어나며, 또 누구는 일이 술술 잘 풀리는데 누구는 일이 잘 안 풀리는지에 대한 가장 근본적인 이유가

93) 업인業因: 업으로 지은 원인행위, 즉 과보의 원인이 되는 업을 말함. 업의 종자.

됩니다.

우리는 모든 사람들이 태어날 당시의 인생 출발선에서부터 차이가 난다는 것은 잘 알고 있지만 대부분 그 원인은 잘 모릅니다. 기껏해야 유전자 때문이라거나 우리가 알 수 없는 신의 섭리라거나 운명이라거나 그냥 우연히 복불복으로 그리되는 것이라거나 알 수 없는 것이라면서 아예 알아볼 생각조차 내지 않습니다. 그러나 그 원인을 깊이 탐구해보면 모든 현상변화가 원인이 있으면 결과가 있다는 인과법칙을 따르므로 자연히 전생을 인정하지 않고서는 이를 달리 합리적으로 설명할 수 있는 도리가 없기 때문에, 힌두교나 불교에서 말하는 전생·금생·내생의 삼생을 또한 인정하지 않을 수 없는 것입니다. 이것은 논리적으로만 그러한 것이 아니고 부처님을 비롯해서 수행을 통해 영안이 열린 분들이 공통적으로 인정하는 부분이기도 합니다.

(2) 조건이 성립하지 않으면 결과도 생길 수 없다(緣缺不生의 법칙)

앞에서 이미 자세히 살펴본 바와 같이 모든 현상사물은 서로 의지·의존하여 인연 따라 생멸한다는 것은 누구도 부정하기 어려운 가장 기본적인 진리입니다. 따라서 불교 이외의 종교나 과학, 심지어 보통 사람들의 무의식중에서도 대부분 인과법칙에 대해서는 인정하고 있지만 이 '연緣'에 대해서는 별생각이 없거나 무시하고, 단지 원인과 결과 간의 상호관계인 인과관계에 대해서만 생각하는 경향이 있습니다. 그러다 보니 '인'과 '연'을 동일시하거나 '연'을 '인'

으로 착각하는 경우가 많습니다. 이것은 우리가 마음공부를 하는데 있어서 가장 큰 걸림돌 중의 하나입니다. 왜냐하면 '연'을 '인'으로 착각하면 모든 책임을 상대방에게 돌리게 되기 때문입니다. 그래서 업의 원리와 일체유심조의 원리를 이해하기 위해서는 이 '인'과 '연'의 개념 및 상호관계를 정확히 이해하지 않으면 안 됩니다.

'인'이 '연'과 화합하여 '과'를 맺게 되므로 아무리 인因이 많아도 연緣을 만나지 못하면 과果를 맺지 못합니다. '인'과 '연' 어느 쪽이든 하나가 빠지면 '과'를 맺지 못하게 되므로 둘 다 '과'의 '원인'으로 이해하는 분들이 많지만 사실은 엄연히 다른 것입니다. 이것은 예를 들어 땅에 심은 콩은 '인因'이 되고, 콩이 발아하고 성장해서 꽃이 피고 열매를 맺는데 필요한 흙과 습도, 온도, 거름, 기후, 농부의 노동 등의 모든 조건은 '연緣'이 되며, 새로 열린 콩은 '과果'가 된다는 설명에서도 잘 알 수 있지만, 콩을 심으면 어느 땅에 심든지, 기후가 어떻든지, 농부의 손길이 많든 적든, 거름이 좋든 나쁘든 싹이 나올 때는 반드시 콩의 싹이 나오고, 열매를 맺을 때도 반드시 콩이 열리지 다른 것은 열리지 않는다는 점에서도 분명히 알 수 있습니다. 다만 같은 콩 종자라도 토양 상태나 기후, 농부의 손길 등에 따라서 소출과 콩의 상품 가치로서의 품질이 달라지는 것뿐이지 콩을 심었는데 팥이나 옥수수, 감자 또는 기타 콩이 아닌 다른 어떤 것이 나오는 것은 아닙니다. 그러므로 '연'은 결코 '인', 즉 직접적인 원인이 될 수는 없지만 '과'의 '질과 양'을 결정하는 데는 매우 큰 영향을 줄 수도 있습니다.

따라서 똑같은 인因이라도 어떠한 연緣을 만나느냐에 따라 과果의 질과 양 또는 크기가 달라집니다. 그러므로 연緣을 보조원인, 간접원인이라고도 하는 것입니다. 예컨대, 같은 곡물을 심더라도 척박한 땅에 심느냐 기름진 땅에 심느냐에 따라, 기후가 좋으냐 나쁘냐에 따라, 공력을 얼마나 들이느냐에 따라 그 소출이 달라지는 것과 같습니다. 또, 물에 빠진 사람을 구해주었더라도 그 사람이 어떠한 사람이냐에 따라 그 보답이 크게 달라지고, 같은 폭행을 가했더라도 누구를 폭행했느냐에 따라 그 과보가 크게 달라집니다. 따라서 똑같은 죄업이나 선업을 짓더라도 무슨 업을 어디에 어떻게 짓느냐에 따라 그 과보가 몇천 배, 몇만 배로 커지기도 하고 줄어들기도 한다는 것을 또한 잘 알아야 합니다. 예를 들면 옥수수 한 알을 심어서 여러 개의 옥수수자루를 얻었다면 한 자루에 옥수수 알이 수백 개씩 붙어 있으므로 수천 배 이상의 소출을 얻게 되는 것과 같습니다.

- 『우리의 모든 업이 그 성질에 따라 그 성과에 조만과 장단이 각각 있나니, 복을 좀 지어 놓고 복이 바로 오지 않는다고 한탄하는 것은 처음 못자리를 하여 놓고 바로 쌀이 나오지 않는다고 한탄하는 것 같나니라.』 (《정산종사법어》, 원리편 45장)
- 『사람이 같은 분량의 복을 짓고도 그 과를 받는 데에는 각각 차등이 없지 아니하나니, 그것이 물질의 분량에만 있는 것이 아니라 마음의 심천에도 있는 것이며, 또는 상대처의 능력 여하에도 있나니라. 영광에서 농

부 한 사람이 어느 해 여름 장마에 관리 세 사람의 월천越川을 하여 준 일이 있어서 그로 인하여 그들과 서로 알고 지내게 되었는데, 그 농부는 한 날 한 시에 똑같은 수고를 들여 세 사람을 건네주었건마는 후일에 세 사람이 그 농부의 공을 갚는 데에는 각각 자기의 권리와 능력의 정도에 따라 상당한 차등이 있었다 하나니, 이것이 비록 현실에 나타난 일부의 말에 불과하나, 그 이치는 과거 현재 미래를 통하여 복 짓고 복 받는 내역이 대개 그러 하나니라.(《대종경》, 인과품 29장)

(3) 원인이 있어야 조건도 성립한다(內因外緣의 법칙)

인因은 근본 원인으로 내부에 있으며 연緣은 어디까지나 외부에서 인因이 과果를 맺도록 도와줄 뿐입니다. 그러므로 연이 들어서 인을 변동시키진 못합니다. 예를 들어 옥수수를 심은 땅이 기름지다면 옥수수의 알이 충실하고 많이 달릴 수는 있지만 옥수수가 아닌 대추나 사과가 열릴 수는 없는 것과 같은 이치입니다. 그러므로 가난해서 도둑질을 했다고 말한다거나 부모님께서 유산을 조금도 물려주시지 않아서, 또는 자기에게 대학 교육을 시켜주시지 않아서 자기가 힘들게 산다고 말하는 것 등은 모두 '연'을 '인'으로 착각했거나 남에게 책임을 전가하기 위한 핑계를 대는 것일 뿐입니다.

만약 정말로 가난이 도둑질의 원인이라면 가난한 사람은 모두 도둑질을 해야 할 것이고, 부모님이 유산을 물려주시지 않았다거나 대학 교육을 시켜주시지 않은 것이 힘들게 사는 원인이라면, 부모가 일찍 돌아가신 분들이나 가난한 분들의 자녀는 모두 가난하고 힘들게 살아야만 할 것입니다. 이것은 달을 보고 눈물을 흘리면서 공연히 달 때문에 눈물이 난다고 말하는 것과 같습니다. 달을 보고 고향 생각이 났다든지 이별한 애인 생각이 났다든지 해서 눈물이 난 것이지 달이 눈물을 흘리게 한 것은 아니기 때문입니다. 다시 말해서 눈물을 흘리게 한 원인은 자기의 애인 생각이나 고향 생각이지 달이 아니며, 달은 다만 그러한 생각이 일어나도록 하는 연緣의 역할을 한 것뿐입니다. 만약 달 때문이라고 한다면 달을 보는 모든 사람들이 눈물을 흘려야 할 것입니다.

어떤 사람은 부모를 잘 만나서 행복하게 잘 산다고 말하는데 그것 역시 내인외연의 법칙에 어긋나는 말입니다. 인연과의 법칙상 그 사람은 본래 그만큼 행복하게 살만한 '인'을 지었기 때문에 그러한 부모 밑에 태어난 것이며, 그 부모는 그 사람의 '인'이 성취되도록 도와주는 '연'의 역할을 한 것뿐입니다. 그렇다면 그 부모는 왜 하필 다른 사람이 아닌 그 사람에게 그러한 '연'이 되었는가? 그것은 예를 들면 그 사람이 전생에 그 부모에게 은혜를 베풀었다든지 해서 그 부모가 그 사람에게 빚을 진 것이 있었기 때문이라고 보아야 이치에 맞는 것입니다. 그리고 만약 그 사람이 행복하게 살만한 '인'을 지은 바가 없었다면 설혹 부모의 유산을 모두 물려받는다 해도 곧 재난이나 사기를 당한다든지, 투자를 잘못해서 날려버린다든지, 불치병에 걸린다든지 해서 어떻게든 그 유산을 다 날려버리고 불행하게 살게 되는 것입니다.

만약 당신이 나쁜 배우자를 만나서 불행하다고 생각한다면 그러한 배우자를 선택한 것은 누구인가요? 만약 연애할 때는 잘 몰랐다고 한다면 그 잘 모르고 오판을 한 것은 누구인가요? 다른 사람들은 다 그 사람을 배우자로 선택하지 않았는데 어째서 당신만, 하고많은 사람 중에 그 사람을 배우자로 선택했나요? 결혼 초만 해도 안 그랬는데 그 사람이 점점 또는 갑자기 나쁜 사람으로 바뀌었기 때문이라면 왜 그렇게 바뀌게 되었을까요? 그 사람이 당신을 만나기 전에는 착한 사람이었는데 당신을 만난 뒤에 악한 사람으로 바뀌었다면 오히려 당신 때문이 아닐까요? 모든 것이 알고 보면 당신 자신의 잘못된 선택으로 인해 비롯된 것이고, 그 사람은 단지 많은 선택 대상 중의 한 사람으로서 연緣의 역할을 한 것뿐입니다. 그러니 근본 책임은 당신에게 있는 것이지 상대방에게 있는 것이 아닙니다. 설혹 그 사람의 유혹에 넘어갔다거나 부모님의 강요에 의한 것이었다고 주장해도 자신의 책임이 없어지는 것은 아닙니다.

만약 당신에게는 조금도 잘못이 없다고 가정을 한다면 한마디로 운이 나빠서 악연을 만난 것인데, 그러한 악연을 만난 것도 사실은 당신의 악업에 대한 과보이므로, 예를 들면 당신이 과거 전생에 상대방에게 비슷한 악행을 저질렀기 때문에 원한을 사서 그 사람이 금생에 당신에게 보복을 하는 것이라 생각하고, 빚을 갚는다는 마음으로 달게 받아야만 해결되는 것이지, 원인을 상대방에게 돌리는 한 문제의 해결은 요원하다는 겁니다.

그래서 예수님께서도 원수를 사랑하라고 하신 것입니다. 원한을 풀려면 그 원한의 강도에 비례해서 그 이상의 사랑을 베풀어야만 해소될 수 있기 때문입니다. 만약 하나님의 뜻이라고 한다면 하나님께서 무엇이 아쉬워서 당신에게 일부러 악인을 남편으로 맞이하도록 하셨겠습니까? 하나님의 섭리라고 한다면 섭리는 "자연계를 지배하고 있는 원리와 법칙"을 말하니 곧 인과법칙이므로 당신에게 원인이 있다는 말이 됩니다. 그것도 아니라면 오직 자기만 운이 더럽게 나빠서 우연히 그렇게 된 것이라고 말할 건가요? 만약 우연의 소치라고 한다면 모든 인류가 태어날 때는 다 우연에 의해서 태어나는 것이고 태어난 이후에만 인과법칙이 적용된다는 말인데, 그것은 인과법칙의 기본 개념에도 어긋날 뿐만 아니라, 그렇게 예외적인 경우가 그동안 세상에 태어난 사람 수만큼이나 많다는 이야기이니 이미 법칙이라고 할 수도 없는 것입니다.

그러므로 자기가 당하는 모든 길흉화복은 다 자기 내부에 그럴만한 인因이 있어서 오는 것이지, 외부로부터 조상이나 부처님이나 운명의 신이나 귀신이 주어서 오는 것이 아니며, 밖으로부터 온 것이라면 그것은 모두 '인因'이 아닌 '연緣'에 불과한 것이므로 근본 원인이 될 수는 없는 것입니다.

인因은 쇳가루를 끌어당기는 자석처럼 어떻게든 연緣을 끌어들여서 과果를 맺으려는 속성과 힘을 가지고 있으며, 인因의 힘이 크면 클수록 연緣을 끌어당기는 힘도 그만큼 강합니다. 그러므로 무엇인가를 이루고자 하는 욕망이나 원願이 크면 클수록 그것을 이루는 데 필요한 연緣도 쉽게 불러옵니다. 예를 들면 갈증이 심한 사람은 무엇보다도 물을 찾기 마련이고, 배가 고픈 사람은 어떻게든 먹을 것을 찾아냅니다. 술을 좋아하는 사람에게는 자꾸 술친구가 모여들고 술을 마실 기회가 만들어지며, 마찬가지로 도둑질할 마음을 가진 사람은 기회만 있으면 어떻게든 도둑질할 생각을 하기 때문에 자꾸 도둑질할 기회를 만들게 되고, 또 그러한 기회를 만나게 되는 것입니다. 그러므로 좋은 '인'은 많이 심을수록 좋은 일이 많이 생기고, 좋은 '원願'은 굳건하게 심을수록 그것을 성취할 수 있는 기회가 많아집니다. "(굳센)뜻이 있는 곳에 길이 있다"는 말도 그래서 있는 것입니다.

(4) 자기가 지은 죄복은 다 자기가 받는다(自業自得, 自因自果의 법칙)

아무도 자기가 지은 죄복을 대신해서 받지 못합니다. 다른 사람이 아무리 복을 많이 짓더라도 내가 짓지 않으면 내 복은 없는 것이니, 마치 다른 사람이 음식을 아무리 배불리 먹어도 내가 먹지 않으면 내 배가 부르지 않은 것과 같은 이치이며, 반대로 내가 아무리 음식을 배부르게 먹어도 다른 사람의 배는 불러지지 않는 것과 같은 이치입니다. 따라서 현재 내가 받는 것은 과거나 전생에 내가 지은 바에 따라 나타나는 것이므로, 그것이 아무리 고통스러운 것이라도 원망하지 말고 달게 받아야만 업業이 소멸된다는 것입니다.

또한 제자가 큰 스승을 만나서 훌륭한 인격자로 성장하는 것도 그 제자에게 그만한 '인'이 내재되어 있기 때문이고, 그 스승은 그 제자의 '인'이 발현될 수 있도록 도와주는 '연'의 역할을 하는 것뿐입니다. 마찬가지로 중생이 부처님이나 선지식을 만나서 성불하는 것도 중생의 본성 가운데 성불의 '인因'이 되는 불성佛性을 간직하고 있기 때문이며, 부처님이나 선지식의 법문이나 법력의 영향력은 중생의 불성을 계발시켜주는 '연緣'에 불과한 것입니다. 물론 그렇다고 해서 불보살의 영향력을 무시하거나 경시하는 것은 절대 아닙니다. 아무리 좋은 '인'이 내부에 있어도 좋은 '연'을 만나지 않으면 결코 좋은 '과'를 맺을 수 없는 것이 또한 인연과의 법칙이니, 중생이 본래 불성을 간직하고는 있지만 불보살의 깨우침과 법력의 도움을 받지 않고서 성불한다는 것은 또한 거의 불가능한 일이기 때문입니다.

《역경易經》에 "선행이 쌓인 집안에는 반드시 남아 있는 경사가 있고, 착하지 못함이 쌓인 집안에는 반드시 남아 있는 재앙이 있다."[94]는 말씀이 있습니다. 이 말은 얼핏 보면 인과를 말씀하신 것 같지만 엄밀하게 따져보면 자업자득의 원리에 어긋나는 말입니다. 왜냐하면 선조들이 선업을 쌓으면 자손이 그 복과福果를 받는다는 말씀이 되기 때문입니다. 실제 선조들의 적덕으로 그 자손들이 혜택을 누리는 경우는 흔히 볼 수 있는 일이지만, 그렇다고 해서 선조의 적덕 선업과 자손의 복락을 직접적인 인과관계로 해석하면 인과보응의 진리를 잘못 해석한 것이 됩니다. 이는 앞에서 "부모를

94) 《역경易經》 곤괘坤卦 : "積善之家, 必有餘慶, 積不善之家, 必有餘殃."

잘 만나서 자손이 행복하게 잘 산다"고 말하는 것은 내인외연의 법칙에 어긋난다고 한 부분과 비슷한 경우이기 때문입니다.

선조·부모의 적덕은 어디까지나 그 선조·부모가 나중(후생)에 그 과보를 받게 되는 것이고, 그 자손은 어디까지나 자기가 지은 복인福因에 의해 그 복과福果를 누리는 것이며, 서로 선조와 자손의 인연으로 만난 것은 그들 간에 서로 은혜 또는 부채를 상환하는 인연관계가 있어서 만난 것이며, 선조의 적덕은 다만 자손이 복과를 받도록 하는 연緣을 돕는 역할을 한 것뿐입니다. 그렇다고 해서 자손은 선조들의 적덕에 감사할 필요가 없다는 말은 아닙니다. 친구에게 빌려준 돈을 돌려받더라도 떼어먹지 않고 갚아준 것은 분명히 감사할 일인데, 자기의 선조들이 덕을 쌓아놓으시어 그것을 연緣으로 해서 오늘날 자기가 복락을 누리는 것은 더욱 감사할 일이며, 그것이 또한 인륜도리 상으로도 당연한 것이기 때문입니다. 그러나 그 선조가 죽어서 자신의 후손으로 태어나 그 복락을 누리는 것이라면 자업자득의 인과보응의 법칙에 맞습니다. 가령 선조가 복업을 짓고 그 자손으로 태어나게 될 경우 그 자손은 자기가 선조일 때 지은 복업을 받게 되는 것이므로, 겉으로 보기에는 선조가 지은 복업을 자손이 받는 것 같지만 이면의 진리적으로 보면 사실은 자기가 지은 복업을 자기가 받는 것이 되는 것입니다.

• 『하늘은 짓지 않은 복을 내리지 않고, 사람은 짓지 않은 죄를 받지 않나니라. 天不降不作之福 人不受不作之罪』(《정산종사법어》, 법훈편 64장)

• 『남에게 은의恩義로 준 것은 은의로 받게 되고, 악의惡意로 빼앗은 것은 악의로 빼앗기되, 상대편의 진강급 여하를 따라서 그 보응이 몇 만 배 더할 수도 있고 몇 만 분으로 줄어질 수도 있으나 아주 없게 되지는 아니하며, 또는 혹 상대자가 직접 보복을 아니 할지라도 자연히 돌아오는 죄복이 있나니, 그러므로 남이 지은 죄복을 제가 대신 받아 올 수도 없고, 제가 지은 죄복을 남이 대신 받아 갈 수도 없나니라.』(《대종경》, 인과품 7장)

• 『대저 우리 인간이 이 세상에 살아가자면, 우연한 가운데 음조와 음해가 없지 아니하나니 모르는 사람들은 그것을 하나님이나 부처님이나 조상님이나 귀신이 맡아 놓고 주는 것인 줄로 알지마는 아는 사람은 그 모든 것이 다 각자의 심신을 작용한 결과로 과거에 자기가 지은 바를 현재에 받게 되고, 현재에 지은 바를 또한 미래에 받게 되는 것이요, 짓지 아니하고 받는 일은 하나도 없는 줄로 아나니, 그러므로, 어리석은 사람들은 이치 아닌 자리에 부귀와 영화를 억지로 구하며 빈천과 고난을 억지로 면하려 하나, 지혜 있는 사람은 이미 지어 놓은 죄복은 다 편안히 받으면서 미래의 복락을 위하여 꾸준히 노력을 하는 것이며, 같은 복을 짓는 중에도 국한 없는 공덕을 공중에 심어서 어느 때 어느 곳에서나 복록의 원천이 마르지 않나니라.』(《대종경》, 인과품 15장)

• 『어리석은 사람은 남이 복 받는 것을 보면 욕심을 내고 부러워하나, 제가 복 지을 때를 당하여는 짓기를 게을리 하고 잠을 자나니, 이는 짓지 아니한 농사에 수확하기를 바라는 것과 같나니라. 농부가 봄에 씨 뿌리지 아니하면 가을에 거둘 것이 없나니 이것이 인과의 원칙이라, 어찌 농

사에만 한한 일이리요.』(《대종경》, 인과품 17장)

(5) 착한 업을 지으면 복락을 받고 악한 업을 지으면 죄고를 받는다

(善因善果, 惡因惡果 = 善因樂果·惡因苦果의 법칙)

좋은 인因은 좋은 과果를 맺고, 나쁜 인因은 나쁜 과果를 맺는다. 좋은 인因은 즐거운 과보를 받고, 나쁜 인因은 괴로운 과보를 받는다. 종자가 좋은 것은 그 결실도 좋고, 종자가 나쁜 것은 그 결실도 나쁘다. 우리 속담에 "가는 말이 고와야 오는 말이 곱다."는 말과 "모난 돌이 정을 맞는다."는 말이 있는데 이를 단적으로 잘 표현한 말입니다. 이것은 우리가 인간관계를 할 때에 너무나 흔히 겪는 일이지만 자기의 마음만 대조해보아도 쉽게 알 수 있습니다. 상대방이 내게 친절을 베풀면 특별한 이유가 없는 한 내 기분이 좋아져서 자연히 나도 상대방에게 친절하게 되고, 누군가에게 선물을 받으면 자연히 나도 그분에게 선물을 하고 싶거나, 혹 선물하고픈 마음이 우러나진 않더라도 답례를 해야만 마음이 편해집니다. 상대방이 나에게 인상을 쓰며 말한다든지 욕설을 한다거나 화를 낸다든지 하면 자연히 나도 기분이 나빠져서 그 이상으로 되갚아주고 싶은 것이 인지상정입니다.

착한 일을 하는 사람을 보면 대체로 기분이 좋아지고, 악한 일을 하는 사람을 보면 대부분 인상이 찌푸려지기 마련입니다. 그래서 현실이 아닌 영화나 연속극 중에서 악역을 하는 배우가 실제의 악인이 아닌데도 불구하고 그 배우를 미워하게 되는 경우까지 있는 것입니다. 여기서 "대부분", "특별한 이유가 없는 한", "대체로"와 같은 말을 쓴 것은 인간사는 변수가 너무 많아서 인간관계에 있어서 인과관계가 복잡하게 얽혀 있기 때문에 얼핏 보면 예외인 것처럼 보이는 경우도 많기 때문입니다.

- 『남을 해하면 해가 나에게 돌아오나니 곧 자기가 자기를 해하는 것이 되며, 남을 공경하고 높이면 이것이 또한 나에게 돌아오나니 곧 자기가 자기를 공경하고 높임이 되나니라.』(《정산종사법어》, 원리편 49장)
- 『마음에 흡족한 공양을 올리는 자는 마음의 흡족함을 얻고, 으뜸가는 공양을 올리는 자는 다시 으뜸가는 것을 얻고, 뛰어난 보시를 하는 자는 뛰어난 것을 얻고, 최상의 보시를 한 자는 최상의 경지를 얻도다. 으뜸가는 보시를 하고 최상의 보시를 하는 사람은, 태어나는 곳마다 긴 수명과 명성을 얻는구나.』(《앙굿따라니까야·마음에 흡족한 공양을 올리는 경》[95])
- 『남이 잘못되기를 바라면 그 기운이 나에게 미쳐 내 일도 잘못되기 쉬우나, 남이 잘되기를 바라면 그 기운이 나에게 미쳐 내 일도 잘되느니라.』(《대산종사법어》, 교훈편 50장)

(6) 원인은 결과를 낳고, 결과는 다시 원인을 낳는다(因果循環의 법칙)

95) 마하시 아가 마하 빤디따 지음, 《마하시 사야도의 12연기》, 317쪽. 각주18.

인因이 과果를 맺으면 그 과果는 다시 새로운 인因이 될 수 있습니다. 콩을 심어서 콩을 수확했으면 그 수확한 콩을 다시 종자로 심을 수 있는 것과 같은 이치입니다. 그러므로 '인因'과 '과果'가 적절한 '연緣'을 계속 만나기만 한다면, 인因이 과果가 되고 그 과果가 다시 인因이 되는 관계가 계속될 수 있습니다. 이것은 상생의 선연으로 계속될 수도 있고, 상극의 악연으로 계속될 수도 있습니다.

그러나 상생의 선연이라도 선업을 짓고 자꾸 생색을 낸다든가, 선연이라고 해서 함부로 대하든가 하면 언제든지 악연으로 바뀔 수 있으며, 악연이라도 감수불보하고 계속해서 사랑의 종자, 은혜의 종자를 심으면 마침내 상생의 선연으로 바뀔 수 있습니다. 예를 들어 '갑'이 '을'에게 친절하게 대하니 '을'도 '갑'에게 친절하게 대하고, 다시 '갑'이 '을'에게 친절하게 대하면 '을'도 다시 '갑'에게 친절하게 대하는 관계가 계속되는 것은 상생의 선연 관계가 순환하는 것이며, '갑'이 '을'에게 해를 끼치니 '을'도 '갑'에게 더욱 해를 끼쳐 보복하고, 그러니까 '갑'도 다시 '을'에게 보복하고 '을' 역시 '갑'에게 또 보복하는 관계를 계속해 가는 것이 상극의 악연 관계가 쉬지 않고 순환하는 것입니다. 대체로 상생의 관계가 끝나기는 쉬우나 상극의 관계가 끝나기는 쉽지 않습니다. 왜냐하면 보통 사람들은 은혜는 쉽게 잊어버릴지언정 원한은 쉽게 잊지 않고 가슴 깊이 새기고 있는데다 보복하려는 독한 마음이 자리 잡고 있어서 이를 상생의 마음으로 돌리기가 그만큼 쉽지 않기 때문입니다.

(7) 모든 선택은 자유지만 그 결과엔 책임이 따른다(因果自由의 법칙)

업의 원리를 잘못 이해하면 자칫 숙명론에 빠질 우려가 있습니다. 왜냐하면 금생에 받는 바는 전생에 지은 바 업에 따라 결정되고, 금생에 지은 바는 과거 생에 지은 것과 합해서 또 내생을 결정한다고 보기 때문입니다. 분명히 전생의 업에 따라 금생이 결정된다고 한 면은 얼핏 보면 숙명론과 별반 다를 것이 없어 보입니다.

이것은 인간의 힘으로는 어찌할 수 없는 외적인 힘에 의해서 우리의 인생이 결정된다는 결정론과 우리의 자유 의지에 따라서 우리의 인생이 결정된다는 자유론의 문제인데 이 둘을 정확히 이해하지 못하면 자칫 인연과 법칙의 존립 자체가 흔들릴 수 있습니다.

결정론의 핵심은 우리의 인생 전반이 우리의 자유의사와는 무관하게 신의 뜻이나 천명이나 타고난 운명 등에 의해서 결정된다는 것인데 인연과 법칙이 이와 다른 점은, 첫째 금생을 결정한 전생의 업이 외적인 존재에 의해서 만들어진 것이 아니고 자기가 지은 것이라는 점이며, 둘째 우리의 미래의 인생은 전적으로 전생의 업에 의해서만 결정되는 것이 아니고 전생의 업에다 현재의 업이 추가되어서 만들어지는 것이므로, 계속되는 현재에 자기가 어떠한 업을 지어 가느냐에 따라서 자기의 미래 인생을 점차 바꾸어 갈 수 있는데, 그 현재의 선택은 자기가 마음먹기에 달려 있다는 점에서 결정론과는 본질적으로 다릅니다.

다시 말해서 자기의 인생이 비록 자신이 과거에 지은 업에 의해 제약을 받긴 하지만, 그 업을 지은 것이 또한 자기이므로 결과적으로 보면 자기가 자기 인생을 만든 것이지 다른 외적인 존재가 만든 것이 아니라는 겁니다. 결국 자기 인생의 조물주는 자기 자신인 것이지 신이나 다른 외적인 존재가 아니라는 겁니다. 또한 인연과의 법칙은 완전한 자유론과도 다릅니다. 왜냐하면 인연과의 법칙에 의하면 모든 것을 자기 뜻대로 할 수 있는 것이 아니고, 자유의지가 자기의 과거 업에 의해서 주어지는 현재의 조건에 의해 제약을 받는다는 점과, 자기가 기대하는 결과는 자기의 행위와 기대하는 결과 사이에 진리적으로 합당한 인과관계가 성립되어야만 하고, 또 적절한 연緣을 만나야만 비로소 성취된다는 점에서 완전한 자유론은 아니기 때문입니다.

더욱이 자기의 자유의사라는 것도 불보살이 되기 전까지는 자기의 마음을 자기 마음대로 쓸 수 있는 힘이 아직 충분하지 않으므로, 생각만큼 자유롭게 결정할 수 있는 여건이 못 되기 때문에 온전한 자유론이 못 되는 것입니다. 셋째 A라는 업을 지으면 반드시 A′라는 결과만 일어나고 B라는 업을 지으면 반드시 B′라는 결과만 일어나는 것이 아니고, 다른 업과의 상호관계 속에서 일어난다는 것입니다. 붓다께서 "조그만 잔에 담긴 물에 소금 한 줌을 집어넣으면 그 물은 너무 짜서 마실 수 없지만, 갠지스강에 소금 한 줌을 집어넣으면 그 물은 마시지 못할 만큼 짜지지 않을 것이다."『소금덩이경(A3:99)』라고 설명하셨습니다. 예를 들어 평소에 나쁜 짓을 많이 하던 사람이 빵 한 개를 훔치다가 걸렸다면 감옥에 갈 수도 있지만, 착한 일을 많이 하던 사람이 어쩌다가 빵 한 개를 훔친 것이라면 가벼운 훈계를 받는 정도로 끝날 수도 있는 것입니다.[96] 그러므로 비록 악업을 지었더라도 선업을 많이 짓고 수행을 열심히 한다면, 그 과보를 완전히 면할 수는 없지만 훨씬 가볍게 받을 수는 있다는 것입니다.

그러므로 인연과의 법칙은 결정론과 자유론의 양 극단을 벗어난 중도적 진리라고 볼 수 있습니다. 인因이 있으면 반드시 그 과果가 있게 되지만, 그 인因을 짓고 안 짓고는 나의 선택에 달려 있습니다. 따라서 현재에 내가 받는 것은 과거나 전생에 내가 지은 바대로 인과보응의 법칙에 따라 나타나는 것이니 고락간에 어찌할 수가 없는 것이지만, 미래는 현재에 내가 어떻게 지어 가느냐에 따라 달라질 수 있는 것이므로 수도인은 오직 "지금 여기"를 중시하여 수행에 힘쓰며, 부지런히 복락을 장만해가는 것입니다. 이것이 바로 운명을 개척하며 자기의 타고난 팔자를 점진적으로 바꿔나갈 수 있는 근거입니다. 과거는 이미 흘러간 것이라 기억 속에만 있는 것이고, 미래는 아직 오지 않은 것이라 상상 속에만 있는 것이니, 과거와 미래에 대한 망상으로 세월을 허송하지 말고, 항상 현재에 근실하게 사는 것이 지혜로운 길입니다.

96) 일묵 지음, 《사성제》, 서울, 불광출판사, 2020, 179쪽.

(8) 인과는 주고받는 것이므로 내가 갚을 차례일 때 바꿀 수 있다

- 『한 제자 어떤 사람에게 봉변을 당하고 분을 이기지 못하거늘, 대종사 말씀하시기를 "네가 갚을 차례에 참아 버리라. 그러하면, 그 업이 쉬어 지려니와 네가 지금 갚고 보면 저 사람이 다시 갚을 것이요, 이와 같이 서로 갚기를 쉬지 아니하면 그 상극의 업이 끊일 날이 없으리라."』(《대종경》, 인과품 10장)
- 『과거 부처님 말씀에 생멸 거래가 없는 큰 도를 얻어 수행하면 다생의 업보가 멸도된다 하셨나니, 그 업보를 멸도시키는 방법은 이러하나니라. 누가 나에게 고통과 손해를 끼쳐 주는 일이 있거든 그 사람을 속 깊이 원망하거나 미워하지 말고 과거의 빚을 갚은 것으로 알아 안심하며 또한 그에 대항하지 말라. 이편에서 갚을 차례에 져 버리면 그 업보는 쉬어버리나니라. 또는 생사 거래와 고락이 구공한 자리를 알아서 마음이 그 자리에 그치게 하라. 거기에는 생사도 없고 업보도 없나니, 이 지경에 이르면 생사 업보가 완전히 멸도 되었다 하리라.』(《대종경》, 천도품 28장)

일반적으로 현상사물의 변화는 시공간의 변화와 함께 계속 이어가기 때문에 인과因果도 연緣만 계속 뒷받침된다면 인因→과果→인因→과果→인因…으로 계속 이어질 수밖에 없습니다. 그런데 자연계의 물리적 변화현상과는 다르게 인간의 모든 행위는 마음작용의 결과로 나타나는 것이므로, 우리가 마음을 어떻게 먹느냐에 따라서 기존의 인과관계를 중단시키고 새로운 인과관계로 변환시킬 수 있습니다.

예를 들어 '갑'이 '을'을 때리면 일반적으로는 '을'이 '갑'에게 복수하려고 들겠지만, 실제로는 '을'이 '갑'에게 복수하지 않고 용서할 경우 기존의 복수로 연결될 수 있는 인과관계가 중단되고, 용서를 원인으로 하는 새로운 인과관계가 전개될 수 있는 것입니다. 이것이 상극의 악연을 상생의 선연으로 바꾸는 방법입니다.

이와는 반대로 상생의 선연이 상극의 악연으로 바뀔 수도 있습니다. 이는 서로 간의 기질·성격·습관이나 생각 등의 차이로 인해 상대방에 대한 기대에 어긋났다든지, 좋은 일을 한 사람이 자기가 기대한 만큼의 과보가 돌아오지 않았을 때 이를 섭섭해하거나 원망하는 마음을 가질 경우 상극의 씨앗이 심어져서, 그 이후의 여러 가지 조건緣의 변화에 따라 상극의 씨가 점점 커지게 되면, 나중에는 원수 같은 사이가 되기도 하기 때문입니다. 친구 선후배간이나 직장 동료 간은 물론이고 부모형제 간에도 그러할 뿐 아니라, 남녀 간에 서로 사랑하여 가족들과 많은 하객들 앞에서 축하를 받으며, 서로 사랑하면서 어떠한 어려움도 이겨내고 백년해로하기로 맹세하고 결혼을 했는데도, 살면서 원수 같은 사이가 되어 이혼하는 경우도 많지 않습니까?

그래서 부처님께서는 원수를 부모님처럼 섬기라고 하시고, 아무리 원망할 만한 일이 있어도 이를 원망하지 말고 무엇이든지 감사할만한 점을 찾아서 감사하며, 또 아무리 좋은 일을 했더라도 자기가 좋은 일을 했다는 상相을 내지 말라고 하셨던 것이며, 예수님께서는 원수를 사랑하라고 하시고 겉옷을 벗어달라고 하면 속옷까지 벗어주고, 오리를 동행하자고 하면 십 리까지 동행해서 무엇이든 달라고 하는 것 이상으로 도와주라[97]고 말씀하셨던 것입니다. 대산종사님께서는 "원인이 결과가 되니 주는 자가 곧 받는 자로다. 달게 받아 다시 갚지 말고 선업으로 인연을 맺으라."라는 인과송因果頌을 지으시고, 이것이 "영생을 원수 안 짓고 잘 사는 법"이라고 말씀하셨습니다.[98]

4.2.3 업의 특징

업의 원리는 이상에서 살펴본 바와 같이 보편적인 자연법칙인 인과법칙의 하나로서 업은 다음과 같은 특징을 가집니다.

① 업은 개인의 운명을 결정합니다. 업은 수명의 장단과 건강, 질병, 빈부귀천, 용모, 성격, 머리의 좋고 나쁨과 지우智愚 등 거의 모든 면에 절대적인 영향을 미칩니다. 한 마디로 모든 차별적 현상은 업의 차이로 인한 것입니다.

② 업은 개인의 운명뿐만 아니라 단체나 사회, 국가와 같은 공동체의 운명도 결정하며 기후변화까지도 영향을 미칩니다. 선업을 많이 지은 사람들이 사는 곳은 질병이나 전쟁이 적고 기후

97) 《성경》, 마태복음 5장 참조.
98) 《대산종사법문집 제1집大山宗師法門集 第1輯》, 수신강요修身綱要2, 38.인과송.

변화가 순조로운 살기 좋은 곳이 되고, 악업을 많이 지은 사람들이 사는 곳은 이와 반대가 되는 것입니다.

③ 업은 일단 이루어지고 나면 그 과보는 피할 수 없으며, 절대로 그냥 소멸되지는 않습니다. 업을 짓는 것은 자기의 자유의지로 하지만 그 결과는 자기의 자유의지로 피할 수가 없습니다. 그러나 그 과보의 경중까지 조절이 불가능한 것은 아닙니다. 비유하면 한 숟가락의 소금을 한 컵의 물속에 넣은 경우하고 한 동이의 물속에 넣은 경우와는 짠맛의 정도가 크게 차이 나는 것과 같습니다. 즉, 소금이 한번 들어간 이상 소금 맛 자체를 완전히 없앨 수는 없지만, 그 농도는 충분히 줄일 수 있다는 것입니다. 이것은 악업을 지었더라도 본인이 얼마나 참회를 깊이 하고 선업을 많이 쌓으며 법력을 키우느냐에 따라서 그 과보를 줄여서 받을 수 있다는 것입니다.

④ 업을 지으면 반드시 과보를 받지만 업인業因과 과보의 관계는 산술적인 비례관계에 있는 것은 아닙니다. 그 업을 누가 누구에게 지었느냐에 따라서 몇천 배, 몇만 배의 크기로 늘어날 수도 있고 반대로 몇천분의 일로 줄어들 수도 있습니다. 같은 업을 지었더라도 상대방의 힘이 클수록 그 과보도 커지기 때문입니다. 부처님께서는 그 이유를 "마치 농부가 땅을 잘 다루고 잡초를 없앤 뒤에 좋은 종자를 좋은 밭에 뿌리면 거기에서 얻는 수확은 한량없이 많지만, 농부가 땅을 잘 다루지 않고 잡초를 없애지 않고 종자를 뿌리면 수확은 매우 적은 이치와 같

다."[99]고 하셨습니다. 이는 같은 종자라도 얼마나 기름진 땅에 심고 얼마나 잘 가꾸느냐에 따라서 소출도 그만큼 더 많아지는 것과 같은 이치입니다. "말 한마디로 천 냥 빚을 갚는다."는 속담이 이러한 이치를 잘 드러내고 있습니다.

⑤ 업은 철저한 자기책임의 법칙입니다. 자기가 지은 업은 반드시 자기가 받게 되며 부모 형제, 배우자, 친구 그 밖의 어느 누구라도 이를 대신 받아가지 못하고, 마찬가지로 다른 사람이 지은 업을 자기가 대신해서 받지 못합니다.

⑥ 업은 또한 나의 미래를 나의 자유의지와 노력에 의해 창조, 변화시킬 수 있는 희망의 법칙입니다. 현재의 나의 인생의 제반 조건이 과거에 내가 지은 업의 결과로서 주어졌듯이 미래의 나의 인생은 과거의 나의 업으로 인한 결과 위에 현재의 나의 자유의지에 의한 행위의 결과가 더해져서 만들어지기 때문입니다. 따라서 업의 원리는 악업을 짓는 사람들에게는 매우 두려운 일이지만 선업을 짓는 사람들에게는 큰 희망이 됩니다. 과거의 잘못으로 인해 현재는 고통을 받고 있더라도 지금부터라도 선업을 부지런히 지으면 점점 형편이 나아져서 나중에는 행복하게 잘 살 수 있다는 희망을 가질 수 있기 때문입니다.

⑦ 업의 원리는 중생들의 삶의 모든 차별 현상을 가장 합리적으로 설명해줄 뿐만 아니라 자기의 행위에 대한 분명한 책임의식

99) 《증일아함경》 51권.(호진 지음, 《무아·윤회문제의 연구》, 165~166쪽에서 재인용함)

을 갖게 해줌으로써 모든 윤리 도덕의 공평성과 정당성을 부여해주는 원리이며 윤회사상의 가장 강력한 토대가 되는 원리입니다.

4.2.4 들으면 좋은 인과보응의 이치에 대한 법문들

인과보응의 이치에 대해서는 앞에서 이미 자세히 설명하면서 일부 근거 법문도 실었으나 거기서 빠진 인과에 대한 법문을 여기에 추가로 싣습니다. 이 법문들을 깊이 음미하면서 자세히 살펴보면 별도의 설명을 더하지 않더라도 인과보응의 법칙이 대강 어떠하다는 것 정도는 충분히 이해할 수 있으며, 또한 우리가 어떻게 살아가야 되는 지도 어느 정도는 알 수 있을 것입니다.

- 『그 사람이 보지 않고 듣지 않는 곳에서라도 미워하고 욕하지 말라. 천지는 기운이 서로 통하고 있는지라 그 사람 모르게 미워하고 욕 한 번 한 일이라도 기운은 먼저 통하여 상극의 씨가 묻히고, 그 사람 모르게 좋게 여기고 칭찬 한 번 한 일이라도 기운은 먼저 통하여 상생의 씨가 묻히었다가 결국 그 연을 만나면 상생의 씨는 좋은 과果를 맺고 상극의 씨는 나쁜 과를 맺나니라.』(《대종경》, 인과품 5장)
- 『어리석은 사람은 공것이라 하면 좋아만 하고, 그로 인하여 몇 배 이상의 손해를 받는 수가 있음을 알지 못하나, 지혜 있는 사람은 공것을 좋아하지도 아니하려니와, 그것이 생기면 다 차지하지 아니하고 정당한

곳에 나누어 써서, 재앙이 따라오기 전에 미리 액을 방비하나니라.』(《대종경》, 요훈품 27장)

- 『음양상승의 도가 곧 인과의 원리인 바, 그 도를 순행하면 상생의 인과가 되고 역행하면 상극의 인과가 되나니, 성인들은 이 인과의 원리를 알아서 상생의 도로써 살아가시나 중생들은 이 원리를 알지 못하고 욕심과 명예와 권리에 끌려서 상극의 도로써 죄업을 짓게 되므로 그 죄고가 끊일 사이 없나니라.』(《정산종사법어》, 원리편 40장)
- 『사람이 눈으로 보지 아니하여도 진리의 눈은 사람의 선악을 허공에 도장 찍나니 이 세상에 제일 무서운 것은 곧 진리니라. 인간 세상에서 지은 죄는 법망을 면할 수도 혹 있으나 진리의 보응은 무념 가운데 자연히 되는지라 속일 수도 피할 수도 없나니라.』(《정산종사법어》, 원리편 42장)
- 『세간의 재판에도 삼심三審이 있듯이 법계의 재판에도 삼심이 있나니, 초심은 양심의 판정이요, 이심은 대중의 판정이요, 삼심은 진리의 판정이라, 이 세 가지 판정을 통하여 저 지은대로 호리도 틀림없이 받게 되나니, 이것이 세간의 재판만으로는 다 하기 어려운 절대 공정한 인과 재판이니라.』(《정산종사법어》, 원리편 43장)
- 『말씀하시기를 "사람들의 마음 가운데 원한을 맺어주고 불평을 갖게 해주면 그것이 곧 자기 자신에게 무형한 감옥이 되나니라." 또 말씀하시기를 "모든 죄의 근본은 오직 마음에 있나니 소소한 일이라도 남에게 척을 걸지 말라. 그것이 모든 악연의 종자가 되나니라."』(《정산종사법어》, 원리편 48장)

- 『욕심과 착심에 끌려 죄 무서운 줄을 모르는 것이 마치 물고기가 미끼에 끌려 죽을 것을 모르는 것 같고, 진리를 속일 수도 있고 면할 수도 있다고 생각하는 것이 마치 그물 안의 물고기가 그물 안을 숨을 곳으로 아는 것 같나니라.』(《정산종사법어》, 법훈편 28장)
- 『공금은 곧 여러 사람을 위한 대중의 돈이므로 개인의 돈을 범용한 것보다 그 죄가 훨씬 중하나니 공금 쓰기를 무서워하라.』(《정산종사법어》, 공도편 11장)

4.3 모든 중생들은 자기가 지은 업에 따라 삼계·육도를 윤회한다

불교에서는 진리를 깨닫지 못한 범부·중생들은 자기의 업業에 따라 끊임없이 삼계三界·육도六道를 윤회輪迴 전생轉生[100]한다고 말합니다. 업이란 의도·의지를 가지고 자기의 마음 또는 몸을 사용한 것을 말하며, 윤회란 한 생명이 죽은 뒤 그 이전의 생에서 자기가 지은 업業에 따라 그다음 생에 새로운 모습으로 다시 태어나기를 되풀이하는 것을 말합니다.

4.3.1 삼계·육도도 알고 보면 내 마음이 만든 것이다

삼계란 욕계, 색계, 무색계를 통칭하는 말인데, 이 중 욕계欲界는 식욕·수면욕·음욕 등 감각적 욕구·욕망을 가지고 있는 세계라는 뜻으로 육도 세계와 육욕천六欲天[101]이 여기에 속합니다. 색계色界는 욕계 위에 있는 세계로 오욕을 벗어난 청정세계이지만 아직 물

---

100) 윤회전생輪迴轉生: 중생들이 죽은 뒤에 그 이전의 생에서 자기가 지은 업에 따라 천도, 인도, 아수라도, 아귀도, 축생도, 지옥도의 육도를 수레바퀴처럼 돌면서輪迴 다시 태어나는 것轉生을 말합니다. 보통 간단히 '윤회'라고 말합니다.

101) 육욕천六欲天: 사왕천四王天, 도리천⊠利天, 야마천夜摩天, 도솔천兜率天, 화락천化樂天, 타화자재천他化自在天.

질적인 형체에 매여 있는 세계입니다. 무색계無色界는 색계 위에 있는 세계로 오욕과 형상의 속박에서 완전히 벗어난 순수한 선정禪定의 세계입니다. 이 색계와 무색계는 선정 수행을 통해서 감각적 욕망을 극복하고 선정을 얻어야만 태어날 수 있는 세계입니다.

육도六道는 육취六趣라고도 부르며 전통적인 관점에서는, 중생이 윤회하는 여섯 가지 세계 즉, 천도天道, 인도人道, 아수라도阿修羅道[102], 아귀도餓鬼道, 축생도畜生道, 지옥도地獄道[103]를 말하는데, 보통 천도·인도·수라·아귀·축생·지옥이라고 줄여 부릅니다. 이중 선업으로 인해 태어나며 즐거움이 많은 천도·인도를 선도善道 또는 선처善處, 선취善趣라고 부르고, 악업으로 인해 태어나며 괴로움이 많은 아귀·축생·지옥을 삼악도三惡道 또는 삼악처三惡處, 삼악취三惡趣라고 부르며, 보통 줄여서 악처惡處라고 부릅니다. 아수라는 아귀보다 조금 나은 악도 또는 선도로 분류하며, 색계와 무색계는 모두 악처가 없는 천도입니다.[104]

이상의 삼계육도 중 축생도와 인도를 뺀 나머지의 세계는 우리의 눈에는 보이지 않는 영적인 세계라고 할 수 있으므로 우리 보통 사

102) 정산종사 말씀하시기를 "평소에 시기·질투·교만·불평불만이 많은 생활을 하였거나, 또는 음독자살, 투강投江 자살을 한 이는 내생에 수라보를 받나니라."(《정산종사법설》, 342쪽)

103) 지옥도: 지옥은 악처 중에서 제일 무서운 곳으로 즐거움은 전혀 없고 오직 고통만 있는 세계입니다. 지옥은 다시 대지옥과 소지옥으로 나뉘며, 대지옥은 등활지옥, 흑승지옥, 중합지옥, 규환지옥, 대규환지옥, 초열지옥, 대초열지옥, 무간지옥(아비지옥) 등으로 나뉘고, 소지옥은 무간지옥 주위에 있는 지옥으로 도산지옥, 화탕지옥, 덩굴강지옥 등이 있다고 합니다.(《일묵스님이 들려주는 초기불교 윤회 이야기》, 19~26쪽)

104) 삼계육도에 대한 자세한 설명은 《일묵스님이 들려주는 초기불교 이야기》(불광출판사, 2019)의 15~50쪽을 참고하시기 바랍니다.

람들은 알기가 어렵습니다. 따라서 일반인의 견지에서는 과연 이러한 육도 세계가 있어서 우리가 윤회를 하는지에 대한 강한 의문이 들 수밖에 없습니다. 그러나 일체유심조와 업의 원리에 따른다면 삼계육도 역시 우리 중생들의 마음 세계가 반영된 것이라고 할 수 있는데, 정산종사께서도 "육도 사생으로 건설되는 이 세계는 우리의 마음의 차별심으로부터 생겨서 나열된 세계"[105]라고 밝혀주셨습니다. 따라서 영계에 실제로 이러한 육도 세계가 건설되어 있는지에 대해서는 의문이 있다고 하더라도 우리의 마음과 현실 세계를 삼계육도로 구분해 보는 것은 충분히 공감할 수 있을 것입니다. 이 마음 가운데의 육도가 반복되어 현실 생활상의 육도가 되고, 죽은 뒤에는 윤회전생의 실지 육도에 태어난다고 보면 인과의 원리와 일체유심조의 원리에 근거해 볼 때 어느 정도는 수긍할 수 있을 것입니다.

이 육도 세계에 대해 박창기[106] 선생은 "진리적으로 볼 때에는 우리 인간의 심중心中에 육도계가 엄연하게 전개되어 우리들은 매일매일 이 육도계를 자재로 승강하면서 생활하고 있는 것이다. 실증을 들어 말한다면 우리들이 이른 아침에 고요히 앉아서 일체 잡념과 분별심을 끊어버리고 적적寂寂 요요寥寥한 심경을 가질 때에는 그곳이 곧 천상계이며, 우리는 그때에 천도계天道界에서 소요하는 것이다. 우리가 복잡다단한 일체 경계를 당하여 분별심과 사량심

105) 《정산종사법어》, 제6 경의편 52장.

106) 박창기(朴昌基 1917~1950): 본명 남기南基, 법호 묵산黙山. 서울 출생. 1932년(원기 17년) 모친 이공주를 따라 입교하고 이어 출가하였습니다. 소태산 대종사로부터 인장법사印藏法師의 후신이라 칭찬받았고, 소태산 대종사 시봉과 함께 후진 양성에 노력하였습니다.(《원불교 용어사전》)

을 일으키며 만사를 간섭하고 처리하며 시비와 고락 중에서 지내게 되는 때에는 그곳이 곧 인간계이며, 우리는 그때에 인간계에서 생활하는 것이다. 우리가 급한 일이나 중대한 일이나 어려운 일을 당하여 마음에 안정을 잃어버리고 생각이 들떠서 번뇌와 초려焦慮를 하게 되는 때에는 그곳이 곧 수라계修羅界이며, 우리는 그때 수라계에서 방황하게 되는 것이다. 우리가 좋은 것을 보고 들을 때에 탐심이 일어나 자기의 분수를 망각하고 과분하게 취하려고 허덕이며, 혹 취할지라도 항상 불만족의 생활을 할 때 그곳이 곧 아귀계餓鬼界이며, 우리는 그때에 아귀계에서 헤매는 것이다. 우리의 지혜가 무명심에 가려져서 인도정의의 공정한 법칙을 무시하고 각자의 본능적 욕망만을 달성하고자 파렴치한 행동을 감행할 때 그곳이 곧 축생계이며, 우리는 그때에 축생계에서 금수 생활을 하는 것이다. 우리가 나의 마음을 거슬리는 역경을 당하여 분심憤心과 진심瞋心을 참지 못하고 스스로 심중에 고통을 끓일 때 그곳이 곧 지옥계이며, 우리는 그때에 지옥계에서 신음하는 것이다. 이리하여 우리들은 하루를 지내는 가운데에도 심중의 육도계를 자주 승강하게 된다. 저 우주의 육도계와 우리 심중의 육도계는 비록 광협廣狹의 차이는 있을지라도 그 원리에 있어서는 동일한 것으로서 위 심중의 육도가 확대 반영되는 것이 우주의 육도계가 되는 것이다. 그러므로 심중의 육도계를 시인하는 이상 우주의 육도계를 부인치 못하게 될 것이니, 우리가 일생을 지내는 가운데 각자의 업인이 적체積滯되는 중 가장 무거운 업인을 따라서 육도계로 떨어져 간다는 것이다. '업의 길은 저울과 같으니 무거운 것이 먼저 끌어당긴다.'(《業道經》) 즉, 현세에서 청정한 생활을 많이 하여 그 선업인善業因이 두터운 사람은 천도계로, 경도부박輕跳浮薄한 업인이 많은 사람은 수라계로, 탐심의 업인이 가장 많은 사람은 아귀계로, 우치한 심리의 업인이 가장 많은 사람은 축생계로, 진심瞋心의 업인이 가장 많은 사람은 지옥계로 떨어져간다는 것이다. 이것은 대체적으로 말함이요 그 중에도 선악 간 지은바 업인이 여러 가지로 다른데 따라서 그 죄복도 천차만별로 받을 것은 당연한 사실일 것이다. 이상의 육도설은 우치한 사람들에게 권선징악을 시키기 위한 종교의 신앙성을 가진 일종의 공상과 관념에 불과한 것으로 생각할 수도 있으나, 그러나 이것은 현실에서 가장 보편타당성을 가지고 있는 업의 원리에 근거하여 설명하는 것이므로 황당무계한 억측으로만 생각할 것이 아니라, 우리 인생의 중대한 과제로서 연구의 대상을 삼는 것이 옳을 줄로 믿는다."[107]라고 하였습니다.

따라서 우리는 매 순간을 고귀하고 아름다운 마음을 내도록 노력해야 하며, 누군가에게 도움을 줄지언정 해를 끼치는 일이 없도록 주의해야 합니다. 지금 여기에서 내가 일으키고 있는 마음 상태와 언행이 결국 내가 살아가는 세상과 나의 인생의 행불행을 만들어 가는 것이며, 미래에 내가 태어날 세상을 결정짓기 때문입니다. 내가 곧 나의 인생의 조물주이니 이왕이면 나의 우주를 좀 더 아

107) 월간원광사 편, 《원광자료모음집(대종경편1)》, 원광사, 1990. 475~476쪽. 묵산默山 박창기朴昌基 선생의 동국대학교 졸업논문인 『業의 원리』에서 인용한 것을 재인용함.

름답고 행복하게 창조하기 위하여 노력해야 되지 않겠습니까?

최근에는 전생을 기억하는 어린이들을 중심으로 실증적인 과학적 연구가 상당히 폭넓고 깊이 있게 체계적으로 진행되어 전생의 존재가 학문적으로도 상당 부분 입증되고 있으며, 직접 내담자의 전생을 탐색하여 현재의 여러 가지 어려운 상황의 근본 원인이 전생의 어떠한 인연에 의해서 전개된 것인지를 밝혀줌으로써 문제해결의 단서를 제공하거나 최면을 통해 전생의 사건 내역을 알아내어 심층의식에 저장되어 있는 원인을 밝혀냄으로써 질병의 치료에 응용하는 전생요법을 시행하는 분들도 계십니다.

• 『또 여쭙기를 "사람이 죽은 후에는 유명幽明이 서로 다르온데 영식만은 생전과 다름없이 임의로 거래할 수 있나이까?" 대종사 말씀하시기를 "그 식심識心만은 생전 사후가 다름이 없으나 오직 탐·진·치에 끌린 영과 탐·진·치를 조복 받은 영이 그 거래에는 다름이 있나니, 탐·진·치에 끌린 영은 죽어 갈 때에 착심에 묶인 바가 되어 거래에 자유가 없고, 무명의 업력에 가리워서 착심 있는 곳만 밝으므로 그 곳으로 끌려가게 되며, 몸을 받을 때에도 보는 바가 모두 전도되어, 축생과 곤충 등이 아름답게도 보여서 색정色情으로 탁태하되 꿈꾸는 것과 같이 저도 모르게 입태하며, 인도 수생의 부모를 정할 때에도 색정으로 상대하여 탁태하게 되며, 혹 무슨 결정보決定報의 원을 세웠으나 사람 몸을 받지 못할 때에는 축생이나 곤충계에서 그에 비슷한 보를 받게도 되어, 이와 같이 생사에 자유가 없고 육도 윤회에 쉴 날이 없이 무수한 고를 받으며, 십이

인연에 끌려 다니나니라. 그러나 탐·진·치를 조복 받은 영은 죽어 갈 때에 이 착심에 묶인 바가 없으므로 그 거래가 자유로우며, 바르게 보고 바르게 생각하여 정당한 곳과 부정당한 곳을 구분해서 업에 끌리지 않으며, 몸을 받을 때에도 태연자약하여 정당하게 몸을 받고, 태중에 들어갈 때에도 그 부모를 은의로 상대하여 탁태되며, 원을 세운 대로 대소사간에 결정보를 받게 되어, 오직 생사에 자유하고 육도 윤회에 끌리는 바가 없이 십이 인연을 임의로 궁글리고 다니나니라."』(《대종경》, 천도품 36장)

- 『학인의 삼계三界에 대한 질문에 답하시기를 "삼계로 벌여 있는 중생의 세계는 중생의 끌리는 마음 세계에 벌여 있나니, 욕계는 식食·색色·재財 등 물욕에 끌려서 오직 자기 구복 하나를 위하여 예의·염치도 모르고 종종의 악업을 지으며 정신없이 허덕이는 중생의 마음 세계요, 색계는 명상名相에 끌려서 모든 선행을 하고 사업을 하되 자신의 명예욕에 끌려 하므로, 자칫하면 승기자勝己者를 시기하고 저만 못한 자를 무시하며 그에 따라 사량과 계교가 많은 중생의 마음 세계요, 무색계는 명상에 끌리는 바도 없고 사량과 계교도 없다는 생각 즉 법상法相에 끌려서 명리에 끌리는 사람이나 사량과 계교에 끌리는 사람을 싫어하는 중생의 마음 세계니, 이 마음마저 멸도滅度되어야 삼계를 초월하나니라."』(《정산종사법어》, 경의편 51장)
- 『학인의 육도 사생에 대한 질문에 답하시기를 "육도 사생으로 건설되는 이 세계는 우리의 마음의 차별심으로부터 생겨서 나열된 세계니라. 천도란 모든 경계와 고락을 초월하여 그에 끌리지 아니하며 고 가운데

서도 낙을 발견하여 수용하는 세계요, 인도란 능히 선도 할 만하고 악도 할 만하여 고도 있고 낙도 있으며, 향상과 타락의 기로에 있어 잘하면 얼마든지 좋게 되고 자칫 잘못하면 악도에 떨어지게 되는 세계요, 축생계란 예의·염치를 잃어버린 세계요, 수라란 일생 살다 죽어버리면 그만이라고 하여 아무것도 하지 않고 허망히 살기 때문에 무기공에 떨어진 세계요, 아귀란 복은 짓지 아니하고 복을 바라며, 명예나 재물이나 무엇이나 저만 소유하고자 허덕이는 세계요, 지옥이란 항상 진심을 내어 속이 끓어올라 그 마음이 어두우며 제 주견만 고집하여 의논 상대가 없는 세계니라. 이와 같이 육도 세계가 우리의 마음으로 건설되는 이치를 알아서 능히 천도를 수용하며 더 나아가서는 천도도 초월하여야 육도 세계를 자유 자재하나니라."』(《정산종사법어》, 경의편 52장)

- 『대산 종사 불교의 10법계十法界에 대해 말씀하시기를 "위로 불佛·보살菩薩·성문聲聞·연각緣覺의 사법계四法界와, 아래로 천도·인도·수라·아귀·축생·지옥의 육도계가 벌여 있는데, 첫째, 불佛은 거래 없는 진리를 깨달아 한 곳에 주착한 바가 없이 십법계를 다 자유로 다닐 수 있는 경지요, 둘째, 보살은 그 거래 없는 진리를 깨쳐 중생에게 알려주기를 힘쓰며 열반락을 주로 힘쓰는 경지요, 셋째, 성문은 직접 부처님 법문을 듣고 경전을 볼 때에 그 진리의 진락眞樂을 깨치진 못했으나 보살같은 지행을 가진 경지요, 넷째, 연각은 부처님에게 직접 구전심수는 못했으나 보살 같은 지행을 가진 경지요, 다섯째, 천도는 형상 있는 물질락을 떠나서 심락을 받는 경지를 이름이요, 여섯째, 인도는 고락과 죄복이 상반되고, 상계와 하계의 중간에 업을 짓고 살아감을 이름이요,

일곱째, 지옥은 마음 가운데에 지옥을 만들어 가지고 화락함이 없이 스스로 고통을 받음을 이름이요, 여덟째, 아귀는 탐심이 쉬지 않아서 늘 부족만을 느끼고 허덕이는 삶을 이름이요, 아홉째, 축생은 욕심에 가려서 바른 마음을 내지 못하고 어두운 마음으로 살아감을 이름이요, 열째, 수라는 마음이 안정을 얻지 못하고 부평초같이 떠서 살아감을 이름인 바, 위로 사법계는 곧 사성위四聖位라 얻어보기 어려운 경지로서 그 공부하는 정도에 따라 승급 강급이 있고, 아래로 육도계는 일생동안을 심상육도계心上六途界에 편중되는 대로 사후에 실지 육도에 몸을 받게 되는 것이다."』(《대산종사법문집 제1집》, 진리는 하나, 1.불교佛敎)

4.3.2 태어남은 업을 조건으로 일어난다[108)]

존재들은 삶을 살면서 이루 셀 수 없이 많은 업을 짓습니다. 그러다가 수명이 다하여 죽음을 맞이할 때 자신이 이전에 지었던 수많은 업 중에서 가장 강력한 업 한 가지가 임종 때 나타납니다. 이때의 업은 무거운 업, 임종 가까이에 지은 업, 습관적인 업, 이미 지은 업의 순서대로 수많은 업 중에서 한 가지가 결정됩니다. 그리고 임종 때 나타난 한 가지 업을 조건으로 다음 생에 31가지의 세상 중 어디에 태어날지가 결정됩니다. 이전에 지었던 나머지 업들은 다음 생에 태어난 존재의 삶의 과정에 많은 영향을 줍니다. 아

108) 일묵 지음, 《사성제(괴로움과 괴로움의 소멸)》, 서울, 불광출판사. 2020, 181~192쪽 참조.

니면 그다음, 다음 생 이후의 태어남과 삶의 과정에 많은 영향을 줄 수 있습니다. 그러면 존재들이 지었던 수많은 업 중에 임종 때 나타난 업과 그 밖의 나머지 업들이 윤회의 과정에서 어떤 역할을 하는지 좀 더 구체적으로 살펴보면 다음과 같습니다.

첫째, 평상시에 악업을 주로 지은 사람이 이후에도 참회하지 않고 계속 악업을 많이 짓거나 임종 가까이에 그릇된 견해에 깊이 빠지면 임종 때에 필연적으로 악업 중 가장 강력한 한 가지가 나타나 그 악업을 조건으로 지옥이나 축생 등의 악처에 태어납니다.

둘째, 평상시에 주로 선업을 지었던 사람이 이전에도 선업을 많이 지었거나, 이후에도 선업을 지었거나, 죽음 가까이서 바른 견해를 확고히 하면 필연적으로 임종 때 선업이 나타나서 그 선업을 조건으로 인간, 천상 등의 선처에 태어납니다.

셋째, 평상시에 악업을 주로 지었던 사람이라도 이전에 선업을 지었거나, 이후에 참회개과하여 선업을 지었거나, 죽음 가까이서 바른 견해를 확고히 한다면 필연적으로 임종 때에 선업 중 가장 강력한 한 가지가 나타나서 그 선업을 조건으로 인간이나 천상의 선처에 태어납니다.

셋째, 평상시에 선업을 주로 지었던 사람이라도 이전에 악업을 지었거나 이후에 악업을 짓거나, 죽음 가까이서 그릇된 견해에 깊이 빠진다면 임종 때 악업이 나타나서 그 악업을 조건으로 지옥, 축생, 아귀 등의 악처에 태어납니다.

다섯째, 내생에 존재를 태어나게 한 악업 이외의 악업들은 적당한 조건이 갖추어지면 현생이나 다음 생이나 그다음 생 이후에 원하지 않는 대상이나 일을 많이 경험하게 하거나 지옥, 축생, 아귀의 악처에 태어나게 하는 나쁜 결과를 일으킵니다. 마찬가지로 내생에 존재를 태어나게 하는 선업 이외의 선업들은 현생이나 다음 생이나 그다음 생에 적당한 조건이 갖추어지면 원하는 대상이나 바라는 일을 많이 경험하게 하거나 선처에 태어나는 행복한 결과를 생산할 수 있습니다.

따라서 임종 때 어떤 업이 나타나느냐가 윤회에서 매우 중요합니다. 평소에 선업을 많이 지었더라도 죽음 가까이서 악업을 지음으로써 어리석게 죽음을 맞이하면 임종 때 그 악업 중 한 가지가 나타나서 악처에 태어날 수도 있으며, 반대로 평소에 악업을 많이 지었더라도 죽음 가까이서 선업을 지음으로써 지혜롭게 죽음을 맞이하면 임종 때 그 선업 중 한 가지가 나타나서 선처에 태어날 수도 있습니다. 그래서 죽음에 가까이 갈수록 지혜롭게 마음을 기울여 선업들을 많이 짓는 것이 중요합니다.

- 『아난다여, 여기서 생명을 죽이고, 주지 않은 것을 훔치고, 삿된 음행을 하고, 거짓말을 하고, 중상모략하고, 욕설하고, 잡담하고, 탐욕스럽고, 악의를 가지고, 삿된 견해를 가진 사람이 몸이 무너져 죽은 뒤 좋은 곳, 천상에 태어나는 것은 이전에 그가 즐거움을 누릴 선업을 행했거나 이후에 그가 즐거움을 누릴 선업을 행했거나 임종시에 바른 견해를 가지고 그것을 확고히 수용했기 때문이다.』(『업분석경』M136)

05

나의 마음이 나의 세계와 인생을 만든다

一切唯心造

우리가 앞에서 살펴본 바와 같이 모든 것이 인과보응의 이치를 따라 전개된 것이라면 우리 인생의 길흉화복과 행불행, 그리고 모든 차별 현상이 알고 보면 모두 자기가 만든 것이 됩니다. 왜냐하면 우리의 모든 생각·감정은 마음으로부터 비롯된 것이며, 그 마음먹은 대로 뜻한 대로 몸을 움직인 것이 바로 각자의 행위이며, 그 행위의 결과로서 나타난 것이 각자의 인생이니, 우리 인생은 결국 각자의 심신 작용의 결과로서 전개된 것이라고 할 수 있기 때문입니다. 이것은 삼세인과적 측면에서 본 일체유심조이지만 이 밖에도 인지인과적 측면, 관점인과적 측면, 유식학적 측면에서 보더라도 모두 일체유심조라는 것을 차례로 밝혀서 부처님께서 "일체유심조(一切唯心造: 모든 것이 마음이 짓는 바이다)"[109]라고 하신 뜻과 소태산 대종사께서 자기 인생의 조물주는 자기 자신[110]이라고 하신 뜻을 깊이 음미해보고자 합니다.

---

109) 《화엄경》 사구게四句偈 : "若人欲了知, 三世一切佛, 應觀法界性, 一切唯心造."
110) 《대종경》, 제6 변의품 9장.

5.1 콩 심은 데 콩 나고 팥 심은 데 팥 난다[111]

앞에서 자세히 살펴본 바와 같이 인과보응의 법칙에 따르면 현재 자기에게 주어지는 인생의 모든 조건은 과거 또는 과거 생에 자기가 몸과 마음과 입으로 지은 업에 따라 결정된 것입니다. 어떤 사람의 말이나 행위는 결국 그 사람의 마음이 밖으로 표출된 것에 불과합니다. 따라서 몸으로 지었든 말로 지었든 마음으로만 지었든 근본적으로 보면 모든 업이 결국은 다 자기의 마음에서 비롯된 것입니다. 따라서 각자의 인생은 모두 각자의 마음이 들어서 만든 것이며, 따라서 그 책임도 각자가 질 수밖에 없다는 것입니다. 나에게 주어지는 모든 조건은 나의 과거 또는 과거 생에 내가 지은 바 업에 따라 나에게 주어지는 것이며, 다시 그 조건들을 내가 어떻게 수용하고 어떻게 풀어 가느냐에 따라, 현재 내가 심신작용을 어떻게 하느냐에 따라 나의 미래 인생이 또한 새롭게 변화되고 결정되는 것입니다.

111) 이는 삼세인과적三世因果的 관점에서 본 일체유심조로서 무엇이든 자기가 심은 대로 거둔다는 것이니, 인과보응의 법칙에 따라 각자에게 주어지는 모든 결과는 각자의 몸과 마음과 입으로 지은 업에 따라 결정되는데, 모든 업이 결국은 다 각자의 마음에서 비롯된 것이므로 결국 각자의 인생은 각자의 마음 작용에 의해 만들어진 것이라고 할 수 있습니다.

5.2 우리가 인식한 것은 사물 자체가 아니고 감각한 것을 첨삭 편집한 이미지이다[112)]

우리가 현상세계를 인식하는 것은 눈·귀·코·혀·몸(피부)의 감각기관을 통해 인지한 색·소리·냄새·맛·촉감 등의 감각 정보입니다. 따라서 우리가 인식하는 것은 현상사물 자체가 아니라 자신의 감각 능력으로 접수한 것에 자기의 생각·감정을 덧칠해서 만든 이미지에 불과합니다. 이것은 사진이 바로 사물 자체가 아닌 것과 마찬가지인 데다 자기의 생각이나 감정 등에 의해 덧칠해진 포토샵을 한 사진과 같으므로 더욱이 실체 자체와는 거리가 아주 멀다는 것을 의미합니다. 다시 말해서 우리는 현상사물을 있는 그대로 인식하는 것이 아니라 각자가 인지과정을 통해 재구성한 현상사물의 이미지만을 인식한다는 것입니다.

우리의 감각 정보는 각 감각기관의 본래적·개체적 한계성과 감각 능력의 차이에 따라 감수感受 정도에 많은 차이가 생깁니다. 게다가 우리의 감각기관이 감각 정보를 인식할 때 감각한 그대로 인식하는 것이 아니라 여과 과정을 거쳐서 단순화·추상화되어 신경세포를 통해 뇌에 전달된 것을 분별·판단하게 되는데, 여기에 두려

112) 이는 인지인과적認知因果的 측면에서 본 일체유심조로서, 현상사물에 대한 인지과정 상에서의 여러 가지 차이점이 원인이 되어 대상에 대한 인식 결과가 달라지는 것을 말합니다.

움·애증·분노 등의 감정과 고정관념·편견 등이 개입되어 가감·편집·왜곡된 형태로 인식하게 됩니다.

우리가 일반적으로 획득하는 감각정보는 시각정보가 가장 많은 부분(전체의 80% 정도)을 차지하므로 이를 중심으로 현상 사물을 인식할 때에 관계 또는 개입되는 요소들을 아래와 같이 좀 더 자세히 살펴보면 이를 더욱 분명하게 알 수 있습니다.

(1) 인식 대상이 되는 현상사물 "A" 자체가 고정되어 있지 않다

앞에서 살펴본 바와 같이 제행무상이니 이 A는 시시각각 변화하고 있는 상태이므로 엄밀하게 말하면 시간이 흘러가는 상태에서 A의 동일성은 유지될 수 없습니다. 똑같은 강물에 두 번 발을 담글 수 없는 것과 같은 이치입니다. 강물은 계속 흘러가고 있으므로 찰나 찰나 변화하여 똑같은 강물이 될 수 없기 때문입니다.

(2) 각 사람에 따라 감각기관과 뇌 구조에 편차가 있을 뿐만 아니라 우리의 감각 능력 자체에 본래적·개체적 한계가 있다

사람마다 시각기관과 뇌의 시신경 및 시각세포 등의 구조, 분포와 성능이 모두 다릅니다. 따라서 사람마다 현상사물을 감지하고 인지하는 정도와 내용에 다소간의 편차가 날 수밖에 없습니다. 대표적인 예로 색약자, 색맹자, 비문증 환자 등을 들 수 있습니다. 고혈압에 좋은 약용식물 중에 우리말로는 '누리장나무'라고 하고 한자로는 '취오동臭梧桐'이라고 부르는 나무가 있습니다. 잎사귀에서 누린내 비슷한 역겨운 냄새가 나기 때문에 붙여진 이름입니다. 그런데 필자가 원광디지털대학교의 한방건강학과생들을 대상으로 약초 실습을 하면서 학생들에게 물어본 결과 사람들 중에는 오히려 '고소한 냄새와 비슷한 향기'가 난다면서 좋아하는 분들이 10% 정도나 되는 것을 보고 깜짝 놀란 적이 있습니다. 또 우리가 함박꽃이라고도 부르는 작약의 뿌리를 건조해서 '백작약'이라는 이름의 한약재로 많이 쓰이는데, 제가 그 냄새를 맡아보면 여름철에 깨끗이 빨지 않은 행주에서 나는 것과 비슷한 냄새가 납니다.

그래서 원광디지털대학교 부산캠퍼스에서 실습하기 전에 20여 명의 학생들에게 백작약의 냄새를 맡아보고 어떠한 냄새가 나는지 말해 보라고 했더니, 20여 명의 학생들이 모두 서로 다르게 이야기하는 것을 보고 "아~! 후각도 사람마다 이렇게 다르게 느끼는구나!" 하고 깜짝 놀란 적이 있습니다. 또 우리의 감각 능력과 변별력은 한계성이 있어서 미세한 차이와 변화까지 모두 구분하여 인식해내지 못하고, 비슷해 보이면 모두 동일시하여 같은 것으로 간주하는 경우가 많습니다.

예를 들면 같은 종류의 나뭇잎을 얼핏 보면 똑같아 보이지만 자세히 들여다보면 서로 비슷할 뿐 완전히 똑같은 나뭇잎은 하나도 없다는 것을 알 수 있습니다. 또한 나무들이 매일 같이 자라지만 우리는 그 하루 이틀 동안에 자라난 차이를 구분하지 못하는 경우가 많으며, 바위 같이 변화하지 않는 것처럼 보이는 것도 사실은 전자와 같은 미시적 수준에서는 엄청난 속도로 진동하며 변화하고 있는데 우리의 감각기관이 이를 감지하지 못하는 것뿐입니다. 또한 천리 밖에 서 있는 사람이라든지 초음파라든지 지구가 돌아가는 소리라든지 개미가 기어가거나 식물이 성장하는 소리 등과 같이 역치가 너무 크거나 작은 것도 인지하지 못합니다.

(3) 동일한 대상이라도 사람과 상황에 따라서 감각한 정보의 내용이 달라진다[113]

망막에 맺힌 영상 A'는 현상사물 A가 아니며 A의 이미지에 불과합니다. 사람마다 감각기관의 구조, 분포 및 성능이 다 다르기 때문에 각 사람의 망막에 맺힌 영상 A'도 사람마다 다 다릅니다. 색맹인 사람을 생각해 보면 이를 쉽게 이해할 수 있을 것입니다. 더욱이 뇌는 현상사물을 인식할 때에 인식과 기억의 편의상 사물을 관심·희망·신념 등에 따라 보고자 하는 초점에 맞추어 추상화하고 단순화하여 인식합니다. 그래서 관심이 없는 대상은 잘 보이지 않게 됩니다. 《대학》에 "마음이 없으면 보아도 보이지 않고 들어도 들리지 않으며 먹어도 그 맛을 모른다."[114]고 한 말이 이를 두고 한 말입니다. 우리가 무엇인가에 몰두하고 있을 때는 옆에서 무슨 소리를 해도 듣지 못하고, 무슨 일이 일어나도 잘 알지 못하는 경우를 흔히 경험합니다. 이를 심리학적으로 실제 실험한 것이 있는데,

113) 유튜브 동영상 검색창에서 "2016 카오스 [Brain] 7강 착각하는 뇌 - 1"을 검색해서 꼭 시청해 보시기 바랍니다. KIST 뇌과학연구소 선임 연구원 정수영 박사의 강의 동영상입니다.

114) 《大學》"心不在焉, 視而不見, 聽而不聞, 食而不知其味."

검은 셔츠 팀과 흰 셔츠 팀의 두 팀으로 나뉜 10여 명의 사람들이 서로 공 던지기를 하는 동영상을 틀어놓고, 흰 셔츠 팀원끼리 공을 패스하여 주고받은 횟수가 몇 번인지 세어보고 알아맞혀 보라고 하면, 동영상의 중간에 서로 공 던지기 하는 사람들 사이로 커다란 고릴라 의상을 뒤집어쓴 사람이 지나가는 장면이 있는데도 불구하고 그것을 전혀 인지하지 못하는 사람들이 많습니다.[115] 사람들이 흰 셔츠 팀원들끼리 공을 주고받는 횟수를 세는 데만 관심이 쏠린 나머지 다른 것은 잘 인식하지 못했기 때문입니다. 이와 같이 사람들은 자기가 보고 싶은 것만 보는 것입니다.

또, 어떤 음식 맛이든 맨 먼저 그 음식을 먹을 경우의 맛과 다른 음식을 먼저 먹고 나서 바로 이어서 그 음식을 먹을 경우의 맛은 서로 다르게 느껴지는 것입니다. 또 냄새의 경우에도 냄새를 처음 맡을 때는 강하게 느끼지만 조금 시간이 지나면 점점 그 냄새를 잘 못 느끼게 되는데, 이는 감각기관의 순응 현상으로 감각을 느끼는 데 필요한 자극의 역치가 점차 증가하기 때문입니다.

또 우리가 똑같은 촛불을 보더라도 대낮에 볼 경우와 깜깜한 밤에 볼 경우의 밝기의 차이가 매우 크게 느껴지며, 어떤 색상의 경

115) Inattentional Blindness: 무주의無注意 맹시盲視. 심리학에서 사용되는 용어로 눈이 특정 위치를 향하고 있어도 주의가 다른 곳에 가 있으면 눈이 향하는 위치에 있는 대상인데도 잘 지각되지 못하는 현상이나 상태를 말합니다. 이는 자기가 보고 싶은 것에만 집중하느라 정작 중요한 것은 놓치게 되는 현상, 이른바 사람들은 자기가 보고 싶은 것만 본다는 것을 뜻합니다. 유튜브에 들어가서 동영상 검색창에 "고릴라 실험" 또는 "보이지 않는 고릴라"를 검색해서 찾아보시면 직접 확인해 보실 수 있습니다. "착각하는 뇌" "자기가 보고 싶은 것만 본다"로 검색해 보면 수많은 동영상이 나옵니다. 그 중 몇 가지만 시청해 보더라도 인간의 착각이 얼마나 심한지, 그리고 지각이 얼마나 믿을 수 없는 것인지를 잘 알 수 있습니다. 또는 EBS 다큐프라임Docuprime, 인간의 두 얼굴 시즌 2, 제1부 착각의 진실(2009.04.27)을 검색해서 시청해 보시기 바랍니다.

우에도 그 배경색을 어떤 색으로 하느냐에 따라서 그 색상의 느낌이 전혀 달라진다는 것을 우리는 옷 가게에서 옷을 입어볼 때마다 쉽게 체험할 수 있는 일입니다. 옷의 디자인이나 무늬 등도 마찬가지입니다. 이와 같이 우리는 어떤 현상사물에 대한 느낌이나 인식도 어떤 시간과 공간에서의 상황·배경이냐에 따라서 크게 달라집니다.

(4) 그 현상사물을 감각, 인지하는 사람의 기억 내용(A")과 실제(A)와는 차이가 큰데, 그 기억 능력 또한 사람 따라 편차가 크다

갑의 기억 창고에 A의 이미지로 저장되어 있는 A"는 사실은 A와 흡사한 다른 사물의 이미지일 뿐 A의 이미지 A'가 아니므로 엄밀하게 말하면 A'와는 다릅니다. 그러나 우리의 뇌는 현상사물을 있는 그대로 인식 저장하는 것이 아니고, 여과되어 단순화되고 추상화된 이미지의 형태로 저장하기 때문에 인식의 편의상 이미지가 비슷한 것은 대부분 동일한 것으로 간주하여 인식합니다. 그러므로 엄밀하게 말하면 현상사물 A와 망막에 맺힌 A'와 기억 창고의 A"가 서로 다름에도 불구하고 우리의 뇌는 이를 동일시하여 모두 같은 것으로 인식하는 것입니다.

또한 사람마다 기억 내용뿐만 아니라 그것을 회상하여 재생해 내는 기억력에도 편차가 큽니다. 어떤 분들은 사람의 얼굴이나 이름을 잘 기억해 내지 못해서 애를 먹는데, 어떤 분들은 단 한 번 보고 몇 년 뒤에 만났는데도 다 기억하는가 하면, 또 어떤 분들은 과거에 맛있게 먹었던 음식점의 당시의 정경과 음악 소리 음식의 냄새까지 그대로 기억하기도 합니다. 또 영어 단어 같은 것은 잘 기억하는데 노래는 여러 번 불러보아도 잘 기억이 안 되는 분이 있는가 하면, 반대로 영어 단어 같은 것은 잘 기억이 안 되는데 노래는 한 번만 들어도 잊지 않고 기억하는 분들이 있습니다.

(5) 각 사람마다 출생·성장 환경과 역사 문화적 배경 등이 다 다르기 때문에 생각과 정서, 감정(증애심·집착심 등), 인지능력 등에 편차가 큰데, 이것들에 의해서 감각 정보가 가감·편집·윤색·왜곡되어 재구성된다

비유적으로 말하면 사람마다 쓰고 있는 안경의 색깔이 만인만색萬人萬色으로 각각 다 다르기 때문에 사물의 색깔을 각자 다르게 보는 것과 같다는 것입니다. 우리의 감각기관이 감각정보를 인식할 때 감각한 그대로 인식하는 것이 아니라 여과 과정을 거쳐서 감각신경을 통해 뇌에 전달된 것을 분별·판단하게 되는데, 여기에 두려움·애증·분노 등의 감정과 고정관념·편견·선입견 등이 개입되어 인식하게 됩니다.

따라서 같은 현상사물이라도 어떠한 생각과 태도로 어떠한 관점과 시각에서 보느냐에 따라 달리 보입니다. 또한 같은 현상사물이라도 상황이나 지적 수준 또는 변별력의 차이 등에 따라서 인식하는 수준과 내용상에서 분명하게 차이가 나타납니다.

또한 각자의 신념이나 편견에 의해서도 사물이 달리 보입니다.

자기의 신념대로 자기가 믿는 대로 보이는 경우가 많습니다. 예를 들면 인도사람들은 갠지스강을 신성한 것으로 생각합니다. 그래서 거기에 시신을 태우고 남은 재를 뿌려달라고 소원하기도 하고 거기에 들어가서 목욕도 하며 그 물을 먹기도 합니다. 그러나 외국인들이 볼 때는 그냥 더러운 강물일 뿐입니다.

또 같은 현상사물이라도 각자가 가지고 있는 정서와 감정 상태에 따라서 그에 대한 기분과 반응이 많이 달라집니다. 사랑하는 사람이나 물건에 대한 생각·감정과 미워하는 사람이나 물건에 대한 생각·감정은 전혀 다릅니다. 동일한 비만인이라고 해도 스스로 살찌고 싶어 하는 사람이 보고 느끼는 것과 자기도 살을 빼고 싶어 하는 사람이 보고 느끼는 것은 사뭇 다른 것입니다. 남자들에게 성추행을 여러 번 당했던 여성이 보는 남성에 대한 시각과 남자들에게 관심과 사랑을 많이 받았던 여성이 보는 남성에 대한 시각은 전혀 다릅니다. 같은 말이라도 상대방이 기분 좋을 때 받아들이는 태도와 기분 나쁠 때 받아들이는 태도는 전혀 다른 것입니다.

또 한국인이 향신료가 많이 들어간 중국 음식이나 인도 음식을 잘 못 먹는다든지, 서구인이 우리 청국장을 잘 못 먹는다든지, 일본사람들은 매운 것을 잘 못 먹는다든지 하는 등 나라나 민족마다 음식에 대한 기호도 많은 차이가 있습니다. 이러한 것들은 모두 성장 환경과 역사 문화, 풍토 등의 차이로 인해 어려서부터 익혀온 바가 서로 다르기 때문입니다. 40대 이상의 한국인이 외국에 나가면 특히 김치를 그리워하지만 요즘 자란 신세대들은 꼭 그렇지는 않습니다. "세 살 적 버릇이 여든까지 간다"고 식습관 역시 어렸을 때 어떤 음식을 주로 먹고 자랐느냐가 평생의 식습관으로 자리 잡기 때문입니다. 그래서 영유아기부터 우유, 빵, 치즈, 햄버거, 콜라, 사이다 등을 먹고 자란 아이들은 오히려 미국인들의 식습관에 가까운 것입니다.

(6) 물에 대한 인식의 차이를 예로 든다면

물고기들은 물을 생활공간 내지 생활의 터전으로 볼 것이며, 인간에게는 그 사람이 처한 상황 조건에 따라서 같은 물이라도 농업용수나 공업용수 또는 소방용수나 청소용수로 보일 수도 있고, 갈증을 해소하는 음용수가 될 수도 있습니다. 특히 사막의 여행자들에게는 생명수로 보이겠지만 공수병 환자에게는 공포의 대상으로 보일 것입니다. 과학적으로는 수증기나 물이나 얼음이나 모두 H_2O로 인식될 터이지만, 일반 동물들은 전혀 다른 서로 다른 물질로 인식할 것입니다. 물고기에게는 물이 우리 인간의 공기와 같은 것으로 인식될 수도 있는데 이는 물에 대한 인식이 전혀 객관적일 수 없는 하나의 대표적인 사례가 될 것입니다.

이상에서 살펴본 바와 같이 **우리가 현상사물을 인식하는 것은 대상 자체가 아닌 감각기관을 통해 접수한 감각 정보인데 각 사람의 감각기관과 감각능력·변별능력 등의 편차에 따라 다를 뿐 아니라 감각 정보가 여과 과정을 거쳐 단순화되고 추상화된 데다 그**

사람의 접근 태도와 욕구·생각·신념·관점·시각·성격·습관·감정·기억 정보 등에 따라서 다시 가감·편집·윤색·왜곡된 형태로 인식되는 것입니다[116]. 따라서 우리가 인식한 현상사물은 전혀 객관적일 수가 없으며[117], 실제는 우리의 주관적인 마음에 의해 스스로 만들어 낸 창작 영상물임을 부정하기가 어렵습니다. 따라서 우리 눈에 보이는 현상세계는 실상의 세계가 아니고 우리의 마음이 만들어낸 이미지의 세계일 뿐이라고 말하는 것입니다.

천지자연의 모든 현상사물은 결국 각자의 마음이 만든 이미지이므로 각자가 자기 우주의 조물주라는 것입니다. 따라서 우리는 모두 같은 우주, 같은 공간에 함께 살고 있는 것처럼 착각하고 있지만 사실은 각자가 사는 우주·공간이 모두 서로 전혀 다른 우주·공간인 것입니다. 왜냐하면 앞에서 자세히 살펴본 바와 같이 우리가 보통 객관사물이라고 여기는 대상 자체가 마음을 통해 구성, 인식된 것이므로 마음 밖의 객관사물은 없으며, 있다고 가정을 하더라도 알 수가 없기 때문입니다. 따라서 주관과 분리된 객관 세

116) 이에 대해서는 서울대 심리학 교수 최인철 교수님이 쓰신 《프레임-나를 바꾸는 심리학의 지혜》(21세기북스, 2017)이란 책에 너무나 상세하게 잘 나와 있으므로 일독을 추천합니다.

117) **예컨대 다음 중 어느 것이 사물의 진짜 객관적인 모습일까요?**
① 볼록거울에 비친 모습, ② 오목거울에 비친 모습, ③ 평면거울에 비친 모습, ④ 물결치는 호수에 비친 모습, ⑤ 사람의 눈에 비친 모습(각 사람마다 다를 것임), ⑥ 다른 동물의 눈에 비친 모습(포유류, 파충류, 조류, 곤충류 등 각 동물마다 모두 다를 것임), ⑦ 빛이 아닌 반사된 초음파로 사물을 인지하는 박쥐에 의해 파악된 모습 등. 같은 현상사물이라도 그 사물을 인식하는 시각기관과 조건에 따라서 다 달리 보이는 것입니다.
또한 사람을 비롯한 각 동물이 인식하는 물과 물고기가 인식하는 물이 서로 같을 수 있을까요? 각 동물들의 시각기관과 생리기능의 차이가 있으므로 필자는 전혀 다를 것이라고 생각합니다. 또한 숲을 멀리 10km 전방에서부터 점점 가까이 다가가면서 보는 거리에 따른 모습과 인접해서 돋보기나 현미경으로 보는 모습은 전혀 다른데 무엇을 진짜 숲의 모습이라고 하겠습니까?

계는 존재하지 않으며 존재한다고 해도 인간의 오감각을 통해서는 인지 불가능합니다. 현대의 양자물리학에서도 양자적 세계에서는 주객이 분리될 수 없는 하나의 세계임을 입증하고 있습니다. 이는 논리적으로는 분명하게 이해된다고 해도 심정적으로는 납득이 잘 안 될 것입니다. 왜냐하면 우리가 너무나 긴 세월을 착각 속에 길들여졌기 때문입니다. 비유하면 마치 애꾸만 모여 있는 세계에 살아온 사람이라면, 양쪽 눈을 가진 사람을 보면 비정상이라고 생각할 것이기 때문입니다.

따라서 우리가 인식한 현상 사물은 각자가 만들어낸 이미지에 이름을 붙인 것에 불과할 뿐 사물의 실상이 아닙니다. 우리가 가지고 있는 관념이나 생각도 모두 마찬가지입니다. 앞에서 만물이 무상함을 밝혔습니다. 무상하므로 사물은 애초에 고정된 실체를 상정할 수가 없습니다. 그런데 그것을 인식하는 우리의 감각기관이 불완전하기 그지없는 데다 인지한 내용이 이미지에 불과하고, 더욱이 인지과정 중에 여과·편집·윤색·왜곡까지 일어나니, 사물의 실상과는 멀어도 한참 먼 것입니다. 그래서 《금강경》의 사구게四句偈에 "무릇 소유하고 있는 상相[118]은 다 허망한 것이니 만약 모든 상相이 실상이 아님을 안다면 곧 참 부처님을 볼 것입니다."[119]라고 하시고, 또 "일체의 유위법有爲法[120]은 마치 꿈과 같고 환幻과 같으

118) 상相: 고정된 모습이나 형상, 생각, 관념 등을 말함.
119) 《金剛經》 如理實見分: "凡所有相, 皆是虛妄, 若見諸相非相, 卽見如來."
120) 유위법有爲法: 연기법에 의해 생멸변화하는 현상세계를 말함. 이에 대해 무위법無爲法은 상주불멸常住不滅하는 불변의 진리 세계를 말함.

며 물거품과 같고 그림자와 같으며, 이슬과 같고 또한 번갯불과도 같으니 마땅히 이와 같이 관觀하라."[121]고 말씀하신 것입니다. **우리가 보는 책상이 책상의 실제 모습이 아니고 우리의 눈에 보이는, 즉 망막에 맺힌 책상의 이미지를 '책상'이라고 이름을 붙인 것뿐입니다. "한강이 흐른다"고 했을 때 오직 그렇게 물이 흘러가는 현상만 있을 뿐 한강이라는 고정불변의 실체가 따로 있는 것이 아닙니다. 다만 인식의 편의상 거기서 그렇게 흘러가고 있는 물의 이름을 '한강'이라고 이름 붙인 것뿐인데 우리는 일단 이름을 붙이면 그것이 마치 실체로 존재하는 것처럼 인식하는 착각을 범하는 것입니다.**

우리가 가령 "빨간 장미꽃이 예쁘다."고 했을 때 실상은 빨간 장미꽃이 예쁜 것도 아니고 미운 것도 아닌데 우리의 기준과 취향에 따라서 "빨간 장미꽃이 예쁘다."고 분별 판단한 것뿐입니다. 색깔이 어떠하든 모든 장미꽃은 그냥 스스로 그러할 뿐이며, 장미꽃이 아닌 다른 모든 꽃들도 그들 스스로가 그냥 그러할 뿐인데, 사람들이 각자의 취향에 따라서 무슨 꽃이 더 예쁘고 무슨 색이 더 예쁘다고 말하거나 생각하는 것뿐입니다. 아무개가 예쁘다거나 밉다는 것 또한 마찬가지이며, 모든 사람들이 다 똑같이 그렇게 생각하는 것도 아닙니다. 본래는 예쁜 것도 없고 미운 것도 없습니다. 단지 내가 그렇게 느끼거나 그렇게 생각하는 것일 뿐입니다. '빨갛다',

121) 《金剛經》, 應化非眞分: "一切有爲法, 如夢幻泡影, 如露亦如電, 應作如是觀."

'예쁘다', '밉다'라고 단정지을 때 누구에게나 인정될 수 있는 고정된 기준이 없으며, '장미꽃', '아무개' '나' 그 어느 것도 고정된 실체가 없고 단지 말로써 편의적으로 그렇게 표명한 것뿐인데 우리는 습관적으로 자꾸 말 또는 생각과 실체를 동일시하여 착각하는 것입니다.

5.3 무엇이든 마음먹기와 생각하기에 달렸다[122]

같은 현상사물이라도 거리·배율·시각視角과 주변 환경의 정황 및 시간에 따라, 어떠한 생각과 태도로 어떠한 관점과 시각에서 보느냐에 따라, 그리고 각자가 가지고 있는 욕구·신념·취향·습관·정보와 접근 태도 등에 따라 달리 보입니다. 그래서 사랑하는 사람은 모든 것이 예뻐 보이고 미워하는 사람은 모든 것이 밉게 보이며, 굶주린 사람에게는 무슨 음식이든 맛있게 느껴지는 것입니다. 그래서 평소 긍정적인 태도와 성격을 지닌 사람들은 무엇이든 감사할 요소를 찾아서 감사하지만, 평소 부정적인 태도와 성격을 지닌 사람들은 무엇이든 불만적인 요소를 찾아내서 불평하고 비판하기를 좋아합니다. 또 자기의 입장에 따라서 태도가 달라지는 경우가 많은데, "고슴도치도 제 새끼는 예쁘다고 함함한다."는 말이나 "내가 하면 로맨스요 남이 하면 불륜이다"라고 하는 말이 그래서 생긴 것입니다.

또한 각자의 신념에 따라서도 사물이 달리 보입니다. 자기의 신

122) 이는 관점인과적觀點因果的 측면에서 본 일체유심조로서, 현상사물에 대한 관점·시각과 수용하는 태도의 차이가 원인이 되어 대상에 대한 인식이 달라짐으로써 현실적으로 심리적인 고락의 결과가 달라지게 되는 것을 말합니다.

념대로 자기가 믿는 대로 보이는 것입니다. 수많은 종교인들이 대부분 자기가 믿는 종교가 가장 진리라고 믿는 것도 이 때문입니다. 의약학적으로 공인되고 있는 **플라시보 효과**라는 것이 있습니다. 일반적으로 약물의 유효성을 평가할 때 임상 대상을 정상 약물 투여군과 가짜 약물 투여군으로 나누어 시험하는데, 정상 약물과 외관상으로는 흡사하지만, 실제로는 가짜인 약물을 투여한 가짜 약물 투여군도 공식적으로 25~30%의 효과가 있다는 것이 의약계에서 과학적으로 입증되어 있습니다. 이는 비록 가짜 약이라도 진짜 약으로 믿고 먹으면 25~30%는 효과를 본다는 말인데 이를 플라시보 효과라고 합니다. 이러한 의약품의 플라시보 효과와 종교인들의 신앙체험, 기도체험 등이 바로 믿음대로 보이고 믿음대로 이루어지는, 신념에 따른 인과에 속하는 것들입니다.

관점에 따라 인과가 달라진다는 것을 잘 설명하고 있는 비유담이 바로 짚신 장수와 우산 장수의 이야기입니다. 옛날 어느 노부부에게 짚신 장수 아들과 우산 장수 아들이 있었는데 어머니는 비가 오면 짚신 장수 아들이 짚신을 못 팔겠다고 걱정하고, 햇빛 나면 우산 장수 아들이 우산을 못 팔겠다고 걱정하여 걱정이 끊일 날이 없었다고 합니다. 그러나 이와 반대로 그 아버지는 비가 오면 우산 장수 아들이 우산 잘 팔겠다고 좋아하고, 볕이 나면 짚신 장수 아들이 짚신 잘 팔겠다고 좋아하여 날마다 걱정이 없었다는 겁니다. 또 다른 예로 맥주를 마시다가 3분의 1병쯤 남았을 때 부정적인 사람은 “겨우 3분의 1병밖에 안 남았다”고 말하며 서운해하고, 긍정적인 사람은 “아직도 3분의 1병이나 남았네!”라고 말하며 즐거워 한다고 합니다. 교통사고를 당해 차가 박살이 났어도 몸을 다치지 않았으면 긍정적인 사람은 몸은 안 다쳤으니 얼마나 다행이냐며 감사하고, 부정적인 사람은 재수가 없어서 교통사고로 손재가 많이 났다고 원망합니다. 이와 같이 똑같은 상황이라도 어떤 관점에서 어떠한 태도로 수용하느냐에 따라서, 긍정과 부정으로 해석이 전혀 달라지고 심리적인 행·불행幸·不幸이 갈리게 되는 것입니다.

- 꽃이 시든 것을 보면 안타까움과 슬픔을 느낍니다. 그러나 꽃이 지지 않으면 결실을 맺을 수 없습니다. 우리가 활짝 핀 꽃에 집착하기 때문에 슬픔이 생긴 것일 뿐 꽃이 지는 것을 보고 슬퍼할 이유는 없습니다. 다만 변화한 것뿐입니다. 죽음이 없이 새로운 탄생은 없습니다.』[123]

우리가 흔히 말하는 “불행 중 다행”이라는 말도 불행한 사건을 더 큰 불행에 견주어 그만하기 다행이라고 긍정적으로 해석하는 말입니다. **“인생만사人生萬事 새옹지마塞翁之馬”라는 고사 역시 길흉화복이 따로 고정되어 있는 것이 아니며, 오직 수용하는 자세에 따라 행·불행幸·不幸이 달라진다는 것을 잘 보여주고 있습니다. 그래서 “모든 것이 마음먹기 달렸다.”고도 말하는 것입니다. 우리는 모두 복이 되는 길한 것을 좋아하고 화가 되는 흉한 것을**

123) 금산 권도갑교무님의 《마음공부방법론》 교안 14주, 원광디지털대학교, 2018.

싫어하지만, 따져 보면 사실은 길흉화복이 따로 정해진 바가 없는데, 다만 자기의 관점에서 "길하다, 흉하다" 또는 "복이다, 화다"라고 생각하는 것일 뿐입니다.

비근한 예로 김대중 대통령이 민주화 운동을 하다 온갖 고초를 당하고 죽을 고비까지 넘겼는데 그러한 괴로움을 겪지 않았다면 과연 대통령에 당선될 수 있었을까요? 동서고금을 통해 역사상 권력을 잡았다가 나중에 고통스럽거나 비극적인 인생을 산 분들이 또 얼마나 많습니까? 그러므로 길흉화복은 서로 독립적으로 떨어져 있는 것이 아니고 밀접한 상관관계를 가지고 있어서 돌고 도는 것일 뿐인데 우리가 자기의 관점에 따라서 '흉하다, 길하다, 화이다, 복이다'를 논하는 것뿐입니다. 마치 춘하추동으로 계절이 돌아가고 그에 따라 날씨가 자연스럽게 변화하는 것뿐인데 각자의 취향과 상황 조건에 따라서 "봄이 좋다"거나, "가을이 좋다"거나, 또는 "여름이 좋다"거나, "겨울이 좋다"고 생각하고, "비 오는 날이 좋다"거나, "눈 오는 날이 좋다"고 말하는 것과 같은 것입니다. 그래서 길흉화복도 각각 독립적으로 분리되어 있거나 변화하지 않고 고정되어 있는 것이 아니라 시공간의 차이에 따라 자기의 생각에 따라 달라진다는 것입니다.

같은 사물에 대한 관점과 생각의 차이는 여야 정치인들의 정쟁 사안을 보면 더욱 뚜렷이 느낄 수 있습니다. 국민들의 입장에서 보면 충분히 통일될 수 있는 사안조차도 각 정당별 이해관계와 각 정치인의 이해관계에 따라서 첨예하게 대립하는 경우를 우리는 흔히 봅니다. 그러나 그들은 항상 국가와 국민을 위해서 그러는 것처럼 그럴듯한 명분을 내세우고 포장을 합니다.

또 지구상에서 매우 가난한 나라에 속하는 부탄이란 나라의 행복지수가 세계에서 가장 높다고 합니다. 사실 우리나라만 하더라도 집집마다 TV, 냉장고, 세탁기와 자가용이 있고 국민소득이 4만 달러에 육박하는 등 몇십 년 전에 비하면 비교할 수 없을 만큼 풍요롭게 살고 있지만 국민들의 행복지수는 올라가지 않고 여전히 불평불만 속에 살아가는 사는 사람들이 많습니다.

5.4 잘못된 정보를 기반으로 편견이 작동하여 상상의 소설을 쓰는 경우도 많다

이는 일일이 예를 들지 않더라도 우리가 흔히 겪는 일입니다. 상대방의 어떤 말이나 행동에 대하여 선입견을 갖고 듣거나 본다든지 하여 전혀 사실과 다른 오해를 하는 경우입니다. 속담에 "오얏나무 아래에서는 갓을 고쳐 쓰지 말고, 참외밭에서는 신발을 고쳐 신지 말라!"는 말도 이처럼 오해 사기 쉬운 행동은 되도록 하지 말라는 뜻입니다. 그런데 본인은 전혀 오해 살 일을 하지 않았는데도 불구하고 상대방이 색안경을 쓰고 보는 바람에 오해를 사는 경우도 많습니다.

우리 근·현대의 역사 속에서 색깔론의 희생자가 된 분들 중에도 그러한 분들이 많거니와 죄 없이 억울한 옥살이를 한 사람들이 대개 그러한 경우입니다. 검사와 변호인의 입회하에 충분한 변론을 거쳐 엄정한 법 집행을 한다고 하는데도 그러하니 그 이외의 경우야 얼마나 많겠습니까? 더구나 구체적이고 사실적인 내용을 언급하며 무고하거나 이간질하는 경우에는 속수무책으로 당하는 경우가 많습니다.

남녀의 문제에 있어서도 이러한 오해가 많이 일어나는데 예를 들면 남자들은 여자가 친절하게 대해주면 무조건 자기를 좋아하는 것으로 착각하는 경우가 많으며, 특히 여성들은 자기의 속내를 잘 드러내지 않고 실제 생각과 반대로 말을 하거나 짐짓 남자의 마음을 떠보기 위해서 자기 마음에도 없는 소리를 하는 경우가 종종 있는데, 이러한 경우 역시 남자들에게는 오해를 불러일으키기 십상입니다. 또, 의부증이나 의처증이 있는 사람들은 자기 배우자의 일상적인 행위에 대해서도 사사건건 바람피우는 것으로 의심하여 다잡는 경우가 많습니다. 자존감이 낮은 사람이 자기 연인에 대해 집착심이 강한 경우에도 이와 비슷한 경우가 많습니다. 또, 전화를 안 받는다든지 연락이 잘 안 되는 경우에도 나중에 알고 보면 핸드폰을 집에 놓고 왔다거나 무음으로 해놓았다거나 핸드폰을 분실했다거나 사고를 당해서 전화를 받을 수 없었다거나 하는 등의 피치 못할 사정이 있는 경우가 많은 것입니다.

그러므로 우리가 눈으로 직접 보고 귀로 직접 들은 것이라도 밖으로 드러난 현상만으로는 진실을 다 알기가 어렵다는 것을 명심해야만 합니다. 설혹 직접 보거나 들은 것이 사실이라고 해도 그 이면의 진실을 알고 보면 충분히 납득할 만한 이유가 있는 경우도 또한 많으므로 자초지종을 충분히 알아보지도 않고 무조건 흥분부터 하는 일은 되도록 삼가야 합니다.

5.5 유식학적 관점에서 본 일체유심조

마음의 종교라고 할 수 있는 불교에서도 오직 마음을 대상으로 삼아 연구하고 실천하는 분야를 유식학唯識學이라고 합니다. 유식학은 부파불교시대의 유가사瑜伽師 즉 요가를 수행하는 분들에 의해 실천 체험을 통해서 체계화된 것으로 현대적으로 말한다면 불교심리학 또는 일종의 마음과학이라고 할 수 있습니다.

유식학에서는 만법 즉, 이 세상의 모든 현상변화가 오직 마음識이 나타난 것일 뿐 마음 밖의 대상은 따로 없다는 것이니 이를 유식무경唯識無境[124]이라고 합니다. 마치 영사기에서 나온 빛이 스크린에 온갖 영상을 구현하듯이 우리의 심층의식인 아뢰야식(阿賴耶識: 藏識) 속에 저장되어 있던 일체의 종자가 현현하여 나타난 것이 현상세계이며, **따라서 "모든 현상사물은 마음이 만들어 낸 영상에 지나지 않는다"는 것이며, "일체가 나의 마음을 떠나 있지 않다一切不離識"는 것입니다.** 이는 우리의 일반 상식적인 생각으로는 전혀 이해되기 어려운 말이지만 과학적인 측면에서 살펴본다면 충분히 공감할 수

124) 유식무경唯識無境: 이를 풀어 말하면 "만법유식萬法唯識, 심외무물心外無物" 즉 "모든 현상세계는 오직 마음識이 나타난 것일 뿐 마음 밖의 사물은 없다."는 뜻입니다. 다시 말해서 오직 인식하는 마음識만 있을 뿐 마음 밖에 객관적으로 인식되는 대상 사물이 따로 없다는 것입니다.

있습니다. 예를 들어 우리가 눈앞에 있는 사과를 볼 때에 붉고 둥그스름한 형체가 '보이는 대상'이고 그것을 보는 것은 우리의 마음이 눈을 통해서 보는 것인데, 우리가 보는 것은 사과 자체를 보는 것이 아니고, 사과에 반사된 빛이 우리 눈의 망막에 도달하면 시각세포를 통해 감수한 시각 정보가 시각신호로 전환되어, 시신경과 뇌의 뉴런을 통해 뇌의 각 시각영역으로 전달된 것을 뇌가 종합하여 '재구성한 사과의 영상' 이미지를 보는 것이기 때문입니다.[125]

그리고 지금 보고 있는 것이 '사과'라고 인식하는 것은 이미 기억 저장되어 있는 '사과'의 이미지와 유사하다는 것뿐이지, 결코 저장된 사과의 이미지와 지금 눈앞에 보는 사과의 영상이 완전히 동일할 수는 없습니다. 결국 우리가 어떤 사물을 본다는 것은 그 사물 자체를 그대로 보는 것이 아니고, 우리의 눈의 망막에 맺힌 영상 이미지를 다시 우리의 뇌에서 첨삭 편집한 것을 보는 것입니다. 따라서 우리 눈앞에 전개된 모든 것이, 저 멀리 태양이나 별을 포함하는 대우주 내지 천지 만물이 모두 마음속에 그려진 영상인 셈입니다. 이것은 시각 정보뿐만이 아니고 오감각을 통해서 접수하는 모든 정보가 다 그러해서, 우리가 인식하는 것은 대상 자체가 아니라 그 대상의 감각 정보를 뇌에서 재편집, 재구성한 이미지 정보를 인식하는 것입니다. 이것이 현대 생물학과 뇌과학의 연구 결론입니다.

따라서 우리가 보통 객관사물이라고 여기는 대상 자체가 우리의

---

125) 이와 같이 '보는 대상인 사과'에 대한 시각 정보를 접수해서 뇌에서 이를 인식하기까지의 일련의 과정은 대단히 복잡하므로 자세한 설명은 생략합니다.

뇌와 마음을 통해 편집, 재구성되어 인식된 것이므로, 엄밀한 의미에서 마음 밖의 객관사물 자체는 아무도 알 수가 없는 셈입니다. 따라서 주관과 분리된 객관 세계는 존재하지 않으며, 존재한다고 가정해도 인간의 오감각을 통해서는 인지 불가능합니다. 현대의 양자물리학에서도 양자적 세계에서는 주객을 분리할 수 없는 하나의 세계임을 입증하고 있습니다.

그러므로 유식사상에 근거하면 천지자연의 모든 현상사물은 각자의 마음이 만들어낸 것이므로 일체유심조인 것이며, 각자가 자기 우주의 조물주인 것입니다. 그러나 우리 눈앞에 전개되어 있는 객관사물의 존재를 부정하는 것은 우리의 상식과는 매우 어긋납니다. 지진이 일어나서 집채가 무너지기도 하고 돌에 얻어맞으면 피가 나고 아픈 것이 분명한데 이것이 마음속의 일이라고 하면 믿어지지 않는 것이 사실입니다. 우리가 언제나 보고 만질 수 있는 구체적인 사물들이 주변에 널려 있으니까요.

예를 들어 사과를 손으로 만지면 딱딱한 촉감이 느껴지고 맛을 보면 사각사각 달콤하게 느껴지는 것이 있으니, 분명히 사과는 객관적으로 존재한다고 생각되겠지만, 엄밀하게 말하면 사과에 대한 촉각과 미각의 감각이 있는 것뿐인데 그 감각 데이터를 종합하여 언어로 '사과'라는 이름을 붙이고, 그 감각 데이터가 곧 '사과'라는 사물이라고 동치同値시킨 다음, 그것이 감각과 별도로 객관적으로 존재한다고 믿는 것일 뿐입니다. 시각이든 촉각이든 미각이든 모든 감각은 마음 안에 있는 것이지 마음 밖에 따로 존재하는 것이 아니므로, 딱딱한 촉각과 달콤한 미각이 있다고 해서 '사과'라는 사물이 실재한다고 볼 수는 없다는 것입니다. 우리는 어떤 명사가 있으면 그 명사에 대응하는 현상 사물이 실재하는 것으로 착각하지만, 사실은 이상에서 살펴본 바와 같이 우리가 언어의 유희에 속는 것입니다. 언어로 개념화된 것은 이미 관념화된 가상의 사물일 뿐 실재實在가 아니기 때문입니다.

그래서 우리가 잠을 잘 때 꾸는 꿈만 꿈이 아니고 우리의 현실 생활도 꿈속과 별반 다를 게 없다는 것입니다. 우리가 지금 대면하여 인식하고 있는 객관 세계와 현상사물들이 모두 우리의 뇌와 마음을 통해서 재구성된 이미지의 세계이므로, 사실은 실상이 아니며 따라서 가상 세계와 다를 바 없다는 것입니다. 그러므로 우리가 상식적으로 잘 납득이 안 된다고 해서 무조건 부정할 것이 아니라 깊이 생각해보고 실제 수행을 통해 직접 체험해 볼 일입니다.

우리가 잠을 잘 때 흔히 꾸는 꿈을 생각해보면 이를 어느 정도 수긍할 수 있는데 그래도 실감은 잘 되지 않습니다. 그것은 우리의 망령된 집착과 두터운 업장 때문이라는 겁니다. 우리의 현실 생활 중에서도 내가 볼 때는 너무나 명백한 사실도 아니라고 박박 우겨대는 사람들이 많이 있는 것처럼, 누구든지 자기의 경험과 지성 수준을 넘어가는 것들은 잘 납득이 되지 않기 때문입니다. 꿈 이야기로 돌아가서 우리의 꿈속에서도 산천을 비롯해서 각종의 동식물, 전답, 도로, 하천, 건물, 자동차, 사람들 등 현실 세계에 있는 것들이 모두 분명하게 있으며, 꿈속에서 누군가에게 쫓긴다든지 할 경우에는 진땀을 흘리면서 도망을 가기도 하고 또는 누군가와 언쟁이나 육탄전으로 싸우기도 하며, 아주 맛있는 음식을 대접받기도 하고, 또는 출세하여 부귀를 누리기도 하며, 다른 여자나 남자와 연애를 하기도 하고, 심지어는 하늘을 날아다닌다든지, 이미 죽은 사람과 함께 돌아다닌다든지, 용이 승천을 한다든지 해서 현실 속에서는 도저히 불가능한 일들이 일어나는 경우들도 많은데, 막상 꿈을 깨고 보면 모든 것이 다 허망하여 아무것도 없지 않던가요? 꿈속에 있을 때는 대부분 그것이 꿈인 줄을 모르는 것처럼 우리가 생각하는 현실 세계도 우리의 마음으로 가설된 세계인데 우리의 망령된 집착과 업장에 의해서 실상을 바로 볼 수 있는 지혜의 눈이 가려졌기 때문에 그것을 잘 인식하지 못할 뿐이라는 것입니다.

5.5.1 감각기관과 십이처 및 십팔계

우리가 들꽃을 보고 하늘을 날아가는 새와 흘러가는 구름을 보며, 시냇물 소리와 새소리를 듣고 음식의 맛을 보고 숲속의 향기를 맡으며 소나무 껍질의 촉감을 느끼는 것과 같은 마음의 활동을 감각이라고 합니다. 감각은 우리가 잘 알다시피 눈으로 보는 시각, 귀로 듣는 청각, 코로 냄새를 맡는 후각, 혀로 맛보는 미각, 몸[피부]으로 느끼는 촉각의 5가지가 있는데, 이들을 통칭하여 오감五感 또는 오감각이라고 하며, 몸에서 이러한 감각 기능을 담당하는 조직기관을 감각기관이라고 부릅니다.

불교에서는 우리의 감각 장소를 '십이처十二處'라고 부릅니다. 즉, 안(眼:눈)·이(耳:귀)·비(鼻:코)·설(舌:혀)·신(身:피부)·의(意:뜻, 마음)의 육내처六內處와 색(色:형색)·성(聲:소리)·향(香:냄새)·미(味:맛)·촉(觸:감촉)·법(法: 마음의 대상이 되는 여러 가지 심리현상들)의 육외처六外處가 서로 접촉함으로써 감각[느낌]이 일어나므로 이 육내처와 육외처를 합한 12처가 모두 감각이 일어나는 감각 장소가 됩니다. 육내처는 줄여서 감각 자료가 들어오는 곳이 되므로 '육입六入' 또는 '육문六門'이라고도 부르며, 육외처가 육근에 의해 감각의 대상이 되었을 때 '육경六境'이라고 부릅니다. 그리고 유식학에서는 식물의 뿌리에 싹, 줄기, 가지, 잎, 꽃, 열매 등을 생산하는 뛰어난 힘이 있는 것처럼 감각기관이 '감각을 인식 가능하게 하는 능력, 또는 감각을 생기시키는 힘 내지 에너지'를 '근根'이라고 부릅니다.[126] 또는 이 '근根'이라고 부르는 이유를 "눈·귀·코·혀·몸·뜻의 주관적 인식기관이 외부의 객관 대상을 인식하는 의지처가 되므로 그 근본이 된다고 하여 '근'이라고 한다."라고 설명하기도 합니다[127]. 따라서 안眼·이耳·비鼻·설舌·신身·의意의 감각기관이 '근'으로서 작용할 때 이를 각각 안근眼根[128], 이근耳根, 비근鼻根, 설근舌根, 신근身根, 의근

126) 요코야마 코이츠 지음, 김명우 옮김, 《마음의 비밀》, 69쪽 참조.

127) 무상 지음, 《마음공부와 반야심경》, 도서출판 무한, 2017, 235쪽.

128) 안근眼根: 해부조직학적으로 각막, 홍체, 수정체, 섬모체, 유리체, 망막, 공막 등으로 구성되어 있는 시각기관인 눈(안眼)을 가리키는 것이 아니고, 눈에 갖추어진 보는 능력 즉, 시각을 생기시키는 기관으로서의 눈을 가리킵니다. 이와 같이 감각기관에 갖추어진 감각능력 또는 감각을 생기시키는 기관으로서의 '근(根)'은 눈에 보이거나 만져지는 물리적 구조물이 아닌 '수승殊勝한 의의'를 가지고 있다는 의미로 '승의근勝義根' 또는 '정근正根'이라고 부르며, 해부조직학적인 구조물로서의 감각기관은 '부진근扶塵根' 또는 '부근扶根'이라고 부릅니다. 그러므로 우리가 편의상 육근을 약칭하여 "안이비설신의眼耳鼻舌身意"라고 해도 부진근이 아닌 정근正根을 가리키는 것으로 보아야 합니다.(한자경, 《심층 마음의 연구》, 32~33쪽 참조)

意根이라고 부르며, 이를 통칭하여 '육근六根'이라고 부릅니다. 이중 '의근'은 오관을 통해 접수하는 감각 자료의 지각, 인식과 함께 '법경法境'에 해당하는 기억·생각·관념과 같은 무형적인 정보를 지각, 인식하고 추리·판단·분별하는 기능을 하므로 일종의 인지[129]기관이라고 할 수 있습니다.

육근은 육내처의 감각기관뿐만 아니라 그것들의 감각기능 내지 감각 능력까지 포괄하는 개념이므로, 엄밀하게는 육내처와 육근은 구분되는 개념이지만 보통은 육내처의 개념이 육근의 개념 속에 포괄되므로 이를 엄격하게 구분하지 않고 모두 감각기관으로 이해합니다. 그래서 육근을 개별적으로 부를 때도 편의상 '근'자를 빼고 그냥 안·이·비·설·신·의라고 많이 부릅니다. 육외처는 육근이 접촉하는 감각의 대상이 되었을 때, 안·이·비·설·신·의意의 6가지 근根에 상응하는 각각의 감각 대상을 색경(色境: 보는 대상인 물질의 형태와 색깔), 성경(聲境: 듣는 대상인 소리), 향경(香境: 후각의 대상인 냄새), 미경(味境: 미각의 대상인 맛), 촉경(觸境: 촉감의 대상인 감촉), 법경(法境: 마음으로 인식하는 일체의 대상)이라고 부르는데, 보통은 '경境'자를 빼고 그냥 색·성·향·미·촉·법이라고 부르고, 이를 통칭하여 '육경'이라고 하며, 또는 육적, 또는 육진[130]이라고도 부릅니다. 의

129) 인지認知: 심리 자극을 받아들이고 저장하며 인출하는 일련의 정신 과정. 지각, 기억, 상상, 구상, 판단, 추리를 포함한 넓은 의미의 지적 작용을 이른다.(Daum 국어사전)

130) 육적六賊, 육진六塵: 육경六境으로 인해 마음이 본성을 망각하기 때문에 우리의 마음을 도둑질해간다고 하여 '육적六賊'이라고도 부르고, 청정심을 오염시키는 먼지 또는 티끌과 같은 것이라고 해서 '육진六塵'이라고도 부릅니다.

근의 대상인 '법경'은 유형적인 일체의 현상사물은 물론 과거의 기억과 무형적인 관념까지도 모두 포함하는 일체一切 제법諸法을 가리킵니다. 그리고 근根이 경境을 접촉하여 감각해서 아는 마음을 '식識'이라고 부릅니다. 육근이 육경을 접촉함으로써 감각해서 아는 마음을 각각 안식眼識, 이식耳識, 비식鼻識, 설식舌識, 신식身識, 의식意識이라고 부르고, 이들을 통칭하여 '육식六識'이라고 하며, 의식을 뺀 나머지를 '전5식前五識'[131]이라고 부릅니다. 전5식은 감각을 직접 느끼는 마음이므로, 아무 생각이 없이 대상을 있는 그대로 인식합니다. 의식은 전5식 다음의 식이므로 보통 '제6의식'이라고 부르는데, 의근의 대상인 법경法境이 유형·무형의 일체제법을 가리키므로 의식을 '일체경식一切境識'이라고도 부릅니다. 제6의식은 전5식과 함께 작용하여 감각을 지각하거나, 또는 독자적으로 모든 인지·사유활동을 하므로 요별경식了別境識이라고도 부르는데, 주된 기능은 전5식과 함께 작용하여 감각을 선명하게 하고, 전5식 뒤에서 언어를 사용하여 사유활동을 하는 것입니다.

안·이·비·설·신·의의 '육내처' 또는 육근과 색·성·향·미·촉·법의 '육외처'를 합칭하여 '12처'라고 하며, 12처와 6식을 합칭하여 '18계'라고 합니다(이상 다음의 [도표] 참조).

131) '전5식前五識'은 안식, 이식, 비식, 설식, 신식을 통칭하는 말이며, 다음의 식인 '제6의식' 이전의 식이란 뜻이고 '제6의식'은 그 앞의 '전5식' 다음에 오는 식이라는 뜻입니다.

십이처十二處		십팔계十八界			
육내처 六內處 =육입六入 =육문六門	육외처 六外處 ≒육경六境	육근六根	육경六境 =육진六塵 =육적六賊	육식六識	
안(眼:눈)	색色	안근眼根	색경色境	안식眼識	
이(耳:귀)	성聲	이근耳根	성경聲境	이식耳識	
비(鼻:코)	향香	비근鼻根	향경香境	비식鼻識	전5식 前五識
설(舌:혀)	미味	설근舌根	미경味境	설식舌識	
신(身:몸) (피부)	촉觸	신근身根	촉경觸境	신식身識	
의(意:뜻) (마음)	법法	의근意根	법경法境	의식意識	제6의식 第六意識

따라서 현상세계는 이 12처를 벗어날 수 없으며, 우리의 주관 세계와 객관 세계를 망라해서 우리가 인식할 수 있는 세계는 이 18계를 벗어나는 것이 없다고 말할 수 있습니다. 이것을 벗어난 것은 관념이고 추론이며 증명할 수 없기 때문에 논외로 합니다.

이상의 불교의 세계관에 의하면 우리가 객관적으로 존재한다고 생각하는 현상세계는 사실은 색·성·향·미·촉·법의 육외처를 우리의 육근에 의해 주관적으로 인식하여 대상화된 세계이므로, 우리가 인식하는 세계는 실재하는 세계가 아니고 우리의 마음에 의해서 구성 또는 창조된 세계라고 할 수 있습니다. 따라서 같은 시공간에서 같은 사물을 인식한다 해도 각자의 마음에 따라 서로 다르게 인식하므로, 각자가 자기의 우주를 구성 또는 창조하고 있는 셈입니다.

현상세계의 일체 제법은 모두 연기에 의해서 생멸변화하기 때문에 무상·무아이며 공하다는 것을 앞에서 이미 자세히 살펴본 바 있는데, 이를 18계로 해체해서 보면 육근과 육경 역시 무상·무아인 연기적 존재이며, 아공我空·법공法空이라는 것을 알 수 있습니다.

5.5.2 감각 세계: 자상自相의 세계

유식학에서는 우리의 마음을 전5식 즉, 안식, 이식, 비식, 설식, 신식과 의식(제6의식), 말나식(제7식), 아뢰야식(제8식)의 8가지로 나누어 설명하며, 여기에 아마라식(제9식)[132]을 더하여 9가지로 설명하기도 합니다. 말나식은 언제나 아뢰야식을 대상으로 삼아 자아라고 집착하는 자아집착식이며, 아뢰야식은 우리 마음의 심층에서 모든 정보를 간직했다가 전7식前7識과 현상세계를 모두 생기生起시키고 그것을 계속해서 인식하고 있는 근본식根本識입니다.

---

132) 아마라식阿摩羅識: 청정해진 아뢰야식을 가리키는데法相宗, 학파無相唯識論에 따라서는 별도로 설정한 최고의 절대지를 제9아마라식이라고 주장하기도 하며, 무구식無垢識 또는 백정식白淨識, 백정무구식白淨無垢識, 청정식淸淨識, 또는 진여식眞如識이라고도 부릅니다. 아말라amala는 ① 티끌 하나 없는spotless, ② 때 끼지 않은, 얼룩지지 않은, 흠 없는stainless, ③ 깨끗한clean, ④ (다른 것이 섞이지 않은) 순수한, (오염되지 않은) 깨끗한pure, ⑤ 빛나는, 탁월한shining, ⑥ 수정crystal 등의 의미를 가집니다.(《위키백과》)

일반적으로 말하는 의식(意識: consciousness)의 개념은 대상을 지각, 분별하는 대상의식과 깨어 있어서 스스로 아는 자각의식[133]으로 나눌 수 있는데, 제6의식은 대상의식이며, 자각의식은 '식識' 또는 '각覺'으로 표현합니다.

눈앞에서 참새들이 감나무 위에 앉아 짹짹거리고 있을 때 안근眼根으로 색경色境인 감나무와 참새들을 보면 안식眼識이 생기고, 이근耳根으로 성경聲境인 짹짹거리는 소리를 들으면 이식耳識이 생기는데 이때의 안식과 이식이 바로 감각입니다. 그런데 이렇게 감각이 일어난 뒤에 눈앞에 보이는 것이 '감나무'와 '참새'임을 알고 짹짹거리는 소리가 '참새 소리'인 것을 분별하여 아는 것이 지각인데 지각은 바로 의식(제6의식)에 의해서 일어납니다. 따라서 지각은 감각기관의 기능에 의해 제한되며, 감각기관 또한 의식에 의해 제한됩니다.

감각할 당시에는 우리의 마음이 감각하는 대상에 나아가 주관과 대상, 안과 밖의 구분이 일어나지 않은 상태에서 대상을 "있는 그대로" 보고 듣습니다. 다시 말해서 지각되기 전의 감각 세계(느낌의 단계)에서는 감각자료가 아직 주객으로 분화되기 이전의 세계, 주객분별 내지 자타분별 이전의 세계입니다. 이때의 감각자료를 '자상(自相: 자체 그대로의 모습)'이라고 하며, 일반적 공통적 개념에 해당

133) 자각의식: "의식이 있는 걸 보니 죽지 않았다"고 하거나, 또는 술에 많이 취했거나 기절해서 아무 것도 모를 때 "의식이 없다"고 할 경우의 의식 즉, '깨어 있음'을 말하며, 불교에서는 이를 '각覺'이라고도 표현합니다.(한자경, 《심층 마음의 연구(자아와 세계근원으로서의 아뢰야식)》, 서광사, 2016. 21~23쪽)

되는 '공상共相'과 구분됩니다. 따라서 감각은 일체가 아직 주객으로 분리되지 않고 분별되지 않은 채 파동으로 움직이면서 전체 우주와 하나로 공명하고 있는 마음 상태입니다. 감각의 세계는 우리의 의식에 의해 분별되고 개념적으로 해석되기 이전, 있는 그대로의 자연의 세계이며, 각각의 입자적 개체로 고정되기 이전, 전체가 하나로 연결되어 있는 파동의 세계라고 할 수 있습니다.[134)]

그런데 우리가 전 우주와 감각으로 공명하고 있는데도 그것을 알지 못하고 있는 이유는 무엇일까요? 그것은 감각된 것이 무엇인지를 알아차리기 위해서는 의식의 알아차림이 함께해야 하는데 우리의 의식이 자각의식으로 작동하지 않고 대상의식으로 분별적 방식으로만 작동하므로 감각도 의식의 분별을 따라 제한적으로 알려지기 때문입니다. 예를 들어 우리가 무슨 생각에 골똘히 잠겨 있을 때는 누가 불러도 알아듣지 못하고, 생각을 깊이 하거나 대화 내용에 몰두하며 음식을 먹다 보면 음식 맛이 무슨 맛인지 알지 못하는 경우를 우리는 흔히 겪습니다. 이것은 우리가 눈으로 보고 있어도 우리의 의식이 거기에 따라가 있지 않으면 눈으로 본 것 즉, 눈으로 감각한 것眼識을 알아차리지 못하고, 귀로 소리를 듣고 있어도 우리의 의식이 거기에 집중해 있지 않으면 귀로 소리를 들은 것 즉, 귀로 감각한 것耳識을 알아차리지 못하기 때문입니다. "마음이 거기에 없으면 보아도 보이지 않고, 들어도 들리지 않으며, 먹어

134) 한자경, 《심층 마음의 연구(자아와 세계근원으로서의 아뢰야식)》, 서광사, 2016. 33~36쪽.

도 그 맛을 알지 못한다."[135]고 한 말이 바로 이를 두고 한 말입니다. 결국 전5식의 알아차림이 제6의식에 의해 제한되는 것입니다. 분별적 의식이 수반되지 않은 감각은 우리가 알아차리지 못하는 것입니다.[136] 눈과 귀가 열려 있으면 감각이 일어나지만, 감각은 아직 지각이 아니며, 감각을 알아차려야만 지각되는데 이 알아차림은 눈이나 귀에서가 아니라 대뇌에서 비로소 일어나는 것입니다.

따라서 우리는 순수한 현재 있는 그대로의 모습인 사물의 자상自相을 알지 못합니다. 전5식의 공명은 찰나적으로만 작용할 뿐 시간의 흐름에 따라 제6의식에 의해 대상화되어 지각되는 순간 찰나적 공명은 이미 사라지고 없고, 일체는 우리 자신의 개념틀에 따라 분별된, 즉 '개념화된 감각'의 가상 세계로 바뀌기 때문입니다. 이것은 주객미분 상태의 감각 세계인 전5식을 제6의식이 자신의 자각의식이 아닌 대상의식으로 객관화함으로써 더 이상 전 우주와 하나가 되어 공명하는 주객미분 상태의 자상自相의 세계가 아니고 개념적으로 대상화된, 가상 세계인 공상共相의 세계로 바뀌었기 때문입니다. 우리가 감각한 것을 지각하는 데 걸리는 시간이 찰나적이기 때문에 우리는 감각의 공명상태를 미처 감지하지 못하고 분별의

135) 《대학장구》: "心不在焉, 視而不見, 聽而不聞, 食而不知其味."

136) 한자경, 《심층 마음의 연구(자아와 세계근원으로서의 아뢰야식)》, 37쪽. 이러한 현상은 우리의 신경구조에서도 확인됩니다. 우리는 감각신경으로부터 받아들이는 정보를 즉각 알아차리거나 즉각 반응하지 못하고, 대부분의 감각정보가 중앙정보처리센터에 해당하는 중추신경인 척수와 뇌로 보내지고 거기서 통합적으로 처리된 후 그 결과물을 하달 받습니다. 감각신경 및 운동신경이 두뇌신경망으로 총집결되고 그 지배와 통제를 받는다는 것은 우리의 전5식이 분별적 제6의식의 지배와 통제를 받는다는 것을 의미합니다.(한자경, 같은 책 37쪽)

식에 의해 세계를 의식 바깥의 세계로 알면서 감각을 분별적 의식 안의 감각 즉, 개념화된 감각으로 제한하여 알게 되는 것입니다. 이것은 제6의식이 일체를 대상화하는 분별의식으로만 작동하는 데서 오는 한계입니다. 그러므로 우리 마음이 의식의 개념틀의 한계를 벗어나 그로부터 자유로워질 수 있을 때, 시간의 흐름을 벗어나 감각하는 순간을 감지할 수 있을 때, 비로소 그 분별적 의식에 의해 가려져 있던 전5식의 실상이 제대로 드러나게 될 것입니다.[137]

5.5.3 의식 세계: 개념의 세계인 가상 세계

우리가 전화 목소리를 듣고 누군지 안다든지 새소리를 듣고 눈으로 보지 않고도 그것이 검정색의 까마귀 소리라는 것을 알아듣는 것은 제6의식에 의한 것입니다. 전5식의 감각 내용과 기억하고 있는 사람들의 목소리와 기억하고 있는 각종 새소리에 대한 기억정보를 종합적으로 살펴서 누구의 목소리인지, 어떤 새의 소리인지를 아는 것이 전5식 다음의 제6의식이며, 이러한 지각·사유활동을 일으키는 근이 바로 의근意根[138]이고, 그 종합적인 지각·사유활동의 대상이 되는 것[139]이 법경法境입니다.

감각에 주어지는 것은 개별적이고 구체적인 색이나 소리 자체의

137) 한자경, 《심층 마음의 연구(자아와 세계근원으로서의 아뢰야식)》, 서광사, 2016. 38~39쪽.

138) 사유능력으로서의 의근은 곧 감각능력으로서의 신경세포들이 서로 연결되어 하나의 연결망을 이루는 대뇌피질의 두뇌신경망이 활성화되는 것으로 볼 수 있습니다.

139) 여기서는 목소리와 새소리 및 그에 대한 각종 기억정보.

자연 그대로의 모습인 자상自相이며, 이러한 자상들이 서로 비교, 대비, 분류되어 일정 부류의 자상들의 공통적인 모습으로 추출된 모습이 '공상共相'입니다. 자상은 개별적이고 구체적인 표상인데 반하여 공상은 일반적이고 추상적인 표상으로 '개념'에 해당합니다. 따라서 제6의식이 포착하는 것은 일반적이고 추상적인 개념으로서의 공상입니다. 전5식의 감각은 자상으로서의 사물에 직접 접하지만 제6의식의 지각 내지 판단은 그것을 공상으로 바꾸어 인지합니다.[140]

제6의식은 기본적으로 주객의 분별 위에서 의식된 것을 나 아닌 객관 대상으로 의식하는 대상의식이므로 감각이나 사유를 통해 주어지는 일체의 의식 내용을 자신이 아닌 객관 세계에 속하는 것으로 대상화해서 인지합니다. 이러한 대상화를 통한 지각, 사유는 언어적 개념틀에 따라 이루어집니다. 무수한 감각 경험들이 기억되고 축적되면서 비교, 분류, 추상화되고 일반화 되어 개념으로 추출되어서 일정한 상징적 기호체계로서의 언어적 개념틀이 갖추어져야지만 그 틀에 따라 대상을 이런저런 것으로 분별해내는 지각이 비로소 가능해지기 때문입니다. 내가 보고 있는 것이 노란색인지 베이지색인지 주황색인지 자주색인지 빨간색인지 개념적으로 규정되어 있지 않으면 의식은 그것들을 구별해내지 못합니다.

그래서 일단 언어적 개념틀이 갖추어지면 그것이 사유틀이 되어 우리가 세계를 지각하는 방식을 규정합니다. 이것은 마치 자연의

140) 한자경, 《심층 마음의 연구(자아와 세계근원으로서의 아뢰야식)》, 서광사, 2016. 44쪽.

실제 풍광을 자연 그대로 보는 것이 아니라 화가가 인식한 대로 풍경화를 그린 것을 보는 것과 같으며, 그것도 회화 기법에 따라 수채화, 유화, 수묵화, 반추상화 등으로 각각 다르게 그려내는 것과도 같은 것입니다. 따라서 감각에서 지각으로 넘어가는 그 한 찰나에 우리는 자상의 세계에서 공상의 세계로, 감각 세계에서 사유 세계로 넘어가는 것이며, 우리 자신의 추상적 언어적 개념틀에 따라 분별되고 정리된 가상 세계 속으로 끌려들어가는 것입니다.[141)]

제6의식은 전5식의 감각을 모두 알아차리는 것이 아니고 주의를 집중한 부분에 대해서만 선별적으로 인지합니다. 앞에서 살펴본 바와 같이 "마음이 거기에 없으면 보아도 보이지 않고, 들어도 들리지 않으며, 먹어도 그 맛을 알지 못한다."고 한 것이 그것입니다. 그리고 의식의 주의 집중은 사물 간의 대비에 의한 차이점에 초점이 맞추어져 있으며, 그 차이점을 통해 사물을 인식합니다. 따라서 흰색의 바탕 위에 흰색의 물건을 놓으면 잘 분별하지 못합니다. 밝음은 어둠이 있어야 알 수 있는 것이며 어둠이 없으면 밝다는 것도 알 수 없습니다. 이와 같이 제6의식은 항상 사물의 상대적인 차이를 통해서 사물을 분별, 인식하는데 그 근본은 '의식되는 대상'과 '의식하는 주관'과의 분별에 바탕을 두는 대상의식이기 때문에 항상 '의식하는 자'인 자신의 입장에서 '의식되는 대상'만을 보게 되므로 정작 '의식하는 자'인 자기 자신은 인식할 수가 없는 것입니다.

---

141) 한자경, 《심층 마음의 연구(자아와 세계근원으로서의 아뢰야식)》, 45~47쪽 참조.

'의식하는 자'인 자기 자신을 인식하기 위해 대상화하려는 순간 자신은 벌써 '의식하는 자'인 주관의 자리로 물러나 있기 때문입니다.

5.5.4 Ego의 세계: 말나식의 작용

제6의식은 기본적으로 주객의 분별 위에서 의식된 것을 나 아닌 객관 대상으로 의식하는 대상의식이므로 감각이나 사유를 통해 주어지는 일체의 의식 내용을 자신이 아닌 객관 세계에 속하는 것으로 대상화하기 위해서는 의식을 일으키는 의근이 이미 자기 자신을 의식에 주어지는 의식 내용과 구분되는 것으로 알고 있어야만 가능합니다. 즉, 의근이 이미 '나'를 특정한 어떤 것으로 전제하고 있기 때문에 의식 내용을 그 '나'가 아닌 것으로 간주할 수 있는 것입니다. 이렇게 의근이 의식에 앞서 그 근저에 '나'라는 자아의식을 갖도록 해주는 것이 바로 제7식인 '말나식末那識'입니다.

즉, 제6의식의 주객분별은 제7 말나식의 자아의식에 근거하여 일어나는 것입니다. 다시 말해서 말나식은 의식 대상이 성립할 수 있도록 나의 영역을 설정하는 식입니다. 말나식에 의해 '아我'가 설정되면 나머지 부분은 자동적으로 '아'가 아닌 '비아非我' 내지 '아'와 관계되는 '아소我所'[142]로 규정됩니다. 말나식이 자아로 여기는 부분이 있기에 주관이 나타나고 그 나머지 부분이 '나' 아닌 타자로,

142) 아소我所: ①[불교] 나에게 소속된 것. 또는 나의 소유물. ②[불교] 모든 사물은 원래 가짜 존재로서 소유할 것이 없는데도 자신의 소유물이라고 고집하는 편견.[Naver 국어사전]

주관 아닌 객관으로 보여지는 것입니다. 말나식에 의해서 세워진 '나'는 이 세계 속에서 나 아닌 것들과 부딪히며 살아가게 되는데, 그 속에서 내가 나를 잃어버리지 않고 나를 유지하며 나로 살아갈 수 있도록 해주는 생존본능의 식이 바로 말나식입니다.[143] 그래서 말나식은 잠잘 때나 깨어 있을 때나 선행을 할 때나 악행을 할 때나 항상 자세히 살펴서 헤아리고 분별하므로 사량식思量識이라고도 부르며[144], 심층에서 집요하게 언제나 자아를 사랑하여 자아에 구속되고 자기중심적으로 생각하고 행동하는 마음이기 때문에 '자아집착식自我執著識'이라고도 부릅니다.

말나식의 가장 큰 특징은 언제나 아치我癡, 아견我見, 아만我慢, 아애我愛의 4번뇌와 함께 활동한다는 점입니다. 이로 인해 청정하지 못하고 오염되어 온갖 번뇌가 일어나기 때문에 염오식染汚識이라고도 부릅니다. '아치我癡'란 자아가 본래 공하고 무상하며 무아인 연기적 존재임을 알지 못하는 것, 다시 말하면 자아의 본질에 대해 무지몽매한 것을 말합니다. '아견我見'이란 자아가 수많은 인연에 의지하여 유지되는 존재라는 것을 모르고 스스로 설정한 자아를 고정화하고 실체화하여 거기에 집착하는 아집我執을 말합니다. 말나식이 스스로를 의식주체 내지 사유주체로서의 자아로 설정하

143) 한자경, 《심층 마음의 연구(자아와 세계근원으로서의 아뢰야식)》, 서광사, 2016. 52쪽.

144) 항심사량恒審思量: 말라식은 항상 무엇인가를 자세히 살펴서 헤아리고 분별하는 항심사량의 특성이 있습니다. 전5식은 대상과 직접 접할 때만 작동하는 데다 항상 하지도 않고 자세히 헤아리고 분별하지도 않으며, 제6의식은 언제나 헤아리고 분별하지만 숙면할 때나 기절한 때나 입정 상태에서는 작동하지 않으므로 항상하지는 않으며, 아뢰야식은 항상하기는 하지만 헤아리고 분별하지 않으므로 항심사량의 특성을 모두 갖추고 있는 것은 오직 말라식 뿐입니다.

기 때문에 우리는 본능적으로 개별적 사유주체로서 '생각하는 나'가 바로 '나'라는 아견我見을 가지게 되는데 불교는 이를 부정하고 무아를 주장합니다. '아만我慢'[145]은 주로 타인과 비교하여 자신을 높게 생각하고 타인을 낮추어 보려는 마음 작용을 말합니다. '아애我愛'는 무조건적으로 오직 자기만을 계속해서 사랑하고 집착하는 마음 작용을 말합니다. 이상의 4번뇌 중 자아의 본질에 대해 우치몽매愚癡蒙昧한 아치가 가장 근본이 되는 중심 번뇌라고 할 수 있습니다. 아치에서 아견, 아만, 아애가 생기하기 때문입니다.

말나식은 심층의식이므로 보통의 의식으로는 잘 알아차리지 못합니다. 말나식은 아뢰야식으로부터 생기하며 아뢰야식을 의지처로 삼고 대상으로 삼아 아뢰야식의 견분見分[146]을 자아로 생각하고 계속하여 집착합니다. 이 때문에 중생은 늘 혼미해서 생사를 유전하는 것입니다. 언제나 자기가 생존하는 장소에 구속되는 마음도 말나식에 속합니다. 말나식은 멸진정滅盡定[147]의 단계에서 일시적으로 사라지며 아라한의 단계에서 영원히 사라진다고 합니다.

---

145) 아만我慢에는 여러 가지 종류가 있는데 그중에서 아직 얻지 못한 것을 이미 얻은 것처럼 상대를 속이는 것을 증상만增上慢이라고 합니다. [예] 아직 화두를 깨치지 못했는데도 깨쳤다고 공언하는 것.

146) 아뢰야식의 견분見分과 상분相分: 식識이 전변轉變하여 생한 것으로 견분見分은 인식의 주체, 즉 '보는 마음의 작용'을 말하며, 상분相分은 인식의 대상, 즉 '보이는 대상'을 말합니다.

147) 멸진정滅盡定: 멸진정은 무상정無想定과 마찬가지로 마음心과 마음작용心所을 소멸滅盡시켜 무심無心의 상태에 머무르게 하는 선정禪定입니다. 그러나 그 구체적인 내용에 있어서는 각 부파 또는 종파와 학자들에 따라서 의견이 서로 다릅니다.([위키 백과]) ① 모든 마음 작용이 소멸된 선정禪定. ② 무소유처無所有處의 경지에 이른 성자가 모든 마음 작용을 소멸시켜 비상비비상처非想非非想處의 경지에 이르기 위해 닦는 선정禪定.([네이버 지식백과, 《시공불교사전》])

5.5.5 심층마음: 아뢰야식

우리의 마음의 가장 심층에서 작용하는 마음을 아뢰야식阿賴耶識이라고 합니다. '아뢰야'는 '장藏'이라고 번역하는데 여기에는 능장能藏·소장所藏·집장執藏의 3가지 뜻이 있습니다. 첫째 '능장'이란 제8 아뢰야식과 종자와의 관계에서 아뢰야식이 일체 만법을 낳는 종자를 간직한다는 면을 가리키는 말로 이에 아뢰야식을 '일체종자식一切種子識'이라고도 부릅니다. 여기서 '종자'라고 한 것은 하나의 비유로서 식물의 종자가 땅속에 묻혀 우리들 눈에는 보이지 않지만 적당한 온도·햇빛·물 등의 조건이 갖추어지면 싹을 내서 잎을 내고 꽃을 피워 열매를 맺듯이, 아뢰야식 안에 함장 되어 있는 종자도 조건이 갖추어지면 결과를 생기生起시켜 현실 세계로 창출하는 작용을 하게 되는데, 이를 종자의 '현행現行'이라고 부릅니다. 우리가 표층에서 경험하는 현상세계 즉, 이 우주는 모두 심층의 아뢰야식의 종자가 현행하여 나타난 결과이며, 그 결과는 다시 아뢰야식을 훈습熏習[148]하여 종자로 저장됩니다.[149] 따라서 유식학에서는 우리가 경험하는 현상세계가 외계에 있는 것이 아니라 자기의

148) 훈습熏習: 향을 피운 곳에 머물면 자기도 모르게 향내가 스며들어 옷과 몸에서 향내가 나듯이, 안개 속을 거닐다 보면 자기도 모르게 옷과 몸에 습기가 배어들어 축축해지듯이 영향을 끼치는 것을 말합니다. 따라서 업이 아뢰야식을 훈습한다는 말은 결국 업의 결과가 아뢰야식 안에 종자로 남겨지는 것을 말합니다.(김명우, 앞의 책 99쪽과 103쪽 참조)

149) 표층의 의식과 말나식의 업이 심층 아뢰야식에 종자를 남기는 것을 '현행훈종자現行熏種子'라고 하고, 심층마음인 아뢰야식에서 종자가 생멸을 거듭하며 성숙하는 것을 '종자생종자種子生種子'라고 하고, 그 종자들이 조건이 갖추어지면 다시 표층 현상으로 드러나는 것을 '종자생현행種子生現行'이라고 합니다.(한자경, 앞의 책 61쪽)

마음이 만들어낸 것이라고 생각합니다. 다시 말해서 우리의 의식에 의해 파악된 현상세계는 자기 마음속의 영상에 지나지 않으며, 그 영상을 계속 만들어내면서 심층에서 그것을 계속 인식하고 있는 것이 아뢰야식이라고 합니다.[150)]

둘째 '소장所藏'이란 우리들의 심신 간의 모든 업業이 종자로서 빠짐없이 저장되는 곳이라는 면을 가리키는 말로 이에 아뢰야식을 '장식藏識'이라고도 부릅니다. 업이란 우리의 의도·의지가 들어간 일체의 생각과 행위 즉, 제6의식의 작용에 의한 일체의 심신작용을 말합니다. 이를 더 근본적으로 말한다면 제6의식의 배후에서 작용하고 있는 제7말나식의 아견我見과 아집에 따른 일체의 심신작용이라고 할 수 있습니다. 업은 아뢰야식을 훈습하여 습기習氣를 남기는데 이를 종자[151)]라고 부릅니다. 우리가 지은 모든 업의 종자는 육도를 윤회전생輪廻轉生하며 생을 바꾸더라도 사라지지 않고 아뢰야식 안에 빠짐없이 저장되어 보존되어 있다가, 적당한 연(緣: 조건)이 갖추어지면 그에 상응하는 '과보를 생기시키고 창출시키는 힘'으로 작용하는데[152)], 이것이 바로 우리가 흔히 말하는 '업력業力'[153)]입니다.

150) 김명우, 《유식삼십송과 유식불교》, 예문서원, 108~109쪽.

151) 《성유식론》에서 습기習氣의 다른 이름이 종자이며, 종자는 "아뢰야식 중에서 직접 과보를 생기시켜 이루어내는 힘本識中親生自果功能差別"이라고 하였습니다.(김명우, 앞의 책 100쪽과 103쪽 참조.)

152) 김명우, 《유식삼십송과 유식불교》, 예문서원, 99~100쪽.
방륜 저, 김철수 역, 《유식학 강의》, 불광출판사, 2002년. 211쪽 참조. 經曰: "假使百千劫, 所作業不亡, 因緣會遇時, 果報還自受(설사 백천겁이 지나더라도 한번 지은 업은 없어지지 않고 인연이 만날 때 과보를 자기가 받게 된다)."

153) 한자경, 《심층 마음의 연구(자아와 세계근원으로서의 아뢰야식)》, 서광사, 2016. 60쪽. 업력業力은 과보를 불러오는 힘을 말하는데 일종의 '정보가 함축된 에너지'라고 할 수 있습니다.

셋째 '집장執藏'이란 아뢰야식이 끊임없이 계속 이어져서 중생의 주체가 되므로, 제7말나식이 이것을 잘못 알고 '나我'라고 끊임없이 집착하는 면을 가리킨 말로 이에 말나식을 '자아집착식自我執着識'이라고도 부릅니다.

아뢰야식은 선한 행위든 악한 행위든 가리지 않고 모두 받아들여 무기성無記性의 종자로 저장하므로, 아뢰야식 자체는 선도 아니고 악도 아닌 '무기無記'[154]의 성질을 가지며, 그 업의 종자가 과보로 현행되어 나타날 때에도 무기의 성질을 갖습니다. 이와 같이 원인과 다른 성질로 성숙됨을 '이숙異熟'[155]이라고 하며, 이에 아뢰야식을 '이숙식異熟識'이라고도 부릅니다. 아뢰야식이 이숙식이 되는 이유는 과거·현재·미래에 삼계에서 생사 유전하는 과보의 주체가 만약 선하다면 항상 즐거움만을 초래하고, 만약 악하다면 항상 괴로움만을 수반하여 영원히 반복될 것이므로 마침내 수도하여 향상하고 깨달음을 얻을 수가 없기 때문입니다.[156] 만약 아뢰야식이 선이라면 악의 종자를 받아들일 수 없고 악이라면 선의 종자를 받아들일 수가 없으므로 양쪽 종자를 모두 받아들이려면 무기일 수

154) 좀 더 구체적으로 말하면 아뢰야식은 무부무기無覆無記입니다. 무부무기란 깨달음으로 가는 데 장애나 방해가 안 되는 무기라는 것입니다. 이에 비해 말나식은 유부무기有覆無記입니다. 자아에 집착하는 한 깨달음으로 가는 데 장애가 되기 때문입니다.(김명우, 앞의 책 96~97쪽과 116~120쪽 참조)

155) 이숙異熟: 다르게 익음. 낙樂과 고苦는 - 예를 들어 부귀와 빈천은 그 자체로는 선도 악(불선)도 아닌 무기無記이므로 원인이 되는 업의 선 또는 악(불선)의 성질이, 원인과 다른 성질인 무기로 성숙되어 나타났다는 뜻에서 '이숙(異熟: 다르게 익음)'이라고 합니다. 즉, 업은 그 성질이 선 또는 악(불선)이었는데 윤회하여 이 세상에 다시 태어날 때 타고나는 과보는 선업에 대해서는 낙樂을, 악업(불선업)에 대해서는 고苦를 타고난다는 것을 말합니다. 이와 같이 이숙과로서 선인낙과(善因樂果: 선한 원인은 즐거운 결과를 낳음)·악인고과(惡因苦果: 악한 원인은 괴로운 결과를 낳음)의 과보를 가져오는 것이 바로 인과보응입니다.(Daum의 《위키백과》의 '이숙' 및 성철스님 《백일법문(상)》의 232쪽 참조)

156) 성철스님, 《백일법문(상)》, 장경각, 불기 2536년. 231~232쪽

밖에 없는 것입니다.[157] 또한 인간의 본성이 선하다면 악한 마음이 나오는 이유를 설명하기 어렵고, 반대로 본성이 악하다면 선한 행위가 나오는 근거를 찾기가 어렵게 됩니다. 따라서 선도 악도 아닌 무기의 성질을 갖게 되는 것이며, 그래서 인간은 능히 선할 수도 있고 능히 악할 수도 있기 때문에 악인이 선인으로 바뀔 수도 있고 선인이 악인으로 바뀔 수도 있는 것입니다.[158]

아뢰야식은 드러나지 않은 상태로 폭류暴流와 같이 찰나 찰나 계속해서 이어지며, 우리 의식의 심층에서 매 순간 작용하여 의식의 흐름을 형성하는 근본식根本識이라고 할 수 있는데, 이것이 윤회의 주체가 됩니다.[159] 폭류는 격렬한 물의 흐름을 말하므로 찰나 찰나 앞뒤의 물이 달라지지만, 그 흐름만은 계속 이어지며 흘러가듯이 아뢰야식도 무시 이래로 매 순간 생멸하며 계속 이어져서 항상하지도 않고 단절되지도 않는 의식의 흐름을 형성하며 윤회 전생하는 주체가 된다는 것입니다. 아뢰야식은 태어나면서부터 죽을 때까지 잠잘 때나 기절했을 때 또는 선정에 들었을 때는 물론 죽어서 다음 생으로 윤회 전생하며 몸을 바꿀 때도 단절되지 않는 심층의 근본의식입니다. 따라서 우리가 흔히 알고 있는 영혼靈魂[160]

157) 김명우, 《유식삼십송과 유식불교》, 예문서원. 117~118쪽.

158) 김명우, 《유식삼십송과 유식불교》, 예문서원. 96~97쪽.

159) 사람이 죽을 때는 의식이 전부 그치고 제7 말나식은 작용을 못하지만 제8 아뢰야식만은 생명을 마칠 때까지 남아 있다가 생명이 끊어질 때, 즉 윤회할 때 최후까지 남아서 따라갑니다. 또 사람이 다시 몸을 바꾸어 환생할 때에 제6의식이나 제7식은 작용하지 않지만 제8 아뢰야식은 제일 먼저 와서 중생의 주인이 되는 것입니다.(퇴옹 성철 스님, 《백일법문(상)》, 장경각, 불기 2536년. 266쪽)

160) 《정산종사법어》 원리편 12장에서 "영혼이란 허령불매한 각자의 정신 바탕이니라."라고 밝혀주신 '영혼'의 개념은 이와 다른 '영지靈智'와 가까운 개념으로 이해됩니다.

은 바로 이 아뢰야식을 가리키는 것으로 이해됩니다. 아뢰야식은 아집이 사라지는 아라한의 단계에서 소멸되는데, 이때 아뢰야식은 무구백정식無垢白淨識이 되어 대원경지大圓鏡智[161]가 나타난다고 합니다.

5.5.6 심층마음의 자각: 참마음

아뢰야식은 허공중에 세계를 만들고 그 세계를 지켜보는 마음입니다. 허공중에 만들어진 세계를 아뢰야식의 상분相分이라 하고 그것을 지켜보는 마음을 견분見分이라고 하며, 상분과 견분으로 이원화되기 전의 마음을 자체분自體分 또는 자증분自證分이라고 합니다. 견분은 인식의 주체, 즉 '보는 마음의 작용'을 말하며, 상분은 인식의 대상, 즉 '보이는 대상'[162]을 말하고, 자체분(또는 자증분)은 견분의 깊은 곳에서 이를 의식하는 주관 중의 주관심, 즉 자각의 식인 '보고 있는 것을 아는 마음'을 말합니다.[163] 이는 주객으로 이원화되기 이전의 전체를 보는 마음 활동이므로 제6의식과 구분하

161) 대원경지大圓鏡智: 4가지 지혜四智의 하나. 아라한과를 얻으면 아뢰야식은 모든 사물을 있는 그대로 비추어 보는 지혜인 대원경지로, 말나식은 아집이 사라져서 나와 남을 평등하게 보는 평등성지平等性智로, 제6의식은 제법의 모습을 장애 없이 잘 관찰하는 묘관찰지妙觀察智로, 전5식은 시방국토에서 모든 중생들을 돕는데 필요한 갖가지 일을 두루 성취시키는 성소작지成所作智로 바뀌는데 이를 '전식득지(轉識得智: 식을 전환하여 지혜를 얻음)'라고 합니다. 유식학에서는 전5식, 제6의식, 말나식, 아뢰야식 등 8개의 식을 전환하여 이 4가지의 지혜를 성취한다고 합니다. 그러나 육조 혜능대사는 8가지 식의 자성이 본래 청정하다는 것을 깨달으면 8가지 식 그대로가 4가지 지혜라고 말씀하셨습니다.(성철스님, 《백일법문(상)》, 271~275쪽)

162) 엄밀하게 말하면 우리가 대상을 인식할 때 마음 밖의 객관 사물을 보는 것이 아니고, 마음에 그려진 영상을 보는 것인데 이때의 영상을 상분相分이라고 합니다.(이만, 《유식학개론》, 민족사, 2003. 127쪽)

163) 이만, 위의 책, 126~127쪽과 요코야마 코이츠, 앞의 책 99쪽 각주 18 참조.

여 '심식心識'이라고 할 수 있습니다.[164]

현상세계는 아뢰야식 내 종자의 현행화 결과인 6경境으로서 역시 아뢰야식이 현행화한 6근을 떠나 따로 있는 것이 아니고 어디까지나 마음 안에 그려진 세계인 것입니다唯識無境[165]. 현상세계가 그것을 인식하는 마음을 떠나 따로 존재하지 않는다고 하는 것은 우리가 경험하는 세계는 우리 마음 안에 그려진 홀로그램 우주나 꿈속의 세계와 같다는 말입니다. 꿈이 꿈인 줄 알면 꿈에서 깨어나게 됩니다. 일상의 꿈, 아뢰야식의 꿈에서 깨어난다는 것은 곧 꿈속의 내가 '참나'가 아니라는 것, 꿈속에서 내가 '나'라고 여겼던 그 '나'는 없다는 것, 그리고 그 꿈의 세계가 내 마음이 만든 세계라는 것을 깨닫는 것입니다.

즉, 아공我空과 법공法空을 깨닫는 것입니다. 일상의 꿈에서 깨어나 아공·법공을 아는 마음을 '진여심眞如心' 즉 '참마음'이라고 합니다. 꿈꾸는 아뢰야식은 생멸하는 세계를 만들어내는 생멸심生滅心 즉 중생심이고, 꿈을 깬 참마음은 불생불멸不生不滅의 진여심입니다. 그러나 꿈꾸는 마음과 꿈을 깬 마음이 본래 둘이 아닙니다. 허공이 비어 있기에 그 안에 우주 만물이 등장할 수 있듯이 아뢰야식 자체가 빈 마음이기에 그 안에 세계가 그려질 수 있는 것입니

164) 한자경, 《심층 마음의 연구(자아와 세계근원으로서의 아뢰야식)》, 서광사, 2016. 63쪽.

165) 물고기가 생각하는 물은 우리의 공기와 같을 것이니 인간이 생각하는 물과는 전혀 다르게 인식할 것입니다. 시각이 없는 박쥐의 세계 역시 인간의 세계와는 완전히 다를 것입니다. 이와 같이 각자가 사는 세계는 각자의 6근에 상응하는 6경의 세계이며 각자의 아뢰야식이 만든 세계인 것입니다.(한자경, 앞의 책 65쪽)

다. 그러므로 참마음을 깨닫는다는 것은 아뢰야식을 일체 상相이 빈 마음으로 자각한다는 것, 아집과 법집을 벗고 아공·법공을 깨닫는다는 것, 중생심 안의 진여심을 증득한다는 것을 의미합니다.[166]

166) 한자경, 《심층 마음의 연구》, 서광사, 2016, 65~68쪽.

5.6 나는 누구인가?

모든 인식과 활동의 주체는 나이며, 현상 세계가 객관적으로 존재한다고 여기는 것도 나이며, 모든 분별주착도 내가 있기 때문에 일어납니다. 선악 간에 업을 짓는 것도 바로 나이며, 그 과보로 육도를 윤회하며 고통을 받는 것도 바로 나입니다. 한 마디로 모든 문제의 중심에는 내가 있습니다. 그러므로 가장 근본 문제는 내가 누구인지를 아는 것입니다. 그런데도 우리는 "내가 어디에서 와서 어디로 가는지? 언제 어떻게 가는지? 나는 누구인지?"를 전혀 모르고, 심지어는 대부분 알려는 노력조차 하지 않습니다. 우리가 보통 나라고 생각하는 나를 가만히 분석해 보면 다음과 같이 5가지의 나가 있다는 것을 알 수 있습니다.

① 감각하는 나Feeling Self: 감각기관을 통해 모든 감각을 느끼는 나가 있습니다. 이는 감각한 것이 무엇인지를 분별하여 알기 이전의, 아무 생각 없이 대상을 있는 그대로 감각하는 나입니다.

② 지각하는 나Perceiving Self: 이는 감각기관을 통하여 대상으로부터 접수한 감각 정보가 무엇인지, 어떠한지를 분별하여 인식하는 나입니다.

③ 행위하는 나Doing Self&Ego: 이는 생각하고 감정을 느끼고 표현하며 행위, 행동하는 나이며, 생각 감정이 동하여 심신작용을 하는 나입니다.

④ 지켜보는 나Watching Self: 이는 감각, 생각, 감정을 바라보고 지켜보는 나, 즉 감각하는 나와 행위하는 나를 바라보고 지켜보는 나입니다.

⑤ 다 아는 나Conscious(Aware) Self: 이는 이상의 ①~④를 다 아는 나이며, 의식을 하든 않든 무의식에서 하는 일조차도 모두 다 아는 나입니다. 이것이 참나입니다.

우리가 보통 '나'라고 생각하는 '나'는 말나식의 '아견我見'에 의한 유근신有根身 내지 사대색신四大色身[167] 또는 오온五蘊을 '나'라고 망집妄執하는 것인데, 이것들은 모두 수많은 연緣이 화합해서 이루어진 것일 뿐 별도의 실체로서의 '나我'가 따로 있는 것이 아니므로, 불교에서는 '무아無我' 또는 '아공我空'이라고 말합니다. 즉, 우리가 일반적으로 생각하는 '나'라는 것은 착각에 의한 '거짓나'이지 '참나'가 아니며, 하나의 개념에 불과하다는 것입니다. 그렇다면 과연 무엇이 '참나'인가? 그래서 선가에서는 "나는 누구인가?"를 "이 뭐꼬? 是甚麽?"라는 말로 바꾸어 화두[168]를 삼고 있습니다.

---

167) 우리의 육체는 지地·수水·화火·풍風의 사대四大로 이루어진 색신(色身: 몸)이므로 이를 합칭해서 사대색신四大色身이라고 부릅니다.

168) 화두話頭: 불교의 선가禪家에서 우주의 궁극적인 진리와 자기의 본래 성품을 깨닫도록 인도하는 특수한 문제를 말함. 이 화두에 대한 답을 찾으려는 간절한 마음이 한결같이 유지될 때 깨달음의 계기가 마련됩니다.

• 『부처님 말씀하시기를 "도를 닦는 이는 항상 자기 몸을 연구해 보라. 비록 부르는 이름은 있으나 그는 다만 이름뿐이요 실상이 없는 것이며, 육신은 흙과 물과 불과 바람 네 가지의 합한 바라 또한 오래지 아니하여 흩어질 날이 있으리니, 실상은 나라는 것이 없고 이 몸은 실로 물 위에 거품 같은 것이니라."』(<사십이장경> 20장)

• 『정산종사 말씀하시기를 "사람의 육신은 지수화풍 네 가지 인연이 합했다 흩어졌다 하는 것이요, 사람의 마음은 희喜·노怒·애愛·락樂·애哀·오惡·욕欲의 일곱 가지 뜻이 일어났다 가라앉았다 하는 것이니, 이것은 모두 거짓된 몸 거짓된 마음이요, 그 가운데 오직 맑고 조촐하여 생멸과 거래가 없는 중에 영령하고 소소하여 능히 만법의 근본이 되는 '참 몸' '참 마음'이 있나니, 이것이 이른 바 자성 광명이라."』(<정산종사법어>, 생사편 23장)

5.6.1 유근신有根身

유근신이란 안근眼根·이근耳根·비근鼻根·설근舌根·신근身根을 갖추고 있는 몸이란 뜻입니다. 우리가 일상적으로 자기 자신을 각자의 몸과 동일시하여 몸을 나라고 생각하는 것은 제7식(말나식)의 자아의식에 근거하여 일어나는 의근의 작용 때문입니다. 의근意根은 안眼·이耳·비鼻·설舌·신身의 5근을 제어하는 제6근으로서 스스로를 몸을 가진 유근신有根身으로 여깁니다. 이와 같이 말나식이 자신을 유근신으로 여기는 것을 '몸이 있다는 견해'라는 의미에서 '유신견

有身見'이라고 합니다. 무엇이든 '나의 것'이라고 생각하는 것, 또는 '내가 했다'거나 '내가 하겠다'고 생각하는 것, 기타 '나'를 내세우거나 '나'를 이롭게 하려고 하는 것 등이 모두 이 유신견을 바탕으로 하는 것입니다. 말나식은 자신을 유근신으로 여기면서 또한 의식주체로 여기며, 그 '나'에 집착합니다. 이러한 말나식의 아견我見은 무아를 모르고 아我를 세운 망견妄見입니다. 우리의 느낌이나 생각은 이런저런 조건들의 인연에 따라 일어나는 것이지 '느끼는 나' 또는 '생각하는 나'가 의식주체로서 따로 존재해서 발생하는 것이 아닙니다. 그래서 불교는 행위는 있지만 그런 행위를 하는 주체는 있지 않다고 말합니다.[169)]

- "배움이 없는 사람들은 육체를 '나'라고 생각하거나 '내'가 육체를 가지고 있다고 생각하거나, '나'의 안에 육체가 있는 것처럼 생각하거나, 육체 안에 '내'가 있는 것처럼 생각한다. (수상행식에 대해서도 마찬가지이다.) 이렇게 해서 그들은 '(실체적인) 내가 존재한다'는 생각을 하게 된다."(《잡아함경》)[170)]

5.6.2 오온五蘊, 오취온五取蘊

불교에서는 우리 인간 존재를 가리킬 때 흔히 '오온五蘊'이라는 말을 사용합니다. 여기서 '온蘊'은 '무더기'라는 뜻입니다. 따라서 '오

169) 한자경, 《심층 마음의 연구(자아와 세계근원으로서의 아뢰야식)》, 54~55쪽.
170) 호진 지음, 《무아·윤회 문제의 연구》, 115쪽.

온'은 물질적 요소인 '색(色:물질)'과 정신적 요소인 '수(受:느낌)·상(想:인식)·행(行:형성작용과 심리현상들)·식(識:알음알이)'의 5가지 요소들이 모여 있는 무더기'란 뜻입니다. 또, 사람의 정신을 '명名'이라고도 하므로 정신과 육체色가 합쳐진 오온을 '명색名色'이라고도 부릅니다. 오온이 번뇌와 취착[171]의 대상이 될 때는 '오취온五取蘊'이라고 불립니다. 따라서 범부들의 오온은 모두 다 오취온인 셈입니다."

오온은 인간 존재를 색·수·상·행·식의 5가지 집합체로 관찰하는 관점에서 무아를 통찰하기 위한 틀이라고 할 수 있습니다. 부처님은 초전법륜 직후에 설한 《무아상경無我相經》에서 "비구들이여, 색(色:육체)은 무아이다. 만약 색이 나라면 색은 병에 걸리는 일이 없고, 또한 색에 대해서 '나의 생은 이렇게 되어라, 나의 색은 이렇게 되지 말아라!'라고 명령할 수 있을 것이다. 하지만 실제로 색은 무아이므로 색은 병에 걸리고, 게다가 색에 '나의 색은 이렇게 되어라, 나의 색은 이렇게 되지 말아라!'라고 명령할 수 없다. 수(受:느낌)는 무아이다."라고 설명하셨습니다. 인간 존재 어디를 살펴보아도 변화하지 않고 자신의 생각대로 되는 것은 없고, 자아의식은 괴로움을 가져온다는 것을, 이해하고 납득하고 관찰하기 위해서 사용된 틀이 아래의 5가지로 이루어진 오온입니다.[172] 만일 몸과 마음이 '나'이고, 내가 몸과 마음을 소유할 수 있다면 적어도 내 몸과

171) 취착取着: '아주 강하게 거머쥔다'는 뜻이니, '강한 집착'이라고 볼 수 있습니다. 대표적인 취착으로 감각적 욕망에 대한 취착(욕취慾取), 잘못된 견해에 대한 취착(견취見取), 계율과 의례의식에 대한 취착(계금취戒禁取), 자아의 교리에 대한 취착(아론취我論取) 등 4가지가 있습니다.

172) 이노우에 위마라 외 2인편, 《불교심리학사전》, 66쪽.

마음에 관해서는 내 마음대로 할 수 있어야 하는데 실제로는 그렇지 못하므로 '나'라고 할 수도 없고, '내 것'이라고 할 수도 없다는 것입니다.

(1) 색온色蘊: 물질 무더기

'색色'은 일반적으로 형색形色 즉 색깔과 모양이 있는 물질을 뜻합니다. 물질의 특성은 형태나 모양이 바뀐다는 것, 즉 변형된다는 것입니다. 여기서 색온은 지·수·화·풍의 사대四大[173]로 이루어져 있는 사람의 육체를 가리키며, 감각기관인 안眼·이耳·비鼻·설舌·신(身:피부)의 5근五根과 그 대상인 색色·성聲·향香·미味·촉觸의 5경五境을 포함합니다.

(2) 수온受蘊: 느낌 무더기

'수(受:느낌)'는 감정적·정서적·예술적인 단초가 되는 심리현상으로, 느껴서 그 인상을 받아들이는 감수感受 작용을 뜻합니다. 수온受蘊은 육근이 육경과 접촉할 때 생겨나는 감각 인상의 무더기입니다. 우리의 의식(제6의식)이 감각기관을 통해 외부의 감각 자료를 감수할 때 감각에 원초적인 감정을 가미해서 받아들이는데 이를

173) 사대四大란 '지대·수대·화대·풍대'를 가리키는 말이며, 보통은 '지수화풍地水火風'이라고 줄여서 말합니다. 여기서 '지대地大'란 '단단하고 견고한' 특성이 있는 물질현상을 가리키고, '수대水大'란 '물과 액체의 특성, 축축한 성질'을 가진 물질현상을 가리키고, '화대火大'란 '뜨겁거나(따뜻하거나) 차가운' 특성을 가진, 온도와 관계 있는 물질현상을 가리키고, '풍대風大'란 '움직임이나 동력'의 특성을 가지고 있는 물질현상을 가리킵니다.

삼수三受라고 합니다.

삼수는 ①고수(苦受: 괴로운 느낌), ②낙수(樂受: 즐거운 느낌), ③불고불락수[不苦不樂受: 괴롭지도 즐겁지도 않은 덤덤한 느낌으로 사수(捨受: 평온한 느낌)라고도 부름]를 말합니다. 아비담마에서는 느낌을 육체적인 것과 정신적인 것으로 구분하여 낙(樂: 육체적 즐거움), 고(苦: 육체적 괴로움), 희(喜: 정신적인 즐거움), 우(憂: 정신적 괴로움), 사(捨: 평온함)의 5가지로 분류하고 있습니다.

"느낌은 마음의 작용이고 아는 것은 마음입니다. 마음과 마음의 작용은 항상 함께 일어나기 때문에 마음이 있을 때는 느낌도 함께 있습니다. … 행복과 불행도 느낌이고, 슬픔과 비탄도 느낌입니다. 이 느낌의 본성은 일어나고 사라지는 것입니다. 그래서 무상합니다. 그리고 느낌은 변하기 때문에 괴로움입니다. 그리고 이 느낌은 자신의 의지와 상관없이 일어나서 사라지기 때문에 무아입니다."[174]

(3) 상온想蘊: 인식 무더기

'상想'은 심상心象&image을 구성하는 표상表象 작용을 가리킵니다. 상온은 육근이 육경을 접촉할 때 생기는 감각자료를 이미지화하는 표상작용의 무더기입니다. 이는 대상을 단순하게 이미지화하고 개념화하여 이름을 붙이고 분류하여 인지함으로써 대상을 꿰

174) 묘원 지음, 《사념처 명상의 세계》, 487~488쪽.

뚫어 보지 못하고 피상적으로 이해하여 현상사물을 실재인 것으로 착각하거나 이를 기억하여 고정관념을 형성하기가 쉽습니다.

인간은 유정물이나 무정물을 보고 먼저 인식을 합니다. 대상의 색깔, 크기를 인식한 뒤에 그것을 기억합니다. 마음은 대상이 있으면 받아들이고, 그다음 상想이 나서서 이와 같은 역할을 합니다. 그래서 인지하고, 기억하고, 표시를 해서 이것은 무엇이라고 분류를 합니다. 예를 들면 불은 뜨겁고 얼음은 차갑다고 분류를 합니다. 이때 무엇은 좋다거나 싫다고 인식하면 이것을 저장하여 기억한 뒤에 고정관념을 만듭니다. 이때 인식하는 것은 상想의 역할이며, 이것을 받아들여 아는 것은 식(識:의식)의 역할입니다.[175] 즉, 상想은 이미지로 또는 개념적으로 이해하는 정신작용을 가리키고 그렇게 해서 그것이 무엇인지 아는 것은 식識의 역할이라고 하겠습니다.[176]

(4) 행온行蘊: 형성saṅkāra&상카라 무더기

'행行'은 선악의 업을 만드는 의도를 중심으로 하는, 감정과 사고에 의한 형성작용입니다.[177] 행온은 형성된 것을 계속해서 형성하

175) 묘원 지음, 《사념처 명상의 세계》, 489쪽.

176) 상(想:인식)과 더불어 대상을 인식하는 정신현상은 식(識:의식)과 혜(慧:지혜)가 있다. 이때 상想은 현상을 단순하게 개념화하여 (피상적으로) 아는 것이고, 식識은 그 개념에 대하여 생각하고 분별함으로써 그 현상에 대해 좀 더 (깊이 있게) 자세히 아는 것이다. 혜慧는 현상의 실상에 대하여 통찰해 괴로움을 소멸할 수 있을 정도로 깊이 꿰뚫어 (무상·고·무아의 실상을) 아는 것이다.(일묵스님, 《사성제》, 273~274쪽 참조)

177) 이노우에 위마라 외 2인편, 《불교심리학사전》, 67쪽.

는 작용을 하기 때문에 형성무더기라고 합니다.[178] '행'은 잠재력으로서의 능동적인 마음의 형성작용으로 특히 의지작용을 가리킵니다. '행'에는 수受·상想·식識 이외의 모든 정신작용, 즉 주의, 추리, 생각, 즐거움, 슬픔, 마음의 평온, 숙고熟考, 덕과 악덕 등이 포함됩니다.[179] 혹자는 '행'을 의도적 행위 하나로만 이해하려 하는데 오온의 '행'은 반드시 '여러 가지 심리현상들'로 넓게 이해해야 합니다.[180] 왜냐하면 오온에서 색·수·상·식은 항상 단수로 표현되지만 '행'은 예외 없이 복수로 표현되고 있기 때문입니다. 이처럼 부처님께서는 이미 초기 경들에서 '행'을 '수'와 '상' 이외의 모든 심소법心所法[181] 혹은 심리현상들을 다 포함하는 복수의 술어로 정착시키셨습니다. 그래서 형성은 느낌과 인식을 제외한 의도, 탐욕, 성냄, 지혜, 자애 등의 '형성하는' 특징이 있는 모든 심리현상을 뜻합니다.[182]

(5) 식온識蘊: 알음알이의 무더기

'식(識: 의식)'은 대상을 분별, 인식하고 판단하는 작용과 인식주관으로서의 주체적인 마음을 가리킵니다. 식온은 육근이 육경을 접촉할 때 생기는 모든 식별識別작용의 무더기입니다. 눈, 귀, 코, 혀,

---

178) 일묵 지음, 《사성제》, 277, 278쪽.
179) 호진 지음, 《무아·윤회 문제의 연구》, 119쪽.
180) 각묵스님 지음, 《초기불교의 이해》, 151쪽.
181) 심소법心所法: 마음과 함께 일어나고 멸하는 마음에 부속된 심리현상들을 뜻함.(《초기불교이해》, 150쪽.)
182) 일묵 지음, 《사성제》, 288쪽.

몸, 마음이 대상과 접촉하여 분별하여 아는 특징이 있는 모든 정신 현상을 의식이라 하고 이와 같이 다양한 의식의 총 집합체를 의식 무더기라고 합니다.[183]

- 『"비구들이여, 이를 어떻게 생각하는가? 물질은 항상한가, 무상한가?" "무상합니다. 세존이시여." "그러면 무상한 것은 괴로움인가, 즐거움인가?" "괴로움입니다. 세존이시여." "그러면 무상하고 괴로움이고 변하기 마련인 것을 두고 '이것은 내 것이다. 이것은 나다. 이것은 나의 자아이다.'라고 관찰하는 것이 타당하겠는가?" "그렇지 않습니다. 세존이시여." "비구들이여, 이를 어떻게 생각하는가? 느낌은 … 인식은 … 심리현상들은 … 알음알이는 항상한가, 무상한가?" "무상합니다. 세존이시여." "그러면 무상한 것은 괴로움인가, 즐거움인가?" "괴로움입니다. 세존이시여." "그러면 무상하고 괴로움이고 변하기 마련인 것을 두고 '이것은 내 것이다. 이것은 나다. 이것은 나의 자아이다.'라고 관찰하는 것이 타당하겠는가?" "그렇지 않습니다. 세존이시여." "비구들이여, 그러므로 그것이 어떠한 물질이건, …그것이 어떠한 느낌이건 …그것이 어떠한 인식이건 …그것이 어떠한 심리현상들이건 …그것이 어떠한 알음알이건, 그것이 과거의 것이건 미래의 것이건 현재의 것이건, 안의 것이건 밖의 것이건, 거칠건 미세하건, 저열하건 수승하건, 멀리 있건 가까이 있건, '이것은 내 것이 아니요, 이것은 내가 아니며, 이것은 나의 자아가 아니

183) 일묵 지음, 《사성제》, 283쪽.

다.'라고 있는 그대로 바른 통찰지로 보아야 한다." "비구들이여, 이와 같이 보는 잘 배운 성스러운 제자는 물질에 대해서도 염오厭惡하고 느낌에 대해서도 염오하고 인식에 대해서도 염오하고 심리현상들에 대해서도 염오하고 알음알이에 대해서도 염오한다. 염오하면서 탐욕이 빛바래고, 탐욕이 빛바래기 때문에 해탈한다. 해탈하면 해탈했다는 지혜가 있다. '태어남은 다했다. 청정범행은 성취되었다. 할 일을 다 마쳤다. 다시는 어떤 존재로도 돌아오지 않을 것이다.'라고 꿰뚫어 안다."(《무아의 특징경》(S22:59))[184]

우리는 일반적으로 오온을 전체적으로 인식하여 '나'라고 생각하기 때문에 '나'라는 실체가 있는 것처럼 보이지만 사실은 연기적으로 보면 이 '색·수·상·행·식의 5가지 요소가 모여 있는 무더기'에 불과하고, 더욱이 그것들이 찰나 찰나 생멸을 반복하면서 서로 이어져갈 뿐 모두 무상한 것이기 때문에 '나'라고 내세울 만한 실체가 없습니다. 즉, 무아이고 아공我空인 것입니다. 그런데 범부는 어리석게도 오온을 '나'라고 집착하기 때문에 괴로움이 생겨납니다. 따라서 오온을 있는 그대로 바른 통찰지로 보아 염오厭惡[185]하게 되면 해탈할 수 있다는 것입니다. 그래서 《반야심경》에서 "오온이 모두 공하다는 것을 꿰뚫어 보고 일체의 고액을 건넜다照見五蘊皆空, 度一切苦厄."고 하신 것입니다.

184) 각묵스님 지음, 《초기불교의 이해》, 144~146쪽에서 재인용함.
185) 염오厭惡: 역겨워함. 넌더리 침. 몹시 싫어함.

'나'라는 존재를 몸뚱이와 느낌과 인식과 심리현상들과 알음알이로 해체해서 보게 되면 이들의 변화성과 찰나성 즉 무상함이 극명하게 드러나고 무아임을 통찰할 수 있게 됩니다.[186] 그리고 우리가 생각하는 '나'라는 것은 단지 개념에 지나지 않는다는 것을 알 수 있습니다. 나는 아버지는 누구이고 어머니는 누구이며, 어디에서 태어나고 어디에서 자란 아무개이며, 어느 초등학교와 어느 중학교, 어느 고등학교, 어느 대학교 등을 나왔고, 어디 어디에서 살았고, 형제와 친구들은 누구누구이고, 아내는 누구이고, 직장은 어디이고, 직책은 무엇이고, 키는 얼마이고, 몸무게는 얼마이고, 옷은 어떤 옷을 입고, 무슨 음식을 좋아하고, 무슨 음식을 싫어하고, 오늘 아침에는 어디서 무엇을 먹었고, 취미는 무엇이고 등, 내가 겪어온, 나와 관련된 모든 정보와 몸뚱이를 총체적으로 지칭해서 '나'라는 개념으로, '아무개'라는 이름으로 인식하는 것입니다.

그러므로 수많은 정보와 물질로 이루어지고 끊임없이 변화해 가는 몸뚱이만 있을 뿐 고정된 실체로서의 '나'는 없다는 것을 분명하게 알 수 있습니다. 그리고 이것은 나뿐만이 아니고 이름 있는 천지 만물이 다 그러합니다. 모든 것이 무상, 무아의 연기적 존재일 뿐인데 우리는 거기에 이름을 붙이고, 이름이 있게 되면 그에 상응하는 사물의 실체가 있는 것으로 착각하는 우를 범하는 것입니다.

186) 각묵스님 지음, 《초기불교의 이해》, 154쪽.

5.6.3 거짓나

언어의 논리로만 본다면 "나의 몸"이라는 말은 "나我"가 소유하고 있는 "몸"이라는 뜻이므로 "내 몸"은 "나我"가 아니라는 것을 알 수 있습니다. "나의 마음"도 마찬가지로 "나"에게 소속된 "마음"이라는 뜻이므로 "내 마음" 역시 "나"는 아닌 것입니다. 그렇다면 나의 감정과 생각도 내가 아니며 나의 감각도 내가 아니며 기타 우주 만물 어느 것도 내가 아닌 것이 분명합니다.

그런데도 우리는 "네가 '나'를 때렸잖아!", "네가 어떻게 '나'한테 그럴 수 있어? '나'를 속였잖아!" 등의 말에서 보는 바와 같이 보통 자기의 몸이나 마음을 "자기 자신"과 동일시합니다. 보통 "나我"와 "나 아닌 것非我"의 경계를 내 몸의 피부로 생각하고 내 마음은 내 몸에 딸린 것으로 생각합니다. 그러나 앞에서 살펴본 바와 같이 피부로 경계 지은 "내 몸"은 그것 아닌 것들, 즉 곡식, 채소, 과일, 물, 공기 등이 몸속으로 들어가서 소화 흡수되어 변화된 것이며, 거기에 멈추지 않고 신진대사를 통해 세포의 생성 소멸을 거듭하며 끊임없이 변화해 가다가 어느 순간 사망하게 되면 땅속에 묻어도 모르고 불 속에 넣어도 모르며, 결국에는 지地·수水·화火·풍風으로 모두 흩어지는 것이니, 거기에서 불변하는 나의 실체를 찾을 수는 없습니다. 우리의 마음 생각·감정·감각 역시 수시로 변화하여 고정된 실체라고 할 것이 없으므로 이 또한 변함없는 "나"라고 할 수는 없는 것입니다.

더욱이 나의 피부를 경계로 하는 "내 몸"을 "나"라고 할 경우, 다음과 같은 문제에 봉착합니다.

① 내가 지금 먹고 있는 밥상에 밥과 여러 가지 반찬과 과일이 놓여 있다면 이것들이 먹기 전에는 분명히 내 몸 밖에, 피부 밖에 있으니 분명히 '나'가 아닙니다. 먹은 직후에는 내 몸속의 위장 안에 있긴 하지만 아직 소화 흡수된 것은 아니니 역시 위장관의 내피 밖에 있는 것이므로 역시 '나'라고 할 수는 없을 것입니다. 얼마간의 시간이 지나서 위와 장에서 소화 흡수되면 흡수된 영양 성분은 혈액 속에 있을 것이며, 소화되고 남은 음식 찌꺼기는 대장을 통해 분변으로 배출될 것입니다. 그렇다면 내 몸 안으로 들어간 음식을 나와 동일시하려면 언제부터 언제까지로 보아야 할까요? 마찬가지로 내 몸 안에서 각종 대사를 거쳐서 생성된 소변은 체외로 배출되는데 이것들은 언제부터 내 몸이 아닌가요?

② 또 음식물이 소화 흡수되기 위해서는 장내 미생물의 도움이 필수적인데 이들은 나인가요 내가 아닌가요? 진핵생물의 세포 안에서 세포 호흡에 관여하는 효소의 작용을 통해 유기물 속의 화학 에너지를 ATP의 화학 에너지로 전환하여 생명 활동에 필요한 에너지를 공급하는 미토콘드리아는 보통 세포 안에 여러 개 또는 많은 수가 존재하지만, 원래 진화 과정상 고세균이 원핵세포 안에 기생하며 공생하다가 숙주와 한 몸처럼 살

게 된 것으로 추정되고 있습니다[187]. 따라서 미토콘드리아는 우리 몸의 DNA가 아닌 독자적인 DNA와 RNA, 리보솜 등을 가지고 있어서 스스로 단백질을 합성하기도 하고 독자적인 증식도 가능하며, 엄밀하게 말하면 장내의 미생물처럼 우리 몸의 유전자와는 다른 유전자를 가지고 있는 별개의 생명체라고 할 수 있습니다. 그런데 미토콘드리아가 없으면 우리 몸은 에너지 공급을 받을 수 없으므로 미토콘드리아와 우리 몸은 이미 한 몸이나 마찬가지인데, 과연 나와 DNA가 전혀 다른 미토콘드리아를 나와 동일시할 수 있을까요? 그렇지만 미토콘드리아는 나의 몸을 구성하고 있는 각 세포 안에 들어 있으면서 에너지대사에 필수적인 역할을 하고 있는데도 내 몸이 아니라고 할 수 있을까요?

③ 미토콘드리아와 마찬가지로 엄마의 몸과 DNA가 전혀 다른 태아는 완벽하게 엄마의 몸 안에 있으며 호흡과 영양공급도 엄마의 몸 안에서 이루어지는데, 그렇다고 해서 엄마와 완전히 동일시할 수 있을까요?

④ 또한 "내 몸"은 부모 조상의 정혈精血과 천지자연의 산물인 음식물과 공기 등 나 아닌 것들이 인연 따라 일시적으로 모여서 이루어진 데다 고정됨이 없이 계속 변화해 가는데 어디서 어디까지를 "나"라고 고집할 것이며, 또한 만물과 내가 천지라는

187) 에드용 지음, 양병찬 옮김, 《내 속엔 미생물이 너무도 많아》, 도서출판 어크로스, 2017.

하나의 포태 속에 서로 의지하고 있는 연기적 관계에 있는데 어디서 어디까지를 "나"라고 경계 지을까요?

⑤ 오늘날에는 쓸개나 자궁 같은 장기를 적출하여 제거하는 경우도 많은데 그 적출한 장기와 나와는 어떠한 관계에 있나요? 내가 둘로 나뉜 건가요? 또 인공장기나 인공뼈 등을 내 몸 안에 넣는 경우도 있는데 그것들은 내 몸인가요? 아닌가요? 또 나의 장기를 다른 사람에게 이식할 수도 있고 다른 사람의 장기를 내게 이식할 수도 있는데 그 장기는 누구의 장기인가요?

⑥ "내 마음" 역시 태중에서부터 지금까지 가족과 이웃, 기타 외부로부터 끊임없이 정보를 접수, 취사, 저장하면서 형성되어 왔으며, 또한 외부와 끊임없이 정보를 주고받으며 변화무쌍하게 작용해 오고 있는데, 어디서 어디까지를 "나의 마음"과 "남의 마음"으로 구분할 수 있을까요? 그 구분할 수도 없고 변화무쌍한 "나의 마음"의 어디서 어디까지를 나라고 할 수 있을까요?

이상에서 살펴본 바와 같이 우리가 보통 생각하는 "나"라는 것은 사실 어떤 시각과 차원에서 보느냐에 따라 범위가 달라지는 "거짓나假我"이며 "참나眞我"가 아닌 자아상自我相으로서 일종의 개념에 불과합니다. 자아상이란 우리가 수많은 생을 살아오면서 심층의식 속에 저장해온 생각, 신념, 관념, 경험, 느낌, 감정, 행위 등의 모든 정보의 창고라고 할 수 있는 아뢰야식[188]을 실재하는 자기로 착각하여 동일시한 것입니다. 이 자아상이 바로 탐진치貪嗔癡 삼독심三毒心과 무명無明의 근원이라고 할 수 있습니다. 따라서 우리 인생의 모든 문제는 바로 이 '거짓나'를 '참나'와 동일시하는 착각에서 비롯된다고 할 수 있습니다.

"우리가 자신과 동일시하며 자아라고 부르는 이 개체가 존재한다고 믿을 때, 우리는 그것을 보호하려고 하고 그것이 사라질까 봐 두려워하게 됩니다. 이 자아에 대한 강한 집착은 '내'것, '나의' 몸, '내' 이름, '나의' 정신, '나의' 친구들과 같은 소유의 개념을 낳습니다. 이처럼 우리가 자아를 뚜렷하고 단일한 개체가 아니라고 생각하는 일은 어렵습니다. 그래서 끊임없이 변화하는 육체와 정신에 대해서도 고집스레 지속적이고 단일하며 독립적이라는 특징들을 부여하기도 합니다. 하지만 이러한 믿음은 역설적으로 우리를 더 상처받기 쉽게 만들고 진정한 자신감을 심어주지 못합니다. 사실 자아를 독립적이고 확고한 단일 개체로 생각한다면, 우리는 현실과 근본적인 부조화를 이루게 됩니다. … 게다가 자아는 끊임없이 득과 실, 즐거움과 고통, 찬사와 비판 등의 표적이 됩니다. 그래서 어떻게든 그 자아를 보호하고 만족시켜야 한다고 느끼는 것이죠. 우리는 자아를 위협하는 모든 것에는 반감을 느끼고, 자아를 만족

---

188) 유식학에서 제8식인 아뢰야식阿賴耶識을 모든 정보를 저장한다는 의미로 '장식藏識'이라고도 부릅니다. 그리고 이 아뢰야식을 자기로 집착하는 제7식인 말나식末那識을 '자아집착식自我執着識'이라고 부릅니다.

시키고 강화하는 모든 것에는 호감을 느낍니다. 이 호감과 반감이 라는 근본적인 충동은 끊임없이 갈등을 일으키는 감정들, 즉 분노·혐오·자만·시기 등을 낳고 결국에는 항상 고통으로 이어지게 합니다."[189]

5.6.4 참나

우리가 현상 사물을 보고 듣고 냄새 맡고 생각하고 말하고 행동하는 주체가 있다는 것은 누구도 부정할 수 없을 것입니다. 숨이 끊어지기 직전에는 분명히 보고 듣고 말을 했는데 숨이 끊어지면 바로 팔다리를 잘라도 모르고 불에 태워도 모릅니다. 그러므로 눈이 보거나 귀가 듣거나 코가 냄새를 맡거나 입이 말하거나 몸이 행동하는 것이 아닙니다. 눈을 통해서 보고, 귀를 통해서 듣고, 코를 통해서 냄새를 맡고, 입으로 말을 하며, 몸으로 행동을 하는 주인공이 따로 있는 것입니다.

그래서 분명히 주인공이 있다고 볼 수밖에 없는데, 그 주인공이 어떻게 생겼는지 볼 수도 없고, 만져볼 수도 없고, 말할 수도 없으니, 또한 있다고 말하기도 어렵습니다. 그것은 우리가 좋다 나쁘다 예쁘다 밉다 분별하는 마음이 아니고, 분별하기 이전에 소소영령

189) 마티유 리카르, 볼프 싱어 대담, 임영신 옮김, 《나를 넘다(뇌과학과 명상, 지성과 영성의 만남)》, ㈜쌤앤파커스, 2017, 220~221쪽.

昭昭靈靈하게 아는 공적영지空寂靈知[190]로서 우리의 근본 마음本心이며, 성품, 자성自性, 본성本性, 진성眞性, 불성, 주인공主人公&主人空, 참나, 한마음, 참마음, 진아眞我, 진심眞心, 심월心月, 혜월慧月 등 다양한 이름으로 불리는 마음입니다.

공적영지는 문자 그대로 마음이 사심잡념이 없이 텅 비어 고요한 가운데 또랑또랑 초롱초롱하여 또렷하게 깨어 있는 의식이며, 감각·지각하는 근본심根本心으로 사리를 환하게 아는 신령한 지혜의 참마음을 말합니다. 이 참마음은 공간적으로 아무리 비좁은 곳이라도 들어갈 수 있고, 아무리 큰 것이라도 다 감싸고도 남으며, 아무리 멀리 떨어진 곳이라도 즉시 도달할 수 있고, 시간적으로 아무리 먼 과거나 미래라고 해도 또한 즉시 도달할 수 있어서 시공간의 제약을 받지 않으며, 한 생각이 일어나기 이전이므로 청정하고 고요하여 일체의 분별이 없고, 따라서 자타自他와 물아物我의 구별이 없으므로 집착심도 없고 지극히 공변되고[191] 평화로우며, 몸도 아니고 마음도 아니고 생각이나 감정이나 감각이나 욕구도 아니며, 물질도 아니고 허공도 아니며, 취할 수도 없고 버릴 수도 없으며, 있다고 할 수도 없고 없다고 할 수도 없어서 유무를 초월하며, 생겨나거나 없어지지도 않고, 모든 현상변화를 초월하며, 모든 생각, 감정, 관념을 초월해 있어서 주관과 객관을 벗어나 일

190) 공적영지空寂靈知: 텅 비어 고요하지만 소소영령하게 아는 지혜. 이것이 들어서 행주좌와行住坐臥, 어묵동정語默動靜 간에 일체를 보고 듣고 아는 것입니다.

191) 대공심大空心&大公心: 모든 망념·망상과 아상我相을 비우니 내(私: Ego)가 따로 없고, 내가 없으니 그저 크게 공변될 뿐이며, 그래서 無我奉公의 마음이다.

체의 상대를 초월하므로, 어떠한 생각이나 말로도 헤아릴 수 없으며, 오직 입정삼매入定三昧[192]에서만 스스로 알 수 있는 자리로서, 우주만유와 전 생명의 본원이며, 제불제성諸佛諸聖의 심인心印이며, 일체중생의 본성이며, 일체 마음작용의 근원 주처主處입니다.

우리의 근본 마음인 본심本心에 대하여 보조국사께서는 "모양이 없으니 대소가 없고, 대소가 없으니 가장자리가 없고, 가장자리가 없으니 안팎이 없고, 안팎이 없으니 멀고 가까움이 없고, 멀고 가까움이 없으니 저기와 여기가 없고, 저기와 여기가 없으니 가고 옴이 없고, 가고 옴이 없으니 생사가 없으며, 생사가 없으니 고금이 없고, 고금이 없으니 미혹함과 깨침이 없고, 미혹함과 깨침이 없으니 범부와 성인이 없으며, 범부와 성인이 없으니 물듦과 깨끗함이 없고, 물듦과 깨끗함이 없으니 옳고 그름이 없고, 옳고 그름이 없으니 일체의 이름과 말을 얻을 수 없나니, 이미 다 없음이 이와 같아서 일체의 근根과 경境[193]과 일체의 망념과 내지 가지가지의 형상과 모양과 가지가지의 이름과 말을 모두 얻지 못할진대, 이 어찌 본래에 비어서 고요하며 본래에 물物 없음이 아니겠는가!"(《수심결》 18장)라고 말씀하셨습니다.

그런데 거짓나는 나의 참모습인 본래 모습, 즉 참나는 아니지만, 또한 참나를 떠나 있는 것도 아닙니다. 이는 바닷물과 파도·물결

192) 입정삼매入定三昧: 선정禪定에서 삼매에 드는 것. 입정은 성품의 본래에 합일하여 일체의 사념이 돈망한 상태를 말하며, 삼매란 입정의 극치로서 자타의 분별이 사라진 경지이다.(《원불교대사전》)

193) 일체의 근根과 경境: 눈·코·귀·혀·몸·뜻의 육근과 색성향미촉법의 육경을 말함.

에 비유할 수 있습니다. 파도·물결은 그 자체가 실상이 아니고 바닷물이 달의 인력이나 바람이나 해저 구조물 등의 제반 조건에 반응하여 움직여서 끊임없이 변화하며 생멸하는 것이지만, 파도가 어떻게 치고 물결의 모습이 어떠하든 그 실상은 소금을 함유하여 짠맛이 나며 물건을 적셔주는 바닷물인 것입니다. 즉, 바닷물의 실상은 짠맛이 나는 물입니다. 그러므로 초점이 파도·물결에 가 있으면 거짓나에 함몰되는 것이고, 바닷물에 가 있으면 참나에 머무는 것이라고 비유할 수 있습니다. 다시 말해서 파도치면서 일어나는 물결이나 물방울이 자기(小我: 에고)라고 집착함으로써 전체 바닷물大我과 분리된 것으로 인식한 것이 거짓나假我일 뿐 본래 파도·물결이나 물방울이 모두 바닷물(참나)인 것과 같습니다. 즉, 아상을 벗어나면 그대로가 바로 참나인 것이니, 파도·물결이나 물방울 그대로가 바닷물이듯 에고와 번뇌망상 또한 그대로 참나의 나툼인 것이며, 또한 우주만유가 다 '나' 아님이 없게 되는 것입니다.

참나와 거짓나의 관계는 또 전기와 전등·전동기·전열기의 관계에 비유할 수도 있습니다. 모든 전등·전동기·전열기는 다 전기로 작동합니다. 다만 그 기계장치의 구조와 물질의 조건에 따라서 온갖 모양의 전등에 온갖 빛깔의 불빛을 내기도 하고, 각종 전동기로 힘을 만들어내기도 하고, 각종의 전열기로 열을 생산해 내기도 하지만, 알고 보면 모두 전기에 근원을 두고 있습니다. 따라서 전기는 참나인 우리의 성품에 비유할 수 있고, 각종 '전등과 그 불빛'이나 '전동기와 그 힘' 또는 '전열기와 그 열'은 모두 거짓나에 비유할 수 있습니다.

이상은 참나를 언설로 풀어 말한 것이나 이를 진정으로 알려면 몸과 마음으로 직접 깨쳐서 체득해야만 합니다.

5.6.5 지식으로 아는 것과 깨달아 아는 것은 전혀 다르다

지금까지 진리에 대하여 그리고 나는 누구인가에 대하여 많은 말들을 했습니다. 기본적인 진리라고 생각되는 것들에 대해 필자 나름대로는 되도록 논리적으로 설명해보려고 애를 썼습니다. 그러나 이것들을 논리적으로 이해했다고 해서 진리를 깨달은 것은 결코 아닙니다. 이것들은 모두 이른바 달을 가리키는 손가락일 뿐입니다. 손가락을 통해서 달을 보라는 것이지 달을 가리키는 손가락 자체가 달이라는 말은 아닙니다.

진리 당처는 직접적인 체험을 통해 깨달아서 알아야 하겠지만 우리가 분별의 세계에 살고 있고, 또 논리적으로 수긍이 되지 않으면, 대개의 경우 먼저 부정부터 하고 더 이상 들어보거나 알아보려고도 하지 않으므로, 어느 정도까지는 우선 논리적으로라도 이해하는 것이 필요하다고 생각해서 한 말들입니다. 그러나 궁극의 진리와 참나가 무엇인지에 대해서 언어로 표현한다거나 생각으로 헤아리는 것은 거의 불가능하다고 봅니다. 왜냐하면 언어의 한계성과 체험에 의해 뒷받침되지 않는 지식의 한계성 때문입니다.

가령 콜라나 후지사과의 맛 자체를 언어로 표현할 수 있을까요?

필자는 감히 단언합니다. "지금까지 지구상에 존재했던 모든 문필가를 동원해서 최대한 자세히 묘사한다고 해도 결코 콜라나 후지사과 맛 자체를 표현할 수는 없을 것이라고!" 그러나 콜라와 후지사과를 먹어본 사람이면 아무리 무식한 사람이라도 그 맛이 대번에 어떻다는 것을 알 수 있습니다. 하물며 감각적으로 인지할 수 있는 물질이 아닌 진리에 대해서야 더 말할 나위 있겠습니까! 그래서 옛 조사들이 진리를 깨치면 "그 차고 더운 것을 스스로 안다."고 표현했던 것이며, 언젠가 TV에서 어떤 라면 광고를 할 때에 "먹어봐야 맛을 알지!"라고 한 말도 바로 이러한 뜻을 적실하게 표현한 것이라고 생각합니다.

따라서 필자가 논리적으로 또는 학술적으로 지금까지 자세하게 장황한 설명을 많이 했지만, 참으로 안타깝게도 진리와 참나의 자리는 이와 같은 언어나 생각을 통해서는 대략적인 짐작만 할 수 있을 뿐 여실하게 알 수는 없다는 것입니다. 왜냐하면 분명히 의식이 초롱초롱하게 깨어 있되 한 생각도 일어나기 이전의 소식이기 때문입니다. 범부는 대부분 의식이 깨어 있으면 잡념이 일어나고, 잡념이 없을 때는 잠이 들어 있거나 의식이 몽롱한 상태이므로 전혀 알 수가 없는 것입니다. 그래서 성철스님께서는 "범부에게 깨달음의 세계를 말하는 것은 장님에게 단청을 설명하는 것과 같다."고 하셨습니다.

06

나쁜 운을 좋은 운으로 바꾸는 방법

우리는 앞에서 운명이란 무엇인지와 각자의 운명을 형성하는 인과보응의 이치인 업의 원리에 대해서 자세히 살펴보았습니다. 이제 인과보응의 이치에 따라 좋은 운명으로 바꾸어가는 개운법에 대해서 하나하나 자세히 설명드리겠습니다. 이는 역대 성자들의 가르침과 원황 선생의 가르침을 기본으로 하여 첨삭, 정리한 것입니다.

본문으로 들어가기에 앞서서 개운의 의미부터 살펴보도록 하겠습니다. '개운開運'이란 문자 그대로 "막혀 있던 운을 열어서 통하게 한다" 즉, "나쁜 운을 좋은 운으로 바꾸어간다"는 뜻입니다. 그런데 어떤 운이 좋은 운인가에 대해서는, 첫째 사람 따라 상황 따라 기준이 다르다는 겁니다. 왜냐하면 복만 하더라도 재복, 벼슬복, 배우자복, 자식복, 명예복, 건강복, 초년복, 말년복, 죽는 복 등 다양한데 이 모든 복을 다 갖추기는 현실적으로 어려운 일입니다. 또, 재복이 좋은 사람은 다른 복을 원할 것이고, 명예복은 좋은데 재물복이 없는 사람은 재운이 좋기를 바랄 것이고, 다른 복은 다 괜찮은데 결혼을 못 하고 있다면 결혼운이 좋기를 바랄 것이고, 고시공부하는 사람은 관운이 좋기를 바랄 겁니다.

둘째 운명의 프로그램 자체를 바꾸는 것인데, 이것은 죽을 사람을 살 사람으로 만든다든지, 가난하게 살 사람을 부자로 살게 만든다든지, 시험에 떨어질 사람을 붙게 만든다든지, 결혼하기 어려운데 결혼할 수 있게 만든다든지 하는 것이므로, 그만큼 쉽지 않은 일이기 때문에 정성도 그만큼 많이 들여야만 하는데, 그것이 원하는 대로 무조건 다 되는 것은 아니라는 겁니다.

셋째 운명을 수용하는 태도를 바꾸는 것인데, 이는 마음공부만 하면 비교적 쉽게 될 수 있는 부분입니다. 가령 시골 농가주택에 살아도 행복하게 사는 사람이 있는가 하면, 강남에서 50평 아파트에 살아도 불행하게 사는 사람이 있는데, 이러한 경우는 대개 자기에게 주어진 환경·조건에 대한 태도와 자기의 삶에 대한 태도 때문이므로, 마음공부를 해서 긍정적인 태도로 바꾸면 바로 행복해질 수 있는 것입니다. 넷째 모든 현상사물과 상황조건이 무상·고·무아라고 있는 그대로 보고 받아들여서 고락을 초월하는 것입니다.

그러므로 개운한다는 것은 첫째로 자기의 운명에 대한 수용 태도를 바꾸는 것이고, 둘째로 더 정성을 들여 노력해서 자기 운명의 프로그램 자체까지 어느 정도 바꾸는 것이며, 셋째 길흉화복을 초월하여 해탈하는 겁니다. 어쨌든 이 책에서 말씀드린 대로 부지런히 실천만 한다면 점점 좋은 운으로 바뀌어서 성공적인 행복한 삶을 누릴 수 있을 것입니다. 물론 그 정성과 실천 정도에 따라서, 본인의 팔자와 업장·업력의 정도에 따라서 개운이 언제부터 얼마나 되느냐의 정도와 조만의 차이는 있겠지만.

6.1. 참회개과懺悔改過: 먼저 자기의 잘못을 찾아서 깊이 뉘우치고 허물을 고쳐라!

- 『아무리 한때에 악을 범한 사람이라도 참 마음으로 참회하고 공덕을 쌓으면 몸에 악한 기운이 풀어져서 그 앞길이 광명하게 열릴 것이요, 아무리 한때에 선을 지은 사람이라도 마음에 원망이나 남을 해칠 마음이 있으면 그 몸에 악한 기운이 싸고돌아서 그 앞길이 암담하게 막히나니라.』(대종경》, 요훈품 32장)
- 『자기가 지은 죄업을 소멸하려면 안으로 자성이 공한 자리를 깨달아 죄업을 진실로 참회하여 청정한 마음을 기르고, 밖으로 무상 보시를 통하여 복락을 많이 장만하고 꿈에라도 죄 짓는 생활을 하지 않아야 천지 기운이 돌아와 제도를 받을 수 있느니라."』(《대산종사법어》, 거래편 13장)

참회는 죄업을 씻는 양잿물이요 업력을 녹이는 용광로이며 마음의 때를 씻는 비누라고 했습니다. 그러므로 나쁜 운을 좋은 운으로 바꾸고자 하면 반드시 먼저 참회가 필요합니다. 그것은 우리가 수많은 생을 오가면서 알고도 짓고 모르고도 지은 죄업이 너무나 많은데 이에 대한 참회 반성이 없이 수행을 한다고 하는 것은, 마치 쓰레기가 집안에 가득한데 이것을 치우지 않고 새로운 가구와 장식장을 들여놓는 것과 같으며, 채소나 곡식 농사를 지으려는 사람이 논밭에 잡초가 무성한데 이를 제거하지 않고 그냥 씨앗을 뿌리는 것과 같기 때문입니다.

상대방이 아무리 큰 잘못을 했더라도 진심으로 뉘우치고 참회, 반성하면 누구나 마음이 누그러지고 용서하기가 쉽습니다. 반대로 잘못을 저질러놓고도 뉘우침이 전혀 없으면 용서가 안 되고 더욱 분노하게 됩니다. 그래서 판사가 죄수에게 형량을 정할 때도 죄를 뉘우치고 참회, 반성하는 태도를 보이느냐가 중요한 감형 요인으로 작용합니다. 그러나 죄를 지은 사람이 참회, 반성을 하더라도 그에 대한 불신과 분노와 증오심은 아직 남아 있기 마련인데, 그 사람이 피해자에게도 계속 잘하면서 착한 일을 많이 하는 사람으로 완전히 바뀌게 되면 누구라도 진심으로 용서할 수 있게 됩니다.

이것이 참회 개과하여 선행으로 음덕을 많이 쌓는 것이 나쁜 운을 좋은 운으로 바꾸어가는 첫째 관건이 되는 이유입니다. 왜냐하면 모든 것이 자업자득의 인과법칙에 따라 과거 전생에 자기가 선악 간 지은 바대로 금생에 자기의 운명을 타고난 것이니, 자기가 전생에 무슨 죄업을 저질렀는지 기억은 전혀 나지 않지만 이치상으로는 분명하므로, 자기 인생의 불운과 고통을 모두 자기 탓으로 알고 하늘을 원망하거나 부모·조상 또는 남을 탓하지 말고, 오직 모든 것을 달게 받으면서 알고 지었든 모르고 지었든 무조건 자기의 모든 죄업을 깊이 참회, 반성하는 마음으로 선행을 많이 해서 음덕을 쌓아야만 점점 죄과가 줄어들며 복락을 장만해갈 수 있기 때문입니다.

즉, 사주팔자의 나쁜 운을 고치는 첫째 방법은 "반구저기, 감수불보, 참회반성, 개과천선"하는 것입니다. "반구저기反求諸己"란 현생의 모든 괴로움과 불행의 원인을 다 자기 자신에게 돌려서 오직 자신의 잘못을 깊이 참회, 반성하고 하늘을 원망하거나 남을 원망하지 않는 것을 말합니다. "감수불보甘受不報"란 진리 또는 상대방이 나에게 어떠한 고통을 주더라도 또한 "다 내가 지은 대로 내가 받는 것"이라고 생각하여 달게 받고 다시 보복하거나 원망하지 않는 것을 말합니다. "참회반성, 개과천선改過遷善"이란 알고 지었든 모르고 지었든 자기가 저지른 과거의 잘못을 깊이 뉘우치고 반성하여 다시는 똑같은 잘못을 저지르지 않기를 굳게 맹세하며 허물을 고치고 나날이 착한 일을 실천해가는 것을 말합니다.

그런데 이와 같이 허물을 고치기 위해서는 먼저 자신의 부끄러움을 느낄 줄 알아야 하고[194], 둘째 두려워할 줄 알아야 하며, 셋째 허물을 고치는 데에 단호하고 용감해야 한다는 것이 원요범 선생의 가르침입니다.[195] 실제 자기의 잘못을 모르는 사람이 어떻게 그것을 고칠 수 있겠습니까? 양심에 가책을 느끼고 부끄러움을 알아야 고칠 생각도 일어나는 것입니다. 그러므로 잘못을 저지르고도 양심의 가책을 느낄 줄 모르는 사람은 앞으로도 계속해서 악업을 지어갈 것이므로 끝내 악도를 면하기가 어렵습니다.

---

194) 『부끄러움에 세 가지가 있나니, 알지 못하되 묻기를 부끄러워 함은 우치愚恥요, 나타난 부족과 나타난 과오만을 부끄러워 함은 외치外恥요, 양심을 대조하여 스스로 부끄러워 하고 의로운 마음을 길이 챙김은 내치內恥니라.』(《정산종사법어》, 법훈편 69장)

195) 원황 지음, 호암 옮김, 《요범사훈》, 117~202쪽.

그러므로 악한 사람은 미워하기보다는 사실은 측은히 여겨야 할 사람입니다. 그러나 우리가 양심의 가책을 느껴 일시적 참회심으로 선업을 짓는다 해도 근본적으로 에고에 집착하여 이기심을 버리지 않는 한 죄업의 뿌리가 되는 탐진치 삼독심은 그대로 있는 것이 되므로 언제든지 다시 죄업을 짓게 되어 있습니다. 그러므로 참으로 부끄러워할 줄 아는 사람은 자신의 허물을 부끄러워하는 데 그치지 않고, 탐진치 삼독심을 벗어나지 못하여 범부로 살아가는 것을 부끄럽게 여겨야 하는 것입니다. 이것이 죄업의 뿌리를 제거하기 위한 반복적인 훈련과 지속적인 수행이 필요한 이유입니다.

우리가 대부분 양심의 가책을 느끼면서도 잘못을 저지르는 가장 큰 이유는 그것을 다른 사람들이 모른다고 생각하기 때문이며, 다음으로는 그것이 어떠한 불행과 고통을 가져올지를 분명하게 알지 못하기 때문입니다. 그런데 사실은 아무리 어두운 곳에서 남모르게 행한 일이라도, 또는 자기의 마음속으로만 생각한 것일지라도 자기의 양심과 진리는 속이지 못하며, 우리 눈에 보이지 않는 허공법계에 모든 불보살과 천지신명들이 계셔서 우리가 행한 모든 것을 귀신같이 다 아신다는 것입니다.

누군가가 투명인간이 되어 나의 생각과 행동을 모조리 지켜본다고 생각해보세요. 더구나 진실로 천지신명들이 계셔서 나의 모든 것들을 속속들이 지켜보며 마음속까지 다 안다고 생각해보세요! 어찌 두렵지 않겠습니까? 인지가 열려서 과학이 발달함에 따라 옛날에는 이러한 보이지 않는 세계에서만 통용되던 것들이 오늘날에는 점점 현실 세계에 나타나고 있습니다. 예를 들면 처음에는 사진기가 나왔고, 다음으로 녹음기가 나왔고, 그다음으로 녹화기가 나왔으며, 오늘날에는 CCTV가 나와서 자기도 모르는 사이에 모든 언행이 생생하게 동영상으로 기록되지 않습니까? 현재도 자기의 생각만으로 휠체어 같은 기계장치를 움직일 수 있다는 것이 입증되어 상용화되고 있지만, 아마 머지않아 사람의 마음까지 기록하는 녹심기錄心機가 나올 것이라 생각합니다. 그러니 앞으로는 천지신명의 존재를 믿지 않는다고 해도 인간의 과학기술에 의해 비밀이 존재하기 어렵다는 것을 점차 분명하게 알게 될 것입니다. 그러므로 옛 선비들은 "신기독愼其獨"이라고 해서 반드시 혼자 있는 때를 삼가며, 자기 혼자 있는 공간이라도 열 사람의 눈이 지켜보고 있는 것처럼 네거리에 서 있는 것처럼 생각하고 행동하라고 했던 것입니다.

더욱 두려워해야 할 것은 CCTV로 보듯이 자기의 잘못이 낱낱이 드러나는 데에 그치지 않고 반드시 그에 상응하는 죄벌의 고통이 따른다는 것입니다. 보통 사람들은 비록 자신의 허물을 부끄러워할 줄 안다고 해도 모두가 바로 그것을 고치려고 하는 것은 아닙니다. 그래서 둘째로 두려워할 줄 알아야 한다고 한 것입니다. 그러나 두렵다고 해서 꼭 실천에 옮기는 것도 아닙니다. 아무래도 진실로 두렵다면 그만큼 실행에 옮길 가능성이 높아지긴 하겠지만, 이치상으로는 납득이 된다 하더라도 전생의 일과 금생의 일간에 인과관계가 현실적으로 실감되지도 않고, 고통이 당장에 엄습하는 것이 아닌 한 체감되지도 않으므로, 그동안 몸에 밴 습관이나 게으름을 물리치고 금방 허물을 고치기는 어렵기 때문입니다. 따라서 자신의 허물을 실제로 얼마나 고치느냐는 결국 그것을 실천하고자 하는 의지의 강도에 달려 있습니다.

그래서 셋째로 허물을 고치는 데에 단호하고 용감해야 한다고 말씀하신 것입니다. 실로 변화를 원하지 않아 허물 고치는 것을 주저한다면 당장 벌 받지 않고 지낼 수 있다는 것에 안주하고 있는 것입니다. 허물을 고치기 위해서는 단호하게 즉시 변하겠다고 결심해야 하며, 주저하거나 내일 또는 그 이후로 미루어서는 안 되는 것입니다. 아무리 과거의 잘못을 깊이 뉘우쳤다고 해도 허물을 고치지 않는다면 그것은 진정한 참회라고 할 수 없으며, 따라서 업장·업력이 그대로 남아 있게 되어 운명도 바뀔 수 없기 때문입니다. 그러므로 한번 진정으로 참회했으면 같은 죄업을 결코 다시 짓지 않겠다고 굳게 맹세하고, 성심을 다해 이를 지키고자 노력하는 실천의 용기가 필요한 것입니다. 그러나 오랜 습관이 하루아침에 없어지는 것은 아니므로 허물이 단번에 다 고쳐지지 않는다고 해서 중도에 좌절하고 포기해서는 안 됩니다. 꾸준히 쉬지 않고 참회, 기도하면서 착한 일을 날마다 실천하려고 노력만 한다면 점차 악도는 멀어지고 선도는 가까워질 것입니다.

이와 같이 진정으로 참회개과 하면 자신의 죄과罪過도 가벼워집니다. 만약 그렇지 않고 자기 합리화하는 변명이나 한다든지, 하늘을 원망하거나 남을 탓하며 자신의 잘못을 전혀 깨닫지 못하고 뉘우치지 못하면 그만큼 죄과도 더 무거워지게 됩니다. 아무리 중한 죄라도 깊이 뉘우치며 개과천선하면 그만큼 죄고罪苦를 빨리 면할 수 있는 것입니다. 대종사께서도 "살·도·음殺盜淫을 행한 악인이라도 마음만 한 번 돌리면 불보살이 될 수도 있다."(《대종경》, 요훈품 12장)고 하셨습니다. 그러나 범부는 자기가 죄를 지어놓고도 그것이 죄가 되는 줄도 모르거나 죄를 지은 사실 자체를 기억하지 못하는 경우가 너무나 많습니다. 그러므로 과거의 수많은 생을 통해 알고도 짓고 모르고도 지은 모든 죄업을 함께 깊이 참회하고, 미래에는 죄업을 다시 짓지 않기로 굳게 다짐하는 것이 좋은데, 이를 위해 평소 참회문이나 참회게를 많이 독송하면서 참회하는 것이 더욱 효과적입니다.

참회의 방법으로는 크게 사참事懺과 이참理懺의 두 가지가 있습니다. 사참이란 안으로는 진심으로 자기의 죄과를 뉘우치고 진리·스승·대중 앞에 고백하는 것이요, 밖으로는 상대에게 사죄하고 날로 모든 선을 실천해 가는 것을 말합니다. 이는 구체적인 허물에 대한 사실 참회요 실지 참회이며, 피해 당사자에게 직접 사죄하는 당처 참회라고 할 수 있습니다. 이참이란 원래에 죄성罪性이 공하고 선악죄복이 텅 빈 자성자리를 깨쳐 안으로 모든 번뇌 망상을 제거해 가는 것을 말합니다. 이는 자성 참회요 성리 참회이며 근원적인 진리 참회로서 끊임없이 수행정진하며 안으로 죄업의 뿌리를 제거해가는 정진 참회입니다.

사람이 일시적 참회심으로 선업을 다소간 짓는다 해도 근본적으로 죄업의 뿌리가 되는 탐진치 삼독심이 남아 있는 한 언제든지 죄업을 다시 짓기 마련이므로, 사람이 영원히 죄악을 벗어나고자 하면 사참과 이참을 병행하여 밖으로는 모든 선업을 계속 수행하는 동시에 안으로는 죄업의 뿌리가 되는 탐·진·치 삼독심을 완전히 제거해야만 합니다. 이와 같이 공부인이 성심으로 참회 수도하여 적적 성성한 자성불을 깨쳐 마음의 자유를 얻고 보면, 천업天業[196]을 임의로 하고 생사를 자유로 하며[197], 천만 죄고가 더운물에 얼음 녹듯 하여 내외 중간에 털끝만 한 죄상(罪相: 죄의 모습)도 찾아볼 수 없게 된다[198]고 하셨습니다. 따라서 이러한 경지에 이르러야 비로소 죄업을 마쳤다고 할 수 있으므로 참회는 일시적으로 하는 것이 아니요 자성불을 깨쳐 마음의 자유를 얻어서 생사윤회와 죄고를 완전히 벗어나 극락 생활을 하게 될 때까지 계속해야 하는 것입니다.

그런데 자신의 죄업을 깊이 참회하여 용서받고자 하는 사람은 먼저 자기에 대한 남의 잘못부터 너그럽게 용서해줘야 합니다. 남의 잘못은 용서하지 못하면서 자기의 잘못만 용서해달라는 것은 매우 이기적인 생각이기 때문입니다.

196) 천업天業: 우주 대자연이 천지조화로 자동적으로 운행하는 것. 우주의 성주괴공, 만물과 인생의 생로병사, 또는 춘하추동 사시의 순환이나 주야의 변화 등을 천업이라고 합니다. 정업定業은 부처님도 면할 수 없으나, 자성불을 깨쳐 마음의 자유를 얻으면 천업은 임의로 하게 될 수 있다고 합니다.(《대종경》, 천도법문)

197) 《대종경》, 제8 불지품 6장: "그러므로 범부 중생은 육도와 윤회와 십이인연에 끌려 다니지마는 부처님은 천업을 돌파하고 거래와 승강을 자유자재하시나니라."

198) 《정전》, 제3 수행편, 제8장 참회문.

따라서 내가 죄업을 참회하고 용서를 구하고자 하면 반드시 먼저 다른 사람이 내게 지은 죄부터 용서를 해야 순서에 맞습니다. 그러므로 기독교인들이 널리 암송하는 주기도문을 "…우리가 우리에게 죄 지은 자를 사하여 준 것 같이 우리 죄를 사하여 주옵시고, 우리를 시험에 들게 하지 마옵시고 다만 악에서 구하시옵소서. …"[199]라고 예수님께서 직접 지어주시고, 이어서 "너희가 사람의 잘못을 용서하면 너희 하늘 아버지께서도 너희 잘못을 용서하시려니와 너희가 사람의 잘못을 용서하지 아니하면 너희 아버지께서도 너희 잘못을 용서하지 아니하시리라."[200]라고 말씀하신 것입니다.

• 『또한 중생이 모든 악업을 짓되 그 앞에 죄가 쌓이지 않는 것은 몸으로나 입으로나 뜻으로나 모든 악업을 많이 짓고 뒤에 무서운 마음과 싫은 마음이 나서 곧 이상과 같이 참회하여 스스로 자기를 꾸짖고 다시 그 죄업을 짓지 아니하며, 또는 다른 사람을 권하여 그러한 악업을 짓지 않도록 하였음이요, 또한 중생이 자기가 직접 죄는 짓지 아니하였으되 그 앞에 죄가 쌓이게 되는 것은, 자기가 직접 죄는 짓지 아니하였으나 악한 마음을 가지고 다른 사람을 권하여 악업을 짓도록 하였음이요, 또한 중생이 죄를 지어 그 죄가 태산같이 쌓이게 되는 것은 스스로 많은 죄업을 짓고 조금도 참회심이 없으며 또한 다른 사람에게까지 권하여

199) 《성경》 마태복음 6장 12~13절. [새번역: "우리가 우리에게 잘못한 사람을 용서하여 준 것 같이 우리 죄를 용서하여 주시고 우리를 시험에 빠지지 않게 하시고 악에서 구하소서."]
200) 《성경》 마태복음 6장 14~15.

악을 행하게 하였음이요, 또한 중생이 죄를 짓지도 않고 받지도 않게 되는 것은 자기도 죄를 짓지 아니하고 다른 사람에게도 악을 권하지 아니하였음이니라.』(《선악업보차별경》 25장)

- 『대산 종사, 이어 말씀하시기를 "사참의 방법에는 첫째 삼세에 신·구·의身口意 삼업으로 알고도 짓고 모르고도 지은 일체 죄업을 진심으로 참회하고 그 과보의 두려움을 절실히 깨닫는 길이 있고, 둘째 마음을 챙기고 스스로 경계하여 신身·구口·의意 삼업三業으로 짓는 모든 악을 처음부터 짓지 않도록 계문을 잘 지키는 길이 있나니, 항상 도력으로써 업력을 대치하되 정업定業은 면하기 어려우니 오면 달게 받고 고쳐나가야 하느니라. 또 이참의 방법에는 걸림 없는 선정에 드는 길이 있고 염불 삼매에 드는 길이 있고 송주誦呪 삼매에 드는 길이 있나니, 청정한 지혜는 다 선정으로부터 나오는 것인바 밝은 지혜가 솟아올라야 일체 음기가 녹고 사기가 제거되어서 업장이 물러나게 되느니라."』(《대산종사법어》, 교리편 72장)

6.2 착한 일을 많이 하며 널리 은덕을 베풀어라積善普施

- 『공덕을 짓는 데에 세 가지 법이 있나니, 첫째는 심공덕心功德이라, 남을 위하고 세상을 구원할 마음을 가지며 널리 대중을 위하여 기도하고 정성을 들이는 것이요, 둘째는 행공덕行功德이니, 자기의 육근 작용으로 덕을 베풀고 자기의 소유로 보시를 행하여 실행으로 남에게 이익을 주는 것이요, 세째는 법공덕法功德이니, 대도 정법의 혜명을 이어 받아 그 법륜을 시방 삼세에 널리 굴리며, 정신 육신 물질로 도덕 회상을 크게 발전시키는 공덕이라, 이 공덕이 가장 근본되는 공덕이니라.』(《정산종사법어》, 무본편 18장)
- 『부처님 말씀하시기를 "대범 사람이 도를 행할진대 널리 불쌍히 여기고 널리 사랑하기를 힘쓰라. 남에게 덕을 베푸는 것은 보시 외에 더 큼이 없나니 뜻을 세워 그 도를 행하면 복이 심히 크리라. 또 다른 사람이 남에게 보시하는 것을 보고 즐거운 마음으로써 도와주면 또한 많은 복을 얻으리라." 한 사람이 질문하기를 "그러면 저 사람의 복이 마땅히 감해지지 않겠나이까?" 부처님께서 대답하시기를 "그는 비유컨대 저 횃불과 같아서 비록 수천 백인이 와서 그 불을 붙여간다 할지라도 저 횃불은 그로 인하여 조금도 적어지지 아니하고 그대로 있을 것이니 복도 또한 그러하느니라"(《사십이장경》, 10장)

- 『살·도·음 같은 중계重戒를 범하는 것도 악이지마는, 사람의 바른 신심을 끊어서 영겁 다생에 그 앞길을 막는 것은 더 큰 악이며, 금전이나 의식을 많이 혜시하는 것도 선이지마는, 사람에게 바른 신심을 일으켜서 영겁 다생에 그 앞길을 열어 주는 것은 더 큰 선이 되나니라.』(《대종경》, 요훈품 37장)
- 『하루 품삯은 곧 나오나 일년 농사는 가을에야 수확되듯이, 큰 이익은 늦게 얻어지고 큰 공부는 오래 걸리나니라. 복을 조금 지어 놓고 곧 안 돌아온다 하여 조급증을 내지 말고 계속하여 더 지으며, 죄를 지어 놓고 곧 안돌아 온다고 안심하지 말고 곧 참회 개과하라. 한도가 차면 돌아 올 것은 다 돌아오나니, 꾸준히 방심하지 말고 공을 쌓으라』(《정산종사법어》, 무본편 43장)』
- 『이 몸은 사은의 빚이니 선행을 했더라도 복을 지었다 생각하지 말고 과거에 가져다 쓴 빚을 갚았다고 생각하라. 선을 행하고 그것을 복이라 생각해 상대가 몰라주면 원망이 나오기 쉽나니 빚을 갚는 마음으로 오롯이 선을 닦는 데에만 힘쓰라.』(《대산종사법어》, 운심편 11장)

(1) 착한 일을 많이 하라衆善奉行

모든 성자들의 말씀을 한마디로 줄인다면 "무엇이든 착한 일을 많이 하고 나쁜 짓은 하지 말며 그 마음을 깨끗이 하라!"[201]는 것일 것입니다. 그것은 성자들 자신이나 진리를 위한 말씀이 아닙니

201) 칠불통게七佛通偈: "諸惡莫作, 衆善奉行, 自淨其意, 是諸佛敎."

다. 오직 고통 속에서 허우적거리는 어리석은 범부중생들을 낙원 세계로 인도하시기 위한 자비심에서 우러난 말씀인 것입니다.

그런데 문제는 무엇이 착한 일이고 무엇이 나쁜 짓인지를 어떻게 구분하느냐입니다. 착한 일을 부지런히 행하고 악한 일을 하지 않으려면 먼저 선악의 기준이 무엇인지를 알아야 하기 때문입니다. 왜냐하면 나쁜 짓을 행하는 사람들도 착한 일을 표방하거나 자기가 나쁜 짓을 하는 줄도 모르는 경우가 많을 뿐 아니라, 선악의 기준 역시 상황 따라서 달라지는 경우가 많기 때문입니다. 쉬운 예로 살인은 보통 매우 큰 죄로 인식하고 있지만 전쟁터에서 적군을 많이 죽이는 것은 죄로 여기지 않고 오히려 포상하기도 하며, 법원의 판결에 따라 사형을 집행하는 것 역시 살인죄로 여기지 않습니다. 살인과 같은 큰 죄도 이와 같이 상황에 따라 선악 판단이 달라지는데 다른 경우에야 더 말할 나위 있겠습니까? 우리가 법원에서 법률전문가인 판사들이 당사자들의 변론을 들으면서 법에 따라 엄정하게 심판한다고 하는데도 불구하고 1심, 2심 판결과 3심 판결이 서로 달라지는 경우가 얼마나 많습니까? 하물며 도덕 가치인 선악을 판단함에랴!

그렇다면 선악의 기준은 무엇인가? 이는 "정의란 무엇인가?"와 함께 다양한 관점과 내포가 있어서 누구라도 명쾌하게 한마디로 말하기는 어렵습니다. 그러나 필자는 크게 다음의 7가지를 기준으로 판단해 보면 비교적 쉽게 선악을 변별할 수 있다고 생각합니다. 첫째, 계문을 잘 지켰는가? 범했는가? 둘째, 양심에 떳떳한가? 찝찝

한가? 셋째 남에게 더 이익인가? 자기에게 더 이익인가? 넷째, 사은에 보은이 되는가? 배은이 되는가? 다섯째, 공의公議를 따랐는가? 공의에 반했는가? 여섯째, 중도에 맞는가? 중도를 벗어나 과불급하거나 한쪽으로 치우치는가? 일곱째, 일심이 동했는가? 망념이 동했는가?

첫 번째 기준으로 계문의 범과 유무입니다. 계문들은 인과에 통달하신 부처님께서 범부들이 범하기 쉬운 가장 무겁거나 대표적인 죄업을 짓지 않도록 하기 위하여 베풀어 주신 가르침이기 때문입니다.

두 번째 기준으로 자기 양심에 떳떳하면 선이고 찝찝하면 악입니다. 우리의 양심은 우리의 본성에 가장 가까운 것이라 양심을 속이지 않고 양심에 어긋나지 않고 양심에 벗어난 것이 아니면 대체로 선이라고 할 수 있으며 그렇지 못한 것은 악이라고 할 수 있습니다. 그러나 우리의 양심이라는 것도 선천적·후천적·사회문화적 환경의 영향을 받을 수밖에 없기 때문에, 사람마다의 양심 자체에도 편차가 있는 데다, 악업을 많이 행하여 업장·업력이 두터워진 경우에는 아예 양심의 가책을 거의 느끼지 못하는 경우도 있으므로 양심만으로 기준을 삼는 것은 뭔가 부족합니다. 그래서 세 번째 기준이 더 필요하다고 생각합니다.

세 번째 기준으로 남에게 이로운 것은 선이고, 자신에게 이로운 것은 악입니다. 《요범사훈》에서 중봉대사는 선악의 기준에 대한 질문을 받으시고 "남에게 이로운 것이라면 때리거나 욕을 해도 모두 선이지만, 자기에게 이로운 것이라면 공경스럽고 예의가 바르더라도 모두 악이다. 이러한 까닭으로 선을 행하는 것이, 남들에게 이로운 것이면 공적公的인 것이니 참이지만, 자기를 이롭게 하는 것은 사적私的인 것이니 거짓이다. 또 자기 마음에서 울어난 것이면 참이지만 남들을 따라서 하는 것이면 거짓이다."[202]라고 간단하면서도 명쾌하게 답변하셨습니다.

세속의 관점에서 보면 다소 지나친 관점이라고 생각될 수도 있으나, 이는 불교의 기본적 관점으로 행위 자체보다 동기·의도를 더 중시한 것입니다. 왜냐하면 우리의 모든 언행은 마음에 근본을 두고 있기 때문입니다. 따라서 자기가 착하게 보여서 칭찬을 받고자 한 행동이라면 외견상으로는 선행처럼 보이지만, 실제로는 자기의 명예욕을 위한 이기적인 행동에 불과하므로 선행이 아니라는 것입니다. 진실성이 없는 순수하지 못한 선행은 참된 선이 아니라는 것입니다. 반대로 부모가 자식을 또는 스승이 제자를 바르게 키우기 위해 큰소리로 야단을 치거나 매를 들었다면 이것은 선행이라는 것입니다. 더욱이 부처님 전에 공양이나 기도를 드리면서 그 대가로 부자가 되게 해달라든지, 아들을 낳게 해달라든지, 고시에 합격하게 해달라든지 하는 행위는 부처님께 뇌물을 바쳐 거래하자는 것밖에 안 됩니다. 같은 기도라도 세상에 크게 유익을 줄 수 있는 아들을 낳게 해주시면 잘 교육해서 보답해드리겠다든지, 국가발전

202) 《요범사훈》, 호암 옮김, 하늘북, 123쪽.

을 위해 헌신하고자 하오니 고시 공부를 열심히 해서 합격할 수 있도록 건강과 지혜를 주십사고 기도해야 하는 것입니다.

따라서 아무런 대가도 바라지 않고 남모르는 선행으로 음덕을 쌓는 공덕이 가장 크다고 합니다. 더 나아가 내가 착한 일을 한다는 생각이 전혀 없이 착한 일을 한다면 그 공덕이 헤아릴 수 없이 크다고 했습니다. "나"라는 생각과 "내가 누구에게 보시를 했다"는 생각이 전혀 없이 보시했다면, 그 공덕은 이루다 헤아릴 수 없다는 것이 부처님의 말씀[203]입니다. 그것이 국한 없는 성품의 덕에 합치되기 때문입니다. 반대로 착한 일을 했다고 자랑하거나 생색을 내는 것은 결국 자기의 명예욕을 채우거나 대가를 바라고 한 것이니 오히려 죄업의 씨앗을 심는 것입니다. 왜냐하면 자기의 선행을 몰라주거나 기대하는 대가로 보답하지 않으면 분명히 화를 내거나 원망심을 낼 것이기 때문입니다.

네 번째 기준으로 천지·부모·동포·법률의 사은에 대하여 전체적으로 볼 때 보은이 되는 행동이면 선이 되고, 배은이 되는 행동이면 악이 됩니다. 더 나아가 은혜를 모르면 보은할 줄도 모르므로 역시 배은이 되어 악이 됩니다.[204]

다섯 번째 기준으로 공의를 따랐으면 선이고 공의를 따르지 않았으면 악입니다. 공의는 충분한 공적인 의론을 거쳐서 결정된 대

203) 《금강경》: "無住相布施, 其福德不可思量."

204) 배은은 천지·부모·동포·법률에 대한 피은被恩·보은·배은을 알지 못하거나 설사 안다할지라도 보은의 실행이 없는 것을 말합니다.(원불교 《정전》, 제2장 사은)

중의 뜻이므로 사사로움을 벗어나 있기 때문입니다. 이것은 민주주의 사회에서의 핵심 원칙이기도 합니다.

여섯 번째 기준으로 중도에 맞으면 선이고, 중도를 벗어나 과불급하거나 한편에 치우치면 악입니다. 중도에 맞는 것이 대체로 보편적이며, 정도에 지나치거나 못 미치든지 어느 한 편에 치우친 것은 대중의 공감대를 형성하기가 어렵기 때문입니다.

일곱 번째 기준은 수행 상에서의 기준으로 일심이 동했으면 선이고 망념이 동했으면 악입니다. 즉, 온전한 생각으로 취사했으면 선이고 온전하지 못하고 집착하거나 끌리는 마음으로 취사했으면 악입니다.

그러나 이상의 7가지 기준을 가지고 판단한다고 해도 성리에 요달了達하지 않는 한 쉽게 변별하기 어려운 경우가 적지 않을 것입니다. 그래서 선악의 기준에 대해 정산종사께서는 "우리의 성품은 원래 청정하나, 경계를 따라 그 성품에서 순하게 발하면 선이 되고 거슬려 발하면 악이 되나니 이것이 선악의 분기점이요, 바르게 발하면 정正이 되고 굽게 발하면 사邪가 되나니 이것이 정사의 분기점이요, 가리움을 받으면 어둠이 되고 참이 나타나면 밝아지나니 이것이 지우의 분기점이니라."[205]라고 말씀하셨습니다. 이는 선악을 구분하는 가장 고차원적인 기준이라고 할 수 있을 것입니다. **희로애락의 감정과 원근친소와 선악의 분별심을 떠나 원만구족**

205) 《정산종사법어》, 제5 원리편, 10장.

하고 지공무사한 온전한 마음으로 취사를 한 것은 선이 되고, 희로애락의 감정이나 원근친소에 끌리거나 사심잡념이 동하여 집착심과 요란해진 마음, 이기적인 마음으로 취사한 것은 악이 되는 것입니다.

이와 같이 일체의 분별 집착을 떠나 자성의 지혜로써 사리를 판단한다면 어떠한 상황에서도 선악의 구분이 분명해질 것입니다. 그러나 범부는 분별 집착을 버리지 못하여 업장에 가리고 업력에 끌려다니기 때문에 선악을 명확히 구분하지 못하거나, 악인 줄 알면서도 단호히 끊지 못하고 선인 줄 알면서도 용감하게 실천하지 못하여 악도를 벗어나기 어려운 것이니, 이것이 또한 우리가 수행을 정진하지 않으면 안 되는 이유입니다.

(2) 널리 베풀어 덕을 쌓아라普施積德

현재까지는 불행했지만 미래에라도 복을 받고자 한다면, 또한 내가 지어야만 받는 것이지 짓지 않고 받는 법은 없는 것이므로 널리 보시하여 덕을 많이 쌓아야만 하는 것입니다.

보시布施란 불교에서 말하는 육바라밀[206]의 하나로 자기의 이익을 따지지 않고 오직 남을 이롭게 할 진실한 마음으로 정신·육신·물질 간에 무엇인가를 베푸는 것을 말합니다. 보시는 그 내용

206) 육바라밀: 대승불교에서 보살이 생사고해를 벗어나 이상 세계인 열반涅槃 정토淨土에 이르기 위해서 실천해야 할 보시布施, 지계持戒, 인욕忍辱, 정진精進, 선정禪定, 지혜智慧의 여섯 가지의 수행 방법을 말하며, 이를 육도六度라고도 부릅니다.

에 따라서 다시 조건 없이 남에게 자비심으로 재물을 베푸는 것을 재시財施, 다른 사람에게 진리를 가르쳐 주고 깨우쳐 주는 것을 법시法施, 스스로 계행을 청정하게 하여 남에게 피해를 주지 않고 두려움을 없애주는 것을 무외시無畏施라고 합니다. 또, 내가 주었다는 생각 없이 무조건적으로 보시하는 것을 무상보시無相報施, 내가 주었다는 생각을 가지고 있는 보시를 유상보시有相報施, 주는 사람과 주는 물건과 받는 사람이 모두 분별이 없는 자리에서 주고받는 깨끗한 보시를 삼륜청정三輪清淨 보시라고 합니다. 그리고 널리 두루두루 보시하는 것을 필자는 한자만 "넓을 보普" 자로 바꾸어 "보시普施"라고 했습니다. 보시를 통해 남에게 무엇인가 은혜를 입혔을 때 이를 덕이라고 하며 덕을 많이 쌓는 것을 적덕積德이라고 합니다.

그런데 주의할 것은 보시적덕을 하되 상 없이 해야지 자기가 보시했다고 상을 내세우거나 생색을 내면 오히려 좋은 일을 실컷 하고서도 에고를 강화하고 죄업의 씨앗을 심는 셈이 되어 결과가 안 좋게 변하기 쉽다는 겁니다. 왜냐하면 착한 일을 해놓고 자기의 공을 내세우며 생색을 내면 누구든지 순수한 마음으로 진정 남을 위해서 한 것이 아니고, 결국 자기의 얼굴을 빛내기 위해서 한 것이므로 심하면 감사는커녕 오히려 비난을 받을 수도 있으며, 더 나아가 자기가 베푼 은혜에 보답이 없거나 자기의 공을 별로 알아주지 않으면, 배은망덕하다면서 원망심과 분노하는 마음을 내어 죄업의 씨앗을 심고 상극의 인연을 짓게 되기 때문입니다.

우리가 받는 복이란 자신이 과거에 지은 보시 적덕에 대한 과보라고 할 수 있으므로, 남에게 보시하여 적덕하는 것이 알고 보면 곧 자신의 미래 복을 장만하는 것이니, 결국은 남을 좋게 하면서 자기도 좋게 하는 일이 되는 것입니다. 그러므로 복이 많은 사람은 존경의 대상이지 결코 시기·질투나 원망의 대상이 아닙니다. 현재 복이 많은 사람을 보면 오히려 존경하며, 과거 전생에 복을 많이 짓지 못한 스스로를 부끄럽게 여기고 지금부터라도 보시적덕하기에 힘을 써야만 자기도 미래에 복을 받을 수 있는 것입니다. 그러므로 남의 좋은 일을 나도 함께 좋아하면 수희공덕隨喜功德[207]이 되지만, 남에게 좋은 것을 시기·질투하게 되면 자신의 복을 그만큼 감하는 것이 됩니다.

그런데 보시적덕을 하더라도 그 지은 바를 따라서 복을 받는 것이므로 두루 짓고 끊임없이 지어야만 결함이 없이 두루 복을 받을 수 있습니다. 마치 콩 심은 데 콩 나고 팥 심은 데 팥 나듯이 복도 종류가 매우 다양하므로 두루두루 복을 지어야만 받을 때도 두루두루 받을 수 있는 것입니다. 그렇지 않으면 가령 머리는 좋은데 몸이 허약하다든지, 부자로는 사는데 자식복이 없다든지, 자식복은 있는데 처복이 없다든지, 첫째 아들은 효자인데 둘째 아들은 불효자라든지, 머리도 좋고 집도 부자이고 처복도 좋은데 건

207) 수희공덕隨喜功德: 다른 사람이 잘한 일을 내가 잘한 것처럼, 다른 사람의 좋은 일을 나의 좋은 일처럼 같이 따라서 좋아하고 기뻐해주면, 나도 그 사람의 공덕과 같아진다는 것을 말합니다. 이는 마음 종자가 같으면 결실도 같기 때문입니다.

강이 나빠서 고통을 받는다든지 하여 복이 두루 하지 못하고 일부에만 치우치게 되는 것입니다. 또한 종자를 심다 말다 하면 수확도 있다 말다 하는 것처럼 복도 짓다 말다 하면 받을 때도 복이 있다가 없다가 하여 초년에는 좋았는데 말년에는 나쁘다든지, 초년에는 고생했는데 말년에는 좋다든지 하여 한결같지 않게 되는 것입니다.

죄복은 자기가 심은 대로 거두게 되는데 비유하면 내가 갑과 을에게만 은혜를 베풀고 병과 정에게는 베푼 것이 없다면, 내가 그 사례나 보답을 받을 때도 갑과 을한테서만 받게 되지 병과 정한테서는 받을 수 없는 것과 같습니다. 이것은 내가 해를 끼쳤을 때도 마찬가지이므로 내가 해를 끼친 상대한테서만 보복을 당하게 되는 것입니다. 만약 내가 일정한 상대가 없이 죄나 복을 지었다면 그 과보는 하늘이 내리게 됩니다. 즉, 진리적으로 은연중에 화복이 미치게 되는데 벼락을 맞거나 홍수를 맞는다든지 풍년을 맞이하는 것 등이 다 그러한 부류입니다. 공동으로 죄복을 지었더라도 정도의 차별이 있는 경우에는 받을 때에도 또한 공동으로 받는 가운데 차별이 있게 됩니다. 예를 들면 홍수가 나더라도 피해의 정도가 다 다르고 오히려 이익을 보는 사람도 있으며, 남들은 다 풍년인데도 유독 누구만 흉년이 든다든지, 함께 사고를 당했는데도 생사와 다친 정도가 각각 다른 것과 같습니다. 이와 같이 길흉화복 간에 공짜가 없고 일체를 다 자기가 지어서 자기가 받는 것이 조금도 어그러짐이 없다는 것이니 이러한 인과보응의 이치를 밝게 알지 않으면 안 되는 것입니다.

보시적덕의 반대는 오직 자기의 이익만을 좇는 것입니다. 세상은 사은에 의지해서 함께 더불어 사는 곳이며, 만물이 하나의 그물망처럼 서로 연결되어 있어서 인과로 서로 주고받는 관계에 있습니다. 따라서 오직 자기의 이익만을 좇는 사람은 주위 인연들이 점점 멀어지며, 나중에는 아무도 그 사람을 도우려 하지 않게 되므로 결국 운이 막히면서 불행이 계속해서 따라붙게 됩니다. 자신만을 위해 돈을 쓰는 부자는 반드시 불행해집니다. 그의 부는 결코 혼자서 이룬 것이 아니기 때문입니다. 부동산으로 돈을 많이 번 경우에도 죄업이 쌓이기 쉽다고 합니다. 땅이 본래 천지자연의 것이지 자기 것이 아닌데도 마치 자기 것인 양 사용하여 이웃에게는 고통을 주면서 자기만 이익을 보았다면 인생의 말로나 저승길이 좋지 못하다고 합니다.

끝으로 필자는 관용寬容·인서仁恕도 보시에 속한다고 생각합니다. 이는 인욕忍辱과도 관련이 있습니다만 관용이란 남의 잘못 따위를 너그럽게 받아들이거나 용서하는 것이고, 인서란 측은히 여겨 다른 죄나 허물을 더 이상 묻지 않고 용서하는 것입니다. 보시는 남에게 적극적으로 은혜를 베푸는 것이고, 용서는 나에 대한 남의 잘못을 용서해줌으로써 소극적으로 은혜를 베푸는 것이지만 보시보다 용서를 하는 것이 더 어렵습니다. 왜냐하면 사람들은 자기가 은혜를 입은 것보다 피해를 본 것을 더 잊지 못하고 가슴에 깊이 새겨두기 때문입니다.

그러나 용서를 하는 것은 사실 상대방보다 자기를 위하는 길입니다.[208] 왜냐하면 용서하지 않고 미움을 간직하고 있으면 분노가 함께 발동하여 자기의 마음이 먼저 어둡게 되고 번뇌가 치성해지며 자기의 건강을 먼저 해치기 때문입니다. 그러나 용서를 하면 스스로 강자가 되어 먼저 자기의 마음이 가벼워지고 밝아지며 상대와의 상극의 인연을 상생의 선연으로 바꿀 수도 있습니다. 그러므로 보시보다 더 시급한 것이 용서라고 할 수 있으며, 용서 역시 은혜를 베푸는 것이므로 넓은 의미의 보시적덕에 포함된다고 생각됩니다.

---

208) 『유사한 사건들을 대상으로 용서와 관련해 실시된 연구에 따르면 희생자들과 측근들이 살인자에게 계속 원한을 품거나, 용서하지 못하고 복수하고자 한다면, 결코 마음의 평화를 찾을 수 없다는 사실을 알 수 있습니다. … 반대로 범인에 대한 증오를 키우는 것을 포기하는 방식의 용서는 어느 정도 내면의 평화를 찾는데 기여하는 매우 강력한 속죄의 효과를 갖고 있다는 것도 연구에서 드러났습니다.』(마티유 리카르, 볼프 싱어 대담, 임영신 옮김, 《나를 넘다(뇌과학과 명상, 지성과 영성의 만남)》, 309~311쪽)

6.3 모든 악을 짓지 말라諸惡莫作! 내가 당하고 싶지 않은 것은 아무에게도 하지 말라!

- 『하늘에도 바다에도 산속 동굴에도 사람이 악업을 벗어날 수 있는 곳은 아무 데도 없다.』(《법구경》 127게)
- 『거짓은 모든 죄의 뿌리가 되고 진실은 모든 복의 근원이 되느니라.』(《대산종사법어》, 교훈편 20장)
- 『어리석은 자는 악의 열매가 아직 익지 않았을 동안은 기뻐하며 당연하게 여기지만 악의 열매가 익으면 고통을 받는다. 남을 죽이면 자기를 죽이는 자를 만나고 남에게 이기면 자기를 이기는 자를 만난다. 남을 비방하는 자는 자기를 비방하는 자를 만나고 남을 괴롭히는 자는 자기를 괴롭히는 자를 만난다. 이렇게 업은 수레바퀴와 같이 돌고 도는 것이다.』(《잡아함경》)
- 『사람들은 몸과 입과 마음으로 모든 죄복을 짓는 바, 도인들은 형상 없는 마음에 중점을 두시나 범부들은 직접 현실에 나타나는 것만을 두렵게 아나니라. 그러나 영명한 허공법계는 무형한 마음 가운데 나타나는 모든 것까지도 밝히 보응하는지라 우리는 몸과 입을 삼갈 것은 물론이요 마음으로 짓는 죄업을 더 무섭게 생각하여 언제나 그 나타나기 전을 먼저 조심하여야 하나니라.』(《정산종사법어》, 원리편 47장)

사람이 아무리 착한 일을 많이 한다고 해도 악한 일 또한 많이 한다면 역시 불행·불운의 고통을 면하기는 어려운 것입니다. 그러므로 선업을 짓는 것 못지않게 중요한 것이 악업을 짓지 않는 것입니다. 선업을 지으면 내면의 평화를 이루기가 쉬우며, 따라서 통찰의 지혜를 얻기도 쉽습니다. 그러나 악업을 지으면 자신을 고통 속으로 몰아넣을 뿐만 아니라 내면의 평화를 이루기가 어렵고 번뇌망상이 치성해져서 통찰의 지혜도 얻을 수 없기 때문입니다. 선악간의 모든 업은 크게 몸으로 짓는 것, 입으로 짓는 것, 마음으로 짓는 것으로 나누어 볼 수 있습니다. 그러나 그 근본을 따져보면 모두가 마음이 들어서 짓는 것입니다.

그중 자기의 이익을 위해서 자기 아닌 다른 존재에게 뭔가 해를 끼치거나, 아직 행동으로 옮기진 않았더라도 그런 마음을 먹은 것은 모두 악업이 됩니다. 악업 중 가장 대표적인 것으로 불교의 재가 신도가 지켜야 하는 5계戒가 있으며, 여기에서 불음주계不飮酒戒를 빼고 새로 6가지를 추가한 10선계善戒가 있는데, 모두 대승의 계율 가운데 가장 중요한 것들입니다. 이러한 계문을 잘 지키는 것을 지계持戒라 하고 계문을 지키지 못한 것을 범계犯戒라고 합니다. 십선계를 잘 지키면 그 자체로 선업이 되기 때문에 십선계十善戒라고 한 것입니다. 이 십선계를 범한 것이 가장 대표적인 악업이 되므로 십악十惡이라고 부릅니다. 십악은 몸으로 짓는 3가지 악업인 살생, 투도偸盜, 사음邪淫과, 입으로 짓는 4가지 악업인 망어妄語, 악구惡口, 양설兩舌, 기어綺語와 마음으로 짓는 3가지 악업인 탐심,

진심嗔心, 치심癡心(또는 사견邪見)입니다.

살생은 살아 있는 동물을 죽이는 것을 말하고, 투도는 절도, 강도, 사기, 횡령 등 부정당한 방법으로 남의 재물을 취하는 것을 말하며, 사음邪淫은 남녀를 불문하고 정식으로 결혼을 한 부부 사이가 아닌 사람과 성관계하는 것을 말합니다. 망어는 거짓말과 허망한 말, 쓸데없는 말, 허튼소리, 부황한 말, 때와 장소에 맞지 않는 말 등 망령된 말을 하는 것이며, 악구는 욕설, 독기 서린 말, 상대방을 화내게 하는 말, 미쳐 죽겠다, 못 살겠다, 환장하겠다 등 악한 말을 하는 것이며, 양설兩舌은 한 입으로 두말하는 것이니, 자기가 한 말을 번복하는 말을 하거나 여기서는 이렇게 말하고 저기서는 저렇게 말하여 서로 이간질하는 말을 하는 것이며, 기어綺語는 감언이설이나 번지르르하게 비단같이 꾸미는 말을 하는 것이니, 속으로 불량한 마음을 품고서 겉으로 비단같이 교묘하게 꾸며대는 말을 하는 것을 가리킵니다. 탐심은 탐욕이니 정도나 분수에서 벗어나 과도하게 취하려는 마음과 보고 듣는 대로 욕심이 발하여 거기에 끌려서 마음이 안정하지 못하는 것을 말하며, 진심嗔心 또는 진에瞋恚는 화를 내거나 성내거나 분하게 여기거나 짜증을 내거나 신경질을 내는 것 등을 가리키며, 치심은 사리에 어두운 어리석은 마음이니, 몰라도 아는 체, 권력이나 재물이 없어도 있는 체하거나, 마땅히 해야 할 일을 부끄러워하거나 잘난 체, 잘하는 체하거나 자꾸 상을 내세우려 하거나 칭찬 좀 받으면 우쭐하는 등의 마음을 가리킵니다.

원불교에서는 초입교도에게는 보통급 10계문을 주고, 신심이 깊어지면 여기에 특신급 10계문을 더 하며, 수행이 더욱 깊어지면 법마상전급 10계문을 더 줍니다. 죄가 가장 무거운 것을 먼저 주고 신심과 수행의 정도가 깊어짐에 따라 죄가 가볍거나 실행하기 어려운 계문을 주는 셈인데, 일반 사회생활을 하는 데 주의해야 할 것들과 "연고 없이"라는 말을 붙여서 좀 더 현실적으로 조정한 것들이 눈에 띕니다. 이러한 계문들은 모두 범부가 죄고로 들어가는 것을 미리 주의를 주어 예방하고자 밝혀주신 자비법문이므로 각별히 유의해야 합니다.

많은 계문들을 한마디로 줄인다면 내가 당하고 싶지 않은 것은 사람이든 생물이든 사물이든 누구에게도 하지 말라는 것입니다. 예를 들면 모든 생명체는 자기의 생명을 가장 소중하게 여깁니다. 그러므로 누구든지 자기의 생명을 해치는 자에게는 증오와 원한을 갖지 않기가 어렵습니다. 따라서 살생한 사람은 피살된 생명체의 증오와 원한을 그대로 받을 수밖에 없는 것입니다. 이것은 처지를 바꾸어서 누군가가 자기를 죽이려 들 경우 자기의 마음이 어떻겠나 하는 것을 미루어보면 쉽게 알 수 있습니다. 나머지 계문에 대해서도 누가 내 물건을 훔쳐 갔다면? 강도가 내 물건을 강탈해 갔다면? 누가 내 아내를 탐하여 간통을 했다면? 누가 나에게 거짓말을 했다면? 이와 같이 처지를 바꾸어 생각해보면 왜 계문을 지켜야 하는지를 굳이 설명하지 않더라도 쉽게 이해할 수 있을 것입니다.

같은 계문을 지키더라도 저열한 경우와 수승殊勝한 경우가 있습니다. 만약 계를 지키는 마음의 앞과 뒤에 해로운 마음이 일어났으면 그것은 저열한 것입니다. 만약 절제하는 마음의 앞과 뒤가 유익한 마음이라면 수승한 것입니다.[209] 예를 들면 자신의 탐욕을 위해서라든가 선택적으로 계를 지키면 저열한 것이며, 성불하기 위해서라든가 기쁜 마음으로 계를 지킨다면 수승한 것입니다.

(1) 5계

① 불살생不殺生: 살아 있는 것을 죽이지 말라는 겁니다. 살생은 자비 종자를 끊으며, 수명이 단축되는 과보를 받습니다. 반대로 죽어가는 목숨을 살려주면 장명보(長命報: 오래 사는 과보)를 받습니다.

② 불투도不偸盜: 도적질·강도질하지 말라는 겁니다. 도둑질은 복덕의 종자를 끊으며, 가난하게 사는 과보를 받습니다. 반대로 보시를 많이 하면 부자로 사는 과보를 받습니다.

③ 불사음不邪淫: 삿된 음행, 음란한 짓을 하지 말라는 겁니다. 음란한 짓은 청정심의 종자를 끊으며 인격이 타락하여 내생에는 화류계에 태어나거나 수라보를 받게 되기 쉽습니다.

④ 불망어不妄語: 거짓말이나 헛된 말을 하지 말라는 겁니다. 거짓말은 진실종자를 끊으며, 불신이나 사기를 당하는 과보를

209) 자세한 내용은 파아옥 또야 사야도 지음, 정명스님 옮김, 《업과 윤회의 법칙》, 146~152쪽 참조.

받습니다.[210]

⑤ 불음주不飮酒: 술을 마시지 말라는 겁니다. 과음하면 지혜의 종자를 끊으며, 어리석어지고 패가망신하는 과보를 받습니다.

(2) 10선계: 위의 5계 중 ⑤불음주계를 빼고 아래의 6가지 계문을 더한 것.

⑤ 불악구不惡口: 욕이나 나쁜 말을 하지 말라.

⑥ 불양설不兩舌: 이간질하는 말을 하지 말라.

⑦ 불기어不綺語: 진실하지 않고 교묘하게 꾸미는 말을 하지 말라.

⑧ 불탐욕不貪欲: 탐욕을 부리지 말라.

⑨ 부진에不瞋恚: 성내지 말라.

⑩ 불사견不邪見: 그릇된 견해를 일으키지 말라.

(3) 《법망경法網經》의 십중대계十重大戒: 위의 5계 중 ⑤ 불음주계를 빼고 아래의 6가지 계문을 더한 것.

⑤ 불고주계不酤酒戒: 술을 마시거나 팔지 말라.

⑥ 불설사중과계不說四衆過戒: 다른 사람의 허물을 말하지 말라.

⑦ 불자찬훼타계不自讚毁他戒: 자기를 칭찬하고 남을 헐뜯지 말라.

⑧ 불간계不慳戒, 불간석가훼계不慳惜加毁戒: 인색하지 말라. 자기

---

210) "거짓말도 물론 죄악이나 어머니가 어린아이에게 약을 먹이려면 쓴 것도 달다고 거짓말을 하며 약을 먹이게 되는데 이것은 죄악이라고 할 수 없나니라. 또 도둑질도 죄악이지만 적국의 병장기를 훔쳐오는 것은 죄악으로 볼 수 없나니라."(오선명 엮음, 《정산종사 법설》, 254쪽)

의 것을 아끼려고 남을 욕하지 말라.

⑨ 불진계不瞋戒, 진심불수회계瞋心不受悔戒: 성내지 말고, 성낸 마음으로 참회를 물리치지 말라.

⑩ 불방삼보계不謗三寶戒: 삼보를 비방하지 말라.

(4) 원불교의 삼십계문

1) 보통급普通級 십계문:

① 연고 없이 살생을 말며[211], ② 도둑질을 말며[212], ③ 간음을 말며, ④ 연고 없이 술을 마시지 말며, ⑤ 잡기를 말며, ⑥ 악한 말을 말며, ⑦ 연고 없이 쟁투를 말며, ⑧ 공금을 범하여 쓰지 말며, ⑨ 연고 없이 심교간心交間 금전을 여수與受하지 말며, ⑩ 연고 없이 담배를 피우지 말라.

2) 특신급特信級 십계문:

① 공중사를 단독히 처리하지 말며, ② 다른 사람의 과실을 말하지 말며, ③ 금은 보패 구하는 데 정신을 빼기지 말며, ④ 의

211) 『연고 있는 살생이라도 측은한 마음으로 하라! 측은한 마음이 없이 살생을 하면 대중에게 살벌한 분위기를 만든 것과 피살된 상대방의 보복 등 두 가지의 인과가 있으나 어찌할 수 없는 마음으로 하면 한 가지 인과뿐이니라.』(《한울안 한이치에》, 일원의 진리 101절)

- 『대산 종사 말씀하시기를 "낙태는 본능적으로 의지하려고 하는 태아의 생명을 끊는 것이므로 살생과 다름이 없나니, 태아로 인해 산모가 생명을 위협받는다든가 할 경우에는 부득이 심고와 기도를 올리고 가족회의와 법적인 절차를 밟아 처리할 수는 있지만 이것은 불가피한 일이요 원칙은 아니니라. 뱃속에서 천심으로 자라나는 생명을 죽이는 것은 보통의 살생보다 더 큰 죄가 되느니라."』(《대산종사법어》, 거래편 24장)

212) 『계문에 대하여 말씀하시기를 "살생계를 지키는 동시에 연고 없이 생명을 상해하지도 말며, 도적계를 지키는 동시에 의義 아닌 재물을 취하지도 말며, 간음계를 지키는 동시에 부부라도 남색濫色을 하지 말 것이니라."』(《정산종사법어》, 경의편 34장)

복을 빛나게 꾸미지 말며, ⑤ 정당하지 못한 벗을 좇아 놀지 말며, ⑥ 두 사람이 아울러 말하지 말며, ⑦ 신용 없지 말며, ⑧ 비단같이 꾸미는 말을 하지 말며, ⑨ 연고 없이 때아닌 때 잠자지 말며, ⑩ 예 아닌 노래 부르고 춤추는 자리에 좇아 놀지 말라.

3) 법마 상전급法魔相戰級 십계문:

① 아만심我慢心을 내지 말며, ② 두 아내를 거느리지 말며, ③ 연고 없이 사육四肉[213]을 먹지 말며, ④ 나태懶怠하지 말며, ⑤ 한 입으로 두말하지 말며, ⑥ 망령된 말을 하지 말며, ⑦ 시기심猜忌心을 내지 말며, ⑧ 탐심貪心을 내지 말며, ⑨ 진심瞋心을 내지 말며, ⑩ 치심痴心을 내지 말라.

---

213) 사육(四肉): 네발 달린 짐승의 고기.

6.4 스스로 그 마음을 깨끗이 하라自淨其意

자정기의自淨其意란 수행을 통해 모든 망념과 집착을 버리고 청정 일념을 만들어 가는 것을 말합니다. 이는 모든 업장·업력을 녹여 냄과 동시에 생사·고락과 운명을 초월하여 영원한 행복을 장만하는 최선의 방법이라 할 수 있습니다.

우리의 모든 행동·행위는 자기의 생각에 의해서 이루어집니다. 여기서 생각이란 분별주착심을 말합니다. 우리의 모든 감정도 알고 보면 그 뿌리는 생각입니다. 자기가 평소 가지고 있는 생각, 또는 무의식이나 잠재의식 속에 내재되어 있는 생각에 의해서 감정이 발동하는 것입니다. 그리고 그 생각과 감정이 동하는 밑바탕에는 바로 에고가 자리 잡고 있습니다. 그러므로 마음공부를 통해 일체가 무상·고·무아임을 온전히 체득하고 삼대력을 양성해야만 분별집착심과 갈애를 벗어나 열반의 자유와 행복을 얻을 수 있습니다. 모든 수행법이 곧 자정기의하는 방법이라고 할 수 있으므로 각 사람의 근기와 상황 조건에 따라서 적절한 수행법을 활용하시면 되겠습니다.

6.5 항상 감사하고 보은하며 살아라

감사 생활은 가장 빠르게 자기의 운명을 바꾸는 방법입니다. 이에 대해서는 『제8장 감사하고 보은하는 마음에 행복이 찾아든다』에서 자세히 설명하므로 여기서는 생략하고, 《감사하면 달라지는 것들》[214]이란 책을 꼭 읽어보실 것을 적극 추천합니다.

---

214) 제니스 캐플런 지음, 김은경 옮김, 《감사하면 달라지는 것들》(겨울 에디션), 위너스북, 2016년. 책 내용의 일부를 소개하면 다음과 같습니다.

- 감사하면 스트레스를 덜 받고 잠도 잘 자고 행복감이 더 커진다는 사실을 깨닫게 되어 행복합니다.(15쪽)
- 우리는 자신을 조건 없이 감사하게 여기고 인정해 주는 사람과 본능적으로 같이 있고 싶어한다는 점입니다.(72쪽 끝)
- 부모가 보여줄 수 있는 가장 좋은 모습은 미래의 계획을 세우는 일과 현재를 누리는 일 사이에 균형을 유지하면서 감사의 본보기를 보이는 것이 아닐까 싶습니다. … 감사하는 자녀로 키우려면 자녀에게 감사해야 합니다.(94~95쪽)
- 속담: "장미 덤불에 가시가 있다고 불평하지 말고 가시덤불에 장미가 있다는 것에 기뻐하라."
- 에피쿠로스Epicurus: "가지지 못한 것에 대한 욕망으로 가지고 있는 것을 망치지 마라. 지금 가진 것이 한 때는 간절히 바라던 것이었음을 기억하라."(106쪽)
- 긍정심리학의 대가 샐리그먼 박사는 "우리가 인간의 긍정적인 특성을 모두 살펴본 결과, 감사를 가장 잘하는 사람이 웰빙지수도 가장 높게 나타난다."고 했으며(112쪽), "온 진심을 담아 감사를 표현하면 본인이 행복해진다."고도 했습니다. 그는 여러 조사에서 이러한 여운이 몇 주 동안 지속되며 심지어 우울감마저도 떨쳐낸다는 점을 발견했습니다.(116쪽)

6.6 항상 겸손하며 부지런히 배워라恒謙勤學

- 『무릇 자기를 높이는 자는 낮아지고 자기를 낮추는 자는 높아지리라.』 (《성경》, 누가복음 14장, 18장)
- 『교만·오만·자만하면 손해를 불러오고 겸손·겸하·겸허하면 이익을 받게 된다.』(《상서·대우모》)[215)]
- 『겸손하면 형통한다. … 하늘의 도는 가득한 것을 덜어서 겸손한 데에 더해주고, 땅의 도는 가득한 것을 변화시켜서 겸손한 데로 흐르게 하며, 귀신은 가득함을 해치고 겸손함에 복을 주며, 사람의 도는 교만함을 싫어하고 겸손함을 좋아한다.』(《주역》 겸괘謙卦의 단사彖辭)[216)]
- 『불퇴전에만 오르면 공부심을 놓아도 퇴전하지 않는 것이 아니니, 천하의 진리가 어느 것 하나라도 그대로 머물러 있는 것이 없는지라 불퇴전위에 오르신 부처님께서도 공부심은 여전히 계속되어야 어떠한 순역 경계와 천마외도라도 그 마음을 물러나게 하지 못할지니 이것이 이른바 불퇴전이니라.』(《대종경》, 변의품 39장)
- 『자기가 어리석은 줄을 알면, 어리석은 사람이라도 지혜를 얻을 것이요, 자기가 지혜 있는 줄만 알고 없는 것을 발견하지 못하면, 지혜 있는

215) 《尚書·大禹謨》: "滿招損, 謙受益."
216) 《彖》曰: "謙亨, …. 天道虧盈而益謙, 地道變盈而流謙 ; 鬼神害盈而福謙, 人道惡盈而好謙."

사람이라도 점점 어리석은 데로 떨어지나니라.』(《대종경》, 요훈품 6장)

- 『큰 공부를 방해하는 두 마장魔障이 있나니, 하나는 제 근기를 스스로 무시하고 자포자기하여 향상을 끊음이요, 둘은 작은 지견에 스스로 만족하고 자존 자대하여 향상을 끊음이니, 이 두 마장을 벗어나지 못하고는 큰 공부를 이루지 못하나니라.』(《대종경》, 요훈품 11장)
- 『남을 해하면 해가 나에게 돌아오나니 곧 자기가 자기를 해하는 것이 되며, 남을 공경하고 높이면 이것이 또한 나에게 돌아오나니 곧 자기가 자기를 공경하고 높임이 되나니라.』(《정산종사법어》, 원리편 49장)
- 『진급하는 사람은 인자하고 겸손하고 근실하며 공한 마음으로 굴기하심하고 경외지심으로 남을 공경하며 덕화로써 상하를 두루 포용하고 공부와 사업을 쉬지 않는 사람이며, 강급하는 사람은 성질이 거칠고 공경심이 없으며 시기하고 질투하며 자기의 욕심만 채우려 하고, 학식, 재산, 권세, 기술 등 한 가지 능함이라도 있으면 상을 내고 자만 자족하는 사람이니라.』(《정산종사법어》, 원리편 39장)
- 『우리의 공부가 승급되고 강급되는 원인은 그 발원의 국한이 크고 작은 데와 자만심을 두고 안 두는 데와 법 높은 스승을 친근하고 안 하는 데에 있나니, 우리는 공부를 할 때에 먼저 한정과 국한이 없는 큰 원을 세우고 조금이라도 자만심을 내지 말며, 이상 사우師友를 친근하여 계속 정진하여야 영원한 세상에 강급되지 아니하고 길이 승급으로 나아가나니라.』(《정산종사법어》, 권도편 7장)
- 『당장에는 이겼다 할지라도 교만하고 방심하면 다음에는 질 것이요, 당장에는 졌다 할지라도 겸손하며 분발하면 다음에는 이기리라.』(《정산

종사법어》, 법훈편 55장)

- 『도가 없는 사람은 공적이 있으면 상을 내고, 알면 경솔하고, 재주 있으면 노력하지 않고, 말 잘하면 실행이 없기 쉬우나, 도가 있는 사람은 공적이 있으면 더욱 겸손하고, 알면 더욱 신중하고, 재주 있으면 더욱 노력하고, 말 잘하면 더욱 실행에 힘쓰느니라.』(《대산종사법어》, 교훈편 21장)
- 『'주역'의 골수는 '공구수성恐懼修省과 성경신誠敬信' 일곱 글자로 요약할 수 있나니, 공구수성은 하늘과 땅과 사람과 만물이 다 사람을 죽이고 살릴 수 있는 권리를 가지고 있으므로 자기에게 권리가 있고 돈이 있고 명예가 있다 하여 조심하지 아니하고 법 없이 쓰면 지옥사자가 그 어떤 사람이라도 데려가므로 두렵고 두려운 것이라 이는 곧 세상을 조심히 살아야 한다는 뜻이니라. 또한 성경신은 대종사께서 좋아하신 법문이니, 성은 늘 한결같이 정성스럽고 거짓 없는 마음으로 살자는 것이요, 경은 늘 한결같이 공경하고 조심하며 살자는 것이요, 신은 늘 한결같이 정법을 믿고 체받는 마음으로 살자는 것이라, 우리가 일생을 살아갈 때 이 공구수성과 성경신을 표준으로 살아간다면 무량한 혜복과 위력을 얻으리라.』(《대산종사법어》, 동원편 24장)

(1) 원요범 선생의 겸허하게 정진하라는 8가지의 경책

원요범선생은 "화와 복은 모두 자신이 구求한 것이다."[217]라는 말씀이 모든 성현들의 진실된 가르침이며, "화와 복은 오직 하늘이

217) "禍福自己求之.": 의역하면 "화복은 모두 자기에게 원인이 있다."는 말씀임.

명령한 것이다."라는 말은 세속의 숙명론에 불과하다고 말씀하시면서 아들 천계天啓에게 다음의 13가지를 당부했는데 이 중 아래의 ⑦~⑪의 5가지를 뺀 나머지는 모두 겸허한 마음으로 언제나 현재에 안주하지 말고 자신이 아직도 부족하며 자칫 잘못하거나 게으름 피우면 지금보다도 오히려 강급할 수 있다는 생각으로 끊임없이 정진적공하라는 경책의 말씀입니다.

- 『① 네 운명이 영화롭게 현달顯達하더라도 항상 실의하여 영락零落할 수 있다는 생각을 하고, ② 설혹 하는 일이 순조롭고 이로울지라도 마땅히 뜻대로 되지 않을 수 있다는 생각을 해야 하며, ③ 만약 눈앞에 먹을 것이 충분하더라도 항상 가난해질 수 있다는 생각을 하고, ④ 사람들이 너를 사랑하고 공경할지라도 항상 두렵게 여겨야 하며, ⑤ 설사 가문의 명망이 높아질지라도 항상 낮아질 수 있다는 생각을 하고, ⑥ 설혹 학문이 꽤 뛰어날지라도 항상 견문이 얕고 좁다고 생각해야 한다. ⑦ 멀게는 조상의 덕을 드높일 것을 생각하고, ⑧ 가까이로는 부모님의 허물을 덮어드릴 것을 생각하며, ⑨ 위로는 나라의 은혜에 보답할 것을 생각하고, ⑩ 아래로는 집안의 복을 지을 것을 생각하며, ⑪ 밖으로는 남의 위급함을 구제할 생각을 하고, ⑫ 안으로는 자신의 삿됨을 막을 생각을 하며, ⑬ 날마다 힘써 자신이 잘못한 것을 알아내서 날마다 허물을 고쳐야 한다. 어느 하루라도 자신의 그름을 알아내지 못했다면 그 하루 동안은 자기가 옳다는 생각에 안주한 것이요, 어느 하루라도 고칠 만한 허물이 없었다면 그 하루 동안은 진보함이 없었다는 것이다. 천하

에 총명하고 뛰어난 분들이 적지 않지만 그들이 덕을 더욱 닦지 못하고 학업을 더욱 넓히지 못하는 까닭은 단지 '인순(因循: 묵은 옛 습관을 버리지 못하고 그대로 따름)' 두 글자가 그들의 인생을 정체시키기 때문이다.』[218]

(2) 상선약수上善若水: 물의 덕을 본받아 실천하자

《주역》의 64괘 중에 괘사卦辭와 효사爻辭 모두에 흉함이나 해로움이 없이 오직 길함이나 이로움만 있는 괘는 겸괘謙卦 하나뿐입니다. 겸謙은 겸손謙遜·겸하謙下·겸허謙虛를 뜻하며 상대방을 높이어 공경하고 자기를 낮추어 사양하는 것입니다. 겸손은 항상 자기가 부족하다고 생각하여 낮추는 것입니다. 그래서 늘 부지런히 배우고 실천하고자 노력하므로 계속 진급을 하며, 다른 사람들에게 인정받고 도움받아 결실을 맺어 유종의 미를 거둘 수 있는 것입니다.

보통 사람들은 모두 자기가 남보다 더 잘난 것을 좋아하지 남이 잘나고 자기가 못난 것을 좋아하지 않기 때문에 교만·오만·자만하는 사람을 싫어하고 겸손·겸하·겸허한 사람을 좋아합니다. 그래서 예수님은 "누구든지 자기를 높이는 자는 낮아지고, 자기를 낮추는 자는 높아지리라."[219]고 하셨는데, 노자님은 "상선약수上善若水"라고 하셨습니다. 물은 항상 낮은 데로 흐르면서 만물을 길러주

218) 원요범 지음, 호암 옮김, 《요범사훈》, 하늘북, 2016 개정판, 63~66쪽.
219) 《성경》, 마태복음 23장. 《성경》의 누가복음 18장에는 "무릇 자기를 높이는 자는 낮아지고, 자기를 낮추는 자는 높아지리라."고 되어 있습니다.

고 정화하며 서로 다투지 않고 하나로 합치면서 흘러가 마침내는 바다를 이루기 때문입니다. 이에 필자가 물의 십여 가지 덕을 다음과 같이 시로 읊어보았습니다.

上善若水	최고의 선은 물과 같다네
- 平山-	- 평산 -
上善若水, 效法成聖,	최고의 선은 물과 같으니 본받아 행하면 성자가 되리라!
行路自開, 盈科而進,	갈 길을 스스로 열고 웅덩이를 채운 뒤에 나아가며
晝夜不舍, 合流成海,	밤낮으로 쉬지 않고 서로 합하면서 흘러 바다를 이루네!
長養萬物, 活命無盡,	만물을 길러내어 목숨을 살려냄이 다함이 없으되
常謙處下, 淨化穢濁,	항상 겸손하게 낮은 데에 처하면서 더러움을 씻어내네!
柔順器型, 融和不爭,	유순하여 어떠한 그릇이든 모양 좇아 순응하며 융화하여 다투지 않고
應變無窮, 不失自性,	상황 따라 변화함이 다함이 없으나 적시는 자기의 본성은 잃지 않으며,
定靜水平, 照應萬物,	안정되어 고요하면 수평을 이루어 만물을 비춰내되
無所住著, 公平無私,	주착하는 바 없이 공평하여 사사로움이 없네!
至柔至剛, 天下無敵,	지극히 부드럽지만 지극히 굳세어서 천하에 대적할 자 없네!
水德如是, 無相菩薩.	물의 덕성이 이와 같으나 상이 없으니 보살이로다!

6.7 해외에 거주해도 운이 바뀐다

운명을 바꾸는 특별한 방법으로 해외에 거주하는 방법이 있습니다. 해외에 거주한다는 것은 첫째 공간적 환경을 바꾸어 준다는 의미와 역사·문화·풍토·인물 등이 모두 다른 나라에 새로 태어나는 것과 비슷한 의미를 가지기 때문에 운명도 다소간 바뀔 수밖에 없는 것입니다. 동식물을 예로 든다면 귤나무를 제주도에 심으면 귤이 잘 열리지만 춘천으로 가져가 심으면 귤이 열리지 않으며, 반그늘에서 잘 자라는 인삼을 양지바른 곳에 심으면 잘 살 수 없고, 마사토에서 잘 자라는 작물을 황토땅에 심으면 잘 자라지 못하며, 1급수에 사는 물고기를 2급수의 물에 갖다 넣어도 잘 살지 못합니다.

이와 같이 자기의 역량이 충분히 있더라도 주변 환경과 조건에 따라서 그 역량을 충분히 발휘할 수 없는 경우가 있는데, 이러한 경우 그에 적당한 환경과 조건만 갖추어주면 본래의 기량을 충분히 발휘할 수 있는 것처럼 인간도 타고난 팔자의 특성에 따라 해외에 거주하면 자기의 능력을 발휘하고 운을 좋게 할 수 있는 경우가 많이 있습니다. 예를 들면 사주상 병화丙火 또는 정화丁火 일주인 사람이 재성財星인 금金의 성질을 가진 간지가 전혀 없거나 병신합丙辛合이 되어 있거나, 병화와 정화가 함께 있을 경우 유럽이나 미국, 캐나다 등에 살면 대체로 재복이 좋아진다고 합니다. 또 그 사주에서 물이 꼭 필요한데 물이 부족하다든지, 목이 필요한데 목이 약하다든지, 물이 너무 많아서 문제라든지 하는 경우에도 해외에 살면 대체로 팔자가 좋아진다고 합니다. 그러나 해외에 거주하면 누구나 무조건 좋아지는 것이 아니고, 사주 상에 필요한 것을 해외 거주를 통해 충족시킬 수 있는 경우에 한정됩니다. 또 각 나라마다 역사·문화·풍토·인물 등 환경 조건이 다 다르기 때문에 어느 나라에 가서 사느냐에 따라 오히려 더 나빠지는 경우도 있습니다. 예를 들면 토가 꼭 필요한 사람은 중국에 가서 살면 운이 좋아지고, 병화 또는 정화 일주인 경우에는 일본에 가서 살면 오히려 운이 나빠질 수 있습니다.

요컨대 음양오행과 물상物象의 원리상 사주팔자의 문제점을 해외 거주를 통해 해결할 수 있는 경우에는 운이 좋아지지만, 오히려 문제점을 심화시키는 경우에는 당연히 운도 더 나빠지게 되는데, 해외 거주가 좋은지, 좋다면 어느 나라에 가서 사는 것이 좋은지 등을 판단하는 것은 각 사람의 사주의 특성을 면밀하게 잘 살펴보아야만 알 수 있습니다. 그러나 이론상으로만 보면 적어도 전체 사주의 30% 이상이 해외 거주를 통해 팔자를 개선할 수 있을 것으로 생각합니다. 그러므로 해외 거주의 길흉을 판단하려면 정확한 것은 이를 잘 아는 전문가에게 상담을 받아보아야 알겠지만, 본인이 해외에 거주하고픈 생각이 있고 조건도 어느 정도 될 경우에는 자기가 해외여행을 했을 때, 더욱 바람직한 것은 해외에 일정 기간 거주했을 때, 여러 가지 컨디션과 기분 및 생활 조건, 업무능력이나 업적 등이 어떠했는지를 잘 가늠해보아서 확실히 좋았다고 느낀다면 해외 거주를 충분히 고려해볼 만한 가치가 있습니다. 해외 거주가 어려운 경우에는 외국계 회사에 근무한다든지, 외국인과 결혼한다든지 하는 것도 다소간 도움이 될 수 있습니다.

運命觀 平生配役是運命 誠心演技己使命 樂天命而盡人事 安分知足心身寧	**운명관** -평산- 평생 동안 자기가 맡은 배역이 곧 자기의 운명이요 정성을 다하여 이를 연기하는 것이 곧 자기의 사명이니 천명을 즐겁게 받아들이고 자기의 할 바를 다하며 분수를 편안히 여기고 만족할 줄 안다면 마음과 몸이 편안하리라!
修心意 何故運命如此定 前生業因命運定 因果報應無毫差 皆是自作因自受 不怨天而不尤人 懺悔改過勤積善 修心養性無相施 福慧兩足衆中尊	**마음을 닦는 뜻** -평산- 어떠한 까닭으로 운명이 이와 같이 정해졌나? 전생에 지은 업으로 인해 명운이 정해지나니 인과보응은 털끝만큼도 오차가 없어서 모두가 자기가 지은대로 자기가 받는 것이니 하늘을 원망하지도 말고 남을 탓하지도 말며 참회하며 허물을 고치고 부지런히 선업을 쌓으며 마음을 닦아 (三毒心과 사심잡념을 제거하고) 眞性을 기르며 相 없이 베풀면 복과 지혜가 모두 충족되어 대중 가운데 존귀한 부처가 되리라!

達觀意	달관하는 뜻 -평산-
人生萬事塞翁馬 吉凶禍福本無定 吉變爲凶凶變吉 爲吉爲凶無窮轉 何取爲吉爲凶判 唯自取信吉凶定 肯定萬事唯感謝 超越吉凶自泰平	인생만사가 새옹지마와 같아서 길흉화복이 본래 정해진 바가 없나니 길한 것이 변해서 흉한 것이 되고 흉한 것이 또 변해서 길한 것이 되어 길한 것이 되었다가 다시 흉한 것이 되었다가 하면서 끝없이 돌고 도나니 무엇을 취하여 길하다 흉하다 판단할 것인가? 오직 스스로 취하여 믿는 대로 길흉이 정해지는 것일 뿐이니 만사를 긍정하고 오직 감사하면서 길흉을 분별하지 않고 초월하는 마음으로 살아간다면 저절로 태평스러워진다네!

看命意	사주를 보는 뜻 -평산-
昨今淸明明日雨 朝晴暮雨不少遇 豫報或中或不中 信報有備可避雨 不信不備或逢雨 狼狽困難豈不遇 人生看命亦此意 凶運可輕不意憂 好運行業布經綸 盡人事而常不虞 吉凶超越能安分 平常心守憂不寓	어제 오늘은 청명하다가 다음 날에는 비오며 아침에 개었다가 저녁 때 비오는 경우가 적지 않은데 일기예보가 혹은 맞기도 하고 혹은 맞지 않기도 하지만 이를 믿고 대비한 경우에는 비를 맞지 않을 수 있으나 이를 믿지 않고 대비하지 않다가 혹 비를 만난다면 낭패하고 곤란한 경우를 어찌 만나지 않으랴! 살아가면서 운명을 보는 것도 또한 이러한 뜻이니 흉한 운이면 대비하여 뜻하지 않은 우환을 가볍게 할 수 있고 좋은 운이면 일을 하며 경륜을 펼치되 사람이 할 바를 다하고 항상 걱정하지 않으며 길흉을 초월하여 능히 분수를 편안히 여기고 늘 한결같은 마음을 지킨다면 근심 걱정이 머무르지 못하리라!

07

괴로움을 벗어나 행복으로 가는 길

즐거움樂&喜樂이란 몸과 마음이 흐뭇하고 기쁜 것을 말하며, 괴로움苦·고통苦痛이란 몸이나 마음이 불편하거나 아파서 힘든 것을 말합니다. 모든 생명체는 괴로움을 싫어하고 즐거움을 좋아합니다. 그런데도 정작 사람들이 하는 행동을 보면 즐거움이 아닌 괴로움이나 고통의 길로 가는 경우가 많습니다. 그러므로 우리는 먼저 고락의 이치를 잘 알아야 합니다.

우리는 대부분 괴로움·고통은 싫어하고 즐거움은 좋아하지만 괴로움·고통이 무조건 다 나쁜 것은 아닙니다. 가령 우리 몸에 이상이 나타나면 통증이나 가려움 등의 괴로운 증상을 느끼는 경우가 많은데 만약 이러한 괴로운 증상이 없다면 주의를 기울이지 않게 될 것이고, 그러면 병증이 더욱 악화되어 돌이킬 수 없는 상태가 될 수도 있습니다. 마찬가지로 사회생활을 하는 데 있어서도 여러 가지의 어려움과 심리적 고통을 겪을 수 있지만, 그러한 것들이 오히려 나중에 발전이나 성공의 발판이 되는 경우가 너무나 많습니다. 그래서 "실패는 성공의 어머니"라는 말이나 "젊어서 고생은 사서도 한다."는 말이 있는 것입니다. 또 마약이나 과음·과식처럼 현재는 즐겁지만 결국에는 고통을 불러오는 즐거움이 있고, 고진감

래란 말이 있듯이 현재는 괴롭지만 나중에는 성공의 결실을 거두거나 행복을 가져오는 괴로움이 있는 것입니다. 수도문에 들어와서 오는 잠 참아가며 선정을 익힌다든지 계문을 지킨다든지 하는 것들은 모두 처음에는 괴로운 일들이지만 나중에는 행복을 가져다주는 것들입니다. 그러므로 정당한 괴로움은 감수해야 하고 부정당한 즐거움은 되도록 피해야 합니다. 그리고 어떠한 괴로움이든 우리의 마음먹기에 따라서 좀 더 수월하게 견딜 수도 있고, 더 나아가서는 고통스럽게 여기지 않고 오히려 감사할 수도 있는 것입니다.

7.1 사성제四聖諦를 알아야 초기불교의 핵심을 안다

초기불교의 모든 가르침은 사성제로 귀결된다고 할 수 있습니다. 사성제는 부처님의 첫 설법 내용으로 45년의 긴 교화 기간 가장 많이 설해진 교리입니다. 사성제란 4가지의 성스러운 진리라는 뜻으로 고성제苦聖諦·집성제集聖諦·멸성제滅聖諦·도성제道聖諦[220]를 말하며, 이를 줄여서 고苦·집集·멸滅·도道의 사성제라고 합니다.

사성제는 인생의 괴로움, 괴로움의 원인, 괴로움의 소멸인 열반, 그리고 열반을 이루기 위한 방법을 차례로 설한 것으로 불교의 핵심을 구체적으로 한꺼번에 알 수 있게 해줍니다. 부처님은 인생의 괴로움 문제를 해결하기 위해 의사가 병을 치료할 때와 같은 방법을 사용하셨습니다. 의사가 먼저 병을 진단하듯이 인생의 실상인 괴로움苦諦을 설명하고, 병의 원인을 찾아내듯이 괴로움의 원인集諦을 규명하셨습니다. 그리고 되찾을 건강 상태를 말하듯이 괴로움의 소멸상태인 열반滅諦을 설명하셨고, 마지막으로 병의 치료 방법을 말하는 것처럼 열반에 이르는 실천 방법道諦을 제시하셨습니

220) 사성제를 원래는 고성제苦聖諦·고집성제苦集聖諦·고멸성제苦滅聖諦·고멸도성제苦滅道聖諦라고 불렀는데, 여기에서도 사성제의 일관된 뜻이 괴로움을 해결하여 열반을 성취하자는 데 있다는 것을 더욱 잘 알 수 있습니다.

다.[221]

따라서 부처님께서는 사성제를 최상의 지혜로 알아야 하며, 모든 것이 괴로움이라는 고성제를 철저히 알아야 하고, 집성제인 갈애를 버려야 하며, 멸성제인 열반을 실현해야 하며, 그러기 위해서는 도성제인 팔정도를 닦아야 한다고 말씀하셨습니다. 이 팔정도를 가르치신 이유는 "이것은 참으로 이익을 주고, 이것은 청정범행[222]의 시작이고, 염오厭惡로 인도하고, 탐욕의 빛바램으로 인도하고, 소멸로 인도하고, 고요함으로 인도하고, 최상의 지혜로 인도하고, 바른 깨달음으로 인도하고, 열반으로 인도하기 때문이다."(《상윳따 니까야·심사빠 숲경》)[223]라고 말씀하셨습니다.

결국 사성제의 핵심은 팔정도의 실천에 있다고 할 수 있습니다. 사성제는 간단히 말하면 인생 자체가 괴로움이며 그 원인이 갈애라는 것을 철저히 자각해서 팔정도를 닦아 괴로움과 속박을 벗어난 영원한 행복의 열반을 성취하자는 말씀입니다. 열반의 실현이야말로 초기경전의 여러 곳에서 강조하고 있는 부처님의 간곡하신 말씀이며 우리 인생의 최고의 목표라고 할 수 있습니다.

---

221) 호진 지음, 《무아·윤회 문제의 연구》, 200~201쪽.

222) 청정범행清淨梵行: 삼독심과 분별집착심을 내려놓고 팔정도를 행하며, 계율을 잘 지키는 것을 청정범행이라고 하는데 특히 성욕에 휘둘리지 않아야 합니다.

223) 각묵스님 지음, 《초기불교이해》, 108쪽에서 재인용함.

7.1.1 고성제苦聖諦

고성제는 모든 것이 다 괴로움이라는 성스러운 진리입니다. 불교에서는 무위법無爲法인 열반을 제외한 모든 것을 괴로움으로 파악합니다. 이것은 부처님의 직관에 의한 말씀입니다. 이 괴로움은 크게 사고四苦·팔고八苦로 정리됩니다. 4고는 '생生·노老·병病·사死'의 괴로움입니다. 8고는 여기에 '애별리고·원증회고·구부득고·오취온고'를 더한 것입니다. '애별리고愛別離苦'는 좋아하는 대상과 헤어지는 괴로움이고, '원증회고怨憎會苦'는 반대로 원망스럽거나 증오하는 대상과 만나는 괴로움이며, '구부득고求不得苦'는 원하는 것을 얻지 못하는 괴로움이고, '오취온고五取蘊苦'[224]는 오온에 대한 집착에서 오는 괴로움입니다. 따라서 고성제를 한마디로 정리하면 생사 즉 나고 죽음이 있기 때문에 모든 것이 괴롭다는 것입니다. 태어남으로 인해서 늙고 병들고 죽는 괴로움이 있고, 근심걱정과 슬픔, 번민, 절망, 통증 등 온갖 육체적·정신적 고통을 겪는 것이기 때문입니다.[225]

우리가 사는 것이 괴롭기만 한 것은 아니고 즐겁고 행복할 때도 많은데 부처님께서는 왜 모든 것이 괴로움이라고 하셨을까요? 첫

224) 오취온고五取蘊苦는 오음성고五陰盛苦라고 부르기도 합니다. 우리의 육체와 정신을 구성하는 색色·수受·상想·행行·식識을 오온五蘊이라고 하는데, 이것이 집착하는 대상이 될 때 오취온五取蘊이라고 부릅니다. 오음성고를 오욕이 치성하는 데서 오는 괴로움으로 풀기도 하는데, 이는 원뜻은 아니지만, 오취온고를 결과적인 측면에서 말한 것으로 이해할 수 있습니다. 왜냐하면 오욕이 우리의 몸과 마음에서 일어나는 것이고 그것이 우리의 욕망을 대표하는 것이기 때문입니다.

225) 각묵스님 지음, 《초기불교이해》, 94쪽 참조.

째는 통증에서처럼 고통스럽기 때문에 괴롭고, 둘째는 세상의 모든 행복이나 즐거움은 그것이 아무리 큰 것이라도 결국은 사라지고 변하기 때문에 괴롭고, 셋째 모든 형성된 것은 무상한 생멸현상의 지배를 받기 때문에 괴롭다는 것입니다.[226] 한마디로 제법이 인연따라 생멸변화하며 무상하고 무아이기 때문에 괴롭고, 오온이 무상하여 내가 아니고 내 것도 아니라서 내 마음대로 할 수 없기 때문에 괴롭다는 것입니다.

범부들은 이러한 진리를 잘 모르기 때문에 좋은 형상, 좋은 소리, 좋은 맛과 같은 즐거운 감각의 대상을 좇아 끊임없이 욕망을 추구합니다. 그러나 이러한 갈애는 충족될 때만 잠깐 즐거움을 줄 뿐 얼마 가지 않아 다시 갈망하게 되므로, 본질적으로 보면 감각적 세계에 있는 모든 것은 괴로움이라는 겁니다. 모든 감각 대상은 끊임없이 변하고 믿을 것이 못 됩니다. 그러나 범부들에게는 감각 대상이 좋고 즐거운 것으로 보이며, 그때가 좋았다는 향수를 느끼게 하고 미래에도 좋을 것이라고 낙관하게 합니다. 그 잘못된 생각 때문에 사람들은 삶에서 좋은 것이라고 생각되는 것들을 갈망합니다. 바로 이것이 괴로움의 원인이지만 그들은 이것을 깨닫지 못합니다. 오히려 행복의 척도는 이 욕망을 충족시키는 것에 있다고 생각합니다. 그래서 그들은 감각적 욕망을 바라는 것이 나쁘지 않다고 생각합니다.[227] 범부들은 무상한 것이 영원한 것으로, 괴로운

226) 각묵스님 지음, 《초기불교이해》, 95~96쪽 참조.
227) 마하시 아가 마하 빤디따 지음, 《마하시 사야도의 12연기》, 62~63쪽.

것이 행복으로, 무아인 것이 자아가 있는 것으로, 혐오스러운 것이 아름다운 것으로 전도되어 왜곡되어 보이기 때문입니다.[228]

그러나 이러한 무명과 집착, 갈애 때문에 업을 짓게 되고 업으로 인해 삼계육도를 윤회하는 괴로움을 겪게 되므로, 우리가 세속적으로 즐겁고 행복하다고 여기며 추구하는 것들은 결국에는 모두 괴로움으로 귀착되는 것이며, 따라서 일체가 다 괴로운 것이라는 고성제가 성립됩니다. 따라서 이 고성제를 범부의 소견으로 얼핏 보면 염세적이라고 볼 수도 있으나, 사실은 일체의 현상이 무상無常·고苦·무아無我임을 바르게 통찰하여 세속적 욕망에 대한 집착을 버리고 영원한 행복을 완전하게 실현할 수 있는 열반의 길, 깨달음의 길로 인도하시고자 밝혀주신 진리입니다. 또한 이 고성제를 깨닫고 괴로움을 사무치게 느낀 자만이 팔정도의 길을 분연히 나아갈 수 있기 때문입니다.

- 『"라훌라여, 이를 어떻게 생각하는가? 눈은 항상한가, 무상한가?" "무상합니다, 세존이시여." "그러면 무상한 것은 괴로움인가, 즐거움인가?" "괴로움입니다, 세존이시여." "그러면 무상하고 괴로움이고 변하기 마련인 것을 두고 '이것은 내 것이다. 이것은 나다. 이것은 나의 자아이다.'라고 관찰하는 것이 타당하겠는가?" "그렇지 않습니다, 세존이시여." "라훌라여, 이를 어떻게 생각하는가? 형색은 … 눈의 알음알

228) 파아옥 또야 사야도 지음, 정명스님 옮김, 《업과 윤회의 법칙》, 621쪽 참조.

이는 … 눈의 감각접촉은 … 눈은 감각접촉을 조건으로 하여 일어난 느낌에 포함된 것이나 인식에 포함된 것이나 심리현상들에 포함된 것이나 알음알이에 포함된 것은 항상한가, 무상한가?" "무상합니다, 세존이시여." "그러면 무상한 것은 괴로움인가, 즐거움인가?" "괴로움입니다, 세존이시여." "그러면 무상하고 괴로움이고 변하기 마련인 것을 두고 '이것은 내 것이다. 이것은 나다. 이것은 나의 자아이다.'라고 관찰하는 것이 타당하겠는가?" "그렇지 않습니다, 세존이시여."』《라훌라경》(S35:121)[229]

- 『비구들이여, 형색은 무상하다. 무상한 것은 괴로움이요, 괴로움인 것은 무아다. 무아인 것은 내 것이 아니고 그것은 내가 아니고 그것은 나의 자아가 아니라고 있는 그대로 바른 통찰지로 봐야 한다. 소리는 …, 냄새는 …, 맛은 …, 감촉은 …, (意의 대상인) 법法은 무상하다. 무상한 것은 괴로움이요, 괴로움인 것은 무아다. 무아인 것은 내 것이 아니고 그것은 내가 아니고 그것은 나의 자아가 아니라고 있는 그대로 바른 통찰지로 봐야 한다.』《밖의 무상경》(S35:4)[230]

7.1.2 집성제集聖諦

집성제는 괴로움이 일어나는 원인이 갈애渴愛라는 것을 밝힌 성

229) 각묵스님 지음, 《초기불교의 이해》, 196~197쪽에서 재 인용함.
230) 위에 인용한 《안의 무상경》과 《밖의 무상경》의 두 문장은 각묵스님 지음, 《초기불교의 이해》, 192쪽에서 재인용함.

스러운 진리입니다. 부처님께서는 "비구들이여, 이것이 괴로움의 일어남의 성스러운 진리이다. 그것은 바로 갈애이니, 다시 태어남을 가져오고 환희와 탐욕이 함께하며 여기저기서 즐기는 것이다. 즉, 감각적 욕망[231]에 대한 갈애(욕애欲愛), 존재에 대한 갈애(유애有愛), 존재하지 않음에 대한 갈애(무유애無有愛)가 그것이다."(《상윳따니까야·초전법륜경》)[232]라고 말씀하셨습니다. 갈애란 욕망에 목마르게 집착하는 것으로 탐욕과 비슷한 말입니다. 인간의 대표적인 욕망으로는 음식욕, 수면욕, 색욕, 재물욕, 권력욕, 명예욕 등이 있는데, 이러한 것들에 몹시 집착하여 탐하는 것이 갈애입니다. "이 갈애는 어디서 일어나서 어디서 자리잡는가? 세상에서 즐겁고 기분 좋은 것이 있으면 거기서 이 갈애는 일어나고 거기서 자리잡는다."(《상윳따 니까야·대념처경》)[233]

7.1.3 멸성제滅聖諦

멸성제는 괴로움의 소멸의 성스러운 진리입니다. 여기서 소멸은

231) 초기불전의 여러 곳에서 나타나는 감각적 욕망에 대한 정형화된 표현은 다음과 같습니다.
• 『어떤 것들이 다섯 가지의 감각적 욕망인가? 눈으로 인식되는 형색들이 있으니, 원하고 좋아하고 마음에 들고 사랑스럽고 감각적 욕망에 짝하고 매혹적인 것들이다. 귀로 인식되는 소리들이 있으니, …코로 인식되는 냄새들이 있으니, …혀로 인식되는 맛들이 있으니, …몸으로 인식되는 감촉들이 있으니, 원하고 좋아하고 마음에 들고 사랑스럽고 감각적 욕망에 짝하고 매혹적인 것들이다.』(《상윳따 니까야·웃다야경》(각묵스님 지음, 《초기불교의 이해》, 97~98쪽, 각주 81)

232) 각묵스님 지음, 《초기불교의 이해》, 97쪽에서 재인용함.

233) 각묵스님 지음, 《초기불교의 이해》, 99쪽에서 재인용함.

탐·진·치 삼독심의 소멸을 뜻하며 열반을 뜻합니다.[234] 열반이란 산스크리트어인 '니르바나'를 음역한 것으로 본래는 '불길을 불어서 끈다'는 뜻이며, 멸도滅度, 적멸寂滅, 원적圓寂 등으로 나타내기도 합니다.

부처님께서는 "비구들이여, 이것이 괴로움의 소멸의 성스러운 진리[고멸성제]이다. 그것은 바로 그러한 갈애가 남김없이 빛바래어 소멸함, 버림, 놓아버림, 벗어남, 집착 없음이다."[235]라고 말씀하셨습니다. 따라서 멸성제는 모든 것을 버리는 데서 성취된다고 할 수 있습니다. 영원한 행복을 완전하게 실현할 수 있는 열반의 길이 모든 것을 버리는 데서 성취된다는 것은 매우 역설적입니다. 이에 대해 주석서에는 "여기서 '남김없이 빛바래어 소멸함'이라는 등은 모두 열반의 동의어들입니다. 열반을 얻으면 갈애는 남김없이 빛바래고 소멸하기 때문입니다. 그러므로 '갈애가 남김없이 소멸함'이라고 설하셨습니다.

열반은 하나이지만 그 이름은 모든 형성된 것들(행行)의 이름과 반대되는 측면에서 여러 가지입니다. 즉, 남김없이 빛바램, 남김없이 소멸함, 버림, 놓아버림, 벗어남, 집착 없음, 탐욕의 소멸, 성냄의 소멸, 어리석음의 소멸, 갈애의 소멸, 취착取着 없음, 생기지 않음, 표상 없음, 원함 없음, 업의 축적이 없음, 재생 연결이 없음, 다시 태

234) "도반이여, 탐욕의 소멸, 성냄의 소멸, 어리석음의 소멸 이를 일러 열반이라고 한다."(《상윳따 니까야·열반경》). 각묵스님 지음, 《초기불교의 이해》, 103쪽에서 재인용함)
235) 《상윳따 니까야·초전법륜경》. 각묵스님 지음, 《초기불교의 이해》, 102쪽에서 재인용함.

어나지 않음, 태어날 곳이 없음, 태어나지 않음, 늙지 않음, 병들지 않음, 죽지 않음, 슬픔 없음, 비탄 없음, 절망 없음, 오염되지 않음이다."라고 설명하였습니다.[236] 멸성제는 삼법인 중의 열반적정을 가리킨다고 볼 수 있습니다. 열반적정은 무명과 집착에서 오는 일체의 번뇌의 불길을 꺼버려서 무상과 괴로움, 부자유스러움, 더러움 등 온갖 시끄러움에서 벗어난 고요한 상태를 말합니다.

7.1.4 도성제道聖諦

도성제는 괴로움의 소멸로 인도하는 도 닦음의 성스러운 진리 즉 팔정도를 말합니다. 초기경전에 의하면 열반을 성취하기 위해 배우고 실천해야 할 교리와 수행 방법은 많습니다. 그러나 그 가운데 중도中道가 가장 중요합니다. 중도는 부처님의 최초 설법 때 사성제보다 앞서 설하셨으며, 중도가 바로 팔정도라고 《초전법륜경》에서 분명하게 밝혀주셨습니다. … 팔정도는 부처님의 최초 설법에서뿐만 아니라 최후 설법에서도 말씀하셨습니다. 부처님께서는 이 중도를 거문고에 비유해서 거문고 줄이 너무 팽팽하거나 너무 느슨하면 미묘하고 부드럽고 맑은 소리를 낼 수 없는 것처럼 수행 정진도 너무 지나쳐서 마음의 평정심을 잃어도 안 되고 너무 태만해서 게을러져도 안 된다는 것으로 설명해주셨습니다. … 팔정도란

236) 각묵스님 지음, 《초기불교의 이해》, 102쪽.

정견(正見: 바른 견해), 정사유(正思惟: 바른 사유), 정어(正語: 바른 말), 정업(正業: 바른 행위), 정명(正命: 바른 생계), 정정진(正精進: 바른 정진[노력]), 정념(正念: 바른 마음챙김[알아차림]), 정정(正定: 바른 삼매[집중]) 의 팔정도八正道를 말합니다. 경전에서는 이 팔정도가 열반을 이루는 데 가장 좋은 방법이라고 되풀이해서 가르치고 있습니다.[237]

---

237) 호진스님 지음, 《무아·윤회 문제의 연구》, 198~199쪽과, 각묵스님 지음, 《초기불교의 이해》, 374~382쪽 및 마하시 아가 마하 빤디따 지음, 《마하시 사야도의 12연기》, 44쪽 참조.

7.2 십이연기를 알면 윤회의 원리를 안다

윤회의 원리를 정확히 알아야 윤회에서 벗어나는 길도 알 수 있습니다. 이러한 윤회의 원리와 구조를 체계적으로 설명한 가르침이 바로 12연기입니다. 연기의 가르침이 왜 중요한지를 이해하려면 부처님 당시의 사상체계를 이해해야 합니다. 부처님 당시에는 여러 종류의 외도들의 가르침이 있었습니다. 이러한 외도들의 가르침을 크게 두 가지로 나눈다면, 하나는 절대적인 브라만이 변화해 이 세상이 전개된다고 보는 관점입니다. 그래서 브라만과 각 개인에 내재된 영원불멸하는 자아atman를 동일시해 일체화를 지향합니다. 다른 하나는 지·수·화·풍 등의 여러 요소가 결합하여 우주의 모든 것이 형성되었다고 보는 관점입니다. 그들은 사람이 죽으면 이 모든 요소는 분해되고 그것으로 끝이라고 주장했습니다.

첫 번째 사상은 존재가 죽어도 자아는 사라지지 않고 영원하다고 생각하는 상견常見이고, 두 번째 사상은 존재가 죽으면 모든 것이 끝이라고 생각하는 단견斷見입니다. 이런 견해가 대세이던 당시 상황에서 부처님은 상견과 단견, 둘 다 진리가 아님을 설파하셨습니다. 부처님께서 깨치신 진리는 "모든 것이 조건이 형성되면 일어났다가, 조건이 사라지면 소멸한다는 것입니다." '조건 따라 일어난다'는 말을 이해하면 무상함도 이해하게 됩니다. 조건 따라 일어나는 것은 조건이 사라지면 소멸하기 마련인 것이므로 영원할 수 없어서 무상합니다. 또한 무상하다는 것은 불완전함을 의미하기 때문에 괴로움의 특성이 있습니다. 무상하고 괴로움인 것은 '일어난 법이여 사라지지 말라'고 한다거나 '괴로움이여 일어나지 말라'라고 해도 그렇게 될 수 없으므로 현상들을 내 마음대로 통제할 수 있는 자아가 없습니다. 그래서 무상하고 괴로움인 것은 무아입니다. 이처럼 연기를 이해하면 무상뿐만 아니라 괴로움과 무아에 대한 이해도 이루어집니다. 이렇게 연기를 제대로 이해하는 것이 곧 불교를 제대로 이해하는 것입니다.[238]

연기緣起&paṭicca samuppāda란 세상의 모든 현상사물이 조물주가 창조했다거나 우연히 생겨난 것이 아니고 '조건을 의지해서 일어난다' 또는 '조건 따라 일어난다'는 것을 말합니다. 이것이 부처님께서 깨달으신 가장 중요한 진리 중의 하나입니다. 조건의 특징은 결과가 일어나도록 도와주는 것입니다. 그러므로 '그것을 의지하여 결과가 일어난다'고 해서 조건이라고 합니다. 여기서 '의지한다는 말은 '그것이 있어야 결과가 일어나고, 그것이 없으면 결과가 일어나지 않는다'는 것을 의미합니다. … 따라서 조건이 있으면 그것의 결과, 즉 조건을 의지해서 생겨난 법이 있기 마련인데 이것을 '조건 따라 생긴 법'이라고 부릅니다. 예를 들어 '태어남을 의지해서

238) 일묵스님, 《일묵스님이 들려주는 초기불교 윤회이야기》, 141~143쪽

늙음·죽음이 있다'라고 할 때 태어남이 조건이라면 늙음·죽음은 '조건 따라 생긴 법'입니다. 이처럼 조건뿐만 아니라 조건 따라 생긴 법을 함께 드러내면 조건이 어떤 법의 원인이 되는지가 분명하게 나타납니다. 그래서 단순히 조건만을 말하지 않고 조건과 조건 따라 생긴 법을 함께 드러내는 것을 연기라고 합니다. … 또 '조건 따라 생긴 법'은 조건을 의지해서 만들어지고 형성된 법이라고 할 수 있으므로 '형성된 법saṅkhāta dhamma&有爲法'이라고도 합니다. … 연기된 법들은 조건에 의해서 생겨난 법이므로 무상하기 마련이고, 사라지기 마련인 특성이 있습니다. 그래서 연기된 법들은 무상하고 괴로움이며 무아라는 특성이 있습니다. … 여기서 한 가지 주의할 점은 연기된 법뿐만 아니라 조건 또는 연기도 무상하고 괴로움이며 무아라는 것입니다. 조건 또한 그보다 선행하는 다른 조건에 의해서 일어났기 때문입니다. … 붓다께서는 '존재란 무엇이며, 현재의 존재는 무엇을 조건으로 태어났으며, 무엇을 조건으로 다음 생에 태어나겠는가?' 등의 질문에 대한 해답을 '조건'과 '조건 따라 생긴 법'의 인과관계로 정리하여 설하셨습니다.[239]

조건은 여러 가지 조건들의 화합입니다. 한 가지만이 조건이라고 볼 수 없습니다. 예를 들어 나무가 꽃을 피우고 열매를 맺으려면 땅도 필요하고, 햇빛도 필요하고, 물도 필요합니다. 이러한 조건들이 두루 갖추어져야 열매를 맺을 수 있지 그중 하나의 조건이라도

239) 일묵 지음, 《사성제(괴로움과 괴로움의 소멸)》, 163~168쪽.

빠지면 제대로 된 열매를 맺을 수 없는 것과 마찬가지입니다. 다만 무명 때문에 의도적 행위가 있다고 이야기할 때는 의도적 행위가 일어나게 하는 조건들 중 가장 주된 조건이 무명이라는 것을 말하는 것입니다.[240]

이 연기법은 매우 심오하여 이해하기가 매우 어렵습니다. 그래서 부처님께서도 "이 연기법은 심오하고 심오하다. 이 법을 이해하지 못하고 또 통찰하지 못하기 때문에 이 세상 사람들은 … 낮은 단계인 악처에서 벗어나지 못하고 고통과 재생에서 벗어나지 못한다."[241]고 하셨습니다. 그래서 여기서는 지면 관계상 주된 내용만 간단히 언급하도록 하겠습니다.[242]

7.2.1 십이연기의 기본 내용

부처님께서는 십이연기의 구조를 ① 무명(無明), ② 행(行: 업의 형성), ③ 식(識), ④ 명색(名色: 정신과 물질), ⑤ 육입(六入), ⑥ 촉(觸: 접촉), ⑦ 수(受: 느낌), ⑧ 애(愛: 갈애), ⑨ 취(取: 집착), ⑩ 유(有: 존재, 업의 생성), ⑪ 생(生: 태어남), ⑫ 노사(老死: 늙음과 죽음)의 12가지 요소로 설명하셨습니다. 십이연기는 무명으로부터 시작해서 원인과 결과

240) 일묵스님, 《일묵스님이 들려주는 초기불교 윤회이야기》, 143~144쪽.

241) 마하시 아가 마하 빤디따 지음, 김한상 옮김, 《마하시 사야도의 12연기》, 160쪽

242) 좀 더 자세한 내용은 일묵스님의 《사성제》 또는 《일묵스님이 들려주는 초기불교 윤회이야기》나 각묵스님의 《초기불교의 이해》, 마하시 아가 마하 빤디따 님이 쓰신 《마하시 사야도의 12연기》 등을 참고하시면 좋겠습니다.

로 진행됩니다. 결과가 다시 원인이 되는 과정을 거쳐 마지막에 노사에 이르게 됩니다. 이것이 연기의 순환이자 윤회의 법칙입니다.

부처님께서 십이연기를 설하신 정형화된 형식은 다음과 같습니다.

- 『비구들이여, 무명無明[243]을 조건으로 행(行: 의도적 행위들)이, 행을 조건으로 식(識: 의식, 알음알이)이, 식을 조건으로 명색(名色: 정신과 물질)이, 명색을 조건으로 육입(六入: 여섯 감각장소)이, 육입을 조건으로 촉(觸: 감각접촉)이, 촉을 조건으로 수(受: 느낌)가, 수를 조건으로 애(愛: 갈애)가, 애를 조건으로 취(取: 취착)[244]가, 취를 조건으로 유(有: 존재)가, 유를 조건으로 생(生: 태어남)이, 생을 조건으로 노사(老死: 늙음·죽음)와 우(憂:근심)·비(悲:비탄)·고(苦: 육체적 고통)·뇌(惱: 정신적 고통)가 발생한다. 이와 같이 전체 괴로움의 무더기(고온(苦蘊)가 발생한다. 비구들이여, 이를 일러 연기緣起라고 한다.』(《연기경 緣起經》)[245]

이상과 같이 십이연기의 발생구조를 설하고 있는 가르침을 유전문流轉門이라고 하며, 무명부터 늙음·죽음에 이르기까지 순차적으로 살피는 것을 순관順觀이라고 하고, 반대로 늙음·죽음부터 시작해서 역순으로 무명까지 살피는 것을 역관逆觀이라고 합니다. 그리

243) 무명無明: 고집멸도의 사성제 즉, 괴로움과 괴로움의 원인, 괴로움의 소멸, 괴로움을 소멸하는 길을 모르는 것. 이는 단순한 '무지無知'와는 다릅니다. 무명은 우리를 나쁜 길로 인도하기 때문에 '그릇된 길로 인도하는 무지'라고 말합니다.

244) 취取: 취착取着. 취착은 '아주 강하게 거머쥔다'는 뜻입니다. 즉, '강한 집착'이라고 볼 수 있습니다.

245) 각묵스님 지음, 《초기불교의 이해》, 239~240쪽에서 재인용함.

고 아래와 같이 십이연기의 소멸구조를 설하고 있는 가르침을 환멸문還滅門이라고 합니다.

- 『그러나 무명이 남김없이 빛바래어 소멸하기 때문에 행行이 소멸하고, 행이 소멸하기 때문에 식識이 소멸하고, 식이 소멸하기 때문에 명색이 소멸하고, 명색이 소멸하기 때문에 육입六入이 소멸하고, 육입이 소멸하기 때문에 촉觸이 소멸하고, 촉이 소멸하기 때문에 수受가 소멸하고, 수가 소멸하기 때문에 애愛가 소멸하고, 애가 소멸하기 때문에 취(取: 취착)가 소멸하고, 취가 소멸하기 때문에 유有가 소멸하고, 유가 소멸하기 때문에 생生이 소멸하고, 생이 소멸하기 때문에 노사老死와 우憂·비悲·고苦·뇌惱가 소멸합니다. 이와같이 전체 괴로움의 무더기가 소멸합니다.』(《연기경緣起經》)[246]

이상의 십이연기의 각 구성 요소들에 대한 설명이 《인연경》 바로 다음의 《분석경》에서 다루어지고 있습니다. 이를 토대로 삼세양중인과설三世兩重因果說의 입장에서 유전문의 법문 내용만 간단히 정리하면 다음과 같습니다.[247]

246) 《상윳따 니까야》, 《인연상윳따》(S12)의 첫 번째 경인 《연기경緣起經》. 각묵스님 지음, 《초기불교의 이해》, 239~240쪽에서 재인용함.

247) 김윤수 지음, 《불교는 무엇을 말하는가》, 124~125쪽 참조.

<table>
<tr><th colspan="12">연기관緣起觀 [삼세양중인과설]</th></tr>
<tr><th colspan="2">전생 원인</th><th colspan="5">현생 결과</th><th colspan="3">현생 원인</th><th colspan="2">내생 결과</th></tr>
<tr><td>無明</td><td>行</td><td>識</td><td>名色</td><td>六入</td><td>觸</td><td>受</td><td>愛</td><td>取</td><td>有</td><td>生</td><td>老死</td></tr>
<tr><td>무명</td><td>의도적 행위 [업의 형성]</td><td>의식</td><td>정신 물질</td><td>육입</td><td>접촉</td><td>느낌</td><td>갈애</td><td>취착</td><td>존재 [업의 생성]</td><td>출생</td><td>노사</td></tr>
</table>

우리는 무명으로 인해 행복이 아닌 것을 행복이라 잘못 알고 있습니다. 그래서 자신이 행복이라고 생각하는 것을 얻고자 하는 행위를 합니다. 그때의 의도가 의도적 행위[업의 형성]입니다. 무명과 의도적 행위, 이 두 가지를 과거의 원인이라고 합니다. 과거에 일어난 무명과 의도적 행위를 조건으로 현재 생이 일어나는데 이생에서 최초로 일어나는 마음을 재생연결식[의식]이라고 합니다. 재생연결식이 일어난 순간부터 또 계속 정신과 물질이 이어지면서 여섯 감각 장소[육입]가 갖추어집니다. 여섯 감각 장소를 조건으로 바깥 대상과의 접촉이 일어나고, 그때 느낌이 일어나면 그 대상에 대한 갈애가 일어나고, 갈애가 강해지면 취착이 되는데, 그 취착으로 인해 또 존재, 즉 업 존재가 생깁니다. 이렇게 의식에서부터 존재까지가 현생에 해당합니다. 그중에서도 의식부터 느낌까지는 과거의 원인에 의한 현생의 결과이고, 갈애부터 존재까지는 현생의 원인입니다. 이 현생의 원인들인 갈애, 취착, 존재가 태어남과 늙음·죽음이라는 내생의 결과를 일으킵니다. 이와 같이 십이연기는 과거생의

원인에 의해서 현생의 결과가 있고, 현생의 원인에 의해서 내생의 결과가 일어나는 윤회의 구조를 설명하고 있습니다.[248)]

이상의 십이연기 법문에서 알 수 있는 것은 우리에게 일어나는 모든 괴로움의 원인을 찾아가면 그 뿌리에는 무명이 자리하고 있다는 것이며, 그 무명은 '근심·슬픔·번민·괴로움'이 생길 때 무명의 원인인 번뇌가 생기고, 번뇌가 생길 때 무명도 생긴다고 설명하셨습니다. 따라서 무명과 번뇌는 원환적인 순환구조에 의해 상호조건이 되고 있음을 또한 알 수 있습니다.[249)]

7.2.2 십이연기의 가르침

(1) 연기의 가르침에 의하면 무명과 갈애는 괴로움의 근본 원인입니다. 삶의 회전에는 전반부와 후반부라는 두 개의 바퀴가 있습니다. 전반부 삶의 회전은 무명을 근본 원인으로 시작해서 느낌으로 끝나며, 후반부 삶의 회전은 갈애로 시작해서 죽음으로 끝납니다. 전반부 삶의 회전에서는 전생의 무명과 업의 형성력(행行)이 재생을 일으키고, 후반부 삶의 회전에서는 갈애와 집착이 내생의 태어남을 일으킵니다. 이 두 가지 삶의 회전은 사람의 일생이 어떻게 원인과 결과로 연결되어 있는지를 보여주고 있습니다.[250)]

248) 일묵스님, 《일묵스님이 들려주는 초기불교 윤회이야기》, 171~172쪽.
249) 김윤수 지음, 《불교는 무엇을 말하는가》, 126쪽 참조.
250) 마하시 아가 마하 빤디따 지음, 김한상 옮김, 《마하시 사야도의 12연기》, 324쪽.

(2) 또한 연기법을 시간의 척도로 설명한다면 무명과 행(업의 형성)은 전생의 두 연결고리이고, 식識에서 유(有: 업의 생성)까지는 현생과 관련되어 있으며, 태어남·늙음·죽음은 우리에게 닥쳐올 내생의 연결고리입니다.[251] 이와 같이 12연기는 삼세양중인과三世兩重因果[252]를 말한다는 것이 남방과 북방의 아비담마와 아비달마의 정설로 받아들입니다. 삼세양중인과의 가르침에 의하면 처음의 두 요소인 무명과 행은 과거의 원인이고, 식識·명색名色·촉觸·수受는 현생에 나타난 결과이며, 현생의 갈애·취·업유業有로 인해서 내생의 생·노사가 결과로 나타난다고 설명하고 있습니다.[253]

(3) 십이연기는 과거의 원인인 첫 번째 부분, 현재의 결과인 두 번째 부분, 현재의 원인인 세 번째 부분, 그리고 미래의 결과인 네 번째 부분 등 인과의 사슬로 연결된 요소 중에서 네 가지 부분을 언급하고 있습니다.

① 과거의 원인과 현재의 결과 사이의 연결고리로서 원인은 행行이고 결과는 식識입니다.

② 현재의 원인과 현재의 결과 사이의 연결고리로서 원인은 느낌受이고 결과는 갈애愛입니다.

③ 현재의 원인과 미래의 결과 사이의 연결고리로서 원인은 '업

251) 마하시 아가 마하 빤디따 지음, 김한상 옮김, 《마하시 사야도의 12연기》, 324쪽.

252) 삼세양중인과: 주로 부파불교에서의 주장으로, 12연기가 과거, 현재, 미래의 3세에 걸쳐서 두 번의 혹업고를 받게 된다고 보는 학설.

253) 김윤수 지음, 《불교는 무엇을 말하는가》, 한산암, 2014. 115쪽 참조.

의 생성(업유業有)'이고 결과는 '태어남'입니다.[254]

(4) 연기법은 번뇌의 굴레, 업의 굴레, 과보의 굴레라는 3가지 굴레를 논하고 있습니다. 첫 번째로 번뇌의 굴레는 무명, 갈애, 집착으로 이루어져 있고, 두 번째로 업의 굴레는 행[업의 형성]과 업의 생성으로 이루어져 있으며, 세 번째로 과보의 굴레는 식, 명색, 육입, 접촉, 느낌으로 구성되어 있습니다. 세 번째인 과보의 굴레는 다시 번뇌의 굴레를 일으키고 번뇌의 굴레는 또 업의 굴레를 일으키는 등 3가지 굴레는 끊임없이 돌면서 악순환을 계속합니다. 이와 같은 3가지 굴레는 괴로움을 돌리는 윤회입니다. 윤회란 인과관계에 의해서 일어나는 정신과 물질 과정의 연속을 의미합니다.[255]

(5) 연기법에는 명심해야 할 4가지 측면이 있습니다.

첫 번째 측면은 과거, 현재, 미래 등 연속적인 삼생을 통해서 일어나는 한 개인의 특성을 정신과 물질 과정으로 다루고 있다는 점입니다.

두 번째 측면은 인과의 사슬을 이루고 있는 현상들을 따로따로 구별한다는 것입니다. 그래서 무명은 행을 조건 짓는 별개의 현상이며, 행은 재생 등에 이르는 또 다른 현상입니다. 이런 현상을 구분하는 것이 인과관계를 깨닫는 것이며, 이 깨달음은 우리를 상견

254) 마하시 아가 마하 빤디따 지음, 김한상 옮김, 《마하시 사야도의 12연기》, 340쪽.
255) 마하시 아가 마하 빤디따 지음, 김한상 옮김, 《마하시 사야도의 12연기》, 341쪽.

常見에 휘말리지 않도록 합니다. 이는 영원하고 변하지 않는 자아가, 죽은 뒤에도 남아서 다른 생으로 옮겨간다는 전도된 인식을 없애는 데에 도움을 줍니다.(중략) 과거의 정신과 물질은 소멸하지만, 과거의 업을 근거로 현생에서 새로운 정신과 물질이 일어나는 것이라고 생각하면 됩니다.

세 번째 측면은 '함이 없음'입니다. … 이러한 사실을 안다는 것은 보거나 듣는 등의 주인공 혹은 행위자가 존재하지 않는다는 통찰지혜를 의미하며 이런 식으로 유신견에서 벗어나게 됩니다.

네 번째 측면은 원인과 결과가 일대일로 대응한다는 것입니다. 모든 원인은 관련된 결과만을 가져오고 관련 없는 결과는 가져오지 않습니다. 다른 말로 말하면 모든 원인은 상응하는 결과의 필요충분조건입니다. 이와 같은 사실은 우연론이나 도덕부정론과 같이 업보를 부정하는 견해가 들어올 틈이 없습니다.[256)]

(6) 이 밖에 다음과 같은 것들이 있습니다.[257)]

① 십이연기의 유전문流轉門을 통해 괴로움과 윤회의 발생구조를 설명하고 환멸문還滅門을 통해 괴로움과 윤회의 소멸구조를 설명하고 있습니다.

② 괴로움이란 생사·윤회의 괴로움입니다. "… 태어남을 조건으로 노사(老死: 늙음·죽음)와 우(憂:근심)·비(悲:비탄)·고(苦:육체적

256) 마하시 아가 마하 빤디따 지음, 김한상 옮김, 《마하시 사야도의 12연기》, 343~349쪽.
257) 각묵스님 지음, 《초기불교의 이해》, 253~257 참조.

고통)·뇌(惱:정신적 고통)가 발생합니다. 이와 같이 전체 괴로움의 무더기(고온苦蘊)가 발생합니다. … 태어남이 소멸하기 때문에 노사老死와 우憂·비悲·고苦·뇌惱가 소멸합니다. 이와 같이 전체 괴로움의 무더기가 소멸합니다."(《연기경》)고 말씀하셨듯이 생사·윤회로 대표되는 괴로움의 발생구조와 소멸구조를 설하신 것입니다.

7.3 괴로움에서 벗어나는 길

우리가 괴로움을 느끼는 경우는 참으로 다양하며, 그 원인 또한 다양합니다. 그래서 현실적인 면과 이치적인 면을 함께 고려해서 괴로움을 몇 가지로 나누어서 거기에서 벗어날 수 있는 방법에 대해 생각해보고자 합니다.

7.3.1 괴로움의 종류

고통의 종류와 원인을 세분하자면 그 기준에 따라 달라질 것이므로 한이 없을 것입니다. 사람마다 상황마다 느끼는 고통이 다 다르기 때문입니다. 필자는 인생의 괴로움을 마음공부의 차원에서 다음과 같이 몇 가지로 나누어 보았습니다.

(1) 불교에서의 괴로움의 분류

사성제의 고성제에서 살펴본 바와 같이 부처님께서는 우리 인간의 삶 자체를 괴로움으로 보시고, 삼고三苦와 사고四苦·팔고八苦를 말씀해주셨습니다. 사람에 따라서 다소간 차이는 있겠지만 모든 인생이 괴로움만 있는 것은 아닙니다. 그 가운데 즐거움도 많이 있고 특히 복이 많은 사람들은 많은 세속락을 맘껏 즐기며 살고 있습니다. 그런데 왜 부처님께서는 인생을 고해로 보셨을까요? 그것은 본질적으로 우리의 육체와 정신을 구성하고 있는 오온五蘊이 모두 공하며 무상하기 때문입니다. 아무리 즐거운 일이라도 인연이 다하면 사라지기 마련인데 사라질 때는 괴로움을 느낄 수밖에 없고 그것이 즐거운 것일수록 그 괴로움도 비례해서 더욱 커지기 마련이므로 본질적으로는 모두 괴로움이라고 하신 것입니다.

1) 삼고三苦

① 고고苦苦: 이는 그 자체로서 괴로운 것이니 매를 맞았다든지 칼에 찔리었다든지 해서 감각적으로 느끼는 육체적 고통이라든지 화재나 홍수 등의 재난으로 인한 직접적인 고통을 말합니다.

② 괴고壞苦: 이는 즐겁거나 좋았던 것이 나쁘게 변화하거나 사라지면서 오는 괴로움을 말합니다. 예를 들면 사랑하는 사람이 배신을 했다든지, 젊고 예뻤던 얼굴이 늙고 추한 얼굴로 변했다든지 해서 오는 괴로움입니다.

③ 행고行苦: 이는 무상에서 오는 괴로움이니 가장 근본적인 괴로움이라고 할 수 있습니다. 모든 것이 조건 따라 생겨났다가 사라지기 때문에 영원한 것은 없고, 아무리 좋은 것이라도 언젠가는 소멸될 수밖에 없으니 괴로운 것입니다.

2) 사고四苦 · 팔고八苦

①사고四苦: 사고四苦란 출생고出生苦, 생활고生活苦, 노쇠고老衰苦, 질병고疾病苦, 사망고死亡苦 등 육체의 생로병사生老病死로 인한 괴로움을 말합니다. 우리는 태어날 때부터 고통을 느끼며 태어났으며, 태어난 이상 또한 살아가는 과정에서 수많은 괴로움을 겪어야만 하고, 필연적으로 늙어가고 병들고 죽는 괴로움을 겪을 수밖에 없습니다. 물론 개중에는 선업을 많이 쌓아서 병치레를 거의 하지 않고 건강하게 살다가 비교적 편안히 죽는 사람들도 있긴 하지만 대부분은 생로병사의 고통을 겪게 되어 있습니다.

② 팔고八苦: 이는 주로 육체적인 괴로움인 생로병사의 괴로움에다가 정신적 심리적 괴로움인 애별리고愛別離苦, 원증회고怨憎會苦, 구부득고求不得苦, 오취온고五取蘊苦의 4가지를 더한 것입니다. 애별리고愛別離苦란 사랑하는 사람이나 사물과 헤어지는 데서 오는 괴로움을 말합니다. 사랑하는 정이 클수록 그만큼 괴로움도 더 커집니다. 그중에서도 부모 자식 간의 사별이나 사랑하는 연인과의 이별에서 오는 고통은 말할 수 없이 클 것입니다. 날마다 함께하던 강아지나 고양이가 죽었을 때도 커다란 슬픔의 고통을 느낍니다. 또, 애지중지하던 귀중품을 잃어버렸을 때라든지 애장하던 도자기를 깨먹었다거나 그림이 손상되었다든지 해도 역시 심적 고통을 크게 느낄 수 있는데 이러한 것들이 모두 애별리고인 것입니다. 원증회고怨憎會苦란

미워하는 사람 또는 싫어하는 사람이나 사물과 만나는 데서 오는 괴로움을 말합니다. 우리가 미워하는 사람, 싫어하는 사람, 혐오스러운 사람, 추악한 사람, 원수 등과 만나는 괴로움 또한 애별리고 못지않게 큽니다. 또, 악취라든지, 맛없는 음식이라든지, 더럽고 혐오스러운 물건이라든지, 듣기 싫은 소음 등과 만나는 것 역시 몹시 괴로운 일인데 이러한 것들이 모두 원증회고인 것입니다. 구부득고求不得苦란 무엇이든 얻고자 하나 얻지 못해서 오는 괴로움, 즉 식욕, 색욕, 소유욕, 권력욕, 명예욕 등 자신의 욕망을 채우지 못해서 오는 모든 괴로움을 말합니다. 우리의 욕망은 한이 없기 때문에 괴로움도 한이 없습니다. 끝으로 오취온고五取蘊苦란 오음성고五陰盛苦라고도 부르는데 인간의 몸과 마음을 구성하는 요소인 색色·수受·상想·행行·식識의 오온五蘊에 집착하는 데서 오는 온갖 번뇌망상의 괴로움을 말합니다. 오온五蘊이 일시적으로 모여 사람의 몸과 마음을 이룬 것인데, 범부는 무지無知·무명無明의 어리석음으로 말미암아 오온이 모두 무상하고 공空한 이치를 모르고 이를 '나'로 착각하여 강한 집착의 대상으로 삼기 때문에 이로부터 온갖 번뇌의 고통이 따라오게 되는 것입니다.

이상의 모든 괴로움의 근원을 따지고 보면 다 이 오온을 '나'로 착각하는 아상에서 비롯된다고 볼 수 있습니다. 그래서 반야심경에 "오온이 모두 공함을 비추어보면 일체의 고액을 건너게 된다照

見五蘊皆空, 度一切苦厄"고 말씀하신 것입니다.

(2) 괴로움의 계통별 분류

이는 우리가 괴로움을 겪게 되는 원인을 욕망, 인연, 재해·재난 등 계통별로 나눠본 것입니다.

1) **욕구불만고**欲求不滿苦[258]: 이는 어떤 방면이든 무엇이든 자신의 욕구가 충족되지 못해서 오는 괴로움이니 팔고八苦 중 구부득고求不得苦에 속하는 것들입니다. 이는 제행무상의 이치와 오온개공五蘊皆空과 에고의 본질을 철저히 깨달아서 아상과 아집에서 벗어나 밖으로 갈구하는 모든 욕망을 내려놓고 안으로 관조하는 명상을 통해 해결할 수 있는 괴로움입니다.

① 불여의고不如意苦: 무엇인가 뜻대로 안 될 때, 기대에 어긋날 때, 자유가 구속받을 때 오는 괴로움이 이에 속합니다.

② 오욕치성고五慾熾盛苦: 음식욕·성욕·재물욕·권력욕·명예욕 등 오욕이 치성해서 오는 괴로움이 이에 속합니다. 오욕이 치성하면 아무리 채우려고 해도 밑 빠진 독에 물을 붓는 것과 같아서 채워지지 않기 때문에 오는 괴로움입니다. 이중 식욕이나 성욕 등은 단순히 마음공부로만 해결하려고 해서는 어렵고, 운동이나 취미생활 같은 것을 적절히 활용하면서 의약적

258) 욕구불만의 원인: 내 뜻대로 안되기 때문不如意, 不自由. 즉, 범부는 아상我相과 소유상所有相에 집착하여 좋은 것은 취하려 하고 싫은 것은 피하려 하는데 이것이 뜻대로 안 되기 때문에 불평불만이 생기는 것입니다. 소유상의 가장 중심에 아상이 있습니다.

인 도움을 받아 몸의 생리 및 대사 기능을 적절히 조절해야 할 경우도 있습니다.

2) **봉별인연고**逢別因緣苦: 부모, 배우자, 자식, 동료, 상관, 부하, 친지, 기타의 사람 및 동식물·사물·사건 등과의 인연 관계로 인한 괴로움입니다. 이는 부처님께서 말씀하신 애별리고와 원증회고가 대표적인데 어떤 현상 사물을 좋아하거나 싫어하는 것이 원인이 되어 오는 괴로움도 이에 속합니다. 이를 한 말로 표현하면 증애고憎愛苦라고 할 수 있습니다. 애별리고는 애착에서, 원증회고는 원착怨着에서 비롯되는 일이기 때문입니다. 모두 무상·무아의 이치를 알지 못하고 집착하는 데서 오는 괴로움입니다. 그중에서도 원증회고는 상대방이 나에게 갚지 못한 빚이 있거나 용서받지 못한 죄가 남아 있는 상극의 인연으로부터 오는 경우가 대부분입니다. 따라서 인연의 고통을 겪지 않으려면 항상 상극의 악연惡緣을 짓지 말고 상생의 선연善緣을 맺도록 노력해야 합니다.

모든 괴로움 중에서도 인간관계로 인한 괴로움이 가장 크다고 할 수 있습니다. 사람은 사회적 동물이므로 나면서부터 죽을 때까지 인간관계를 떠나서 살 수는 없으므로 어떻게든지 좋은 인간관계를 맺으면서 살아가야만 하는데 그것이 말처럼 쉽지 않습니다. 그러나 그 핵심을 말한다면 남과 척지지 말고 해 입히지 말고 남 싫어할 일 하지 말고 빚지지 말며, 무엇이든 어떻게든 남에게 조금이라도 덕을 입히는 일을 두루두루 많이 하면서 살되 자기가 뭔가를 해주었다는 상을 내려놓고 살면 상극의 인연은 점점 없어지고 상생의 선연이 많아져서 인간관계가 오히려 기쁘고 즐겁고 덕이 되어 행복의 자산이 됩니다.

3) **시련재난고**試鍊災難苦: 이는 본인의 진급과 성공을 위해 이겨내야만 하는 성장과정에서의 괴로움과 숙세의 업장·업력으로 인해 겪는 각종의 시련과 예기치 않은 재난·재해로 인한 괴로움을 말합니다.

(3) 괴로움의 근원적 분류

이는 괴로움을 그 발생 내역에 따라 크게 5가지로 나눠 본 것입니다. 이 중에서 죄고, 부채고, 양심고는 한마디로 배은고背恩苦라고 할 수 있습니다. 우리는 인생을 살아가면서 크고 작은 은혜를 많이 입고 삽니다. 그중에서도 가장 근본적이고 가장 큰 은혜는 "없으면 살 수 없는 관계"에 있는 천지은·부모은·동포은·법률은의 사은입니다. 소태산 대종사께서는 이 사은을 밝혀주시면서 그 은혜 입은 내역을 모르거나 안다 할지라도 보은의 실행이 없는 것은 사은에 대한 배은이 되며, 인과보응의 이치에 따라 그에 상응하는 고통이 따른다는 것을 자세히 밝혀주셨습니다.[259]

259) 자세한 내용은 《정전》, 제2 교의편, 제2장 사은 참조.

1) 죄고罪苦: 진리를 거스르거나 다른 존재에게 괴로움이나 손해를 끼친 대가로 받게 되는 괴로움입니다. 즉, 각종의 악업에 대한 죗값으로 받는 괴로움이며, 대표적으로 법률을 위반해서 받는 징계나 형벌과 계문을 범해서 받게 되는 괴로움이 모두 여기에 속합니다. 따라서 평소 되도록 법률과 계문을 잘 지켜 악업을 짓지 말고, 알고 지은 죄, 모르고 지은 죄 모두 깊이 참회하면서 죗값을 달게 받고, 착한 일 남 좋은 일을 많이 하고, 늘 수행, 적공해 가는 것이 죄고에서 속히 벗어나는 길입니다. 죄고는 죄를 다 갚거나 용서받을 때까지는 면할 수가 없기 때문입니다.

2) 부채고負債苦: 이는 다른 존재에게 은혜를 입거나 빚을 지어 갚아야만 면제되는 괴로움입니다. 부채고 역시 빚을 다 갚거나 탕감되기 전까지는 벗어날 수가 없는 괴로움입니다. 죄고와 부채고는 그 원인이 내가 남에게 무엇인가 해를 끼치거나 빚을 져서 받는 것이므로 무조건 달게 받고 참회 반성하며 선업을 많이 짓는 것이 그 고통에서 가장 빨리 벗어날 수 있는 방법입니다. 따라서 평소 누군가에게 정신·육신·물질 간에 되도록 빚을 지지 않는 것이 중요합니다. 그러기 위해서는 정신·육신·물질 간에 무엇이든지 되도록 남에게 의지하기보다는 스스로 해결하는 자력 생활을 하도록 노력하고, 되도록 널리 보시하여 두루 복을 짓는 것이 좋습니다. 되도록 빚을 짓지 않기

위해서는 평소 정신적 자주력, 신체적 자활력, 경제적 자립력을 확립하기에 힘쓰고, 여력이 있으면 가능한 한 무엇이든지 자력생활을 해치지 않는 범위 내에서 두루 베풀면서 사는 것이 좋습니다. 그리고 내가 당하기 싫어하는 일을 남에게 베풀지 말고 척을 짓지 않으면 됩니다.

3) **시험고**試驗苦: 각종 시험을 치르거나 현재의 위치보다 상위로 진급하기 위해서 견디고 이겨내야만 하는 괴로움입니다. 시험은 필기시험, 실기시험, 면접시험 같은 인간에 의한 일반 시험만 있는 것이 아니고, 영적 수준이 올라갈 때 스승이나 진리에 의한 시험도 있는데 이를 잘 이겨내야 내공이 높아지고 깊어지며 넓어집니다.

4) **단련고**鍛鍊苦: 운동선수, 무술인, 수도인 등과 같이 자신의 실력을 연마하고 내공을 쌓기 위해 견뎌내야 하는 괴로움입니다. 단련고는 자기훈련으로 인한 괴로움이므로 열정만 있다면 오히려 자기 실력의 향상에 따른 성취감과 기쁨을 맛보면서 희망과 용기가 솟고 단련하는 재미를 느낄 수도 있습니다.

5) **양심고**良心苦: 아무도 모르게 한 일이라도 양심에 거슬리는 행동을 하게 되면 스스로 찝찝하며 괴로움을 느끼게 되는데 이와 같이 양심에 가책을 느껴서 받는 괴로움입니다. 이는 착

한 사람일수록 오히려 더 심하게 느끼는 괴로움인데 평소 양심에 비추어 부끄러움이 없도록 떳떳하고 당당하게 살면 됩니다. 양심고는 죄고의 일종이라고 볼 수 있으나 죄고는 자기의 양심과는 관계없이 원하지 않는데도 자기가 지은 죄업으로 인해 밖으로부터 주어지는 피할 수 없는 괴로움이고, 양심고는 남이 모르더라도 자기 스스로 심리적인 가책을 받아서 느끼는 괴로움입니다.

전생이나 금생에 악업을 많이 지어서 업장이 두터워진 사람은 남을 해롭게 하는 죄업을 짓고도 전혀 양심의 가책이나 죄의식을 느끼지 않는 경우도 있습니다. 대표적으로 사이코패스 같은 반사회적 인격장애자는 양심의 가책이나 죄의식을 거의 느끼지 못합니다. 양심의 가책이 없으면 잘못을 뉘우치고 고칠 마음도 없게 됩니다. 참회 반성이 없으면 계속 죄업을 짓게 될 것이므로 악도에서 벗어날 기약이 없습니다. 따라서 양심의 가책이 전혀 없는 사람들이 세상에서 가장 불쌍한 사람들입니다.

6) **신념고**信念苦: 자신이 처한 상황이나 조건, 행위 등에 대해서 부정적인 생각(신념)을 가지고 있거나 다른 사람들의 태도나 행위 등에 대해서 부정적인 생각을 가지고 있을 때 느끼는 괴로움입니다. 우리는 대부분 우리가 슬픔과 분노, 불안, 불안전함을 느끼는 이유가 상황과 사건 때문이라고 믿습니다. 그러나 실은 상황을 바라보는 우리의 생각과 태도 때문입니다. 행복하

기 위해 반드시 필요한 것이 자기에게 없다고 생각되는 순간 '우리는 지금의 상황으로는 행복할 수 없어!'라고 생각합니다. 이때 우리는 상황에 대한 우리의 생각 때문에 그렇게 느끼는 줄은 까맣게 모른 채, 불만족스럽게 보이는 상황을 탓하게 됩니다. 예를 들어 외모나 체중, 몸매 등으로 인해 괴로움을 느끼는 사람들이 많이 있습니다만, 그것들이 직접적으로 우리를 괴롭게 하는 것이 아니고 그것들에 대한 우리의 부정적인 생각 때문에 괴로움을 느끼는 것입니다. 누군가가 부적절한 행동을 했다고 생각할 때 우리는 그 사람에게 화를 내거나 실망하는데, 이 역시 그 사람의 행동이 부적절하다고 보는 자신의 신념 때문에 일어나는 것인데, 그러한 자기의 신념이 반드시 옳다는 것을 입증하기는 사실상 매우 어렵습니다. 지나간 일을 슬퍼하고, 누군가가 나를 어떻게 생각하는지를 걱정하며, 누군가에게 분노를 느끼고, 자기 인생을 부끄러워하며, 미래를 불안해하는 것을 멈추고 싶다면, 그저 이러한 감정을 만드는 자기의 생각을 믿지 않으면 됩니다. 자신을 뜯어고치거나, 다른 사람을 변화시키거나, 상황을 개선할 필요가 없습니다. 이러한 모든 감정은 자신이나 자신의 상황, 주위 사람들이 아니라 순전히 자기 자신의 생각이 만들어낸 것이기 때문입니다. 상황 자체는 감정을 느끼게 하지 않습니다. 감정은 상황이 아닌 자신의 생각이 만들었음을 인식하고, 자신의 생각이 옳은지 그른지, 사실인지 아닌지 모른다는 것을 인식하고, 그러한 신념을 내려놓기만 하면 아무런 문제가 없는 것입니다. 특정 상황이 특정한 감정 반응을 일으킨다면, 각 상황은 언제나 모든 사람들에게 동일한 감정 반응을 일으켜야 할 것입니다. 그러나 사실은 동일한 상황이라도 각양각색의 사람들에게 각양각색의 감정을 불러일으킵니다. 우리는 아무 생각 없이 혹은 무의식적으로 이러한 자신의 생각을 사실이라고 받아들여서, 우리의 감정이 이러한 '사실들' 때문에 생긴다고 결론짓습니다. 누군가가 나의 특성 하나를 '나쁘다' 또는 '아쉽다'고 생각한다면 이는 단지 그 사람이 생각하는 그러한 단어의 개념에 부합한다는 의미일 뿐, 우리가 정말 그렇다는 것은 아닙니다. 마찬가지로 사람들은 저마다 자신의 방식대로 행동하는데, 그들이 '내가 원하는 대로 행동해야 한다'고 생각할 때 우리는 고통을 겪게 됩니다. 따라서 우리의 모든 감정이 사실은 자기의 신념에서 비롯된다는 것을 깊이 깨닫고 부정적인 생각을 내려놓는다면 모든 심리적 괴로움에서 쉽게 벗어날 수 있습니다.[260)]

- 『역경이 오면 빚을 갚을 때이므로 항상 반갑고 기쁜 마음으로 맞이하고, 순경이 오면 빚을 받을 때이므로 항상 미안한 생각을 가져야 하나니, 이러한 사람이 인과에 토가 떨어진 사람이요 해탈한 사람이니라.』

  (《대산종사법어》, 교훈편 28장)

260) 노아 엘크리프 지음, 이문영 옮김, 《생각을 걸러내면 행복만 남는다》, 정신세계사, 2018. 17~ 43, 60~92, 122~305쪽 참조.

• 『사람에게 큰 일을 맡기려 함에 하늘에서 먼저 시험해 보는 이치가 있나니, 보통 사람도 하루 인부만 부리고 1년 머슴만 두려고 하여도 그 자격과 신용을 먼저 보거든 하물며 천하 대사를 맡기는 데 있어서리요. 그러므로 큰 일을 이루려는 사람은 먼저 마땅히 이 시험에 잘 통과하도록 조심하여야 하나니라.』(《대종경》 교단품 31장)

• 『하늘이 장차 이 사람에게 큰일을 맡기려 하면 반드시 먼저 그의 심지를 수고롭게 하고 그의 근골(육신)을 괴롭게 하며, 그의 몸을 굶주리게 하고 그의 몸을 궁핍하게 하며, 그가 하려는 바를 흔들어 어지럽게 하나니, 그 이유는 마음을 흔들어 참을성을 길러서 그가 할 수 없었던 일을 할 수 있도록 역량을 키우기 위함이니라.』[261](《맹자》, 고자장구 하 15장)

(4) 괴로움의 부위별 분류

이상에서 고통의 종류를 여러 가지로 나누어 설명했지만 이를 다시 육체적 괴로움과 정신적 심리적 괴로움의 두 가지로 나눠볼 수도 있습니다.

1) **육체적 괴로움**: 대부분 몸을 무리하거나 관리를 잘못해서 온 질병이나 외상에 의한 것이며, 대개 몸 관리를 잘하라는 경고의 메시지인 경우가 많으므로 꼭 나쁘다고만 할 수 없습니다. 그 원인을 치료하거나 병증을 제거하면 고통이 곧 해소되는 경

261) 《孟子》 告子章句(下) 15章: "天將降大任於斯人也, 必先勞其心志, 苦其筋骨, 餓其體膚, 空乏其身, 行拂亂其所爲, 所以動心忍性, 增益其所不能."

우가 많으므로, 평소에 주의만 적당히 기울이며 관리해주면 대개는 큰 문제가 없습니다. 늙어감에 따라 노화로 인해 찾아오는 괴로움 역시 궁극적으로 피해 가기는 어렵겠지만, 평소의 음식 또는 생활 습관 등을 바르게 하면 상당 부분 줄여줄 수 있습니다. 질병으로 인한 육체적 고통은 병원에 가면 대부분 해소될 줄로 아시는 분들이 많지만, 사실은 의사들이 질병의 근본 원인은 잘 알지 못하고 단순히 증상만 완화해주는 경우가 많습니다. 그래서 한의학이나 대체의학의 도움을 받아 해소하는 경우도 많이 있지만 그것만으로는 부족합니다. 근본적으로 자신의 식습관과 생활 습관을 바꾸고 적당한 운동을 통해 평소 몸 관리 건강 관리를 꾸준히 해주어야만 하는 것입니다.

2) **정신적 심리적 괴로움**: 이는 자신의 성격이나 생각·감정을 스스로 조절하지 못하거나 인간관계에서 오는 스트레스 때문에 오는 괴로움입니다. 현대인들은 복잡한 사회 환경에 적응해야 할 뿐만 아니라 심한 경쟁사회에서 생존해야 하기 때문에 많은 스트레스를 받을 수밖에 없는 상황이며, 이로 인한 스트레스성 질환도 매우 많습니다. 적당한 스트레스는 오히려 발전의 계기가 될 수도 있으나, 그 도를 넘거나 지속적으로 축적되다 보면 정신과적인 문제로 발전할 수도 있고, 육체적으로도 온갖 병증을 야기할 수 있으므로 결코 가벼이 여겨서는 안 됩니다. 따라서 스트레스로 인한 마음의 병은 어떠한 방법으로든

지 그때그때 초기에 바로 해소해주지 않으면 안 됩니다. 그러나 이것이 이미 무의식 가운데 깊이 뿌리를 내려서 고질적인 상태로 악화된 경우에는 의약학적 도움을 받지 않으면 안 됩니다. 특히 갑작스런 사건·사고·폭력 등으로 인한 충격 때문에 생긴 심리적인 상처는 트라우마가 되어 사소한 자극에도 민감하게 반응하며 계속해서 고통을 재생산해내기 때문에 정신과적인 치료를 받아야 할 경우도 많이 있습니다. 이러한 정신적 심리적인 괴로움은 평소 명상이나 마음공부 등을 통해서 마음의 근육을 단련시킴으로써 훨씬 줄일 수 있습니다.

(5) 괴로움을 수용하는 자세

누구든 현재보다 더 나은 삶을 위해서는, 그리고 완성을 향해 계속 진급해 가기 위해서는 이상의 모든 괴로움을 극복해내야만 합니다. 결국 우리가 겪는 인생의 모든 괴로움은 삼세를 통해서 살펴본다면 모두 극복해내야만 하는 진급시험과 같은 것입니다. 진급시험에서 떨어지면 유급이 되거나 강급이 됩니다. 따라서 이왕 이겨내야만 하는 괴로움이라면 진급시험으로 여겨서 진급에 대한 희망과 용기를 갖고 긍정적이고 적극적인 자세로 임하는 것이 덜 괴롭고 견디기가 쉬워집니다.

앞에서 이미 자세히 살펴본 바와 같이 이 세상에서 내가 만나는 모든 환경 조건과 나의 삶은 모두 인과보응의 이치에 따라 나의 심신 작용의 결과로써 주어지고 이루어지는 것입니다. 따라서 모든 행·불행과 길흉화복이 다 자기가 만든 것이므로 누구도 원망하거나 탓할 것이 없으며, 따라서 해결도 결국 자기가 해야만 하는 것입니다. 모든 고통은 궁극적으로 우리를 보호하고 성장시키기 위한 것이라고 볼 수 있습니다. 그러므로 모든 괴로운 경계는 자신의 진급을 위해 필요한, 반드시 이겨내야만 하는 연단의 과정이라고 생각하고, 인과로 돌리든지 일체유심조로 돌리면서 오직 만사를 긍정·감사하는 태도로 수용해가다 보면, 괴로움을 벗어나 즐거움과 기쁨·행복을 느끼게 되는 희망의 빛이 보이게 됩니다.

그러나 이것이 내 뜻대로 잘되지 않는다는 데에 문제가 있습니다. 그래서 자기를 이기는 자가 천하를 이기는 자보다 더 위대하다고 하는 것입니다. 바로 여기에 우리가 명상 또는 마음공부를 해야 할 필요성이 있습니다. 또한 일체유심조의 이치가 있으므로 인생을 고해로 보지 말고, 관점과 생각을 바꾸어서 이 세상에 태어난 것 자체를 축복으로 여기고, 내가 지금 살아 있다는 것을 은혜로 여긴다면 모든 것이 은혜 아님이 없게 될 것이며, 자연히 범사에 감사하는 생활이 되어 행복을 창조하게 될 것입니다. 이것이 관점을 바꾸어 괴로움을 줄이고 행복을 늘려가는 방법입니다.

이상의 괴로움을 이겨내는 비결을 다시 요약하여 정리한다면 다음과 같습니다.

① 참회개과: 먼저 모든 괴로움의 근본 원인은 인과법칙상 모두 자기에게 있는 것이므로, 먼저 알게 모르게 지었던 과거의 자기의 죄업을 깊이 참회 반성하고 다시는 반복해서 죄업을 짓

지 않도록 주의합니다.

② 긍정수용: 이왕 겪어내고 이겨내야만 하는 고통이라면 이를 과거의 빚을 청산하는 진리의 진급시험이나 자기의 실력을 양성하는 연단 과정으로 여기고 희망과 용기를 가지고 긍정적으로 수용합니다.

③ 지은보은 감사생활: 나의 생존 자체가 사은의 크신 은혜에 바탕하고 있다는 것을 깊이 인식하고 깨달아서 항상 일체에 감사하고 널리 베풀고 덕을 쌓는 보은 생활을 합니다.

④ 자력생활: 무슨 일이든 내가 할 수 있는 일이면 되도록 남에게 의지하지 말고 스스로 해결해나가는 자력 위주의 생활을 합니다. 누군가에게 의존할수록 거기에 그만큼 구속이 되고, 자력이 커질수록 그만큼 더 자유를 누릴 수 있기 때문입니다.

- 정산종사 말씀하시기를 『대종사께서 평소 강조하시기를 "아무리 한 때에 악을 범한 사람이라도 진심으로 참회 개과하고 앞으로 죄를 짓지 않으려고 공을 쌓으면, 몸에 살기와 악기가 풀어지고 화기和氣가 감싸 돌아서 그 앞길이 광명하게 열릴 것이요, 그 반면에 아무리 한때에 선을 지은 사람이라도 내심內心에 원망과 남을 해하려는 악심을 품고 있으면, 그 몸의 주위에 살기와 악기가 싸고돌아서 그 앞길이 암담하게 막혀 버리느니라." 하셨나니, 내심의 진정한 참회와 원망이 이처럼 큰 차이가

있나니라.』[262]

- 『유와 무가 둘 아닌 이치를 알지 못하면 고를 당하매 거기에 구애되고 낙을 당하매 거기에 집착하여 길이 고를 벗어나지 못하며, 빈천을 당하매 거기에 구애되고 부귀를 당하매 거기에 집착하여 길이 빈천을 초래하나니, 유에 처하여 무의 심경을 놓지 아니하고 무에 처하여 유의 심경을 놓지 아니하여야 능히 유무를 초월하여 고락과 화복을 임의로 수용하는 큰 도인이 되나니라.』(《정산종사법어》, 원리편 35장)
- 『해탈의 도: 세상일은 한량이 없고 착심도 한계가 없는지라, 인간의 모든 일을 착심으로써 하기로 하면 그 착이 한이 없고, 해탈로써 해결하기로 하면 어떠한 순역 경계에도 괴로움과 걸림이 없나니라. 그러므로 우리가 세간의 모든 일에 해탈을 얻기로 하면 먼저 모든 이치의 근원을 관조하여야 할 것이요, 다음은 그 진리를 모든 경계에 잘 응용하여야 할 것이니, 해탈의 도는 첫째 생사가 원래 없는 불생불멸의 근본 진리를 철저히 관조하고 그 진리를 생사의 경계에 실지로 응용하여 죽고 나는 데에 해탈을 얻는 것이요, 둘째는 고락이 원래 돈공한 자성의 원리를 철저히 관조하고 그 진리를 고락의 경계에 실지로 응용하여 괴롭고 즐거운 데에 해탈을 얻는 것이요, 세째는 모든 차별과 이해가 원래 공한 자리에서 인과 보응되는 이치를 철저히 관조하고 그 진리를 차별과 이해의 경계에 실지로 응용하여 모든 차별과 이해에 해탈을 얻는 것이니, 반야심경에 "오온이 다 공함을 비쳐 보아 일체 고액을 건넌다.照見五蘊皆空, 度

262) 오선명 엮음, 《정산종사 법설》, 341쪽.

一切苦厄" 하신 것이 곧 해탈 공부의 강령이 되나니라.』(《정산종사법어》, 세전 제8장 휴양)

7.3.2 괴로움의 근본 원인

부처님께서는 인생을 고해로 보시고 고통의 근본 원인을 고苦·집集·멸滅·도道의 사성제를 모르는 무명의 어리석음과 갈애에서 비롯된 집착 때문이라고 하셨습니다.

우리 인간의 몸과 마음은 색色·수受·상相·행行·식識의 오온五蘊이 일시적으로 인연 따라 모여서 이루어진 것이며 무상하기 그지없어 본래 공空한 것인데, 범부는 오온이 모두 공空한 이치를 모르고 이에 집착하여 "나Ego&我相"[263] 또는 "나의 것"이 실재하는 것으로 착각하는 무지無知의 어리석음에서 온갖 번뇌망상과 고통이 따라오게 된다는 것입니다. 에고Ego가 자기의 소유상所有相을 실상實相으로 착각하고 좋다거나 싫다는 호오好惡 감정이 동하여 끌려감으로써 참나인 본성을 망각하기 때문입니다. 즉, 에고가 자기의 감각(느낌)·생각·감정(정서·기분)·욕구·욕망 등을 좇아 좋아하는 것과 싫어하는 것에 집착을 일으켜 참나의 본성을 망각하고 탐심貪心·진심嗔心·치심癡心의 삼독심三毒心에 끌려가는 데서 모든 괴로움과 불행이 싹튼다는 것입니다.

---

263) Ego 즉 아상我相이란 우리가 수많은 생을 살아오면서 무의식 속에 저장해온 생각, 신념, 관념, 경험, 느낌, 감정 등의 모든 정보의 꾸러미인데 범부는 이것을 실재하는 자기로 착각합니다同一視.

무엇이든 에고Ego가 많이 소유하려는 욕심이 탐심이고, 에고Ego의 뜻대로 되지 않을 때 일어나는 분노와 불평불만과 짜증 내는 마음이 진심嗔心이며, 이와 같이 자성自性·진리와 사리를 잘 알지 못하여 취사를 바르게 하지 못하는 마음, 명예를 탐하는 마음, 잘난체하는 마음이 모두 치심癡心입니다. 이 세 가지가 모두 본성을 헤치고 지혜를 가리는 독소가 되어 괴로움을 일으키므로 삼독심이라고 통칭합니다.

우리는 통상 자기의 기대에 어긋나거나 자기 뜻대로 되지 않을 때 괴로움을 느끼며 기대나 욕망이 충족되면 행복을 느낍니다. 그러나 욕망은 일시적으로 충족이 되더라도 그 충족감이 오래가지 못하고 다시 불만족의 상태가 될 뿐만 아니라, 욕망의 충족으로부터 오는 쾌락은 충족시키면 시킬수록 더욱 강도 높은 것을 요구하게 됩니다. 우리의 욕망은 항상 무엇이든지 최고·최대이기를 지향하여 만족할 줄을 모르기 때문입니다. 사람들은 또 자기가 이미 소유하고 있는 것은 당연시하여 재껴 놓고 자기가 아직 소유하지 못한 것을 욕망하며, 그것을 가지고 있는 사람을 부러워하거나 시기하거나 쟁취하려 드는 욕심 때문에 불행이 싹트게 됩니다.

따라서 삼독심이 동할 때마다 언제 어디서 어떻게 죽는가를 모를 뿐 사람은 반드시 죽게 되고 빈손으로 왔다가 업보따리만 짊어지고 빈손으로 간다는 것人生必死, 空手來 空手去과 자업자득自業自得의 인과보응의 이치를 돌이켜보고, 더 나아가서는 참나가 아닌 에고에 속아서 집착심을 일으킨 것이라는 점을 철저히 인식해서 삼독심을 내려놓지 않으면 안 됩니다. 그러나 이 삼독심의 뿌리가 매우 깊기 때문에 쉽게 조복調服이 되지 않으므로 수행이 필요한 것입니다. 내 마음이라도 내 마음대로 쓰지 못하고 내 마음대로 잘 통제되지 않기 때문에 누구나 마음공부의 반복적이고 지속적인 수행이 필요한 것입니다. 누구든지 생사와 인과의 이치를 분명하게 깨닫는다면 욕심을 좇아 함부로 살지는 않을 것입니다.

- 『사람 사람이 고는 다 싫어하고 낙은 다 좋아하나 고락의 원인을 생각해 보는 사람은 적은지라, 이 고가 영원한 고가 될는지, 고가 변하여 낙이 될는지, 낙이라도 영원한 낙이 될는지, 낙이 변하여 고가 될는지 생각 없이 살지마는, 우리는 정당한 고락과 부정당한 고락을 자상히 알아서 정당한 고락으로 무궁한 세월을 한결같이 지내며, 부정당한 고락은 영원히 오지 아니하도록 행·주·좌·와·어·묵·동·정간에 응용하는 데 온전한 생각으로 취사하기를 주의할 것이니라.』(《정전》, 제3 수행편, 제14장 고락에 대한 법문)
- 『낙을 버리고 고로 들어가는 원인: 1) 고락의 근원을 알지 못함이요, 2) 가령 안다 할지라도 실행이 없는 연고요, 3) 보는 대로 듣는 대로 생각나는 대로 자행 자지로 육신과 정신을 아무 예산 없이 양성하여 철석같이 굳은 연고요, 4) 육신과 정신을 법으로 질박아서 나쁜 습관을 제거하고 정당한 법으로 단련하여 기질 변화가 분명히 되기까지 공부를 완전히 아니한 연고요, 5) 응용하는 가운데 수고 없이 속히 하고자 함

이니라.』(《정전》, 제3 수행편, 제14장 고락에 대한 법문)[264]

7.3.3 괴로움을 예방하기 위한 금기사항과 권장사항

(1) 금기사항: 계문

앞에서 간략히 살펴본 바와 같이 범부의 모든 괴로움은 무명無明의 어리석음으로 말미암아 본래 없는 에고에 집착하기 때문이며, 그로부터 탐진치 삼독심을 내어 죄업을 짓기 때문입니다. 따라서 우리가 본의 아니게 받는 고통은 대부분 악업 즉 죄업으로 인한 것입니다. 자기의 이익을 위해서 자기 아닌 다른 존재에게 뭔가 해를 끼치거나 아직 행동으로 옮기진 않았더라도 그런 마음을 먹는 것은 모두 악업이 됩니다. 모든 악업은 설사 법적으로는 별문제가 없는 경우라 하더라도 인과보응의 법칙에 따라 반드시 그에 상응하는 죄고가 따르게 됩니다.

악업의 종류는 세세히 들기로 하면 한이 없겠지만 그 대표적인

---

264) 대산 종사께서 이를 부연 설명하시기를 "정당한 고락으로 육근동작을 하면 좋아하는 낙이 오는데 중생들은 고락의 원인을 알지 못하고, 30계문을 범하는 부정당한 고락으로 육근 동작을 하기 때문에 싫어하는 고가 오게 된다."고 하시고, 싫어하는 고를 면하고 원하는 낙을 길이 누리려면 "《정전》 고락법문에 말씀하신 바와 같이, 첫째 고락의 원인을 알아야 할 것이며, 둘째 안 그대로 실행이 있어야 할 것이며, 셋째 견문간見聞間 생각나는 대로 자행자지自行自止를 하지 말 것이며, 넷째 육신과 정신을 정당한 법으로 질박아서 나쁜 습관을 제거하고 완전한 기질 변화가 되기까지 공부를 할 것이며, 다섯째, 응용하는 가운데 수고 없이 속히 이루고자 하지 말 것이다. 다시 간단히 공부해 가는 요령을 들면 당초에 고 받을 일을 짓지 말 것이며, 당한 고를 면하는 데는, 첫째 인고공부忍苦工夫니 일체의 고를 당할 때에 공부심으로 힘써 참고 이겨 나가는 공부요, 다음은 안고공부安苦工夫니 일체 고를 당할 때에 안분하고 편안히 받는 공부요, 다음은 낙고공부樂苦工夫로서 어떠한 고를 당하더라도 즐겁게 초월하여 해탈하는 공부니, 이대로 오래 공부해 가면 고해에서 벗어나 영원한 낙수용樂受用을 할 것이다."라고 말씀하셨습니다.(《대산종사법문집(제2집)》 제1부 교리, 고락에 대한 법문)

것이 계문을 범하는 것과 세상의 법률을 어기는 것입니다. 불교의 10계문이나 원불교의 30계문은 악업 중에서도 비교적 비중이 큰 것들을 모아 놓은 것입니다. 이러한 계문들은 부처님께서 우리들이 죄업으로 인해 고통 속으로 들어가는 것을 미리 주의를 주어 방지하시기 위해 밝혀주신 자비법문이므로 범하지 않도록 각별히 유의해야 합니다. 계문의 구체적인 내용에 대해서는 『6.3. 제악막작諸惡莫作』에서 자세히 언급하였으므로 여기서는 생략합니다.

각 종교와 도문道門마다 **많은 계문들이 있지만 대체로 이를 한 마디로 줄인다면 내가 당하고 싶지 않은 것과 상대방이 싫어하는 것은 사람이든 생물이든 사물이든 누구에게도 하지 말라는 것입니다. 누군가에게 무언가 해를 끼치면 어느 때든지 시절의 인연이 돌아올 때 반드시 그 되갚음을 받게 되기 때문입니다. 이익이든 손해든 상대방에게 끼친 것이 있으면 인과법칙상 언젠가는 반드시 다시 그것을 되받게 되니, 주었으면 반드시 받게 되고 받았으면 반드시 주게 되는 것이 인과이기 때문에, 세상에는 길흉화복 간에 원인 없이 주고받는 공짜는 없다는 것입니다.**

- 『빈 말로 남에게 무엇을 준다든지 또는 많이 주었다고 과장하여 말하지 말라. 그 말이 도리어 빚이 되고 덕을 상하나니라. 또는 허공 법계에 빈 말로 맹세하지 말라. 허공 법계를 속인 말이 무서운 죄고의 원인이 되나니라.』(《대종경》, 요훈품 29장)
- 『상극의 마음이 화禍를 불러들이는 근본이 되고, 상생의 마음이 복을

불러들이는 근본이 되나니라.』(《대종경》, 요훈품 31장)

• 『불의한 말로써 사람의 천륜을 끊는 것은 곧 인간의 강상을 파괴하는 큰 죄가 되며, 고의로나 또는 무의식중일지라도 사람과 사람 사이에 좋지 못한 말을 함부로 전하여 서로 원망과 원수가 나게 한다면 그 죄가 심히 큰 것이니, 방편이나 사실을 막론하고 사람과 사람 사이에 좋은 말을 잘 연락시켜서 종래에 있던 원망과 원수라도 풀리게 하며, 옳은 일에는 상대로 하여금 매양 발심이 나게 하고 그 잘한 일을 추진해 주는 것이 곧 사람의 정신을 향상시키는 참다운 예가 되고 좋은 공덕이 되나니라.』(《정산종사법어》, 예도편 17장)

• 『말씀하시기를 "사람들의 마음 가운데 원한을 맺어주고 불평을 갖게 해주면 그것이 곧 자기 자신에게 무형한 감옥이 되나니라." 또 말씀하시기를 "모든 죄의 근본은 오직 마음에 있나니 소소한 일이라도 남에게 척을 걸지 말라. 그것이 모든 악연의 종자가 되나니라."』(《정산종사법어》, 원리편 48장)

• 『학인이 묻기를 "오욕이 인간에 나쁜 것이오니까?" 답하시기를 "오욕 자체는 좋고 나쁠 것이 없으나 분수 이상의 욕심을 내면 죄고로 화하고, 분수에 맞게 구하고 수용하면 그것이 세간의 복락이니라."』(《정산종사법어》, 응기편 22장)

• 대산 종사께서 밝혀주신 『입으로 짓는 죄: 비단같이 꾸미는 말綺語, 한 입으로 두 말하는 말兩舌語, 망녕된 말妄語, 악한 말惡語, 남의 과실을 드러내는 말他人過), 두 사람이 아울러 하는 말兩人竝說, 남의 사이를 성글게 하는 말離間語, 간사한 말邪語, 음탕한 말淫語, 부황한 말虛言, 편벽

된 말偏言, 괴상한 말怪言, 속이는 말欺言, 원망하는 말怨言, 모가 있는 말觸言, 여진 없는 말(막된 말), 남을 멸시하는 말, 남의 비밀을 전파하는 말, 남의 전정을 막는 말, 천기天機를 누설漏泄하는 말, 남을 깎고 허는 말毁謗語, 남에게 원수를 맺게 하는 말, 남에게 죄를 짓게 하는 말, 은혜를 배반하는 말, 신심을 없게 하는 말, 상相을 내는 말, 냉정한 말』(《원광》 제16호)

(2) 솔성요론(《정전》): 권장사항

① 사람만 믿지 말고 그 법을 믿을 것이요,

② 열 사람의 법을 응하여 제일 좋은 법으로 믿을 것이요,

③ 사생四生 중 사람이 된 이상에는 배우기를 좋아할 것이요,

④ 지식 있는 사람이 지식이 있다 함으로써 그 배움을 놓지 말 것이요,

⑤ 주색낭유酒色浪遊하지 말고 그 시간에 진리를 연구할 것이요,

⑥ 한 편에 착着하지 아니할 것이요,

⑦ 모든 사물을 접응할 때에 공경심을 놓지 말고, 탐한 욕심이 나거든 사자와 같이 무서워할 것이요,

⑧ 일일시시日日時時로 자기가 자기를 가르칠 것이요,

⑨ 무슨 일이든지 잘못된 일이 있고 보면 남을 원망하지 말고 자기를 살필 것이요,

⑩ 다른 사람의 그릇된 일을 견문하여 자기의 그름은 깨칠지언정 그 그름을 드러내지 말 것이요,

⑪ 다른 사람의 잘된 일을 견문하여 세상에다 포양하며 그 잘된 일을 잊어버리지 말 것이요,

⑫ 정당한 일이거든 내 일을 생각하여 남의 세정을 알아줄 것이요,

⑬ 정당한 일이거든 아무리 하기 싫어도 죽기로써 할 것이요,

⑭ 부당한 일이거든 아무리 하고 싶어도 죽기로써 아니할 것이요,

⑮ 다른 사람의 원 없는 데에는 무슨 일이든지 권하지 말고 자기 할 일만 할 것이요,

⑮ 어떠한 원을 발하여 그 원을 이루고자 하거든 보고 듣는 대로 원하는 데에 대조하여 연마할 것이니라.

(3) 염치 가지는 법(《예전》): 권장사항

① 내 물건이 아닌 바에는 어떠한 물건이라도 의義아닌 욕심을 내지 말 것이요

② 정당치 못한 부귀에는 마음을 빼앗기지 말 것이요

③ 정당한 연고 없이 남에게 의뢰하지 말 것이요

④ 남의 은혜를 받았거든 반드시 보은할 생각을 가질 것이요

⑤ 남이 대우를 하거든 반드시 겸양하며, 더 과분한 대우를 요구하지 말 것이요

⑥ 남의 잘못을 찾는 마음으로 나의 잘못을 먼저 찾을 것이요

⑦ 공사公私를 막론하고 남에게 손해를 끼쳤거든 비록 고의가 아

닐지라도 미안한 마음을 잊지 말 것이며, 무슨 방법으로든지 그에 대한 보상을 강구할 것이요

⑧ 비록 땅에 흘린 것이라도 남의 것을 사사로 취하지 말 것이요

⑨ 모든 말이나 행동을 거짓으로 꾸미지 말 것이요

⑩ 주위 사람의 생활이 궁핍한 가운데에서 혼자 호화한 생활을 자랑하지 말 것이요

⑪ 대중의 경제가 위험한 기회를 이용하여 혼자 과도한 이익을 도모하지 말 것이요

⑫ 대중을 지도하는 책임자로서 권리를 남용하여 사리私利를 도모하지 말 것이요

⑬ 대중이나 이웃이 어떠한 재난을 당한 때에는 비록 책임자가 아닐지라도 무관심하지 말 것이며, 무슨 방법으로든지 그 도울 바를 연구하며, 개인의 유흥 같은 것은 삼갈 것이요

⑭ 일생을 통하여 자신의 공중에 대한 공헌을 자주 반성하여, 그 실적이 부족하거든 늘 새로운 정신으로 전진하여야 할 것이니라.

7.3.4 팔정도를 닦으면 괴로움에서 벗어날 수 있다

부처님의 가르침을 이해하고자 할 때 가장 중요한 개념 중 하나가 아마 중도일 것입니다. 어느 한쪽에 치우치지 않는다는 이 말은 사실 일반적인 상황에서도 많이 쓰입니다만 부처님께서 말씀하시

는 중도는 쾌락과 고행이라는 양쪽 극단에 치우치지 않는 올바른 길을 가리키는 의미로 쓰셨습니다. … 부처님께서는 중도란 다른 게 아니라 바로 이 여덟 가지 요소인 팔정도를 가리킨다고, 이것 말고 다른 법은 없다고 딱 잘라 분명하게 말씀하셨습니다.[265)]

- "비구들이여, 출가자들이 가까이 하지 않아야 할 두 가지 극단이 있다. 무엇이 둘인가? 그것은 저열하고 촌스럽고 범속하고 성스럽지 못하고 이익을 주지 못하는 감각적 욕망들에 대한 쾌락의 탐닉에 몰두하는 것과, 괴롭고 성스럽지 못하고 이익을 주지 못하는 자기학대에 몰두하는 것이다. 비구들이여, 이러한 두 가지 극단을 의지하지 않고 여래는 중도를 완전하게 깨달았나니 (이 중도는) 안목을 만들고 지혜를 만들며, 고요함과 최상의 지혜와 바른 깨달음과 열반으로 인도한다." "비구들이여, 그러면 어떤 것이 여래가 완전히 깨달았으며, 안목을 만들고 지혜를 만들며, 고요함과 최상의 지혜와 바른 깨달음과 열반으로 인도하는 중도인가? 그것은 바로 여덟 가지 구성요소를 가진 성스러운 도이니, 바른 견해正見, 바른 사유正思惟, 바른 말正語, 바른 행위正業, 바른 생계正命, 바른 정진正精進, 바른 마음챙김正念, 바른 삼매正定이다. 비구들이여, 이것이 바로 여래가 완전하게 깨달았으며, 안목을 만들고 지혜를 만들며, 고요함과 최상의 지혜와 바른 깨달음과 열반으로 인도하는 중도이다."(《상윳따 니까야》 제6권, 《초전법륜경》[266)])

265) 아신 빤딧짜 스님, 《붓다의 첫 사자후 세상을 깨우다》(초전법륜 강의), 120~122쪽.
266) 각묵스님 지음, 《초기불교의 이해》, 375~376쪽.

(1) 정견正見: 바른 견해

정견(正見: 바른 견해)은 사성제와 인과보응의 이치를 바르게 아는 지혜를 말합니다. 괴로움의 가장 근본적인 원인은 무명이라고 하셨습니다. 무명은 사성제와 연기법을 모르는 것을 말합니다. 따라서 이 정견은 괴로움에서 벗어나게 하는 바른길인 팔정도 중에서 무명으로부터 벗어나게 하는 지혜인 것입니다. 정견과 반대되는 견해를 사견(邪見: 삿된 견해)이라고 합니다.

바른 견해는 해로운 법과 유익한 법을 구분하는 지혜라고도 합니다. 불교의 수행에서 유익한 법과 해로운 법을 구분하는 지혜는 매우 중요합니다. 이와 같은 지혜가 있어야 해로운 법을 버리고 유익한 법을 계발하려고 노력하는 바른 정진을 통해 해로운 법을 버리고 괴로움을 소멸할 수 있습니다.[267)]

바른 견해는 최고의 수승한 지혜입니다. 이 지혜는 자신의 몸과 마음을 있는 그대로 지켜보고, 괴로움이 있다는 것과, 괴로움의 원인이 집착이라는 것과, 괴로움이 소멸한다는 것과, 괴로움의 소멸에 이르는 길이 팔정도라는 것을 아는 지혜입니다. 정견은 사성제를 통찰하는 것 외에도 행위를 한 자가 행위에 대한 과보를 받는다는 것을 아는 것입니다. … 바른 견해는 존재하는 것들의 특성인 무상, 고, 무아를 아는 것입니다. … 누구나 바른 견해를 가지면 바른 행동을 합니다. 그러나 바르지 못한 견해를 가지면 바르

---

267) 일묵스님 지음, 《사성제》, 345쪽.

지 못한 행동을 합니다. 자신이 하는 모든 행동은 어떤 견해인가에 따라 어떤 마음인가가 결정됩니다. 그리고 그 마음에 따라 행위를 하고 행위에 따라 과보를 받습니다. … 그래서 팔정도를 앞에서 이끄는 것이 지혜의 요소인 바른 견해입니다.[268)]

길을 떠나는 사람에게 방향과 목표만큼 중요한 것은 없습니다. 아무리 열심히 길을 가더라도 방향과 목표가 잘못 설정되었다면 결코 목적지에 이르지 못합니다. 팔정도 중 바른 견해와 바른 사유가 방향과 목표에 해당하지만, 두 가지 중에서는 첫머리에 열거된 바른 견해가 기본이 되는 것이니, 이것의 중요성은 아무리 강조해도 지나치지 않습니다.[269)]

(2) 정사유正思惟: 바른 사유

바른 사유는 유익한 법에 관한 사유와 사성제에 대한 사유가 있습니다. 첫째, 바른 사유는 유익한 법인 탐욕 없음, 악의 없음, 해코지하지 않음에 관한 사유라고 할 수 있습니다. 둘째, 바른 사유는 사성제에 관하여 숙고하고 탐구하고 조사함으로써 사성제에 대한 지혜를 더 성숙시키는 것이라 할 수 있습니다. 이러한 바른 사유를 위해서는 두 가지의 중요한 조건이 필요합니다. 첫째, 바른 사유는 바른 견해를 기반으로 생각해야 합니다. 둘째, 존재의 실상을 있는 그대로 통찰하기 위해서는 관찰자의 마음이 청정한 것

268) 묘원 지음, 《사념처 명상의 세계》, 590쪽.
269) 김윤수 지음, 《불교는 무엇을 말하는가(개정판)》, 한산암, 2014. 186쪽.

이 아주 중요하므로 바른 삼매가 필요합니다.[270]

정사유는 바른 의도입니다. 이때의 사유는 생각, 목적, 계획이라는 뜻으로도 쓰입니다. 여기서 사유, 의도, 생각이라고 할 때는 바른 정신적인 활동을 하는 능동적인 측면에서 사용하는 용어입니다. 그러므로 일반적으로 번뇌가 많은 상태에서 일어나는 사유나 생각과는 다릅니다. 정사유는 바른 사유를 뜻하지만, 팔리어의 정확한 뜻은 바른 의지 또는 결심을 말합니다. 바른 의지는 지혜로써 잘못된 관념을 제거하게 합니다. 그래서 지혜에 속합니다. 정사유의 또 다른 의미는 바른 대상에 마음을 기울이는 행위입니다. 정사유는 세 개의 범주로 구분하는데 이욕離慾, 무진無瞋[271], 무해無害입니다. 이욕은 세속적 즐거움을 포기하는 것으로 이기심을 버리고 이타심을 갖는 결심입니다. 무진은 미움과 성냄을 버리고 자애를 갖는 결심입니다. 무해는 잔인함을 버리고 동정심을 갖거나 해를 끼치지 않으려는 마음을 갖는 결심입니다.[272]

바른 견해와 바른 생각은 긴밀하게 연결되어 있습니다. 아는 것이 틀리면 생각도 틀릴 수밖에 없지요. 그래서 바르게 아는 지혜가 매우 중요합니다. 내가 나쁜 행동을 했을 때 나쁜 결과가 올 것임을 알면 행동을 바르게 하려고 챙기고 계율을 지키게 됩니다.

270) 일묵스님 지음, 《사성제》, 353~356쪽 참조.

271) 무진無瞋에 대한 사유는 성냄이 없는 사유입니다. 미움, 악의, 혐오를 갖지 않고, 이것과 반대되는 자애, 선의, 상냥함을 갖는 것입니다. … 악의에 맞서 대항하지 말고 자애를 보이는 것입니다. 자애는 남을 이롭게 하는 마음이며, 모든 존재들이 안락하고 평화롭고 행복하기를 바라는 마음입니다. (묘원 지음, 《사념처 명상의 세계》, 594~595쪽)

272) 묘원 지음, 《사념처 명상의 세계》, 146쪽. 593~597쪽 참조.

계율을 어기면 내가 원하지 않는 고통을 겪게 되고 행복에서 멀어진다는 것을 압니다. 그렇게 되면 마음에 계속 번뇌가 일어난다는 것을 알게 되지요. 그렇게 바른 생각은 바른 견해에서 오는 것입니다. 이 바른 생각을 다음 세 가지로 정리해 볼 수 있습니다. 첫째로 오욕락에 대한 갈망과 집착을 버리고 계율을 지키며 살겠다고 결심하는 것을 말합니다. 업보를 알게 되니 욕심을 버리고 보시를 하겠다고 마음먹습니다. 둘째로 미움, 성냄, 적의에서 벗어나 남이 잘되기를 바라는 마음을 지니는 것, 다른 말로 말하면 자애이지요. 모든 중생을 위험에서 벗어나 건강하고 행복하게 되기를 바라는 마음입니다. 이 자애 또한 바른 견해가 있어야 가능해집니다. 셋째로 남을 고문하고 괴롭히는 마음에서 벗어나 연민심을 지니는 것입니다. 고통에 빠져 있는 대상을 불쌍히 여기고 그 고통에서 벗어나기를 바라는 마음입니다. 바른 견해에 대한 신심이 있어야 바른 생각을 합니다. 여기에서 말하는 신심은 지혜에 대한 확신을 가지고 믿는 맑은 마음의 상태입니다. … 지금 내가 확실하게 알고 믿기 때문에 마음에 하나도 걸림이 없고, 걱정이나 의심 또는 두려움이 없으며, 아주 분명하고 맑은 마음이 신심입니다.[273)]

(3) 정어正語: 바른 말

바른 말은 바른 견해, 즉 사성제에 부합하게 말하는 것입니다.

273) 아신 빤딧짜 스님, 《붓다의 첫 사자후 세상을 깨우다》(초전법륜 강의), 131~133쪽.

다시 말해서 바른 말을 진실하게 말하고, 사람들을 화합하게 하는 말을 하고, 부드럽고 따뜻하게 친절하게 말하고, 법담을 나누는 것을 말합니다. 반면에 그릇된 말은 사성제에 부합하지 않게 말하는 것입니다. 다시 말해서 거짓말하고, 사람 사이를 이간질하거나 중상모략하는 말을 하고, 욕설, 짜증스런 말, 불친절한 말 등 거친 말을 하고, 쓸데없는 잡담을 나누는 것을 말합니다.[274]

거짓말은 인간관계에서의 신뢰 관계를 깨뜨리고 사회의 근간을 무너뜨리기 때문입니다. 한번 신뢰 관계가 무너지면 다시 회복시키기는 매우 어렵습니다. 이간시키는 말은 성내는 마음에서 파생된 증오나 질투 등이 원인이 되어, 비방이나 중상모략 등으로 사람들 사이를 분열시키기 위해 하는 말입니다. 따라서 이를 적극적으로 해석한다면 이러한 이간시키거나 파당을 짓게 하는 말을 하지 않을 뿐만 아니라 되도록 화합시키는 말을 하라는 것입니다. 거친 말은 사나운 말이나 욕설처럼 성내는 마음이 원인이 되어, 귀에 거슬려서 듣는 사람에게 고통을 주기 위한 말입니다. 따라서 이를 적극적으로 해석하면 거친 말을 하지 않을 뿐만 아니라 되도록 부드럽고, 온화하고, 사랑스럽고, 가슴에 와닿고, 점잖고, 많은 사람들의 마음에 드는 그런 말을 하라는 것입니다. 쓸데없는 말이란 아무런 의미 없는 말을 늘어놓는 것입니다. 이것은 자신이나 남에게 번뇌만 일으킬 뿐, 아무런 가치가 없는 것이므로 절제해야 한다는 것입

274) 일묵스님 지음, 《사성제》, 360~361쪽 참조.

니다. 이를 적극적으로 말한다면 적절한 시기에 말하고, 유익한 말을 하고, 법을 말하고, 가슴에 담아둘 만한 말을 하라는 것입니다. 쓸데없는 말을 한역에서는 기어綺語라고 하여 번지르르한 말 또는 비단같이 꾸며대는 말로 번역이 되어 있는데 이는 쓸데없는 말의 한 부분으로 볼 수 있습니다.[275]

(4) 정업正業: 바른 행위

바른 행위란 살생하지 않고(불살생不殺生), 도둑질하지 않고(불투도不偸盜), 삿된 음행을 하지 않음(불사음不邪婬)으로써 몸으로 짓는 악업을 짓지 않는 것을 말합니다. 살생은 살아 있는 생명체를 죽이는 것이며, 도둑질은 주지 않은 물건을 갖는 것이며, 삿된 음행은 배우자가 아닌 사람과 성행위를 하는 것, 또는 부적절한 성관계를 말합니다.[276]

살생하지 않는 것은 의도적으로 다른 생명체를 해치거나 괴롭히는 행위도 해서는 안 되는 것으로 이해해야 하며, 나아가 자비심으로 모든 생명체에 되도록 유익을 주는 행위를 하라는 것입니다. 도둑질하지 않는다는 것은 강도나 사기처럼 남의 의사에 반해서 재물을 취하는 일체의 행위를 해서는 안 되는 것으로 이해해야 하며, 나아가 대가를 바라지 않고 아낌없이 보시하기를 좋아하라는 것입니다. 삿된 음행에는 부모나 오빠, 언니 또는 친지들에게 보호

275) 김윤수 지음, 《불교는 무엇을 말하는가(개정판)》, 193~199쪽 참조.
276) 묘원 지음, 《사념처 병상의 세계》, 605~610쪽 참조.

받는 사람과의 성행위와 강압적 성행위도 포함되는 것으로 이해해야 하며, 나아가 과도한 섹스는 절제하는 것이 좋다는 것입니다.[277] 출가자의 경우에는 일체의 음행을 금합니다.

(5) 정명正命: 바른 생계

바른 생계는 나와 남을 해치는 일을 하지 않으면서 생계를 이어가는 것을 말합니다. 그릇된 생계는 마약 판매, 인신매매, 무기 판매, 사기, 음해공작 등을 저지르면서 생계를 이어가는 것입니다. 이와 같은 방식으로 생계를 유지하는 것은 타인에게 큰 고통을 주고, 타인의 삶을 파괴할 뿐만 아니라 자신이 저지른 악행이 인과보응의 부메랑으로 자신에게 돌아와서 자신은 훨씬 더 큰 고통을 받게 됩니다. 그래서 자신의 이익을 위해 남에게 해를 끼치는 방식으로 생계를 이어감을 삼가고 나와 남을 해치지 않는 건전한 직업으로써 생계를 이어감이 바른 생계입니다. 스님들의 경우에 그릇된 생계는 사주, 관상, 점성술 등과 같이 수행과 무관한 것으로 생계를 이어가는 것입니다.[278]

정명은 바른 생계 수단을 갖는 것, 즉 정당한 직업을 통해 의식주를 바르게 법답게 구하는 것을 말합니다. 부처님께서는 신도들에게 다음의 다섯 가지 직업을 갖지 말라고 하셨습니다. ①무기 거래, ②인신매매, ③도살목적의 짐승 거래: 도살 목적으로 짐승들을

277) 김윤수 지음, 《불교는 무엇을 말하는가(개정판)》, 199~202쪽 참조.
278) 일묵스님 지음, 《사성제》, 364~365쪽 참조.

기르거나 파는 것, ④술 거래: 취하게 하는 것, ⑤독극물 거래: 제초제, 살충제, 그리고 다른 종류의 독극물.[279] 이러한 것들은 오직 나쁜 업만 쌓을 뿐 이 세상에 전혀 도움이 되지 않습니다. 비록 가족을 위해 이러한 일을 한다 할지라도 결국에는 이 세상에 고통만 배가할 뿐입니다. 단지 돈을 벌기 위해서라는 명목으로.[280]

바른 생계는 잘못된 방법이 아닌 올바른 방법으로 생계를 유지해야 한다는 것입니다. 출가자의 경우 걸식과 무소유의 정신이 원칙이 되어야 한다고 말할 수 있습니다. 재가자의 경우에는 첫째 합법적인 방법으로 재산을 취득해야 하고, 불법적인 방법에 의존해서는 안 되며, 둘째 평화적인 방법으로 취득해야 하고, 폭력적인 방법에 의존해서는 안 되며, 셋째 정직한 방법으로 취득해야 하고, 속이는 방법에 의존해서는 안 되며, 넷째 어떤 경우에도 남에게 피해를 주거나 고통을 주는 방법에 의해서는 안 된다는 것 등인데, 무기·사람·동물·술·독약의 매매를 특히 피해야 할 수단으로 열거하기도 합니다.[281]

바른 생계 수단은 단지 직업에 국한되지 않습니다. 예를 들면 근무 태만이나 허위 보고 등과 같이 직업인으로서 바르지 못한 행위를 해서는 안 됩니다. 또, 동료 직원이나 고객과의 관계 등과 같이

279) 파아옥 또야 사야도 지음, 정명스님 옮김, 《업과 윤회의 법칙》, 127~130쪽.

280) 현각 엮음, 허문영 옮김, 《숭산 대선사의 가르침 선의나침반》, 132쪽.

281) 김윤수, 《불교는 무엇을 말하는가(개정판)》, 202~203쪽 참조. 그 구체적인 내용은 《디가 니까야》 제1 범망경의 앞 부분에 비교적 상세히 설명되고 있는데, 사기·점술·요술·고리대금업 등이 특히 피해야 할 행위로 언급됩니다.

직업인으로서의 인간관계에 바르지 못한 행위를 해서는 안 됩니다. 또, 허위 표시나 상품의 품질이나 양을 속이는 것과 같이 직업인으로서 거래하는 물건과 관련해서도 바르지 못한 행위를 해서는 안 됩니다.[282)]

(6) 정정진正精進: 바른 정진, 바른 노력

바른 정진은 불굴의 정신으로 꾸준히 힘써 번뇌에서 벗어나려고 노력하는 것인데, 구체적으로 "아직 일어나지 않은 사악하고 해로운 법不善法들을 일어나지 못하게 하기 위해서, 이미 일어난 사악하고 해로운 법들을 제거하기 위해서, 아직 일어나지 않은 유익한 법

282) 묘원 지음, 《사념처 명상의 세계》, 611~612쪽 참조.

善法[283)]들을 일어나도록 하기 위해서, 이미 일어난 유익한 법들을 사라지지 않게 하고 증장시키기 위해서 의욕을 일으키고 방편(적절한 수단이나 방법)을 구하여 온 마음을 다해 정성으로 힘쓰는 것"을

---

283) 여기서의 불선법은 오개(五蓋: 다섯 가지 장애)를 가리키고, 선법은 칠각지七覺支를 가리킨다고 설명하는 것이 보통입니다. '오개'는 이 다섯 가지 법이 마음을 덮어서 선정과 지혜를 일어나지 못하게 장애한다는 뜻에서 붙여진 명칭인데, 탐욕, 성냄, 혼침昏沈과 수면, 들뜸掉과 후회悔, 회의적 의심의 다섯 가지입니다. 다섯 가지 중 탐욕과 성냄이 마음의 집중과 현상을 있는 그대로 보는 지혜를 장애하는 가장 강력한 요인입니다. '혼침'은 게으름, 굼뜸, 흐리멍텅함 따위를 가리키고, '수면'은 졸림을 가리키는 것으로, 이 두 가지는 정신적으로 침체된 상태를 나타냅니다. 다음 '들뜸'은 마음이 들떠 교란되고 흥분된 상태를 가리키고, '후회'는 실수를 저지른 것에 대한 후회와 이로 인한 불안 등을 가리키는 것으로, 이 두 가지는 정신적으로 동요된 상태를 나타냅니다. 마지막 '회의적 의심'은 지금 자신의 수행이 과연 옳은 것인지 그른 것인지 확신이 없는 것을 말합니다. 따라서 이 뒤의 세 가지는 어리석음의 부류입니다.

오개에 대해 개별적으로 대응하는 방편으로는, 탐욕에 대해서는 그 대상의 무상함과 부정함을 거듭 관찰하는 것이 권장되고, 성냄에 대해서는 자비심을 일으키거나 사무량심*을 닦는 것이 권장되며, 혼침과 수면에 대해서는 밝은 광명의 지각을 일으키거나 행선을 하거나 죽음을 거듭해서 관찰하는 것 등이 권장되고, 들뜸과 후회에 대해서는 호흡과 같은 어느 하나의 대상에 마음을 돌려 집중하는 것이 권장되며, 회의적 의심에 대해서는 그 대상을 탐구하고 토론하며 문답하거나 연기의 이치를 사유하는 등의 방법으로 해소하는 것이 권장됩니다. 오개가 아직 생기지 않은 경우에는 다섯 가지 모두에 대해서 알아차림을 통해 감관을 단속하는 방법이 권장됩니다.(김윤수 지음, 《불교는 무엇을 말하는가(개정판)》, 204~206쪽, 208~210쪽.)

칠각지(七覺支: 깨달음의 지분)는 알아차림·택법擇法·정진·기쁨·경안輕安·삼매·평정捨의 일곱 가지를 그 내용으로 하는데, 이들은 깨달음을 위해서는 닦아서 갖추어야 할 것임과 동시에, 깨달음을 이루면 그 구성요소로서 갖추게 된다는 뜻에서 '칠각지'라고 명명한 것이라고 하였습니다. … 칠각지의 요지를 간략히 설명하면 다음과 같습니다. 수행자는 외부 대상에 대한 정보가 감관을 통해 제공되면 이것을 놓치지 않고 알아차리고[알아차림], 그것이 선법인지 악법인지 검토하여 가려서 선택합니다[택법]. 그래서 선법이면 머물고 원만히 갖추어지게 하며, 악법이면 소멸하게 의욕을 일으키고 방편을 구하여 온 마음을 다해 정성으로 힘씁니다[정진]. 이러한 정진이 궤도에 이르면 내적으로 기쁨이 일어나 확산되는데[기쁨], 이것이 더욱 진전되면 행복한 느낌이 온 몸에 충만하다가 점점 고요해지면서 몸과 마음이 지극히 가벼워집니다[경안]. 이와 같은 가벼움이 더욱 무르익으면 특별히 노력하지 않더라도 마음은 대상에 집중되고[삼매], 정신적 침체와 정신적 동요, 양쪽에서 모두 벗어나므로 재촉할 필요도 없고 제어할 필요도 없이 모든 현상을 있는 그대로 잘 관찰하는 상태가 됩니다[평정].(같은 책, 212~213쪽.)

*사무량심四無量心: 자慈·비悲·희喜·사捨의 네 가지 무량한 마음을 가리킵니다. 부처님께서는 자심慈心은 모든 존재들이 행복하기를 바라는 자애로운 마음이며, 비심悲心은 모든 존재들이 고통에서 벗어나기를 바라는 연민의 마음悲心이며, 희심喜心은 남이 즐거우면 함께 기뻐하는 마음이며, 사심(捨心)은 남을 평등하게 대하려는 마음입니다. 자심을 닦으면 성냄이 다 소멸될 것이고, 비심을 닦으면 남을 해치려는 마음이 다 소멸될 것이고, 희심을 닦으면 질투하는 마음이 다 소멸될 것이고, 사심捨心을 닦으면 교만한 마음이 다 소멸될 것이라고 하셨습니다.(《增一阿含經》 제7권, 安般品)

말합니다.[284] 요컨대 정정진이란 수행을 계속하는 바른 노력을 말합니다.

바른 정진은 해로운 법을 버리고 유익한 법을 계발하기 때문에 괴로움이 줄어들게 하고 괴로움을 소멸하게 하지만, 그릇된 노력은 유익한 법을 버리고 해로운 법을 계발하기 때문에 괴로움이 일어나게 하고 괴로움이 늘어나게 합니다. 그래서 수행의 목적인 괴로움을 소멸하기 위해서는 노력을 얼마나 열심히 하느냐도 중요하지만, 그보다도 더 중요한 것이 바른 견해, 바른 방법을 바탕으로 한 바른 정진을 해야 한다는 것입니다.[285]

그러면 바른 정진이 생기는 원인은 무엇인가요? 절박함입니다. 그럼 절박함은 어떻게 일어나는가요? 이 몸이 언제 죽을지 모른다는 것을 통찰하고, 세상의 모든 것이 무상하고 괴로움이며 무아임을 밝혀주신 고성제를 통찰하는 것입니다. 이를 통해 '인간의 몸으로 태어나서 바른 법을 만났을 때 깨달음을 얻어 괴로움을 소멸하지 못한다면 어느 때 괴로움을 소멸할 것인가?'라고 자신을 경책하면서 열심히 정진해야겠다고 절박함을 일으킬 수 있습니다. 또 괴로움의 진리에 대한 신심이 확고해도 신심을 바탕으로 절박함이 생길 수 있습니다. 요컨대 괴로움의 진리에 대한 지혜와 신심을 바탕으로 절박함이 생기고, 절박함이 생기면 바른 정진이 생깁니다.

---

284) 묘원 지음, 《사념처 명상의 세계》, 613~619쪽과 김윤수 지음, 《불교는 무엇을 말하는가(개정판)》, 203~204쪽 참조.

285) 일묵스님 지음, 《사성제》, 369쪽 참조.

(7) 정념正念: 바른 마음챙김, 바른 알아차림, 바른 기억[286)]

바른 마음챙김이야말로 팔정도가 제시하는 구체적인 수행기법입니다. 부처님께서는 나라는 존재를 먼저 몸뚱이身, 느낌受, 마음心, 심리현상들法로 해체해서 이 중의 하나에 집중한 뒤, 그것을 무상하고 괴로움이요 무아라고 통찰할 것을 설하셨습니다.[287)]

이제 불교 수행의 핵심이라 할 수 있는 바른 알아차림으로 나아갈 차례입니다. 우리가 괴로움에서 벗어나려면 의식의 매개를 거치지 않고, 연기하는 모든 현상의 실제 모습을 있는 그대로 볼 수 있어야 합니다. … 다만 이 관찰은 우리가 평소 해오던 대로 사물을 관찰함으로써는 얻을 수 없습니다. 왜냐하면 우리는 평소 사물을 보고 관찰할 때 우리의 관념과 선입견이 이끄는 대로 사물의 겉모습이나 세부적인 특징을 붙잡을 뿐, 사물을 있는 그대로 보지 못하기 때문입니다. 부처님께서 말씀하신 관찰은, 모든 현상이 일어나고 사라지는 실제 모습을, 우리의 관념과 선입견은 물론, 좋아하거나 싫어함, 판단이나 의지 등을 개입시키지 말고, 있는 그대로 놓치지 말고 바라만 보는 것입니다. 이것은 우리의 관념과 선입견 등이 개입하기 이전의 모습을 바라보는 것이므로, 아이러니하게도 이러한 것들을 개입시키지 않은 채 바라보려는 우리의 의식적인 노

286) 일묵 스님은 이 정념(正念: sammā-sati)에서 사띠sati를 '마음에 둠', '기억함'의 뜻으로 보아 '정념'을 '바른 기억'으로 번역해야 한다고 상당히 설득력 있게 강력히 주장하고 계신데, 필자는 정념 sammā-sati을 어떻게 번역하든 그 의미는 '바른 기억', '바른 마음챙김', '바른 알아차림' 이 세 가지의 의미를 함께 가지고 있다고 생각합니다. 즉, "늘 기억하여 바르게 마음을 챙겨 알아차린다"는 뜻으로 이해합니다.(《사성제》, 370~391쪽 참조)

287) 각묵스님 지음, 《초기불교의 이해》, 374쪽.

력이 없이는 불가능합니다. 왜냐하면 의식적으로 노력하지 않으면 우리는 다시 관념과 선입견 등이 개입된 상태로 사물을 바라보게 되어 버리기 때문입니다. 이와 같이 우리의 의식적인 노력에 의해 모든 현상이 일어나고 사라지는 실제 모습을 있는 그대로 놓치지 않고 바라보는 것이 바로 이 '알아차림'입니다.

이 알아차림을 빠알리어로는 '사띠sati'[288]라고 표현하는데 한문으로는 마음心을 지금今에 둔다는 뜻을 나타내어 '염念'으로 번역하였고, 우리말로는 '알아차림' 외에 '마음챙김'이나 '새김' 등으로도 번역됩니다. … 어떻든 알아차림은 마음을 챙기는 의식적인 노력으로 행해지는 것이지만, 그 알아차림 자체는 아무런 조작을 가하지 않고, 있는 그대로 주시만 하는 것입니다. 말하자면 생각하지 않고 판단하지 않으며, 좋아하거나 싫어하지 않고 의도하지 않으며, 계획하지 않고 상상하지 않으며, 마치 방관자처럼 바라만 보는 것입니다. 대신 방관자처럼 바라만 본다고 해서 건성건성 대략 보는 것

288) 우리말 번역어들을 비교해본다면 사띠sati 자체를 나타내는 것은 '알아차림'이고, '마음챙김'은 이 '알아차림'을 가능하게 하는 노력의 측면이, '새김'은 알아차림에 의해 생기는 효과의 측면이 각각 부각된 용어라고 생각됩니다.(《불교는 무엇을 말하는가(개정판)》, 215쪽)
사띠sati란 '잊지 않음, 기억하고 있음, 놓치지 않음, 깨어 있음, 주의 깊음, 조심스러움' 등의 의미를 지닙니다. … 사띠의 역할은 대상을 잊지 않고 잘 기억하는 것입니다. … 사띠는 우리의 육문(눈, 귀, 코, 혀, 몸, 마음)을 지키는 문지기와 같습니다. 삼마사띠sammāsati, 정념正念을 한마디로 정의내리면 '불법승 삼보와 올바른 선업을 잊지 않음'입니다. 그리고 신身·수受·심心·법法, 몸·마음·느낌·법이라는 네 가지 수행 대상을 잊지 않고 기억하여 잘 챙기는 것이 깨달음까지 갈 수 있는 바른 사띠sammāsati, 정념입니다.(아신 빤딧짜 스님, 《붓다의 첫 사자후 세상을 깨우다》(초전법륜 강의), 138~142쪽) 일묵 스님 역시 이와 비슷하게 정념(正念: sammā-sati)에서 사띠sati를 '마음에 둠', '기억함'의 뜻으로 보아 '정념'을 '바른 기억'으로 번역해야 한다고 상당히 설득력 있게 강력히 주장하고 계신데, 필자는 정념sammā-sati을 어떻게 번역하든 그 의미는 '바른 기억', '바른 마음챙김', '바른 알아차림' 이 세 가지의 의미를 함께 가지고 있다고 생각합니다. 즉, "늘 기억하여 바르게 마음을 챙겨 알아차린다"는 뜻으로 이해합니다.(《사성제》, 370~391쪽 참조.)

이 아니라, 모든 현상이 일어나고 사라지는 모습을 놓치지 않고 주의 깊으며 끈기 있게 계속 지켜보아야 합니다.

이 알아차림은 실제 모습을 관찰하는 위빳사나 수행과 마음을 집중시키는 사마타 수행의 양쪽 모두에 필수적인 방법으로서 사용되는데, 어느 쪽인가에 따라 그 역할이 조금 달라집니다. 사마타 수행의 방법으로 쓰일 때에는 마음이 집중의 대상을 벗어나지 않는지 감시하는 역할을 주로 행하면서, 마음에 일어나는 현상들을 살펴서 이들이 마음의 집중에 장애가 되는 덮개로 발전하지 못하도록 통제하거나 축출하는 역할도 아울러 행합니다. 반면 위빳사나 수행의 방법으로 사용될 때에는 일어나고 사라지는 모든 현상들의 개별적 특성과 보편적 특성을 이해함으로써 실제 모습을 알게 하고, 이것이 진전되어 깨달음을 얻기에 이르도록 계발하고 촉진하는 역할을 합니다. 이와 같이 알아차림은 괴로움을 끝내기 위해 우리가 닦고 익혀야 할 모든 수행을 실제로 실천하는 방법입니다. 누구든 이 알아차림이 없다면 마음의 집중은 물론 모든 현상의 실제 모습을 알고 본다는 것은 불가능합니다. 그러므로 알아차림은 괴로움의 끝이라는 멀고 긴 목표에 이르는 '유일한 길'이라고 말할 수 있습니다.[289]

정념은 바른 알아차림입니다. 바른 알아차림은 몸, 느낌, 마음, 법이라는 네 가지 대상으로 알아차리는 것입니다. 네 가지 대상이

289) 김윤수 지음, 《불교는 무엇을 말하는가(개정판)》, 214~217쪽.

몸, 느낌, 마음, 법이며, 이것을 알아차리는 것을 사념처(四念處: 네 가지 알아차림의 토대)라고 합니다. 수행자는 몸에서 몸을 알아차리고, 느낌에서 느낌을 알아차리고, 마음에서 마음을 알아차리고, 법에서 법을 알아차립니다.[290] 이 사념처 수행은 네 가지를 동시에 알아차리는 것이 아니고 몸을 알아차릴 때는 오직 몸만 알아차리고, 느낌을 알아차릴 때는 오직 느낌만 알아차리고, 마음을 알아차릴 때는 오직 마음만 알아차리고, 법을 알아차릴 때는 오직 법만 알아차립니다.

일반적으로 대상을 알 때의 마음과 수행을 할 때의 알아차림은 다릅니다. 일반적으로 아는 것은 단지 아는 마음에 불과하여 자연스럽게 일어납니다. 하지만 알아차림은 대상에 마음을 기울여[집중하여] 주의 깊게 알아차리는 것을 말합니다. 알아차림은 마음이 아니고 마음의 작용인 행위에 속합니다. 알아차림은 대상을 알아차리는 것 외에 어떤 생각도 일어나지 않은 상태입니다. 그래서 오직 대상과 아는 마음과 알아차림이란 세 가지만 있습니다. 이처럼 세 가지 요소만 있을 때 비로소 마음이 고요해지고 청정해집니다. 우리가 안다고 할 때는 어떤 선입관을 가지고 개념화해서 압니다. 이것을 팔리어로는 '빠빤짜papañca'라고 하며, 희론戲論이라고 합니다. 그러나 알아차림은 대상을 있는 그대로 깨어서 지켜보는 행위로 꾸며서 보는 희론과는 반대입니다. 이렇게 바르게 알아차릴 때

290) 묘원 지음, 《사념처 명상의 세계》, 619쪽.

만이 대상이 가지는 궁극적 실재를 보아 진실을 알 수 있습니다. … 알아차림은 무엇인가를 하는 것이 아닌 아무것도 하지 않고 있는 그대로 지켜보는 행위입니다. 그래서 알아차림이란 생각하지 않고, 판단하지 않고, 계획하지 않고, 상상하지 않고, 조작하지 않고, 바라지 않고, 없애려고 하지 않고, 좋아하지 않고, 미워하지 않고, 단지 지켜보기만 하는 행위입니다. 이렇게 될 때 개념이 아닌 대상의 실재를 보아 법의 성품을 알 수 있습니다. 알아차림은 마음을 대상에 머물게 하여 다른 번뇌가 들어오지 않도록 합니다. 그래서 문을 지키는 문지기와 같습니다. 이처럼 대상과 함께 깨어 있고 문을 지켜주는 문지기가 있으면 마음은 청정해져서 무상無常·고苦·무아無我라는 궁극의 실재를 아는 지혜가 생깁니다.[291)]

부처님께서는 이 네 가지 알아차림을 확립하는 사념처 수행을 밝혀주신 방법대로만 부지런히 닦으면 짧으면 7일 내에, 길면 7년 내에 최고의 지혜를 기대할 수 있고, 미세한 집착이 남아 있다면 다시 돌아오지 않는 경지(불환과不還果)의 지혜를 기대할 수 있다고 보증해주셨습니다.[292)] 그리고 《대념처경大念處經》의 마지막에 "비구들이여, 이 도는 유일한 길이다. 중생을 정화하고, 슬픔과 비탄을 극복하고, 육체적 고통과 정신적 고통을 사라지게 하고, 올바른 길에 도달하게 하고, 열반을 실현하기 위한 길이다. 그것은 바로 네

291) 묘원 지음, 《사념처 명상의 세계》, 620~621쪽
292) 묘원 지음, 《사념처 명상의 세계》, 639쪽 참조.

가지 알아차림의 확립이다."라고 말씀해주셨습니다.[293)]

이 수행 방법은 특별한 것이 아니고 몸과 마음에서 일어나는 현상을 있는 그대로 알아차리는 수행입니다. 수행이 특별한 것이면 특별한 사람만 할 수 있는 것이라서 보편적인 진리라고 할 수 없습니다. 진리라면 누구나 쉽게 할 수 있는 것이어야 합니다. … 그러나 이 길을 가기 위해서는 먼저 선업을 쌓아야 합니다. 선업이 없으면 이 수행을 만나기 어렵고 또 만났다고 해도 지속하기가 어렵습니다. 이 길이 험난한 것은 인간이 그만큼 어리석음 속에서 산다는 것을 반증하는 것입니다. 이 길은 어느 특정 종교의 독단적 교리가 아니고 오직 괴로움에서 벗어나고자 선행을 실천하는 사람들의 길입니다. 이렇게 선한 행위를 한 결과로 도과道果를 성취하는 것은 매우 합리적인 일입니다. … 이 길을 가기 위해서는 확신에 찬 믿음이 필요합니다. 어차피 가야 할 길이라면 지금 바로 가야 하고 늦추지 말아야 합니다. 늦추면 영원히 갈 수 없는 상황을 맞이할 수 있습니다. 미래에 어떤 인연이 닥쳐올지 누구도 알 수 없습니다. 내일의 일은 누구도 모릅니다. 그래서 기회가 주어졌을 때 반드시 이 길을 가야 합니다. 이 세상에서 이것보다 더 절실한 일은 없기 때문입니다.[294)]

293) 묘원 지음, 《사념처 명상의 세계》, 661쪽.
294) 묘원 지음, 《사념처 명상의 세계》, 642~ 644쪽.

(8) 정정正定: 바른 집중, 바른 선정, 바른 삼매

정정은 바른 집중입니다. 집중은 마음이 하나의 대상을 겨냥하여 머무는 고요한 정신적 상태를 말합니다. 집중을 팔리어로 사마디samadhi라고 합니다. 사마디는 명상, 집중, 정신통일, 정定, 삼매 등의 뜻으로 쓰입니다. 수행자가 수행을 시작하면 먼저 알아차림에 의해 계율이 청정해지는 단계에 이릅니다. 이것이 계청정戒清淨입니다. 이러한 계청정의 단계를 거치면 다음 단계로 마음이 청정해지는 과정을 거칩니다. 이것이 심청정心清淨입니다. 이때의 심청정이 집중이 이루어진 상태입니다. 이러한 심청정의 상태를 거쳐 드디어 통찰 지혜를 얻는 단계에 이릅니다. 이것이 견청정見清淨입니다. 이러한 세 가지 과정을 계정혜 삼학이라고 합니다. 이러한 조건이 성숙되었을 때 마지막으로 열반에 이르게 됩니다.(중략)

마음識과 마음의 작용受·想·行이 어떠한 흐트러짐 없이 산란하지 않은 상태로 대상에 머무는 것을 집중이라고 합니다. … 집중이란 대상을 알아차리고 그 알아차림을 지속하는 것을 말합니다. 그러기 위해서는 대상에 마음을 머물게 하는 노력이 필요합니다. 그래서 노력과 알아차림과 집중이 함께 가야 바른 집중이 유지될 수 있습니다. 마음을 하나의 대상에 머물게 하는 집중을 한다고 해서 바른 집중이라고 볼 수는 없습니다. 감각적 욕망을 가지고 하나의 대상을 탐색하는 집중을 할 때나, 살생을 하려고 대상에 주의를 기울이거나, 남의 물건을 훔치기 위해 숨을 죽이고 집중하는 것은 바른 집중이 아닙니다. 바른 집중은 선한 목적으로 대상을 겨냥할 때 이루어집니다. 이것이 팔정도의 집중입니다. 팔정도의 바른 집중은 저절로 이루어지지 않습니다. 바른 노력과 바른 알아차림이 함께 할 때만이 바른 집중이 이루어집니다. 이러한 집중에 의해서만이 지혜가 생겨 사물의 이치를 알 수 있습니다.(중략)

수행을 하는 것은 다섯 가지 기능이 작용하는 것을 말합니다. 다섯 가지는 믿음, 노력, 알아차림, 집중, 지혜입니다. 이러한 기능을 오근五根이라고 합니다. 이때 믿음이 앞에서 이끌고, 노력과 알아차림과 집중이 서로 조화를 이루면 지혜가 생깁니다. 그러므로 수행을 한다는 사실은 바로 노력과 알아차림과 집중의 기능을 강화하는 것입니다. 이러한 세 가지 요소가 어떻게 조화를 이루느냐에 따라서 수행의 결과가 달라집니다. 이처럼 수행이 노력, 알아차림, 집중을 하는 것이라면 이것들이 모두 정定에 속하는 것이므로 집중의 필요성이 새삼 강조되지 않을 수 없습니다. 집중은 흐트러진 마음을 하나로 모아서 방황하지 않고 청정하게 합니다. 이러한 집중의 기능으로 몸과 마음이 평온하고 경쾌해지며 부드러움이 생깁니다. 그래서 하는 일에 능숙하고 바르게 대처할 수 있습니다. 이러한 상태에서 지혜가 생깁니다. 그러므로 집중은 수행의 일차적 목표이며, 이 결과로 지혜를 얻기 때문에 매우 중요한 요소가 아닐 수 없습니다.(중략) 집중에는 사마타 수행의 집중과 위빠사나 수행의 집중으로 나눌 수 있습니다. … 사마타 수행의 집중은 대상과 하나가 되는 집중이며 근접 집중과 근본 집중이 있습니다. 근접 집중은 근본 집중에 가까이 간 집중으로 아직 완전한 집중에 이르지 못한 상태입니다. 이러한 상태에서 지속적인 수행을 하면 다음에 근본 집중에 이르러 대상과 마음이 완전하게 하나가 되는 상태가 됩니다.(중략)

사마타 수행의 근접 집중과 근본 집중이 이루어지면 통찰지 수행을 합니다. … 이러한 통찰지 수행을 닦기 위해 필요한 집중이 찰나집중이며, 이것이 바로 위빠사나입니다. … 찰나집중은 정신과 물질을 구별해서 알아차리는 수행을 할 때 생깁니다. 위빠사나란 말은 대상과 분리해서 통찰한다는 의미입니다. 그래서 위빠사나 수행을 할 때 몸과 마음이 하나가 되어 알아차리지 않고 서로 분리해서 알아차리기 때문에 자연스럽게 찰나집중이 됩니다. 이렇게 영역을 분리해서 알아차릴 때만이 대상이 가지고 있는 무상·고·무아의 지혜가 계발됩니다. 이러한 지혜는 반드시 찰나집중에 의해서만 이루어집니다. … 찰나집중을 이해하기 위해서는 통찰지에 대한 이해가 필요합니다. 통찰지의 특징은 대상이 가지고 있는 고유한 특성을 통찰하는 것입니다. 고유한 특성은 대상을 관념으로 보지 않고 실재를 보는 것이므로 사마타 수행이 아닌 위빠사나 수행을 말합니다. 통찰지의 역할은 대상이 가지고 있는 고유한 특성을 알지 못하게 덮어버리는 어리석음을 소멸시키는 것입니다.(중략)

위빠사나 수행은 팔정도이면서 중도입니다. 그래서 수행 중에 나타난 어떤 대상과도 싸우지 않습니다. 오직 나타난 것을 단지 대상으로 알아차려야 합니다. 대상과 싸우면 억누른 만큼의 반발력이 생겨 오히려 역효과가 일어나 끈질긴 악업의 인연을 끊을 수 없습니다. 대상을 좋게 만들려는 마음과 대상을 억눌러서 없애려는 마음에는 탐욕과 성냄이 있습니다. 탐욕과 성냄으로 문제를 해결하려고 하는 것이 바로 어리석음입니다. 그러나 이러한 어리석음을 알아차려서 있는 그대로 보는 것이 지혜입니다. 이것이 중도를 실천하는 것입니다. 좋은 대상을 바라거나 싫은 대상을 없애려고 하면 감각적 쾌락에 빠지거나 극단적 고행을 할 수 있습니다. 이 두 가지 극단적 방법으로는 결코 대상의 성품을 바르게 알 수 없으므로 감각적 욕망과 극단적 고행으로는 결코 깨달음에 이를 수 없습니다. 그러므로 모든 대상을 있는 그대로 알아차려야 합니다. 이와 같이 두 가지 극단을 모두 피하는 것이 중도를 실천하는 것입니다. 감각적 쾌락은 정신을 나약하게 하여 스스로의 의지를 꺾어버리고 나태함에 빠지게 합니다. 극단적 고행은 정신을 황폐화시키고 공격적으로 만듭니다. 이 두 가지는 대상을 있는 그대로 받아들이는 중도가 아닙니다.[295]

바른 삼매正定는 구체적으로 사선四禪[296]에 들어 머무는 것입니

---

295) 묘원 지음, 《사념처 명상의 세계》, 622~634쪽.

296) 사선四禪: 내용이 경에 따라 약간 다른데 《중아함》의 《황로원경黃蘆園經》에서 설한 내용은 다음과 같습니다. ① 제1선: 욕심을 떠나고 악하고 착하지 않은 것을 떠난다. 거친 생각도 있고 세밀한 생각도 있으면서 번뇌를 떠남으로 기쁨과 즐거움이 생긴다. ② 제2선: 거친 생각과 세밀한 생각이 쉬고 안이 고요하고 한마음이 되어 정(定)에서 기쁨과 즐거움이 생긴다. ③ 제3선: 기쁨과 욕심을 떠나고, 모든 것을 버리고 구한 것이 없어져서 바른 생각과 바른 지혜로써 몸에 즐거움을 느끼게 된다. ④ 제4선: 즐거움도 괴로움도 없어지고, 기쁨과 근심의 근본이 소멸되어 괴롭지도 즐겁지도 않게 된다. 생각을 버리고 (마음은 완전히) 청정하게 된다.(호진스님 지음, 《무아·윤회 문제의 연구》, 204~205쪽)

다. 이러한 선의 경지에 들기 위해서는 다음의 장애障礙[297]와 잠재성향[298], 족쇄[299], 오염원[300] 등을 제거해야 합니다. 이러한 장애들이 극복되어 마음의 행복과 고요와 평화가 가득한 경지를 순차적으로 정리한 것이 사선四禪이며 이를 바른 삼매라 합니다.[301] 사성제의 목표는 팔정도를 실천에 옮기는 것이고, 팔정도의 마지막 목표는 정정에 이르는 것이며 정정의 구경은 제4선에 이르는 것이라고 할 수 있습니다. 제4선의 청정한 정신 상태에서 인간존재의 실상을 관찰하면 그 실상이 무아이고 무상이라는 사실을 더욱 확실히 이해할 수 있게 됩니다.[302]

5장애가 없으며 초선정에 들기 바로 직전인 상태를 근접 삼매라고 하고, 근접 삼매의 힘이 충분해져서 다섯 가지 선정 요소가 완

297) 장애障礙: 천상의 길과 열반의 길을 방해하는 것들로 오개(五蓋: 다섯가지의 장애)와 무명이 있습니다. 오개는 선禪을 방해하는 장애들이고, 무명은 통찰지를 방해하는 장애입니다. 오개는 ① 감각적 욕망, ② 악의, ③ 해태懈怠와 혼침昏沈, ④ 들뜸과 후회, ⑤ 회의적 의심을 말합니다.(《마하사 사야도의 12연기》, 27쪽)
《장애경》에서 부처님께서는 "비구들이여, 5가지 장애는 어둠을 만들고 안목을 없애버리고 무지를 만들고 통찰지를 소멸시키고 곤혹스러움에 빠지게 하고 열반으로 인도하지 못한다."고 말씀하시고, 칠각지(七覺支: 7가지 깨달음의 구성요소)를 닦음으로써 이런 장애를 제거하고 열반에 들 수 있다고 여러 경에서 강조하셨습니다.(각묵스님 지음, 《초기불교의 이해》, 311쪽 참조)

298) 잠재성향: 출세간의 도에 의해 번뇌가 박멸되지 않는 한 언제든지 다시 일어날 수 있는 불선법으로, ① 감각적 욕망, ② 존재에 대한 욕망, ③ 적의, ④ 자만, ⑤ 사견, ⑥ 의심, ⑦ 무명 등 7가지가 있습니다.(각묵스님 지음, 《초기불교의 이해》, 311~312쪽 참조)

299) 족쇄: 중생들을 윤회에 묶는 정신적 요인으로, 《족쇄경》에 나오는 것은 ① 유신견, ② 의심, ③ 계율과 의례의식에 대한 집착, ④ 감각적 욕망에 대한 욕구, ⑤ 악의, ⑥ 색계에 대한 탐욕, ⑦ 무색계에 대한 탐욕, ⑧ 자만, ⑨ 들뜸, ⑩ 무명 등 10가지입니다. 아비담마에서는 ① 유신견, ② 의심, ③ 계율과 의례의식에 대한 집착, ④ 감각적 욕망에 대한 욕구, ⑤ 악의, ⑥ 존재에 대한 탐욕, ⑦ 질투, ⑧ 자만, ⑨ 인색, ⑩ 무명으로 바뀌었습니다.(각묵스님 지음, 《초기불교의 이해》, 312~315쪽 참조)

300) 오염원: 마음을 성가시게 하고 들볶고 중생들을 더럽히고 타락하게 하는 상태로 끌고 내려가는 것들로, ① 탐욕, ② 성냄, ③ 어리석음, ④ 자만, ⑤ 사견, ⑥ 의심, ⑦ 해태懈怠, ⑧ 들뜸, ⑨ 양심 없음, ⑩ 수치심 없음의 10가지가 있습니다.(각묵스님 지음, 《초기불교의 이해》, 315쪽 참조)

301) 각묵스님 지음, 《초기불교의 이해》, 374쪽 참조.

302) 호진스님 지음, 《무아·윤회 문제의 연구》, 205쪽.

전해지면 초선정이 됩니다. 선정에 들면 오감이 작동하지 않기 때문에 보고, 듣고, 냄새 맡고, 맛보고, 감촉을 느끼는 등의 감각기관이 작동하지 않아서 안식 등 오식五識이 일어나지 않습니다. 그것이 바로 선정입니다.[303]

'정정正定' 즉, 바른 참선 수행이란 순간순간 움직이지 않는 마음을 가지는 것을 의미합니다. 어떤 상황, 어떤 조건에서도 우주처럼 맑은 마음을 갖는 것입니다. 우주처럼 맑은 마음을 유지하지만, 항상 바늘 끝처럼 깨어 있는 것입니다. … 오직 내 안에 큰 물음 '내가 누구인가?' 하는 것을 갖는 것이 중요합니다.[304] 바른 참선 수행이란 언제 어디서나 항상 움직이지 않는 마음을 갖는다는 것을 말합니다. 마음이 움직이지 않으면 볼 때, 들을 때, 냄새 맡을 때, 맛볼 때, 느낄 때, 생각할 때 모든 것이 있는 그대로 진리입니다. … 많은 사람들은 참선이란 그저 앉아 있으면서 하는 어떤 강한 몰입이라고 생각합니다. 문제는 이 경우 참선의 목적이 몰입이 가져오는 좋은 감정에만 집착한다는 것입니다. 이런 사람들은 참선이 항상 완벽한 정적과 축복 같은 것이라고 믿습니다. '오, 지금 모든 것이 평화로워. 너무 좋아.' 이러한 종류의 생각은 아주 나쁜 병입니다. 그것은 어떤 좋은 상황에 대한 일종의 집착이므로 진정한 참선이 아닙니다. … 중요한 것은 운전할 때나 먹을 때나 얘기할 때나 일할 때나 가족과 같이 있을 때나 언제나 평정한 마음 상태를 갖

303) 아신 빤딧짜 스님, 《붓다의 첫 사자후 세상을 깨우다》(초전법륜 강의), 150쪽.
304) 현각 엮음, 허문영 옮김, 《숭산 대선사의 가르침 선의나침반》, 133-135쪽.

는 것입니다. 우리는 이것을 평상심이라고 부릅니다. … 매일 매일 일상을 살아가면서 평상심을 갖는 것, 그것이 진정한 참선입니다. 그것이 수행의 진정한 본질입니다.[305]

모든 괴로움은 근본적으로 '내我'가 존재한다는 생각 때문에 발생하는 것인데 이 실체적인 내가 존재한다는 잘못된 생각으로 말미암아 발생하는 온갖 집착과 욕망을 무아설로써 철저하게 이해하고, 팔정도의 실천으로써 그것을 다스려 소멸시키고 '무아'를 확실하게 체득함으로써 모든 욕망과 괴로움에서 완전히 벗어난 열반을 성취하는 것입니다.

7.3.5 육바라밀: 여섯 가지의 보살행

바라밀이란 싼스끄리뜨어인 파라미타pāramitā를 한자로 음역音譯한 말입니다. '파라미타'는 생사고해의 이 언덕此岸에서 '저 언덕彼岸으로 건너간다'는 뜻이며, '저 언덕'은 이상 세계인 열반 정토, 불국토를 뜻합니다. 육바라밀이란 대승불교에서 보살이 생사고해를 벗어나 이상 세계인 열반 정토에 이르기 위해서 실천해야 할 보시布施, 지계持戒, 인욕忍辱, 정진精進, 선정禪定, 지혜智慧의 여섯 가지의 수행 방법을 말하며, 이를 육도라고도 부릅니다. 육도만행六度萬行이란 육바라밀을 몸으로 실천하여 보살도를 이루는 것을 말합니다.

305) 현각 엮음, 허문영 옮김, 《숭산 대선사의 가르침 선의나침반》, 141-142쪽.

• 『불교는 자타력을 겸했으나 자력이 주가 되고, 이론과 실천이 겸했으나 실천이 주가 된 교로서 여섯 가지로 자신이 먼저 제도를 받은 연후에 일체 동포까지 제도하여 주자는 육도만행이 있으니, 첫째, 보시라 다생겁래에[306] 정신과 육신과 물질을 남을 위해서 기꺼이 상없이 바치는 공부를 하자는 것이요, 둘째, 지계라 다생겁래에 계문을 정하고 옳은 것은 죽기로써 하고, 그른 것은 죽기로써 끊는 공부를 하자는 것이요, 셋째, 인욕이라 다생겁래에 참기 어려운 것을 능히 참고 하기 어려운 일을 능히 행하자는 것이요, 넷째, 정진이라 다생겁래에 방심하지 말고 한결같이 적공하는 공부를 하자는 것이요, 다섯째, 선정이라 다생겁래에 부동심이 되는 공부를 하자는 것이요, 여섯째, 지혜라 다생겁래에 인과의 진리를 깨닫고 배워 알자는 공부인 바 인인개개人人個個가 하면 할 수 있는 자력이 있고 실천하면 실천할 수 있는 것을 가르쳐 주신 것이다.』[307]

(1) 보시布施 바라밀

보시는 정신적으로든, 육신적으로든, 물질적으로든 남에게 무엇인가를 베푸는 것을 말합니다. 우리가 남에게 무엇인가를 줄 때는 그에 대한 보답이나 과보를 바라고 주는 경우가 대부분인데 이를 유상有相보시[308]라고 부릅니다. 유상보시는 당장은 남에게 무언가

306) 다생겁래多生劫來에: 아득한 과거로부터 수많은 생을 받아 육도윤회를 계속해 오는 동안. 한없는 세월 속에서 수없이 윤회를 거듭하고 있는 중생의 모습을 설명할 때 그리고 수많은 생을 통해서 수행을 해온 부처의 삶을 설명할 때 쓰는 용어임.

307) 《대산종사법문집 제1집大山宗師法門集 第1輯》, 진리는 하나 1. 불교, 3.육도

308) 보시 중에 유상보시는 도와주었다는 생각이 있는 것이며, 무상보시는 도와주었다는 관념과 상相이 없는 것을 말합니다.

를 베풀어서 선업을 짓고 복을 짓는 일이긴 하지만 나중에 기대한 보답이 돌아오지 않으면 서운한 생각이 들어서 후회하고 원망하거나 진심 또는 증오심을 품게 되기 쉽습니다. 그러면 오히려 복을 심는 가운데 상극의 씨앗, 죄업의 씨앗을 새로 심게 되는 것이므로 보시할 경우에는 무주상無住相보시, 즉 무상無相보시를 하라는 것입니다. 무상보시란 보답을 바라는 마음이 없이 순수한 마음에서 베푸는 것으로 베풀었다는 상이 남아 있지 않은 청정한 보시를 말합니다. 온전한 무상보시가 되기 위해서는 무아를 철저히 자각하여 자타가 둘이 아닌 자리에 들어가야만 됩니다. 무아의 자리에서는 너와 나의 분별이 없으니 자연히 네 것, 내 것의 분별도 없게 되고 너와 내가 둘이 아니니 자연히 무상보시가 되는 것입니다. 이는 곧 아상을 내려놓는 방하착 수행이 되는 것이니 이를 통해 열반정토인 피안에 이를 수 있으므로 보시바라밀이라고 합니다. 주는 사람, 받는 사람과 주는 물건이 모두 청정한 보시를 삼륜三輪청정淸淨 보시라고 합니다. 이는 일체의 상이 없이 청정한 물건을 청정한 마음으로 주고 청정한 마음으로 받는 것이니 무상보시의 극치라고 할 수 있습니다.

(2) 지계持戒 바라밀

지계는 계율을 굳게 지켜 악업을 끊고 선업을 쌓아 가는 것을 말합니다. 우리 보통 사람들은 계율을 지키라고 하면 자기의 하고 싶은 욕망을 억제함으로써 자유가 구속된다고 여겨 대부분 실천하기를 거부합니다. 그러나 사실은 계문은 우리가 악업을 지음으로써 인과의 고통 속에 들어가는 것을 예방하기 위하여 만들어진 것이며, 따라서 우리의 자유를 구속하는 것이 아니라 오히려 악업의 경계로부터 우리를 보호하여 업장·업력으로 인한 속박에서 벗어나게 하려는 것입니다. 계율을 범하면 무명 업장이 두터워져서 지혜를 더욱 어둡게 하고, 번뇌 망상이 치성해져서 선정에 들기 어려우며, 업력이 작동하여 수행하기 어려운 환경, 조건으로 만들어집니다. 그러나 계율을 지키면 그 자체가 선업이 되어 복을 짓는 것이 되며, 수행에 장애가 되는 온갖 역경·난경難境에 들지 않도록 우리를 보호하게 됩니다. 계율을 청정하게 지킴으로써 수행을 지속하여 번뇌망상에서 벗어나 청정한 자성을 지켜나갈 수 있으므로 지계바라밀이라고 하는 것입니다.

- 『부처님께서 말씀하시기를 "너희들 중에 나를 떠나서 수천 리 밖에 있다 할지라도 항상 내가 준 계문을 잘 지켜서 계행을 청정히 하면 이는 곧 나를 가까이 하는 사람이라 반드시 도를 얻을 것이요, 비록 나의 좌우에 있어서 항시 나를 보고 같이 있다 할지라도 계행이 바르지 못하면 이는 곧 나를 멀리하는 사람이라 마침내 도를 얻지 못하리라."』[309](《사십이장경》 37장)

309) 《사십이장경(四十二章經)》 37장: "佛言: 弟子離吾數千里, 意念吾戒, 必得道, 在吾左右, 雖常見吾, 不順吾戒, 終不得道."

(3) 인욕忍辱 바라밀

인욕은 온갖 모욕이나 박해, 고통 등을 참고 견디되 제법의 이치를 밝게 관찰하여 짜증이나 성을 내지 않고 언짢은 마음이나 원망심, 원한 등을 품지 않고 오히려 은혜를 발견하고 감사하는 마음으로 돌리거나 자성을 반조하여 마음의 평화를 이루어가는 방법입니다. 인욕바라밀은 특히 성내고 화내는 진심嗔心을 잘 닦을 수 있는 실천행입니다. 그러나 여기서 주의할 것은 성나는 마음을 꾹 눌러서 화를 억지로 참으라는 것이 아닙니다. 화를 억지로 참게 되면 그것이 심층마음에 쌓여 화병을 만들 뿐만 아니라 계속 쌓이다가 더 이상 참을 수 없는 임계점을 넘어가는 순간에 폭발을 하게 되기 때문입니다.

그러므로 화가 올라올 때에는 그 감정에 휘둘리지 말고 올라오는 마음을 잘 주시하며, 제법이 본래 공하여 일체가 잠시 인연 따라 일어났다가 사라지는 무상 무아의 이치와 자성이 본래 공한 이치에 비추어 모든 집착과 아상을 내려놓아야 합니다. '나'라는 상에 집착함이 없다면 화를 낼 일도 없기 때문입니다. 또한 참선이나 절 수행 등을 할 때에도 어느 순간이 되면 다리도 아프고, 몸도 힘들어지기 마련인데, 그때마다 이를 포기하고 중단한다면 언제 정진하고 깨달음을 얻겠습니까? 수행이란 본래 아상과 몸뚱이 착을 내려놓는 것이기 때문에 힘들더라도 참고 견디며, 이를 자신을 연단하는 계기로 삼아 은혜를 발견하여 감사하는 마음으로 돌리며 이겨내야만 몸뚱이를 조복 받아 수행에 정진할 수가 있는 것입니다.

(4) 정진精進 바라밀

정진은 순일하고 물들지 않는 마음으로 항상 부지런히 닦아 꾸준히 나아가는 것을 말합니다. 정精은 순일무잡(純一無雜: 다른 것과 섞임이 없이 순수함)을 의미하고 진進은 용맹하게 나아가고 물러남이 없는 것을 말합니다. 이는 바꿔 말하면 보시·지계·인욕·선정·지혜 바라밀을 끊임없이 계속해서 닦아나가는 것이라고 할 수 있습니다. 무슨 일이든 초지일관하여 정진한다는 것은 쉬운 일이 아닙니다. 그런데 수행의 궁극적 목적이 고락을 초월하고 죄복을 임의로 하며 생사거래를 자유하고자 하는 데 있다면 정진하지 않고서 어떻게 성취할 수 있겠습니까? 정진적공하는 정성이 아니면 불가능한 것입니다. 그러므로 정진하기 위해서는 어떠한 유혹이나 마장도 능히 물리칠 수 있는 용기와 결단력이 필요합니다. 그러나 목표점을 처음부터 너무 높게 잡으면 중도에 좌절하여 포기하기가 쉽습니다. 그러므로 목표는 자기의 수준과 역량 등을 고려하여 적절하게 단계별로 설정해서 순차적으로 달성해가면서 궁극적인 목표를 달성할 때까지 점진적으로 향상시켜갈 필요가 있습니다. 정진하기 위해서는 힘들 때 잠시 쉴지언정 결코 뒤로 물러서지는 않겠다는 각오가 필요합니다.

(5) 선정禪定 바라밀

선정은 산란한 마음을 고요하게 통일하는 방법으로 일체의 사심잡념과 번뇌망상을 내려놓고 고요히 일심을 양성하는 방법입니다. 모든 분별심을 내려놓고 적적성성한 선정에 들 때 비로소 밝은 지혜가 솟아나서 현상사물의 실상을 바르게 보고 사리를 밝게 판단할 수 있습니다. 나아가 경계를 따라 요란해지는 마음을 잘 다스려서 일상의 바쁜 생활을 하는 가운데서도 모든 집착을 내려놓고 평정심을 유지하며 일심으로 일 처리를 원만하고 바르게 잘하자는 것입니다.

(6) 지혜智慧 바라밀

지혜는 반야般若를 말합니다. '반야'는 팔리어인 '판냐panna'의 한자 음역어입니다. 지식이 분별지分別智인 데 반하여 반야는 깨달음을 얻으신 부처님의 밝은 지혜인 무분별지로서 모든 사물이나 이치를 밝게 꿰뚫어 보는 최고의 지혜를 말합니다. 사전적으로 지식은 "①교육이나 경험, 또는 연구를 통하여 얻은 체계화된 인식의 총체, ②사물이나 상황에 대한 정보, ③인식에 의하여 얻어진 성과"[310] 등을 가리키며, 지혜는 "①사물의 이치나 상황을 제대로 깨닫고 그것에 현명하게 대처할 방도를 생각해 내는 정신의 능력, ②미혹을 끊고 부처의 진정한 깨달음을 얻는 힘."[311]을 의미합니다. 필자는 여기에다 "지혜란 사리를 원만하고 바르게 깨달아 아는 힘과 지식을 융합하여 창의적으로 응용하고 활용하는 능력"이라는 말을 덧붙이고 싶습니다.

일반적으로 반야의 '지혜'라고 하면 다음과 같이 크게 3가지로

310) [Daum 사전]에서 인용함.
311) [Daum 사전]에서 인용함.

나누어 볼 수 있습니다.[312]

① 관조觀照반야: 일체의 현상계를 있는 그대로 정견하는 지혜로서, 제법의 실상을 있는 그대로 편견과 고정관념이 없이 비춰 보는 지혜를 말합니다. 부처님께서 오랜 수행 끝에 성취한 깨달음의 지혜가 바로 관조반야입니다.

② 실상반야實相般若는 제법의 실상 그 자체, 즉 부처가 체득한 진리 그 자체를 가리킵니다. 이 실상반야를 우리가 올바로 깨달아 바르게 비추어 보게 되면 이것이 바로 실상반야입니다.

③ 문자반야文字般若는 이상의 실상반야와 관조반야의 내용을 담고 있는 일체의 모든 경전을 의미하며 방편方便반야라고도 합니다. 이는 곧 부처님이 설한 경經·율律·논論 모두를 가리키는 것이니, 불법을 공부하는 모든 이에게 나침반과 같고 뗏목과 같은 수단으로 쓰여 깨달음 즉, 반야에 이르게 하는 중요한 수단 방편이 되므로 이를 방편반야라고도 부릅니다.

반야바라밀은 한마디로 말해서 오온이 모두 공하다는 것을 조견照見하여 방하착放下著하는 실천 수행입니다. 그러기 위해서는 첫째로 몸뚱이에 대한 애착심과 아상을 내려놓아야 합니다. 둘째로 물질, 권력, 명예, 사람 등을 '내 것'으로 하고 싶은 소유욕을 내려놓아야 합니다. 이 소유욕을 내려놓는 데에 가장 좋은 방법이 무주상보시를 실천하는 것입니다. 셋째로 '내가 옳다'라는 자기의 생

312) 법상 지음, 《반야심경과 마음공부》, 서울, 도서출판 무한, 2017, 57~56쪽.

각에 대한 고집과 선입관, 고정관념을 버려야 합니다. 넷째로 일체의 경계와 내가 본래 공하니 객관과 주관이 다 공하여 집착할 것이 본래 없다는 것을 철저히 깨달아서 모든 생각·감정과 집착을 우리의 성품자리, 본래 면목 자리에 '몰록' '온전히' 놓아버리는 것입니다. 그래서 무소득, 무소유, 무집착, 방하착의 수행을 통해 공과 하나가 되는 수행을 해나가는 것입니다.[313] 그러면 자연히 일체의 고액(苦厄: 고통과 액난)을 건너 해탈, 열반에 이른다는 것입니다.

---

313) 법상 지음, 《반야심경과 마음공부》, 156~163쪽 참조.

불교와 원불교의 주된 차이점

	불교	원불교
교조의 성장 환경	인도에서 왕자로 태어나 정규 교육을 제대로 받았음.	한국에서 농민의 아들로 태어나 초등교육도 제대로 받지 못함.
구도 계기	사문유관을 통해 생로병사의 괴로움을 접하고 이를 해결하기 위해 26세에 출가함	7세부터 우주 자연의 제반 현상에 대한 의문을 품고 삼령기도(5년간)와 구사고행을 함.
대각 연령	35세 시에 대원정각	26세 시에 대원정각
대각 내용	연기법과 고집멸도의 진리를 깨침	불생불멸의 진리와 인과보응의 이치를 깨침
핵심 교법	삼법인, 사성제, 팔정도, 십이연기 등	일원상의 진리. 사은사요, 삼학팔조 등
교단	출가자 중심의 교법	출가·재가의 평등 교법
교조	자비의 성자 석가모니불	은혜의 성자 소태산 대종사
교조의 열반 시기	80세	53세(1891.5.5.~1943.6.1.)
소의 경전	수많은 소승불교 경전과 대승불교 경전이 있으며, 경전에 따라 팔리어 판본, 산스크리트어 판본, 한문으로 된 판본 등이 있음	소의경전인 《정전》과 《대종경》 외에 《정산종사법어》, 《대산종사법어》 등이 있음.
교파	조계종, 천태종 등 수많은 교파가 있음.	현재까지는 단일교파임.

참고문헌

1. Daum 사전, Naver 사전, 위키 백과, 지식인 사전
2. 《淮南子》, 《書經》, 《易經》, 《聖經》, 《老子》, 《論語》, 《孟子》, 《大學》 등
3. 《금강경》, 《반야심경》, 《사십이장경》, 《선악업보차별경》, 《정토삼부경》, 《정토경》 등
4. 각묵스님 지음, 《초기불교 입문》, 초기불전연구원, 2017.
5. 각산 신도형 지음, 《한글로 읽는 교전공부(수행편)》, 원불교출판사, 2010.
6. 교산 이성택 지음, 《어떻게 살 것인가》, 가디언, 2019.
7. 교화훈련부 편저, 《대산종사법어》, 원불교출판사, 2020.
8. 금산 권도갑교무님의 《마음공부방법론》 교안 14주, 원광디지털대학교, 2018.
9. 길도훈, 《단전주선》, 도서출판 씨아이알, 2017.
10. 김명우 지음, 《유식삼십송과 유식불교》, 예문서원, 2012.
11. 김수인 지음, 《지구별에서 우주까지 마음여행》, 마인드필드, 2020.
12. 김수인 지음, 《태극숨명상(1·2)》, 마인드필드, 2020.
13. 김윤수 지음, 《불교는 무엇을 말하는가(개정판)》, 한산암, 2014.
14. 김준걸 지음, 《나는 누구인가?》 k-books, 2013.
15. 김중묵 지음, 《인과의 세계》, 원광사, 2003.
16. 노아 엘크리프 지음, 이문영 옮김, 《생각을 걸러내면 행복만 남는다》, 정신세계사, 2018.
17. 니시사카 쓰토무 지음, 최서희 옮김, 《운을 읽는 변호사》, 알투스, 2018.
18. 마티유 리카르, 볼프 싱어 대담, 임영신 옮김, 《나를 넘다(뇌과학과 명상, 지성과 영성의 만남)》, ㈜쌤앤파커스, 2017.

19. 묘법스님 원저, 과경 엮음, 정원규 옮김, 《오대산 노스님의 인과이야기》, 불광출판사, 2018.
20. 묘원 지음, 《사념처 명상의 세계》, 행복한 숲, 2015.
21. 민수식 지음, 《숨 쉴 줄 아십니까》, 해드림출판사, 2014.
22. 박정훈 편저, 《(정산종사 법문과 일화) 한울안 한이치에》, 원불교출판사, 1987.
23. 법상 지음, 《반야심경과 마음공부》, 서울, 도서출판 무한, 2017.
24. 법타원 김이현종사와 함께하는 《정전 마음공부 길》, 원불교출판사, 2016.
25. 북창 정렴 지음, 윤홍식 역, 《용호비결 강의》, 봉황동래, 2015.
26. 서광원 지음, 《생활속의 공부길》, 원불교출판사, 2015.
27. 성철스님, 《백일법문(상)》, 장경각, 불기 2536년.
28. 아신 빤딧짜 스님, 《붓다의 첫 사자후, 세상을 깨우다》, 서울, 붇다 담마연구소, 1917.
29. 현각 엮음, 허문영 옮김, 《숭산 대선사의 가르침 선의나침반》, 김영사, 2010.
30. 에드용 지음, 양병찬 옮김, 《내 속엔 미생물이 너무도 많아》, 도서출판 어크로스 2017.
31. 예타원 전이창 지음, 《죽음의 길을 어떻게 잘 다녀올까》, 도서출판 솝리, 1996.
32. 오선명 엮음, 《정산종사 법설》, 월간 원광사, 2,000.
33. 요코야마 코이츠 지음, 김명우 옮김, 《마음의 비밀》, 민족사, 2016.
34. 원불교 법무실 편, 《대산종사법문집 제1집》, 원불교출판사, 1988.
35. 원불교사상연구원 편, 《원불교대사전》, 원불교출판사, 2013.
36. 원불교정화사 편찬, 《원불교전서》(《정전》, 《대종경》, 《정산종사법어》), 원불교출판사, 2014.
37. 원요범 지음, 호암 옮김, 《요범사훈》, 하늘북, 2018. 2016.
38. 월간원광사 편, 《원광자료모음집(대종경편1)》, 원광사, 1990.
39. 윌리엄 하트 지음, 담마코리아 옮김, 《고엔카의 위빳사나 명상》, 김영사, 2019.
40. 윤홍식 지음, 《초보자를 위한 단학》, 봉황동래, 2015.

41. 이공전 편저, 서문성 주석, 《주석 대종경선외록》, 원광사, 2017.
42. 이공주 수필(대종사 법문), 불법연구회『회보 34호』,『회보 44호』.
43. 이광정 지음, 《정전 무시선법 해설》, 원불교출판사, 2014.
44. 이광정 지음, 《정전 좌선의 방법 해설》, 원불교출판사, 2013.
45. 이노우에 위마라 외 2인 편, 윤희조 역, 《불교심리학사전》, 씨아이알, 2017.
46. 이정숙 지음, 《돌아서서 후회하지 않는 유쾌한 대화법 78(개정판)》, 나무생각, 2012.
47. 일묵 지음, 《사성제》, 서울, 불광출판사, 2020.
48. 일묵 지음, 《일묵스님이 들려주는 초기불교 윤회 이야기》, 불광사, 2019.
49. 일타큰스님 지음, 《(일타큰스님의) 윤회와 인과응보 이야기》, 효림출판사, 2017.
50. 제니스 캐플런 지음, 김은경 옮김, 《감사하면 달라지는 것들》(겨울 에디션), 위너스북, 2016년.
51. 최인철 지음, 《프레임-나를 바꾸는 심리학의 지혜》, 21세기북스, 2017.
52. 파아옥 또야 사야도 지음, 정명스님 옮김, 《업과 윤회의 법칙》, 도서출판 푸른향기, 2012.
53. 한자경 지음, 《심층 마음의 연구(자아와 세계근원으로서의 아뢰야식)》, 서광사, 2016.
54. 허광영 지음, 《원불교 정전 해석서, 개교백년의 정전공부》, 원불교출판사, 2017.
55. 호진 지음, 《무아·윤회 문제의 연구》, 불광출판사, 1915.